Meinem lieben Freund
& Historiker-Kollegen

Andreas.
Dein Paul

**Naturrecht, Staatswissenschaften
und Politisierung bei Gottfried Achenwall
(1719-1772)**
Studien zur Gelehrtengeschichte Göttingens
in der Aufklärung

Paul Streidl

Naturrecht, Staatswissenschaften und Politisierung bei Gottfried Achenwall (1719–1772)

Studien zur Gelehrtengeschichte
Göttingens in der Aufklärung

Herbert Utz Verlag · Wissenschaft
München

Bibliografische Information Der Deutschen Bibliothek

Die Deutsche Bibliothek verzeichnet diese Publikation in der Deutschen Nationalbibliografie; detaillierte bibliografische Daten sind im Internet über http://dnb.ddb.de abrufbar.

Zugleich: Dissertation, München, Univ., 2000

Dieses Werk ist urheberrechtlich geschützt. Die dadurch begründeten Rechte, insbesondere die der Übersetzung, des Nachdrucks, der Entnahme von Abbildungen, der Wiedergabe auf photomechanischem oder ähnlichem Wege und der Speicherung in Datenverarbeitungsanlagen bleiben, auch bei nur auszugsweiser Verwendung, vorbehalten.

Copyright © Herbert Utz Verlag GmbH 2003

ISBN 3-8316-0216-6

Printed in Germany

Herbert Utz Verlag GmbH, München
Tel: 089/277791-00
Fax: 089/277791-01

VORWORT

Göttingen, im März 1773: Auf einer der Auktionen der haushälterischen Nachlassenschaften seines im Vorjahr verstorbenen Freundes Gottfried Achenwall ersteigert der Staatsrechtler Johann Stephan Pütter eine Milchkanne. Die Ehefrau des Verstorbenen, Sophie Achenwall, kauft bei dieser Gelegenheit einen Teil ihrer eigenen Garderobe zurück. Eine Erklärung, warum die voll geschäftsfähige Witwe eines unverschuldeten Professors ihren eigenen Hausstand veräußern mußte, gibt es nicht. Zudem existierte in Göttingen seit 1739 eine Professorenwitwenkasse. Mit der frühneuzeitlichen allgemeinen Geschlechtsvormundschaft über Frauen ist diese Auktion ebenfalls nicht zu erklären. Über ein Testament Achenwalls ist nichts bekannt.[1]

Die längst verschwundenen Kleider mögen ebenso wie die Kanne einerseits der Endpunkt einer nicht ganz zehnjährigen Ehe und andererseits einer über dreißigjährigen Freundschaft gewesen sein. Was können aber tausend und abertausend von Zetteln und Manuskripten, die heute den Nachlaß von Achenwall ausmachen, zu einem neuen Verständnis dieses Professors publicus ordinarius und naturrechtlich fundierten Doktors beider Rechte beitragen?[2] Diese Arbeit versucht, darauf einige Antworten zu geben. Den Menschen Achenwall vermag sie nicht näher zu bringen. Die vielen Zettel reflektieren allenfalls seine Arbeitswut und einige Beobachtungen aus der täglichen Göttinger Gelehrtenwelt. Die berühmte Bibliothek der Georgia Augusta, so ist auf diese Weise zu erfahren, war „wegen des Scheurens"[3] auch unter der Woche nicht jeden Tag geöffnet. Dennoch ermöglicht dieser Nachlaß ein neues Verständnis zu diesem Göttinger Gelehrten. Bevor darüber berichtet werden kann, wird noch auf eine weitere Anekdote hingewiesen.

---

[1] Vgl. UNIVERSITÄTSARCHIV DXLI/94. EI 7. Vgl. dazu auch G. MEINHARDT, Die Universität Göttingen (1977), S. 18; H. COING, Europäisches Privatrecht (1985), S. 198f.
[2] Zu diesen Berufsbezeichnungen vgl. COD. MS. ACHENWALL 104/60, 209/58.
[3] EBD., 198/23. Zu den Öffnungszeiten im 18. Jahrhundert vgl. J.S. PÜTTER, Gelehrten-Geschichte (1765), S. 219. Zur herausragenden Bedeutung der Göttinger Bibliothek vgl. L. MARINO, Praeceptores Germaniae (1995), S. 8f.

In seiner 1739 erschienenen Geschichte des Naturrechts zitierte der kursächsische Hof- und Justizrat Adam Friedrich Glafey den Leipziger Iuris Consultus und Assessor der juristischen Fakultät Johann Jacob von Ryssel, der fünfzig Jahre zuvor unumwunden zugegeben hatte, daß er sich leider nur drei Jahre mit dieser „so weitläufftigen" Materie habe beschäftigen können.[4] Deswegen müsse er, Ryssel, einräumen, im Naturrecht zu keiner tieferen Einsicht gelangt zu sein. Diesem Geständnis ist auch heute nichts hinzuzufügen. Das Naturrecht der Frühen Neuzeit kann in der kurzen Zeitspanne von drei Jahren kaum richtig in seiner ganzen Bedeutung erkannt werden.

Diese Dissertation wurde Ende 1999 — nach drei Jahren Entstehungszeit — an der Ludwig-Maximilians-Universität München eingereicht und bis Ende 2002 überarbeitet. An dieser Stelle muß den vielen Einsagern und Beiständen gedankt werden, die alle versucht haben, Ryssels Befürchtungen zu verhindern.

Paul Streidl

---

[4] Vgl. A.F. GLAFEY, Geschichte des Rechts der Vernunfft (1739), S. 228.

INHALTSÜBERSICHT

5   INHALTSVERZEICHNIS

10 EINLEITUNG
10 Die Aufklärung als politische Reformbewegung
13 Forschungsstand
20 Quellenlage und Methoden
27 Ziele

30 GELEHRTENHORIZONT
30 Zur Biographie
37 Gelehrter und Publizist
45 Soziale und religiöse Wertvorstellungen
55 Literaturkanon

61 DAS SYSTEM DER STAATSWISSENSCHAFTEN
66 Naturrecht
123 Statistik
136 Geschichte
142 Politik
151 Cameralwissenschaften

161 DAS NATURRECHT ALS GRUNDLAGENDISZIPLIN
162 Zwischen ius commune und Sozialphilosophie
181 Die Grundlagendisziplin in der Lehre
199 Naturrecht, Moral und Gott

215 THEMENFELDER DER POLITISIERUNG
215 England als Vorbild
219 Patriotismus
226 Justiz- und Rechtsreformen
237 Freiheit, Eigentum, Gleichheit
251 Vom Reichsstaatsrecht zum Widerstandsrecht

263 ACHENWALL UND SEIN DILEMMA

270 LITERATURVERZEICHNIS
270 ABKÜRZUNGEN UND ZEICHEN
272 UNVERÖFFENTLICHTE QUELLEN
272 VERÖFFENTLICHTE WERKE GOTTFRIED ACHENWALLS
274 VERÖFFENTLICHTE QUELLEN
285 DARSTELLUNGEN

310 NAMENSREGISTER

INHALTSVERZEICHNIS

A. EINLEITUNG 10
   I. DIE AUFKLÄRUNG ALS POLITISCHE REFORMBEWEGUNG 10
      a. Der Prozeß der Politisierung 10
   II. FORSCHUNGSSTAND 13
      a. Einzelbeiträge 14
      b. Defizite 17
   III. QUELLENLAGE UND METHODEN 20
      a. Achenwalls Nachlaß 20
      b. Gelehrter Habitus und Öffentlichkeit 23
   IV. ZIELE 27

B. GELEHRTENHORIZONT 30
   I. ZUR BIOGRAPHIE 30
      a. Biographische Fragmente 30
      b. Die Göttinger Universität 33
   II. GELEHRTER UND PUBLIZIST 37
      a. Die Göttinger Öffentlichkeit 38
      b. Achenwalls ‚Sudelzettel' 43
   III. SOZIALE UND RELIGIÖSE WERTVORSTELLUNGEN 45
      a. Über Bauern 47
      b. Glaube und Konfession 48
   IV. LITERATURKANON 55
      a. Periodika 55
      b. Antike und ältere Autoren 56
      c. Über Zeitgenossen 59

C. DAS SYSTEM DER STAATSWISSENSCHAFTEN 61
  I. NATURRECHT 66
     a. *Leitdisziplin und Nachlaß* 68
     b. *Naturrechtsgeschichte und
        ius naturale cogens* 71
     c. *Franklin, Ferguson, Wolff und Rousseau* 88
     d. *Achenwalls spätes Naturrecht* 112
  II. STATISTIK 123
     a. *Von Conring zu Süßmilch* 126
     b. *Verhältnis zu anderen Disziplinen* 130
     c. *Statistik als Vorlesung* 134
  III. GESCHICHTE 136
     a. *Kompendien zur Geschichte* 136
     b. *Historie, Narration und Journale* 138
  IV. POLITIK 142
     a. *Achenwalls „Staatsklugheit" (1761)* 144
     b. *Politik als universitäre Disziplin* 149
     c. *Politik als Lehre* 150
  V. CAMERALWISSENSCHAFTEN 151
     a. *Justi und andere Cameralisten* 152
     b. *Finanzpolitische Fragen und
        Wirtschaftsbild* 154
     c. *„Französischer Finanzstaat" (1774)* 158

D. DAS NATURRECHT ALS GRUNDLAGENDISZIPLIN 161
  I. ZWISCHEN IUS COMMUNE UND SOZIALPHILOSOPHIE 162
     a. *Der Nutzen des Naturrechts* 165
     b. *Verhältnis zum ius commune* 169
  II. DIE GRUNDLAGENDISZIPLIN IN DER LEHRE 181
     a. *Kompendien* 183
     b. *Vorlesungen* 187
     c. *Naturrecht in der Praxis* 192
     d. *Examinationes iuris naturalis* 196
  III. NATURRECHT, MORAL UND GOTT 199
     a. *Das Dilemma der perfectio* 200
     b. *Gott und Naturrecht* 204

E. THEMENFELDER DER POLITISIERUNG 215
   I. ENGLAND ALS VORBILD 215
      a. Englischer Geist und soziale Mobilität 216
      b. Die englische Freiheit 218
   II. PATRIOTISMUS 219
      a. Abbt, Hirzel, Lavater 220
      b. Achenwalls moralischer Patriotismus 223
   III. JUSTIZ- UND RECHTSREFORMEN 226
      a. Über Beccaria und andere Rechtsreformer 227
      b. Gedanken zum Justizwesen 229
      c. Strafrechtsreform und Strafmaß 232
   IV. FREIHEIT, EIGENTUM, GLEICHHEIT 237
      a. Pressefreiheit und Eigentumsgarantie 238
      b. Gedanken zur natürlichen Gleichheit 244
   V. VOM REICHSSTAATSRECHT ZUM WIDERSTANDSRECHT 251
      a. Ius publicum und Souveränität 251
      b. Ius resistendi und Staatsnotstand 257

F. ACHENWALL UND SEIN DILEMMA 263

LITERATURVERZEICHNIS 270
   ABKÜRZUNGEN UND ZEICHEN 270
   UNVERÖFFENTLICHTE QUELLEN 272
   VERÖFFENTLICHTE WERKE GOTTFRIED ACHENWALLS 272
   VERÖFFENTLICHTE QUELLEN 274
   DARSTELLUNGEN 285

NAMENSREGISTER 310

A. EINLEITUNG

I. DIE AUFKLÄRUNG ALS POLITISCHE REFORMBEWEGUNG

Die europäische Aufklärung gilt als gesellschaftliche und geistige Reformbewegung.[1] Ihr primäres Ziel war die Herrschaft der Vernunft, das heißt eine Gesellschaftsordnung nach rationalen Kriterien.[2] Dahinter verbarg sich die Vorstellung, daß eine als irrational und unvernünftig empfundene Wirklichkeit gezielte Reformen nötig mache.[3] In der Historiographie gibt es zwei Richtungen, die sich mit der Frage auseinandersetzen, ob die Aufklärer dabei Teil einer eigenständigen politischen Bewegung waren oder ob sie als unpolitisch gelten können. Die ältere Forschung konnte keine dezidiert politischen Intentionen ausmachen.[4] Erst im Zuge der erneuten Hinwendung zur Aufklärung seit den fünfziger Jahren betrachtet eine neue Richtung die Aufklärung als eigenständige politische Reformbewegung.[5]

a. Der Prozeß der Politisierung

Im Rahmen ihrer „mission to modernize",[6] so der Tenor der heutigen Forschung, hätten die Debatten der Aufklärer seit den vierziger Jahren des 18. Jahrhunderts die rein gelehrte Ebene verlas-

---

[1] Zum Epochenbegriff ‚Aufklärung' vgl. E. CASSIRER, Die Philosophie der Aufklärung (1932), S. 5ff.; H. BLUMENBERG, Die Vorbereitung der Aufklärung (1967), S. 23ff.; R. VIERHAUS, Deutschland im 18. Jahrhundert (1976), S. 173ff.; DERS., Was war Aufklärung (1995), S. 5ff.; B. STOLLBERG-RILINGER, Europa im Jahrhundert der Aufklärung (2000), S. 11ff.; W. MÜLLER, Die Aufklärung (2002), S. 1ff.
[2] Vgl. H. REINALTER, Aufklärung zwischen Moderne und Postmoderne (1997), S. 12ff.
[3] Vgl. M. VOVELLE, Der Mensch der Aufklärung (1996), S. 17.
[4] Vgl. H.E. BÖDEKER, Prozesse und Strukturen politischer Bewußtseinsbildung der deutschen Aufklärung (1987), S. 10; U. BECHER, Zum politischen Diskurs der deutschen Aufklärung (1996), S. 189.
[5] Vgl. F. VALJAVEC, Die Entstehung der politischen Strömungen in Deutschland (1951), S. 4ff.; R. VIERHAUS, Politisches Bewußtsein in Deutschland vor 1789 (1967), S. 175ff.; B. STOLLBERG-RILINGER, Der Staat als Maschine (1986), S. 248; B.W. REDEKOP, Enlightenment and Community (2000), S. 31.
[6] R. PORTER, The Creation of the Modern World (2000), S. xxii (Zitat), 363.

sen. Sukzessive widmeten sie sich den öffentlich relevanten und vor allem den politischen Problemen und stellten traditionelle Institutionen und Autoritäten in Frage.[7] Zeitgenössische Belege beweisen, daß die Aufklärer dies ähnlich sahen und wie der Verleger und preußische Konsistorialrat Gottlob Nathanael Fischer bewußt von „politische[r] Aufklärung" sprachen. Dazu zählte Fischer 1789 alle Urteile über die „wirklich bestehenden Gesellschaften und Verfassungen, über die man urtheilen oder für die man thätig seyn will".[8]

Zu einer Revolution mußte diese Auseinandersetzung nicht zwingend führen, weil die Träger dieser Aktivitäten eng mit den meist absolutistisch regierten Staaten verbunden waren. Sie dachten eher in Kategorien von allmählichen Reformen,[9] weil sie zu jenen akademisch geschulten Gebildeten gehörten, die meistens als Beamte, Juristen, Gelehrte, Pastoren oder Schriftsteller arbeiteten. Einerseits bewegten sie sich in der Nähe des Staats, andererseits entwickelten sie einen zunehmend eigenständigen und distanzierten Blick auf die politische und soziale Wirklichkeit.[10] Das neue an ihrem Blick war der Glaube, daß Geschichte prinzipiell offen ist, das heißt mach- und planbar.[11] Vor den mehr oder weniger reformbereiten politischen Realitäten mußten die damaligen Gebildeten ihre Identität zwischen Resignation und radikaler Aufklärung bestimmen.

Wird davon ausgegangen, daß die Aufklärung eine eminent politische Bewegung war, müssen alle philosophischen, ökonomischen, gesellschaftlichen und religiösen Forderungen unter diesem Blickwinkel betrachtet werden. Jenseits der politischen Inhalte wird Politisierung in modernen Sozialwissenschaften mit politischer Sozialisation gleichgesetzt. Gemeint sind damit alle Prozesse der Wechselwirkung mit der im weitesten Sinne politisch relevanten Umgebung.[12] Selbstverständlich müssen bei einer

---

[7] Vgl. H.E. BÖDEKER, Prozesse und Strukturen politischer Bewußtseinsbildung der deutschen Aufklärung (1987), S. 15.
[8] Vgl. G.N. FISCHER, Ueber politische Aufklärung (1789), S. 2.
[9] Vgl. F. KOPITZSCH, Die Sozialgeschichte der deutschen Aufklärung (1976), S. 52; H.E. BÖDEKER/U. HERRMANN, Aufklärung als Politisierung — Politisierung der Aufklärung (1987), S. 8.
[10] Vgl. H.E. BÖDEKER, Prozesse und Strukturen politischer Bewußtseinsbildung der deutschen Aufklärung (1987), S. 10ff.; U. IM HOF, Das Europa der Aufklärung (1993), S. 16.
[11] Vgl. R. KOSELLECK, ‚Erfahrungsraum' und ‚Erwartungshorizont' — zwei historische Kategorien (1976), S. 25; DERS., Das achtzehnte Jahrhundert als Beginn der Neuzeit (1987), S. 278.
[12] Vgl. B. CLAUSSEN, Die Politisierung des Menschen und die Instanzen der politischen Sozialisation (1996), S. 18ff.

Analyse der heutigen Massendemokratien andere Kriterien zum Zuge kommen als bei der Gelehrtenrepublik der Frühen Neuzeit.[13]

Bereits die klassischen Instanzen der politischen Sozialisation (Schule, Universität, Freunde, Medien) sind wegen mangelnder Quellen nur schwer erschließbar. Außerdem waren die Möglichkeiten der öffentlichen Erörterung brisanter politischer Fragen in der Hochaufklärung noch beschränkt. Die eindeutige Staatskritik vor deutschem Publikum begann erst nach 1770,[14] als der innerstaatliche Umgang mit dem Gewaltmonopol und den damit zusammenhängenden bürgerlichen und politischen Rechten endgültig auf der Tagesordnung stand.[15]

Der Prozeß der Politisierung war während des gesamten 18. Jahrhunderts Teil und Prinzip der Aufklärung. Politisierte Aufklärer entwickelten die noch heute gültige politisch-soziale Sprache und erhoben die permanente Aufklärung zum Prinzip. Am Ende stand bei aller Heterogenität ein neues Staats- und Gesellschaftsverständnis.[16] Dieses zählte Öffentlichkeit, Pressefreiheit und Toleranz — in der Weise, wie sie heute verstanden werden — zu den wichtigsten politischen Schlagworten.[17] Als Vorstellung, um beständig gegen angemaßte Vorurteile und eine absolut oder irrational vorgebene Wirklichkeitsauffassung im Sinne Paul Watzlawicks vorzugehen, dauert die Aufklärung bis heute fort.[18] Dies gilt für alle Kritiker, von der Frankfurter Schule bis zur Postmoderne, die ihr mehrmals den „collapse into anti- or irrationalism" vorgeworfen haben.[19]

Dennoch besitzt die Aufklärung eine Kehrseite, jene illusionslose Intellektualität, die alles zu entlarven, aber nichts normativ vorzugeben vermag, weil sie alle moralischen und religiösen Autoritäten zerstört hat.[20] Obwohl seit der Antike bekannt,[21] spürten nur wenige Aufklärer wie Pufendorf und Voltaire die Gefahr dieses totalen Skeptizismus und bemühten vermehrt sittliche Gründe, um eine Gesellschaft zusammenzuhalten.[22]

---

13 Vgl. W. SCHULZE, Theoretische Probleme bei der Untersuchung vorrevolutionärer Gesellschaften (1977), S. 55, 69.
14 Vgl. R. GRIMMINGER, Aufklärung, Absolutismus und bürgerliche Individuen (1984), S. 31; R. WILD, Stadtkultur, Bildungswesen und Aufklärungsgesellschaften (1984), S. 115.
15 Vgl. M. STOLLEIS, Geschichte des öffentlichen Rechts (1988), S. 269.
16 Vgl. H.E. BÖDEKER/U. HERRMANN, Aufklärung als Politisierung — Politisierung der Aufklärung (1987), S. 3, 5.
17 Vgl. H.-U. WEHLER, Geschichtswissenschaft heutzutage (1995), S. 190f.; J. RACHOLD, Die aufklärerische Vernunft (1999), S. 9ff.
18 Vgl. P. WATZLAWICK, Wie wirklich ist die Wirklichkeit? (1976), S. 142.
19 Vgl. R.C. BARTLETT, The Idea of Enlightenment (2001), S. 4 (Zitat), 9.
20 Vgl. V. HÖSLE, Moral und Politik (1997), S. 13f., 140.
21 „Durch Zweifelsucht kann unser ganzes Dasein zerstört und für immer zum Trümmerhaufen werden" (EPIKUR, Philosophie der Freude (1973), S. 71).
22 Vgl. G. HARTUNG, Die Naturrechtsdebatte (1999), S. 14f.

Theodor W. Adorno und Max Horkheimer führten gegen Ende des Zweiten Weltkriegs ihr „Entsetzen vor dem Rückfall in die Barbarei" auf dieses Versäumnis der Aufklärer zurück.[23] Die fehlende „Besinnung auf das Destruktive",[24] das der Aufklärung seit ihren Anfängen eigen sei, habe Auschwitz erst möglich gemacht. Daher muß jede Wirklichkeit gewordene Ordnung durch ein freiheitliches Korrektiv beständig hinterfragt werden: durch die Aufklärung der Aufklärung.[25] Zum Denken der Aufklärung gehört aus diesem Grunde notwendig die Freiheit im weitesten Sinn.

Der Politisierungsprozeß innerhalb der Aufklärung hatte einen großen Einfluß auf die Entwicklung der politischen Theorien in Deutschland. Er vermischte sich mit der Naturrechtsdebatte und anderen akademischen Diskussionen.[26] Es war der insgesamt zweihundert Jahre dauernde Konflikt verschiedener staatsrechtlicher Theorien, der das politische Denken zwischen den Monarchomachen, dem theokratischen und liberalen Naturrecht, dem monarchischen Absolutismus und der Rolle der Landstände bestimmt hat.[27] Zwei große Richtungen bildeten sich im Rahmen des politischen Diskurses heraus, beide eher gemäßigt und beide mit vielfachen Differenzierungen möglich: eine historisch-ständische und eine aufgeklärt-gesetzesstaatliche Konzeption.[28] Später gesellte sich die Forderung nach der Meinungs- und Pressefreiheit hinzu, ebenso wie nach der Garantie des Eigentums.[29]

II. FORSCHUNGSSTAND

In der modernen Forschung herrscht Einigkeit darüber, daß Gottfried Achenwall einer der führenden Vertreter der Statistik, der Politik, des Naturrechts und der Geschichte im 18. Jahrhundert gewesen ist.[30] Dennoch stellte Pasquale Pasquino 1986 die These auf, daß Achenwall noch nicht systematisch

---

[23] M. HORKHEIMER/T.W. ADORNO, Dialektik der Aufklärung, (1944), S. 93.
[24] EBD., S. 3.
[25] Vgl. W. SCHNEIDERS, Aufklärung als Aufgabe (1997), S. 68.
[26] Vgl. H.E. BÖDEKER/U. HERRMANN, Aufklärung als Politisierung — Politisierung der Aufklärung (1987), S. 6.
[27] Vgl. H. DREITZEL, Absolutismus und ständische Verfassung (1992), S. 15.
[28] Vgl. R. VIERHAUS, „Patriotismus" — Begriff und Realität einer moralisch-politischen Haltung (1980), S. 21.
[29] Vgl. H.E. BÖDEKER, Prozesse und Strukturen politischer Bewußtseinsbildung der deutschen Aufklärung (1987), S. 23f.
[30] Aus den modernen Nachschlagewerken vgl. F. RANIERI, Biographisches Repertorium der Juristen (1989), S. 11; W. KILLY, Deutsche Biographische Enzyklopädie (1995), S. 18.

erforscht sei.[31] Daran hat sich bisher wenig geändert. Die Forschung hat sich nur speziellen Fragestellungen gewidmet. Die wichtigsten sollen kurz vorgestellt werden.

a. Einzelbeiträge

Achenwall bildete einen wichtigen Knotenpunkt in der Entwicklung jener politischen Disziplinen, die zum Teil anachronistisch Staatswissenschaften genannt werden. Mit diesem Fächersystem ist eine Zusammensetzung älterer und neu geschaffener Fächer und Disziplinen gemeint, die sich in der ersten Hälfte des 18. Jahrhunderts herausbildeten. Sie veränderten die schularistotelische Form der praktischen Philosophie grundlegend.[32] Zu dem Naturrecht als historisch fundierten allgemeinen Staatsrecht (ius publicum universale) kamen die empirisch aufgefaßte Staatenkunde (später Statistik) — einschließlich der Reichs- und Staatengeschichte — sowie die Ökonomischen, Policey- und Cameralwissenschaften hinzu, die den Bereich zwischen Privatökonomie, Staatswirtschaft und Technologie abdeckten. Schließlich wurden noch die Politik als allgemeine Staatslehre und die anthropologische Ethik erneuert.

Das ging einher mit vielen Versuchen, die neuen Fächer und Disziplinen zu systematisieren. Von Hermann Conring kommend, führte Achenwalls Weg zu August Ludwig von Schlözer und von dort zu den politischen Theorien des vormärzlichen Liberalismus.[33] Sein besonderer Verdienst bestand ferner darin, daß er seine Disziplinen für eine Parallelentwicklung öffnete, die exemplarisch der Ansatz Johann Heinrich Gottlieb von Justis bot.[34]

Justis politische Ökonomie meinte eine bürgerliche Gesellschaft, die sowohl durch wirtschaftlichen Wohlstand als auch durch soziale und liberale Reformen gekennzeichnet war — und kein Interesse mehr an älteren Traditionen insbesondere des Naturrechts besaß. Ihr Einfluß auf die staatswissenschaftliche Diskussion war groß und machte Justi außerdem zum Begründer der eigenständigen Finanzwissenschaft, der Verwaltungslehre und der Technologie in Deutschland.[35] Achenwall integrierte diesen Ansatz in den von ihm gelehrten Fächerkanon, indem er

---

[31] Vgl. P. PASQUINO, Politisches und historisches Interesse bei Gottfried Achenwall (1986), S. 145, 149.
[32] Vgl. H.E. BÖDEKER, Das staatswissenschaftliche Fächersystem (1985), S. 142ff.
[33] Vgl. P. PASQUINO, Politisches und historisches Interesse bei Gottfried Achenwall (1986), S. 145–152; H. DREITZEL, Universal-Kameral-Wissenschaft als politische Theorie (1998), S. 162–169.
[34] Vgl. H.E. BÖDEKER, Das staatswissenschaftliche Fächersystem (1985), S. 153–155.
[35] Vgl. R. VOM BRUCH, Zur Historisierung der Staatswissenschaften (1985), S. 134; H. DREITZEL, Justis Beitrag zur Politisierung der deutschen Aufklärung (1987), S. 159.

Justis politisches Potential ausblendete und ihn lediglich als ökonomischen Theoretiker betrachtete. Auf diese Weise konnten die Staatswissenschaftler später sowohl ihre traditionellen Disziplinen weiterführen, als auch andere ökonomischen Ansätze, wie die Adam Smiths und weiterer Vorläufer der heutigen Betriebswirtschaftslehre, rezipieren.

Außerdem wird Achenwall als pragmatischer Aufklärungshistoriograph verstanden, was seit Wilhelm Dilthey communis opinio ist.[36] Weniger überzeugen konnte die zugespitzte These Franz Uhle-Wettlers, Machiavelli und Naturrecht als zwei gleichberechtigte Hauptströmungen bei Achenwall auszumachen.[37] Darin habe er Montesquieu kopiert. Das Naturrecht Achenwalls böte „nur Allgemeinheiten",[38] seine Politik nur einen halbherzigen Versuch, einer induktiv-naturrechtlichen Tradition aus dem Weg zu gehen. Zudem habe Achenwall jede Kritik an der absolutistischen Monarchie vermieden. Diese Arbeit wird sein kritisches Potential aufzeigen und belegen, daß weder Machiavelli noch Montesquieu für ihn eine erwähnenswerte Rolle gespielt haben. Schlüsse dieser Art sind nur möglich, wenn der Nachlaß Achenwalls nicht berücksichtigt wird, den Uhle-Wettler wie viele andere Vertreter der Forschung nicht benützt hat. Unverständlich bei diesen und anderen Ansätzen bleibt, warum zum Beispiel der Einfluß Hermann Conrings und Christian Wolffs selten thematisiert worden ist.[39]

Überzeugen konnte die bisherige Darstellung von Achenwall als rechtstheoretischer Inspirator Immanuel Kants. Kant legte zwischen 1767 und 1788 mindestens zwölfmal die späteren Auflagen von Achenwalls *Elementa iuris naturae* seinen eigenen Vorlesungen zugrunde. Allerdings geschah dies in großer Unabhängigkeit von Achenwall, so daß diese Beschäftigung in dem Wechsel Kants zu dem liberalen Justiz- beziehungsweise in dem reinen Rechtsstaat der *Metaphysik der Sitten* (1797) mündete.[40] Wird Kants kritischer Begriff des Rechts als Naturrecht aufgefaßt,

---

[36] Vgl. W. DILTHEY, Das achtzehnte Jahrhundert und die geschichtliche Welt (1901), S. 261ff.; N. HAMMERSTEIN, Jus und Historie (1972), S. 310f., 318f., 357; P.H. REILL, The German Enlightenment and the Rise of Historicism (1975), S. 40; H.W. BLANKE/D. FLEISCHER, Theoretiker der Aufklärungshistorie (1990), S. 31f.
[37] Vgl. F. UHLE-WETTLER, Staatsdenken und Englandverehrung bei den frühen Göttinger Historikern (1956), S. 14–50, 243.
[38] EBD., S. 23.
[39] Dieser Bezug fehlt auch bei G. VALERA, Statistik, Staatengeschichte, Geschichte (1986), S. 119ff.
[40] Vgl. G. BUCHDA, Das Privatrecht Immanuel Kants (1929), S. 1ff. C. RITTER, Der Rechtsgedanke Kants (1971), S. 24ff., 241ff., 339ff.; DERS., Immanuel Kant (1995), S. 332ff. Vgl. M. ANNEN, der anhand der Definition der juristischen Lüge den Umgang Kants mit Achenwall exemplarisch nachzeichnet (Das Problem der Wahrhaftigkeit in der Philosophie der deutschen Aufklärung (1997), S. 61).

kann der Unterschied zu Achenwall besonders deutlich herausgelesen werden. Das Naturrecht vor Kant ging zunächst von einem normativ vorgegebenen Begriff einer Natur des Menschen an sich aus, der durch moraltheologische, universal-rationale oder historisch-empirische Beweise präzisiert werden mußte. Außerdem wurde Naturrecht im 18. Jahrhundert manchmal als Basis, zumindest aber als subsidiäre Rechtsquelle des geltenden Rechts betrachtet.[41] Dies gilt gerade für Achenwall, der eine juristische Ausbildung genossen hat.

Kants Naturrecht operierte mit Rechtsbegriffen a priori und brach mit allen äußeren, positiven, theologischen, teleologischen oder deontologischen[42] Instanzen beziehungsweise Rechtsideen. Lediglich ausgehend von der autonomen Freiheitlichkeit aller äußeren Handlungen begründete er das Recht „auf dem Boden der Freiheit",[43] weil für ihn Freiheit das einzige Subjekt in allen Naturrechtssätzen darstellte. Erst von dort aus seien Maximen zu bilden, die nur dann praktische Gesetze würden, wenn ihre Geltung durch den freien Willen aller vernünftigen Menschen anerkannt sei.[44]

Joachim Hruschkas Bemühungen gingen zwar ebenfalls vom philosophischen Kontext aus, wiesen aber in eine völlig andere Richtung. Er analysierte Achenwall als einen nur mathematisch erfaßbaren Pflichtethiker.[45] Hruschka wollte nachweisen, daß Achenwall als erstem eine Darstellung des hexagonalen Systems der deontischen, das heißt pflichtethischen Grundbegriffe gelungen sei. Dazu zitierte Hruschka einen Paragraphen (Nr. 26) aus den *Prolegomena iuris naturalis* (1767), in dem von einer Handlung (actio) ausgehend alle möglichen Fälle in Hinblick auf ihre Gesetzmäßigkeit systematisch deduziert wurden. Achenwall unterschied dort in der Tradition der Stoa drei gesetzeskonforme actiones: geboten, verboten oder indifferent (bloß erlaubt). Daraus konstruierte Hruschka ein Sechseck, das diesen Deduktionen geometrisch entsprechen sollte. Außerdem wies Achenwall, so Hruschka, als erster systematisch nach, daß in der indifferenten Sphäre alle Handlungen erlaubt sind.[46] Überlegungen dieser Art

---

[41] Vgl. D. KLIPPEL, Politische und juristische Funktionen des Naturrechts (2000), S. 4f.
[42] „Deontologisch" bedeutet „pflichtethisch" (W.K. FRANKENA, Analytische Ethik (1963), S. 32).
[43] Vgl. T.S. HOFFMANN, Kant und das Naturrechtsdenken (2001), S. 451.
[44] Vgl. EBD., S. 450f.
[45] Vgl. J. HRUSCHKA, Das deontologische Sechseck bei Gottfried Achenwall (1986), passim.
[46] Vgl. dazu auch B. TIERNEY, Permissive Natural Law and Property (2001), S. 395.

finden sich an keiner Stelle in Achenwalls Werken oder Nachlaß, so daß ihr Nutzen begrenzt scheint.

Ende der achtziger Jahre untersuchte Hruschka das Rechtssystem Achenwalls.[47] Er faßte es als bloße Lohn- und Zweckmoral auf, in der die Strafandrohung das Hauptgewicht bei der Einhaltung der Gesetze darstellte. Diese Fixierung auf die Strafandrohung habe eine Generation später Paul Johann Anselm Feuerbach in seiner psychologischen Zwangstheorie direkt übernommen. Ähnliche Beobachtungen machte Hruschka bei Feuerbachs Rechtsformel nulla poena sine lege et crimine. Hruschka mußte zugeben, daß Achenwall darin prominente Vorgänger gehabt habe. Schon deswegen sei eine genaue Aussage über diese rechtsgeschichtlichen Verbindungslinien nur schwer möglich.

Fania Oz-Salzberger entdeckte 1995 als erste Achenwalls publizistische Bemühungen. Sie erwähnte die Übersetzung eines Kapitels von Adam Fergusons *Institutes of Moral Philosophy* (1769), auch wenn damals noch nicht zweifelsfrei feststand, daß Achenwall der Autor dieses Artikels war.[48] Im gleichen Jahr wies Jan Schröder erstmals explizit darauf hin, daß Achenwall als Naturrechtsautor der interessanteste Achenwall sei.[49] Schröders These steht im Gegensatz zu den anderen Ansätzen, die in Achenwall eher einen Statistik- oder Politikgelehrten als einen Naturrechtsautor erkennen. Schröder relativierte auch die These Diethelm Klippels, der ihn 1976 aufgrund seines naturrechtlichen Freiheitsbegriffs dem älteren, vorliberalen Naturrecht des aufgeklärten Absolutismus zugerechnet hatte.[50]

b. Defizite

Achenwall war einer der ersten in Göttingen, der Aufklärung, Politisierung und politische Theorie miteinander verband. Die bisherigen Einzelbeiträge ergeben darüber kein stimmiges Gesamtbild. Sie blenden außerdem sein System der Staatswissenschaften aus und haben seine Gewichtung des Naturrechts lange unterschätzt. Dafür gibt es vor allem zwei Gründe: erstens ist eine solche Untersuchung nur aus Achenwalls Nachlaß möglich und der wurde kaum beachtet; zweitens verbuchte ihn die historische Forschung lange als Vollender der Statistik in der Tradition Hermann Conrings.

---

[47] Vgl. J. HRUSCHKA, Strafe und Strafrecht bei Achenwall (1987), S. 161ff.
[48] Vgl. F. OZ-SALZBERGER, Translating the Enlightenment (1995), S. 130f., 235ff.
[49] Vgl. J. SCHRÖDER, Gottfried Achenwall, Johann Stephan Pütter und die „Elementa Iuris Naturae" (1995), S. 348ff.
[50] Vgl. D. KLIPPEL, Politische Freiheit und Freiheitsrechte (1976), S. 13ff., 46ff., 94ff., 181ff.

Diese beschreibende und anti-empirische Disziplin ist als eine Art europäische Staatenkunde vorzustellen. Die anderen Disziplinen, die Achenwall lehrte, gerieten lange aus dem Blickfeld. Bereits die Generation, die Achenwall unmittelbar folgte, betrachtete ihn irrtümlicherweise ausschließlich als Statistiker in der staatsbeschreibenden Tradition Conrings. Auf diese Weise wurde er zu Unrecht in die spätere Polemik der Göttinger Statistiker gegen die moderne und empirische Auffassung dieser Disziplin hineingezogen. Von dieser falschen Vorstellung hat sich auch ein Teil der modernen Forschung nicht trennen können.[51]

Als Naturrechtsautor oder gar politischer Autor wurde Achenwall schon von seinen Zeitgenossen kaum thematisiert. Vielleicht waren seine Kompendien auf den ersten Blick ebenso unpolemisch geschrieben wie ausschließlich zu didaktischen Zwecken verfaßt. Politische oder brisante Forderungen las keiner aus ihnen heraus. Überhaupt kann davon ausgegangen werden, daß Achenwalls veröffentliches Œuvre von Anfang an nicht eingehend analysiert worden ist. Diese Hypothese bestätigt der zu den wohlgesonnenen Schülern Achenwalls gehörende Dietrich Heinrich Ludwig von Ompteda. Er dankte 1785 seinem Lehrer allein „wegen des gezeigten guten Willens" für die *Iuris gentium europaearum practici primae lineae* (1775). Ompteda bemerkte zwar, daß dieses opusculum postumum sehr fragmentarisch und augenscheinlich nicht fertig ausgearbeitet veröffentlicht worden war. Allerdings entging ihm ebenso wie seinen Zeitgenossen, daß Achenwall dieses Fragment bereits Anfang der fünfziger Jahre in den *Elementa iuris naturae* veröffentlicht hatte.[52]

Diese vorsichtig formulierte Kritik Omptedas blieb eine Randerscheinung. Bis zum Ende des Jahrhunderts ist Achenwalls Rang als Gelehrter der Disziplinen Naturrecht, Politik, Geschichte und vor allem der Statistik keine Polemik entgegengebracht worden. Dies mag entweder als ein Indiz für stillschweigende akademische Anerkennung oder für ein allgemeines Desinteresse dienen.[53] Immanuel Kant fand Jahre später wenige, aber lobende Worte für den längst verstorbenen Achenwall.[54] Erst das begin-

---

[51] Vgl. H. WESENDONCK, Die Begründung der neueren deutschen Geschichtsschreibung (1876), S. 234ff.; H. KERN, Empirische Sozialforschung (1982), S. 20ff.; M. RASSEM/J. STAGL, Geschichte der Staatsbeschreibung (1994), S. 2ff.
[52] Vgl. D.H.L. VON OMPTEDA, Litteratur des gesammten Völkerrechts (1785), S. 359f. J.S. PÜTTER wußte ebenfalls nichts von der Entstehungsgeschichte der *Iuris gentium europaearum* und glaubte wie Ompteda, daß Achenwall darüber verstorben sei (Selbstbiographie (1798), S. 230ff.). Vgl. dazu auch unten S. 70.
[53] Vgl. den Göttinger H.M.G. GRELLMANN, der Achenwall vorwarf, sich als Statistiker nicht für die deutschen Staaten interessiert zu haben — obwohl er wußte, daß dies traditionell ein Thema des ius publicum speciale war (Staatskunde von Teutschland im Grundrisse (1790), S. 9).
[54] Vgl. I. KANT, Über den Gemeinspruch (1793), S. 157.

nende revolutionäre Zeitalter nach 1789 und die Siege Napoleons lösten eine grundlegende Theoriediskussion in den Staatswissenschaften aus, die auch vor Achenwalls Statistik nicht haltmachte.[55]

In der modernen Forschung herrscht die Übereinstimmung, daß Achenwall wichtige Beiträge zum Naturrecht geschrieben hat.[56] Peter Hans Reill, Hans Erich Bödeker und Jan Schröder verkörpern jenen Teil der Forschung, der Achenwalls Naturrecht große Bedeutung für die Entwicklung der politischen Theorie in Deutschland beigemessen hat. Leider wurde dies bisher kaum eingehend behandelt.[57] Vorläufig faßte Schröder seine Hypothesen in folgender Weise zusammen: In Achenwalls 1750 in erster Auflage erschienenen *Elementa iuris naturae* lasse sich ein noch „verpuppter" Liberalismus ausmachen.[58]

Die weiteren Aussagen sind zum Teil sehr widersprüchlich, obwohl Horst Dreitzel bereits 1973 darauf hinwies, daß Achenwall sich ebenso wie viele seiner Zeitgenossen zwischen Thomasius' eklektischem Anspruch und Wolffs dogmatischer Methode bewegte. Dies habe zu sehr individuellen Ansätzen geführt, so daß Verteter dieser Generation – zu der neben Achenwall auch Daries, Nettelbladt, Feder und Garve gehörten – keinesfalls als Schüler Thomasius' oder Wolffs betrachtet werden dürfen.[59]

Tim Hochstrasser erkannte in Achenwall dennoch lediglich aus dem einen Grund einen Schüler Thomasius', weil sich beide in der Definition der obligatio ähneln.[60] Dagegen hatten schon ältere Autoren in seinen Werken Belege gefunden, die ihn als Wolffschüler ausgaben.[61] Daran knüpfte 1999 auch Gerald Hartung an: Achenwall habe zusammen mit Johann Stephan Pütter dem Naturrecht Wolffs „die populärste Fassung und größte Wirksamkeit"[62] verschafft. Erst der systematische Umgang mit allen seinen

---

[55] Vgl. D. KLIPPEL, Politische Freiheit und Freiheitsrechte (1976), S. 180; M. RASSEM/J. STAGL, Zur Geschichte der Statistik (1977), S. 82; DIES., Geschichte der Staatsbeschreibung (1994), S. 3f. Vgl. dazu auch unten S. 123ff.
[56] Vgl. M. ANNEN, Das Problem der Wahrhaftigkeit in der Philosophie der deutschen Aufklärung (1997), S. 61; G. HARTUNG, Die Naturrechtsdebatte (1999), S. 148ff.
[57] P.H. REILL ging davon aus, daß Achenwall naturrechtliche Normen durch historisches Denken ausarbeiten wollte, führte diese These aber nicht weiter aus (The Rise of the Historical Consciousness (1969), S. 167). Hans Erich Bödeker wies in mehreren Gesprächen auf die starke Gewichtung des Naturrechts hin.
[58] Vgl. J. SCHRÖDER, Gottfried Achenwall, Johann Stephan Pütter und die „Elementa Iuris Naturae" (1995), S. 348.
[59] Vgl. H. DREITZEL, Vom Verfall und Wiederaufstieg der Praktischen Philosophie (1973), S. 44.
[60] Vgl. T.J. HOCHSTRASSER, Natural law theories in the early Enlightenment (2000), S. 148.
[61] Vgl. F. UHLE-WETTLER, Staatsdenken und Englandverehrung bei den frühen Göttinger Historikern (1956), S. 17.
[62] G. HARTUNG, Die Naturrechtsdebatte (1999), S. 158.

Werken und vor allem mit seinem Nachlaß schützt vor Urteilen dieser Art.

III. QUELLENLAGE UND METHODEN

Das wesentliche Fundament dieser Arbeit ist der zum ersten Mal systematisch ausgewertete, sehr umfangreiche Göttinger Nachlaß. Er dient neben den Druckschriften als gleichberechtigte Hauptquelle. Die Forschung hat sich dieses Nachlasses bisher nur punktuell bedient.[63] Dies überrascht, da Achenwall sich in seiner Göttinger Zeit keinen einzigen Gedanken mehr gegönnt hat, ohne die Feder in der Hand zu halten. Strenggenommen stellt dieser unvollständige Nachlaß, der im November 1772 von der Göttinger Universität aufgekauft wurde, nur einen Teilnachlaß dar, weil zum Beispiel die persönlichen Dokumente weitgehend fehlen.[64] Die Lebensdokumente wurden aller Wahrscheinlichkeit nach ebenso wie viele andere schriftliche Sammelstücke von der Witwe Achenwalls entnommen.

a. Achenwalls Nachlaß

Es gibt zwei Möglichkeiten, diesen immer noch riesigen Nachlaß systematisch darzustellen. Erstens durch Untergliederung in verschiedene Themenkreise, was bereits von Achenwall vorgegeben wurde — in Form von einzelnen Konvoluten über Statistik, Geschichte, Politik, Naturrecht, ius publicum, etc. pp. Zweitens kann dieser Nachlaß in literarische Gattungen unterteilt werden.[65] In diesem Fall sind die Rechnungen und Billets zu erwähnen, dann die raren Lebensdokumente[66] beziehungsweise die Briefe und das Tagebuch aus seiner Zeit als Hofmeister in Dresden (1743–1746). Die Rezeption Achenwalls durch die Zeitgenossen

---

[63] Wenige Forscher, zum Beispiel V. JOHN (Geschichte der Statistik (1884)) und J. HRUSCHKA (Das deontologische Sechseck bei Gottfried Achenwall (1986)), haben den Nachlaß punktuell genützt. Das gleiche gilt für G. ACHILLES, Bedeutung und Stellung von Gottfried Achenwall (1906), P.H. REILL, The German Enlightenment and the Rise of Historicism (1975), S. 258 und P. PASQUINO, Politisches und historisches Interesse bei Gottfried Achenwall (1986).

[64] Vgl. die BAYERISCHE STAATSBIBLIOTHEK, Regeln für die Katalogisierung von Nachlässen (1982), S. 7.

[65] Zu diesem Vorgehen vgl. S. SCHEIBE, Zu einigen Grundprinzipien einer historisch-kritischen Ausgabe (1971), S. 6, 14ff.

[66] In biographischer Hinsicht ist durch kassatorische Zufallsfunde allenfalls ersichtlich, daß Achenwall im März 1758 wegen heftiger Zahnschmerzen und Ende November 1763 „wegen meiner Unpäßlichkeit" nicht unterrichten konnte, weil er beide Aushänge später als Schmierzettel benützt hat (COD. MS. ACHENWALL 163/151, 204b/44). Auf die gleiche Weise ist in Erfahrung zu bringen, daß er 1763 zwölf Reichstaler und 27 Groschen für sich, seine Frau und seine zwei Bediensteten an Steuern gezahlt hat (EBD., 209/58).

wird mit Hilfe des Göttinger Nachlasses nur wenig erhellt. Achenwall bewahrte kaum Belege über seine akademischen Erfolge auf.[67] Allerdings läßt sich eine Rezeptionsgeschichte kaum über den Nachlaß des Rezipierten schreiben. Den meisten Raum in Achenwalls Nachlaß nehmen Werkmanuskripte aller Art ein: Buchmanuskripte, Vorarbeiten, Durchgangsstufen, Textniederschriften und Druckvorlagen, Vorlesungs- und Redemanuskripte, Fragmente, schließlich sehr viele Reflexionen und Exzerpte. Die beiden letzten Gattungen sind vorzugsweise im Bereich des Naturrechts zu beobachten. Darüber hinaus befindet sich noch weiteres Schriftgut im Nachlaß, überwiegend Zeitschriftenartikel, Manuskripte, Kollegmitschriften, Bücher und Abschriften durch fremde Hände und zum Teil aus dem 17. Jahrhundert.[68]

Der letzte Grund dieser ungeheuren Sammel- und Kommentierleidenschaft — Achenwall katalogisierte seinen späteren Nachlaß bis ins kleinste Detail — wird für immer im verborgenen bleiben. Die einzelnen Zettel in den über zweihundert Konvoluten hat er durchgehend mit Rötelstift durchnumeriert. Allerdings fällt es ungemein schwer, die Entstehungsgeschichte der einzelnen Konvolute beziehungsweise die exakte Arbeitsweise Achenwalls nachzuzeichnen. Zwar ist ohne Probleme ersichtlich, daß er zu einem bestimmten Thema (Privatklugheit, Statistik) die einzelnen Zettelnummern chronologisch so lange vergeben hat, bis ihm nach etwa vierhundert Nummern das Konvolut zu umfangreich wurde. Unklar ist aber, wie groß die Pausen zwischen den einzelnen Nummern waren und was er in dieser Zeit in anderen Konvoluten oder dergleichen schrieb.[69]

Die Göttinger Zeitgenossen haben diese rastlose Anhäufung von Daten nur mit seinem Beruf als Statistiker in Verbindung

---

[67] Vgl. zum Beispiel die beiden Zeitungsartikel aus den „Gelehrten Beyträgen zu den Braunschweigischen Anzeigen" 18 (1768/1769), die berichten, daß auf der Julius-Carls-Universität zu Helmstädt im Sommer 1768 Professor Reusel nach Achenwall die Staatsklugheit und im Sommer 1769 Professor Ferber das Naturrecht nach Achenwall lesen werde (COD. MS. ACHENWALL 215/108, 123).

[68] Ein Teil von Achenwalls Privatbibliothek — gedruckte Bücher, Landkarten, Dissertationen über Politik, Naturrecht, Theologie und in französischer, deutscher, lateinischer, englischer und niederländischer Sprache — wurde im Januar 1773 auf einer Auktion verkauft, bei der die Göttinger Universität über 200 Exemplare erstand (COD. MS. BIBL. ARCH. MANUAL 1773/19–22; GGA 143 (1772), S. 1217).

[69] Die Überlegung, daß Päckchen mit höheren Nummern späteren Datums sind, bewahrheitet sich nicht. Der zweite Zettel aus COD. MS. ACHENWALL 18 ist zum Beispiel mit 1771 datiert. Achenwall hat nur äußerst selten vermerkt, wann er an einem bestimmten Zettel oder Bündel gearbeitet hat. Einer dieser seltenen Fälle verdeutlicht, wann er zum Beispiel das Bündel über das ius sociale durchgegangen ist: „1759| 1761| 1765| 1766| 1767| 1770" (EBD., 162/2). Dazu muß berücksichtigt werden, daß Achenwall Vorarbeiten aller Art später als Notizzettel gebraucht hat (zum Beispiel EBD., 164/475).

bringen können, womit aber nur ein Teil dieser Sammelwut erklärt wird.[70] Denn Achenwall türmte ebenso besessen Daten über alle anderen Fächer und Themen auf.

Unter allen Besonderheiten, die bei der Durchsicht dieses Nachlasses auffallen, sollte die Auswahl der Blätter, Bögen, Seiten, Fetzen und Schnipsel genannt werden, die Achenwall als Schmierpapier für seine Notizen verwendet hat. Ohne Zweifel zwang ihn dazu der Papiermangel und seine Sparsamkeit nicht nur in Kriegszeiten.[71] Dennoch wurden neben Einkaufszetteln, Notenblättern und Briefen von Schwägern und Schwägerinnen auch Briefe Louise Schlözers, seiner Geschwister, seines Sohnes, Kinderzeichnungen und übriggebliebene Festprogramme seiner Hochzeit mit der Tochter des älteren Moser verwendet. Sogar der schwarze Rand einer Pleureuse hat Achenwall nicht bei der Wahl seiner Notizzettel zurückschrecken lassen, ebenso wie der nachträglich durchgestrichene Entwurf eines anscheinend sehr persönlich geplanten Briefes.[72] Abschließend ist die Beobachtung zu verzeichnen, daß Achenwall einen Brief Johann Jacob Mosers auf den Monat genau zwanzig Jahre aufbewahrte, bevor er von ihm als Notizzettel verwendet wurde. Der Brief seines Enkels dagegen, der im April 1767 an den „lieben GroßPapa" schrieb, wanderte bereits im August des gleichen Jahres als Schmierzettel in die Zettelbündel.[73]

So wenig schmeichelhaft diese Beobachtungen für den Menschen Achenwall beziehungsweise für manche seiner Korrespondenzpartner ausfallen mögen, so unwichtig erscheinen solche Schlußfolgerungen, da keine Biographie Achenwalls entstehen soll. Lebensbeschreibende Perspektiven werden in dieser Arbeit nur am Rande wahrgenommen, etwa angesichts der Tatsache, daß Achenwall in den sechziger Jahren einige Materialien über die Unruhen in seiner Geburtsstadt Elbing oder über den Siebenjährigen Krieg gesammelt hat.[74] Dort sind keine Äußerungen oder Positionen zu finden, die einen persönlichen Grund annehmen lassen würden. Dennoch befinden sich die Notizen in ihrer

---

[70] Vgl. C.G. Heynes Nekrolog auf Achenwall in den GGA 54 (1772), S. 457f.
[71] Vgl. COD. MS. ACHENWALL 86/108, 87/113, 157/143, 159/9, 162/273, 163/167, 220, 179/133, 180/115, 186/44, 204/230 (auch im folgenden).
[72] „[Mein lieber Getreuer Getreuer Getreuer]" (EBD., 160/148).
[73] Vgl. EBD., 203ᵇ/146.
[74] Vgl. zum Beispiel die Abschrift der „Beytritts-Acte derer Preuß[ischen] Größeren Städte zu der d[en] 20. Martius 1767 in Thorn errichteten Confoederation des dissidentisch[en] Adels" (EDD. — nicht die Handschrift Achenwalls). Vgl. dazu auch Achenwalls Manuskript „Neue Verfassung d[er] Stadt Elbing" vom 29. Mai 1767 (EBD., 202/420f.). Zu den Spannungen zwischen 1765 und 1770, als deren Folge die Macht des Rats durch die Bürgerschaft beschritten wurde, vgl. M. FUCHS, Beschreibung der Stadt Elbing (1818/1821), S. 281ff. und E. CARSTENN, Elbings Verfassung zu Ausgang der polnischen Zeit (1910), S. 20ff.

Gesamtheit nicht in jenem autonomen Raum gelehrter Arbeit, der weitgehend resistent gegenüber Gebundenheiten ist. Die mitunter stark ausgeprägten sozialen Stereotypen Achenwalls verhinderten eine freischwebende Denkart.[75]

b. Gelehrter Habitus und Öffentlichkeit

Eine besondere Eigenart Achenwalls war, selbst zu den Nachrichten eigene Gedanken zu entwickeln und schriftlich zu fixieren. Bei einer Durchsicht der Myriaden von Zetteln steht eine weitere Besonderheit fest: Die Angewohnheit Achenwalls, einzelne Themen der Aufklärung entweder als Iuris Consultus naturalis, als politicus[76] — oder seltener —, als statisticus oder historicus zu beantworten. In allen Fällen mußte er zunächst die dogmatischen, sozialen oder gelehrten Gegebenheiten und Hintergründe analysieren, um dann entweder mit einer naturrechtlichen, einer statistischen, einer historischen oder einer politischen Hypothese zu einem Ergebnis zu gelangen. Welche der vier Möglichkeiten er dabei wählte, läßt sich nur von Fall zu Fall klären, weil dies von Achenwalls gelehrten, sozialen oder biographischen Gebundenheiten abhing. Daß er überhaupt über Dinge wie Justizreform und Patriotismus nachdachte, lag an seiner Politisierung.

Durch diesen Zugriff auf Achenwalls gelehrten Nachlaß soll keinesfalls geleugnet werden, daß ein heutiger Wissenschaftler[77] nicht auch seine Äußerungen im Hinblick auf die scientific community macht. Doch die République des Lettres, in der Achenwall sich bewegte, war noch keine scientific community, wie sie heute existiert: Zu viel hing von kontingenten Freundschaften und Loyalitäten ab. Die ständige Kommunikation unter den Gelehrten war noch wenig von sachlichen und objektiven Kriterien abhängig.[78] Daher war Achenwalls politisierter Habitus der permanenten gelehrten Kommunikation noch in einer Vorform entwickelt, die einer näheren Erklärung bedarf. Die Diskussion um die seit Ernst Manheim und Jürgen Habermas oft erörterte Öffentlichkeit kann hierbei wertvolle Anregungen geben.[79]

---

[75] Vgl. dazu R. BUBNER, Welche Rationalität bekommt der Gesellschaft (1996), S. 10. Zu Achenwalls sozialen Ressentiments vgl. unten B. III.
[76] Zu dem politicus als „Fachmann politischer Herrschaft" vgl. auch H. DREITZEL, Absolutismus und ständische Verfassung (1992), S. 10.
[77] Die Bezeichnungen ‚Wissenschaftler' oder ‚Wissenschaft' werden im Kontext des 18. Jahrhunderts vermieden — obwohl sie damals synonym mit dem Gelehrten(tum) verwendet wurden —, weil sie nicht dem heutigen Wissenschaftsverständnis entsprechen. Vgl. dazu R. STICHWEH, Der frühmoderne Staat und die europäische Universität (1991), S. 113ff.
[78] Vgl. L. DASTON, Objektivität und die kosmische Gemeinschaft (2001), S. 151.
[79] Vgl. E. MANHEIM, Aufklärung und öffentliche Meinung (1933); J. HABERMAS, Strukturwandel der Öffentlichkeit (1962). Vgl. dazu auch C. CALHOUN, Habermas and the Public Sphere (1992).

Die Kategorie der politisierten Öffentlichkeit verschafft diesen Äußerungen Achenwalls einen roten Faden. Öffentlichkeit ist in diesem Sinne zunächst mit Habermas' Öffentlichkeit zu vergleichen. Flankiert durch die Entstehung des modernen bürgerlichen Wirtschaftssystems, sollte dieser Kollektivsingular in einem letztlich herrschaftsfreien Diskurs jedes politische Handeln nach höchsten Normen beurteilen.[80] Zu Achenwalls Lebzeiten gab es noch wenig Möglichkeiten, über politische Fragen zu räsonieren. Eingeschränkt war dies in den Universitätskollegien insbesondere der staatswissenschaftlichen Fächer möglich. Christian Thomasius war der erste Gelehrte in Deutschland, der seine Seminarräume — modern ausgedrückt — zur herrschaftsfreien Zone erklärt hatte.[81]

Bei Achenwall ging — in Weiterführung an Habermas — die Trennung zwischen dem privat nachdenkenden Gelehrten und der politisierten Öffentlichkeit nicht nur „mitten durchs Haus",[82] sondern auch mitten durch seine Tätigkeit als Dozent. Sein öffentliches Räsonnement in Journalen oder Kompendien entspricht nicht annähernd dem, was in seinen Zetteln konserviert ist. Im kleinen Rahmen der Seminare wurden die gleichen Themen mitunter ebenfalls anders behandelt als in seinen Veröffentlichungen.

Ein kurzes Beispiel aus Achenwalls Nachlaß soll diesen Vorgang verdeutlichen. Im November 1766 spielte er vor einem seiner inneren Quasipublika mit dem Gedanken, seine beiden Naturrechtskompendien eventuell „ganz umzuschmelzen", um sie „brevius" und „exactius" zu Ostern neu zu veröffentlichen. Weiter unten entschloß er sich, stattdessen nur das zu korrigieren, „was ich en passant finde". Bereits eine Straffung der Handbücher mache diese „Altwerke" schon durchgängiger und leichter lesbar.[83]

Mit solchen und unzähligen anderen Figuren („Reor", „Längst ist erwiesen", „Man hat in neuer[e]n Zeiten erkannt")[84] wandte sich Achenwall an ein fiktives Auditorium, dem er offenbar stets Rechenschaft schuldig zu sein glaubte. Ansonsten wäre es für ihn kaum nötig gewesen, bei einer seiner zahlreichen Reflexionen

---

[80] Vgl. J. HABERMAS, Concluding Remarks (1992), S. 462. Vgl. dazu auch A. GESTRICH, Absolutismus und Öffentlichkeit (1994), S. 31; P. VON MOOS, Die Begriffe „öffentlich" und „privat" in der Geschichte und bei den Historikern (1998), S. 166.
[81] Vgl. A. GESTRICH, Absolutismus und Öffentlichkeit (1994), S. 102.
[82] J. HABERMAS, Strukturwandel der Öffentlichkeit (1962), S. 109.
[83] Vgl. COD. MS. ACHENWALL 136/61. Gemeint waren damit die *Elementa iuris naturae* und die *Prolegomena iuris naturalis*, die dann 1767/68 in sechster beziehungsweise 1767 in dritter Auflage erschienen.
[84] Vgl. COD. MS. ACHENWALL 156/77, 157/242, 162/79, 171/35 (um 1762).

über Wolff, die zumeist mit Kritik endeten, unbedingt seine eigene Position zu fixieren: „Wolf[f]s Prahlerey. In seiner Moral, edit[io] 4. Wer ohne Vorurtheil und mit Fähigkeit über neue Schriften kommt, der wird finden, daß alles Wahrheit sey, was ich hier geschrieben." Dazu vermerkte Achenwall: „Ich bin, Gottlob!, längst darüber weg, daß ich mich in dergl[eichen] Urtheilen selbst betrügen sollte."[85]

Rudolf Vierhaus hat vor mehr als dreißig Jahren auf dieses Phänomen hingewiesen.[86] Nahezu jeder Autor habe sich im 18. Jahrhundert in ständigem Räsonnement mit sich selbst und seinem Publikum befunden. Einerseits war damit die Öffentlichkeit als jene politische und moralische Instanz gemeint, die über die Herrscher zu befinden hatte. Andererseits stellte dieser Habitus ein disziplinierendes Korrektiv im Kopf jedes Autoren dar, vor dem er selbst zu bestehen hatte — gleichsam als „verborgene soziale Struktur"[87]. Bei Achenwall kann diesem für die Aufklärung typischen Habitus des dialogischen Räsonnements auch jenseits seiner Druckerzeugnisse oder Briefe dezidiert nachgegangen werden.[88]

Dieser Habitus erklärt noch lange nicht, warum Achenwall verschiedene Sprachen und verschiedene rhetorische Figuren benützte, wenn er die gleichen Phänomene analysierte. Hilfreich ist es an dieser Stelle, auf die Argumentation der Pocock-Skinner-Linie beziehungsweise der Cambridge School hinzuweisen.[89] Autoren verhalten sich ebenso wie Künstler in verschiedenen Situationen unterschiedlich, wenn Auftraggeber oder sonstige Hintergründe verlangen, zwischen den Codes zu wechseln.[90] Die letzte Antwort auf die Frage, warum einzelne Äußerungen gerade auf diese Weise — selbst wenn nur wenig Möglichkeiten in der Wahl der Sprache bestand — und nicht anders geschahen, kann die Cambridge School allerdings auch nicht geben. Die sprachliche Kontextualisierung ersetzt nicht soziale, gesellschaftliche oder biographische Gründe und sonstige Kontingenzen.

Dennoch haben exemplarisch Quentin Skinner und John Pocock daran erinnert, daß moderne Historiker nicht davon ausgehen dürfen, daß erstens die politisierten Aufklärer des 18. Jahrhunderts sich in gleicher Weise auf die gleichen politischen Fragen konzentriert haben, die die heutigen Zeitgenossen

---

[85] EBD., 157/235. Zu Achenwalls Kritik an Wolff vgl. unten C. I. c.
[86] Vgl. R. VIERHAUS, Politisches Bewußtsein in Deutschland vor 1789 (1967), S. 187f.
[87] L. HÖLSCHER, Die Öffentlichkeit begegnet sich selbst (1997), S. 12.
[88] Vgl. W. WEBER, Aufklärung — Staat — Öffentliche Meinung (2001), S. 57.
[89] Vgl. E. HELLMUTH/C. VON EHRENSTEIN, Intellectual History Made in Britain (2001), S. 150ff.
[90] Vgl. P. BURKE, Die italienische Renaissance und die Herausforderung der Postmoderne (2001), S. 33f.

bewegen. Es gibt keine zeitlose Antwort auf die Frage nach dem Verhältnis zwischen Herrscher und Beherrschten. Moderne Fragen und Ansprüche dürfen nicht in frühere Antworten hineinprojiziert werden.[91] Nicht jede Epoche spitzt ihre Staatstheorien auf den Grad der Freiheit zu, die letzterer zukommt. Zweitens ist auf den unterschiedlichen Gebrauch mehrerer Denkweisen und Sprachen hinzuweisen. Auf Achenwall bezogen heißt das: Er mußte alle Äußerungen im Rahmen vorgebener Gebildetensprachen unternehmen. So hat er, wie oben beschrieben, vor allem die Sprache des Iuris Consultus naturalis und die des politicus benützt. Die Frage ist, welche Absicht er dabei verfolgte — sofern er die Wahl zwischen beiden Sprachen hatte. Wenn zum Beispiel in einen Journal die Problematik der Folter besprochen wurde, konnte er sich zwischen der Sprache des Iuris Consultus naturalis und der des politicus entscheiden.

Dieser Arbeit dient vor allem Achenwalls Göttinger Nachlaß als empirische Textgrundlage. Seine schriftlichen Äußerungen sind seine Taten.[92] Sie können dazu beitragen, eine neue, bisher unbekannte Geschichte aus dem Jahrhundert der Aufklärung zu erzählen. Mit dieser Quellenbasis wird sie eine genauere Geschichte, da bisher verborgene Äußerungsarten analysiert werden, die die Hoffnung auf ein besseres Verständnis für die damalige Welt nähren. Es geht darum, wie Achenwall seine Gedanken und Hypothesen konstruiert hat, während er darüber schreibend nachgedacht hat. Dabei werden diese Texte im Sinne der Cambridge School und der postmodernen Kulturgeschichtsschreibung als Konzepte vergangener Bedeutungs- und Erfahrungskonstrukte aufgefaßt. Achenwalls Texte stehen nicht isoliert im Rahmen der Aufklärung. Sie sind mindestens auch als Reflex auf die damalige politische Kultur aufzufassen.[93]

Achenwalls Nachlaß kann für die Epoche der Aufklärung wertvolle Hinweise geben, weil dort viele bisher unbekannte Manuskripte und Textvorstufen konserviert sind. So wie speziell das Geschichtsbewußtsein nach Rüsen durch die drei Schritte Wahrnehmung, Deutung und Orientierung erworben wird,[94] so gilt dies auch für das Gelehrtenbewußtsein Achenwalls, der über die Themen seiner Zeit nachdachte. Im Nachlaß sind diese Teilschritte in ihren jeweiligen Originalstadien enthalten. Auf diese

---

[91] Vgl. Q. SKINNER, Meaning and understanding in the history of ideas (1988), S. 38.
[92] Vgl. E. HELLMUTH/C. VON EHRENSTEIN, Intellectual History Made in Britain (2001), S. 171.
[93] Vgl. H. WHITE, Literaturtheorie und Geschichtsschreibung (1996), S. 71; R. REICHHARDT, Historische Semantik zwischen lexicométrie und New Cultural History (1998), S. 8ff.; E. SCHULIN, „Ich hoffe immer noch, daß gestern besser wird." (1998), S. 6f.
[94] Vgl. J. RÜSEN, Historisches Lernen (1994), S. 64ff., 156ff.

Weise läßt sich Achenwalls Kommunikation mit dem, was Paul
Watzlawick die Wirklichkeit zweiter Ordnung genannt hat, individuell
nachzeichnen. Daß Achenwall zum Beispiel über Rousseau
nachdachte, aber zu völlig anderen Ergebnissen gelangte als
andere Autoren, ist nicht weiter verwunderlich. Dennoch ging er
selbst davon aus, objektive und universal gültige Antworten
gefunden zu haben. Dafür gibt es nur seine subjektiven Deutungen,
gleichsam als Wirklichkeit zweiter Ordnung.[95]

IV. ZIELE

Diese Arbeit unternimmt den Versuch, Achenwalls Positionen im
Prozeß der Politisierung des späten 18. Jahrhunderts systematisch
aufzuarbeiten — entlang seines staatswissenschaftlichen
Systems und entlang der damaligen Diskurse über Politik, Recht,
Moral und Gesellschaft. Durch den in Göttingen liegenden Nachlaß
gibt es dafür außerordentlich günstige Voraussetzungen. Vor
allem die kognitiven Kapazitäten, die sehr gut dokumentiert sind,
können untersucht werden, während die emotionalen Komponenten
weitgehend fehlen (wenn von gelehrter Sympathie oder
Antipathie einmal abgesehen wird).

Es ist dabei weniger von Interesse, ob Achenwall sich grundsätzlich
einer Kultur, einer Epoche oder einer sozialen Umwelt
verpflichtet fühlte — diese Arbeit sieht ihn in erster Linie als
politisierten Naturrechtsgelehrten. Er selbst hat sich als „Naturalist"
verstanden beziehungsweise als Iuris Consultus naturalis
oder als natürlicher Rechtsgelehrter. Erst in zweiter Hinsicht
bezeichnete Achenwall sich als statisticus, politicus und historicus.[96]
Daneben hat er die Bezeichnung „Naturalist" den damaligen
Gewohnheiten entsprechend mit Deismus synonym verwendet.
Damit war ein Monotheismus gemeint, der ohne Gottesdienst und
Offenbarung auskommt und der nur die Vernunft als Erkenntnisquelle
der Verehrung annimmt.[97]

Achenwalls Nachlaß macht deutlich, daß gelehrte Arbeit im
Göttingen des 18. Jahrhunderts nur als ein permanenter, letztlich
kompilatorischer Prozeß vorzustellen ist. Er knüpfte damit an
Erbe und Auftrag der eklektischen Philosophie an.[98] Das permanente
extrahieren, exzerpieren und glossieren fremder Texte galt

---

[95] Vgl. P. WATZLAWICK, Wie wirklich ist die Wirklichkeit? (1976), S. 143.
[96] Diese Wortwahl findet sich in COD. MS. ACHENWALL 77/129, 157/187–190, 162/79, 180/20, 185/6, 188/79–83, 196/449.
[97] Vgl. J.P. FRESENIUS, Nachricht von der Bekehrung eines Naturalisten (1750), passim; E. CASSIRER, Die Philosophie der Aufklärung (1932), S. 228ff.
[98] Vgl. M. GIERL, Compilation and the Production of Knowledge (1999), S. 69–71, 102.

weniger als bloßes kopieren anderer Autoren. Dem lagen praktische und pädagogische Gründe zugrunde. Das kooperative Prüfen und Sammeln von Materialien erschien wichtiger als die traditionelle Form des konfliktreichen Dogmatismus. Ziel dieses Vorgehens war in erster Linie das Systematisieren der eigenen Gedanken für ein neues Kompendium.[99] Dahinter steckte noch nicht das Ideal des für seinen Inhalt voll verantwortlichen Autors, der demzufolge auch nicht namentlich genannt werden mußte. Achenwalls Konvolute konservierten dieses Bestreben, alles zur Gelehrsamkeit Gehörende schwammartig aufzusaugen — von Abbt bis Zenon, von Polygamie bis Ritterorden, von Lotterie bis Pulver. Trotz dieser inhaltlichen Spannbreite zwischen Rousseau und Schlangenbeschwörung[100] gerieten zunehmend politische Fragen in seinen Horizont.

Der Nachlaß ermöglicht die Rekonstruktion von Achenwalls Gelehrtenhorizont zwischen Lektüregewohnheiten, Publikationen und Vorlesungstätigkeit. Zunächst werden im ersten Hauptteil Achenwalls Biographie, ferner seine Identität als Gelehrter und Publizist zwischen Religiosität und sozialen Vorurteilen abgehandelt. Anschließend folgt die Analyse seines Literaturkanons.

Im zweiten Hauptteil erfolgt die Rekonstruktion seines staatswissenschaftlichen Systems. Welche Bedeutung kommt jenen fünf Disziplinen — Naturrecht, Statistik, Geschichte, Politik und den Cameralwissenschaften — zu, die Achenwall lehrte? Eingehend ist dabei der Umgang mit Conrings Statistik und Wolffs Naturrecht zu prüfen, daneben sein Umgang und Verständnis in bezug auf die anderen wissenschaftstheoretischen Traditionen. Im Anschluß steht die Analyse eines ausführlichen Torsos aus den späten sechziger Jahren an. Sie soll Achenwalls Bemühen verdeutlichen, mit Hilfe von Rousseau die Historisierung des Naturrechts zu ermöglichen. Immer wieder wird der Frage nachgegangen, ob Achenwall der Platz im älteren, vorliberalen Naturrecht zusteht, oder ob einzelne Positionen in das jüngere Naturrecht weisen. Daneben ist seine Antwort auf die Frage, wie Gott in sein Naturrechtskonzept zu integrieren ist, zu beantworten. Dabei wird an den Hypothesen Schröders, Reills und Bödekers angeknüpft, weil sie mit der besonderen Beachtung des Naturrechts die vor den neuen Quellen vielversprechendsten Erklärungsmöglichkeiten bieten.

Im dritten Hauptteil wird das Naturrecht Achenwalls als Sozialphilosophie untersucht, ein Vorgang, der als Symptom für die

---

[99] Vgl. J.S. PÜTTER, Gelehrten-Geschichte (1765), S. 8.
[100] Vgl. den Zeitschriftenartikel „Von der vermeyntlichen Zauberey, die Schlangen zahm zu machen" von 1766 (COD. MS. ACHENWALL 208/75). Die anderen Themen werden im Laufe der Arbeit abgearbeitet.

Politisierung gelten kann. An dieser Stelle begegneten sich der Prozeß der Politisierung und die Leitdisziplin des 18. Jahrhunderts. Nur über den Nachlaß werden außerdem Klima und Anspruch in Achenwalls Kollegien deutlich: seine Bemühungen um Praxisnähe, seine universalen Ansprüche und wissenschaftstheoretischen Unsicherheiten, seine Privatfehden, schließlich seine Kritik an traditioneller Naturrechtsdogmatik und ius commune beziehungsweise Gemeinen Recht. Innerhalb des Naturrechts enthüllt sich die Spannung zwischen Lehre und Forschung und vor allem zwischen dem Naturrecht als Propädeutikum für angehende Juristen und dem Naturrecht als Grundlagendisziplin für alle Staatswissenschaften. Zudem treten bisher unbekannte Konfliktlinien zutage. Es ist der Dissens, der zuweilen entsteht, wenn eine universitäre Disziplin in der Praxis beobachtet wird.

Schließlich erlaubt die gute Quellenlage im vierten Hauptteil die Analyse von thematischen Blöcken, die zu den klassischen Grundfragen der Aufklärung gehören. Zudem bekamen diese Themen unter dem Einfluß der Politisierung neue Akzente: erstens Achenwalls Auseinandersetzung mit England, zweitens sein Patriotismus, drittens seine Positionen in der Diskussion um die Justiz- und Strafrechtsreform, viertens sein Verständnis von Freiheit und Eigentum, fünftens sein Verhältnis zur Reichspublizistik, wobei auch die Frage nach dem Widerstandsrecht zur Sprache kommt.

B. GELEHRTENHORIZONT

I. Zur Biographie

a. *Biographische Fragmente*

Gottfried Achenwall wurde am 20. Oktober 1719 in Elbing als Sohn eines Kaufmanns geboren.[1] Die Freistadt war 1237 vom Deutschen Orden und Lübecker Kaufleuten gegründet worden und befand sich seit Anfang des 18. Jahrhunderts in preußischer Hand.[2] Von 1726 bis 1738 besuchte Achenwall das Elbinger Gymnasium.[3] Anschließend studierte er bis 1740 in Jena, vor allem deutsches Recht, Historie und Philosophie.[4] Sein Studium setzte Achenwall in Halle fort, wo er zwischen 1740 und 1741 Naturrecht, römisches Recht, Rechtsgeschichte, Pandekten, Lehnsrecht, Staatswissenschaften und europäische Staatengeschichte hörte. 1742 wechselte er an die Leipziger Universität – die ihm 1747 den Magister verlieh –, um deutsche Reichshistorie, ius publicum sowie Gelehrtenhistorie zu studieren.

In keinem seiner Studienorte ist Achenwall nachhaltig beeinflußt worden. In Jena und Halle hörte er zum Beispiel von dem neuen Stellenwert der Historie.[5] Als Historiker konnte er nur wenig davon profitieren. Nur als Naturrechtsgelehrter sollte ihm

---

[1] Biographische Daten zu Achenwall finden sich vor allem bei J.S. PÜTTER, Gelehrten-Geschichte (1765), S. 142ff.; DERS., Selbstbiographie (1798), passim. Aus den älteren Nachschlagewerken vgl. G.C. HAMBERGER, Das gelehrte Teutschland (1772), S. 1f.; J.C. ADELUNG, Fortsetzung zu Jöchers allgemeinem Gelehrten-Lexico (1784), Bd. 1, Sp. 151–153; J.H. STEPF, Galerie aller juridischen Autoren (1820), Bd. 1, S. 278 (DBA); H.W. ROTERMUND, Das gelehrte Hannover (1823), Bd. 1, S. 2f.; E. STEFFENHAGEN, „Achenwall" (1875), S. 30.; F. ZAHN/E. MEIER, „Achenwall" (1953), S. 32f.
[2] Vgl. M. FUCHS, Beschreibung der Stadt Elbing (1818/1821); H. HOPPE, Der Stadtstaat Elbing (1991), S. 63ff.
[3] Vgl. H. ABS, Die Matrikel des Gymnasiums zu Elbing (1936/1944), S. 235.
[4] Vgl. C. WEIDLICH, Lexicon aller jetztlebenden Rechtsgelehrten (1766), S. 267f. (DBA); J.G. MEUSEL, Lexikon der verstorbenen teutschen Schriftsteller (1802), Bd. 1, S. 274–276 (DBA – auch im folgenden).
[5] Vgl. NÜTZLICHE NACHRICHTEN VON BEGEBENHEITEN IN LEIPZIG (1747), S. 237, 240f.; C. WEIDLICH, Zuverlässige Nachrichten von denen jetztlebenden Rechtsgelehrten, Teil 2 (1758), S. 75ff.; N. HAMMERSTEIN, Jus und Historie (1972), S. 266ff.; M. STOLLEIS, Geschichte des öffentlichen Rechts (1988), S. 241.

ein neues Verständnis von Historie mittelbar dienlich sein. Als er in Leipzig studierte, galt dieses als Hochburg des Wolffianismus.[6] Trotzdem wurde Achenwall ein scharfer Kritiker Wolffs. Nach seinem für diese Zeit vorbildlichen juristischen und staatswissenschaftlichen Studium ging Achenwall in einer Art Warteschleife als Hofmeister nach Dresden. In der frühneuzeitlichen Tradition der Hausunterweisung stellte dies einen typischen Karriereabschnitt für fast alle bürgerlichen Gebildeten dar. Als angehende Gelehrte, Pfarrer oder Dichter mußten sie den Bildungsvorstellungen ihrer meist adligen Herren zwischen bürgerlicher Tugendhaftigkeit, gelehrter Kinderhüterei und adliger Kavalierstour entsprechen.[7] Drei Jahre später ging Achenwall als Privatdozent nach Marburg. Kurz darauf holte Pütter seinen ehemaligen Jenaer Studienkollegen nach Göttingen.[8] Belegt ist, daß Achenwall die tiefe Freundschaft mit dem fünf Jahre jüngeren Pütter auch in Göttingen weiterführte, mit dem ihn die Herkunft aus kaufmännischen Verhältnissen verband. Pütter stilisierte noch dreißig Jahre nach Achenwalls Tod die „gute Harmonie" mit Achenwall. Beide Professoren wohnten jahrelang zusammen und beschlossen zur gleichen Zeit zu heiraten.[9]

Achenwall war dreimal verheiratet. Zunächst mit der Dichterin Sophie Eleonore Walther, die bereits nach zweijähriger Ehe 1754 an Kindbettfieber starb. Sie hatte 1750 einige Gedichte durch ihren Bruder, der dort Dozent war, anonym in Göttingen drucken lassen. Daraufhin wurde sie wie ein Dutzend andere „Musen" (Lampe) zum Ehrenmitglied der königlich-deutschen Gesellschaft zu Göttingen ernannt. Achenwall las ihre Gedichte, suchte sie anläßlich einer Gelehrtenreise in Frankfurt auf und heiratete sie Ostern 1752. Nach ihrem Tod ehelichte er Luise Moser, Tochter von Johann Jacob Moser. Luise Achenwall starb 1762. Seine dritte Ehe schloß er mit Sophie, einer Tochter des Geheimen Kammerrats Jäger aus Gotha. Er hatte aus allen drei Ehen insgesamt sechs Kinder.[10] Achenwall starb in Göttingen am 1. Mai 1772.

---

[6] Vgl. D. DÖRING, Der Wolffianismus in Leipzig (1997), S. 52f.
[7] Vgl. L. FERTIG, Die Hofmeister (1979), S. 22–30, 91ff.
[8] Vgl. J.S. PÜTTER, Selbstbiographie (1798), S. 54, 119, 186.
[9] Vgl. EBD., Selbstbiographie (1798), S. 52ff., 191 (Zitat), 247, 328f., 402, 416f., 569ff.; P.H. REILL, The Rise of the Historical Consciousness (1969), S. 126; W. EBEL, Der Göttinger Professor Johann Stephan Pütter (1975), S. 12, 25, 39f.
[10] Zu Achenwalls erster Frau vgl. die Nachrufe G.H. RIBOVIUS' (Memoriam matronae decoribus omnibus (1754)) und J.P. MURRAYS (Rede zum Gedächtnisse der Frau Professorin Sophien Eleonoren Achenwall (1754)) sowie die GGA 78 (1754), S. 681; J. LAMPE, Aristokratie, Hofadel und Staatspatriziat in Kurhannover (1963), S. 311; T. WEBER-REICH, „Des Kennenlernens werth" (1993), S. 334ff. Zu der 1739 gegründeten Deutschen Gesellschaft zu Göttingen vgl. J.M. GESNER, Kleine Deut-

Wegen der mangelnden Quellen bleibt es nach wie vor unmöglich, eine Biographie über Achenwall zu schreiben. Schon die älteren Darstellungen mußten Pütters *Gelehrten-Geschichte* (1765) und *Selbstbiographie* (1798) ausgiebig benützen, weil dort mehr über Achenwalls Leben zu erfahren war, als in seinem mindestens 100.000 Blätter starken Nachlaß. Georg Achilles (1906) zitierte seitenlang Pütters *Gelehrten-Geschichte*.[11] Hans-Heinrich Solfs 1938 vorgelegte Biographie Achenwalls war durch Briefe aus dem Kuratorialarchiv in Göttingen teilweise quellennah aufgebaut — aus Achenwalls Nachlaß hat auch er mit Ausnahme des Tagebuchs nichts zu berichten gehabt.[12] Achenwall, der sonst alles niederschrieb, vermerkte nichts Substantielles über seine Familie, Freunde, Lehrer und Kollegen. Nur jenes Tagebuch, das er während seiner von 1743 bis 1746 dauernden Anstellung als Hofmeister in Dresden schrieb, ist die einzige ausführliche Quelle in biographischer Hinsicht.

Zu Ostern 1742 war Achenwall von Halle nach Leipzig gezogen (s.o.). Ein Jahr später übernahm er in Dresden die Hofmeisterstelle bei den Söhnen des kursächsischen Kabinettsministers Karl August von Gersdorf. Achenwall verließ Dresden — wiederum zu Ostern — im Jahre 1746, um auf Anraten Pütters für ein Jahr in Marburg an der Universität als Privatdozent zu lehren.

Das Tagebuch enthält in erster Linie alltägliche Erfahrungen.[13] Dies beweist selbst der dramatische Teil über den Dezember 1745, als die preußischen Truppen während des Zweiten Schlesischen Kriegs in Sachsen einmarschierten.[14] In sehr anschaulicher Weise schilderte Achenwall den Aufbruch des sächsischen Königshofes, den Aufmarsch der Preußen und die unmittelbaren Kriegsereignisse. Er gab dabei Brotmangel, Plünderungen sowie Desertionen ebenso wieder wie Gefahren — „Messieurs, retriren sie sich, d[ie] Husaren kom[men]"[15] — und die gnadenlose Realität des Kriegs:

> Ich habe sogar die Kugeln pfeifen hören. D[a]s ist gut, sagt der Soldat, w[enn] sie pfeifen, so treffen sie ô [nicht]. E[in] Goldschmiedt aus Fridrichsstadt u[nd] ehemaliger Soldat läuft im Caftan auf d[ie] Wahlstatt, wagt s[ich] ab[er] zu nahe, u[nd] Canon[en]kugel nimmt ihm d[a]s Mütz[chen] vom Kopf; d[ie]ser ist [au]f e[ine] lächerliche Art gestorben. D[er] König hat selbst darüber gespaßt.[16]

---

sche Schriften (1756), S. 55–66; R. WILD, Stadtkultur, Bildungswesen und Aufklärungsgesellschaften (1984), S. 117f.
[11] Vgl. G. ACHILLES, Bedeutung und Stellung von Gottfried Achenwall (1906), passim.
[12] Vgl. H.H. SOLF, Gottfried Achenwall (1938), S. 5f.
[13] Vgl. EBD.
[14] COD. MS. ACHENWALL 218, Bd. 2 (Bl. 322–360 — auch im folgenden).
[15] EBD., Bl. 338.
[16] EBD., Bl. 340f.

Die Sieger wurden von ihm in gleicher Weise als erbarmungslos beschrieben: „Die Preußen schreiben Contributiones aus unter Feuer u[nd] Schwerdt",[17] während die verzweifelten Verlierer in Kesselsdorf anfänglich gegen die Preußen „wie Mauern stunden".[18] Selbst Legenden hat Achenwall zum besten gegeben — wie zum Beispiel, daß Leopold Fürst von Anhalt-Dessau Dresden wenigstens eine Stunde lang plündern lassen wollte, was Friedrich II. ihm verbot.[19] Eine realistische Beschreibung Friedrichs II., der „sehr lugubre"[20] — grauslich — in seiner blauen Uniform aussehe, gibt das Tagebuch ebenfalls wieder, und Bonmots des preußischen Königs werden auch verzeichnet. Über einen unpäßlichen Gast, der nach der Niederlage gegen die Preußen nicht mit den Siegern speisen wollte, meinte der König: „Ist er denn sonst [au]ch kränkl[ich]? [...] Oder vielleicht nur, weil ich hier bin? Was ist denn seine Krankheit? Kopfweh, ha, c'est la maladie des gens d'esprit".[21]

b. Die Göttinger Universität

Ab dem Sommersemester 1749 lehrte Achenwall in Göttingen als Privatdozent die Fächer Naturrecht, Völkerrecht, ius publicum, Europäische Staatengeschichte, Statistik, schließlich Politik samt des Finanz- und Cameralwesens.[22] Zunächst dozierte er nur an der philosophischen Fakultät, ab dem Wintersemester 1754 auch an der juristischen Fakultät. Er machte in beiden Fakultäten Karriere: 1753 wurde er Professor iuris extraordinarius und Professor philosophiae ordinarius, 1761 Professor iuris ordinarius und im folgenden Jahr Doctor iuris utriusque. 1765 bekam er das Prädikat eines Hofrats.[23]

---

[17] EBD., Bl. 328.
[18] EBD., Bl. 355.
[19] „M[an] spricht vor gewiß, d[er] alte Dessau[er] hätte d[en] König gebethen, die Soldaten 3 St[unden] od[er] wenigstens 1 [Stunde] in Dresden plündern zu lassen, bevor sie in der Bataille darauf vertröstet, [we]lches ihm ab[er] der König rund abgeschlagen" (EBD., Bl. 343).
[20] EBD., Bl. 345. Weitaus unkritischer urteilte J.S. PÜTTER rückblickend über ein persönliches Treffen mit Friedrich II. im Winter 1762 in Gotha: „Sein Blick [...] ist mir seitdem unvergeßlich geblieben. So majestätsvolle durchdringende Augen habe ich sonst bey keinem Sterblichen gesehen" (Selbstbiographie (1798), S. 407).
[21] COD. MS. ACHENWALL 218, Bd. 2 (Bl. 345).
[22] Vgl. den CATALOGUS PRAELECTIONUM IN ACADEMICA GEORGIA AUGUSTA (1747–1772), o.S. Die Matrikel der Georgia Augusta verzeichneten Achenwall schon am 9. April 1748 (MATRIKEL DER GEORG-AUGUST-UNIVERSITÄT (1937), S. 64).
[23] Vgl. den CATALOGUS PRAELECTIONUM IN ACADEMICA GEORGIA AUGUSTA (1747–1772), o.S. J.S. PÜTTER, Gelehrten-Geschichte (1765), S. 142ff., 285, 297; GGA 65 (1753), S. 595; GGA 22 (1761), S. 210; GGA 69 (1765), S. 553).

Die Georgia Augusta galt damals als die berühmteste und erfolgreichste Universität Deutschlands.[24] Diese Entwicklung hatte zeitgleich mit Achenwalls Anfängen in Göttingen begonnen.[25] Der Erfolg beruhte auf vielen Faktoren, wie der Größe und Qualität der Bibliothek, den Verlagsunternehmen — angeführt durch die „Göttingischen Gelehrten Anzeigen" –, der internationalen Verflechtung, der relativen geistigen Unabhängigkeit und der glücklichen Auswahl der Dozenten.[26]

Inmitten der Georgia Augusta bestimmte Kurator Gerlach Adolph Freiherr von Münchhausen die Geschicke der Universität. Das Fürstentum Göttingen, zu dem im 18. Jahrhundert die Universitätsstadt Göttingen mit sieben anderen Städten im Süden Kurhannovers gehörte,[27] war politisch durch die große Macht des regierenden Adels gekennzeichnet. Da militärische und kirchliche Laufbahnen aus finanziellen Gründen als unattraktiv galten, nahm der Adel die meisten Privilegien in der Verwaltungslaufbahn für sich in Anspruch. Dennoch gab es eine reichliche Anzahl an bürgerlichen Hofräten, die wichtige politische Ämter innerhalb der hannoverischen Verwaltung innehatten. Auf diese Weise blieben die während des Studiums aufgebauten Verbindungen zwischen Universität und Verwaltung erhalten.[28]

Großen Wert legte Münchhausen auf die praxisnahe Ausbildung an der juristischen Fakultät und auf Fächer wie Reichshistorie und die Geschichte der europäischen Staaten. Im Laufe des 18. Jahrhunderts kamen Fächer wie Altphilologie, Anthropologie und die Naturwissenschaften dazu, in denen Göttingen vorbildlich wirkte. Nur bezüglich der Philosophie konnte nicht mit Königsberg oder Jena konkurriert werden.

Der Kurator wollte sowohl das erfolgreiche Vorbild Halle imitieren als auch die Schulung der Staatsdiener in Kurhannover optimieren. Außerdem galt es, viele adlige Studenten anzuziehen. Es waren die philosophische und vor allem die juristische Fakultät — repräsentiert durch Achenwall, Pütter, Gebauer, Schmauß, Claproth, Köhler und Gatterer –, von denen nach 1750 die weitreichendsten Impulse ausgingen. Die Fächer Reichshistorie, europäische Staatenkunde (Statistik), Naturrecht, Völkerrecht

---

[24] Vgl. die anonym erschienene Beschreibung DIE UNIVERSITÄT GÖTTINGEN (1842), S. 10; F. FRENSDORFF, Halle und Göttingen (1894), S. 341ff.; G. MEINHARDT, Die Universität Göttingen (1977), S. 30ff.; N. HAMMERSTEIN, Göttingen: Eine deutsche Universität im Zeitalter der Aufklärung (1994), S. 169ff.

[25] Vgl. J.D. MICHAELIS, Raisonnement über die protestantischen Universitäten (1768), S. 258ff.; C.O. MÜLLER, Festrede zur Hundertjahrfeier (1837), S. 230.

[26] Vgl. L. MARINO, Praeceptores Germaniae (1995), S. 8ff.

[27] Vgl. J.S. PÜTTER, Gelehrten-Geschichte (1765), S. 8.

[28] Vgl. J. LAMPE, Aristokratie, Hofadel und Staatspatriziat in Kurhannover (1963), S. 275ff.; G. KÖBLER, Historisches Lexikon der deutschen Länder (1988), S. 182; L. MARINO, Praeceptores Germaniae (1995), S. 55ff.

und Reichsrecht wirkten stark nach außen. Die prinzipiell in Göttingen herrschende Lehr- und Zensurfreiheit unterstützte den Erfolg dieser Fächer ebenso wie die eklektische Wissenschaftsauffassung, die Dogmatikern und Spezialisten entgegenstand.[29] Wichtig war Münchhausen, daß zu jedem vorgetragenen Fach in Göttingen ein Kompendium geschrieben wurde — selbst der erste Fechtmeister der Universität legte ein solches vor.[30]

Seinen akademischen Ruf verdankte Achenwall den Kompendien, die er zeitlebens verfaßte und immer wieder neu auflegte. Die moderne Forschung hat herausgearbeitet, daß zum Beispiel seine Naturrechtskompendien vor allem zwischen 1765 und 1789 sehr häufig den Vorlesungen an deutschen Universitäten zugrunde gelegt worden sind.[31] Fast alle anderen Kompendien Achenwalls erreichten ebenfalls hohe, zum Teil postume Auflagen. Erst nach dem Ausbruch der Französischen Revolution verloren vor allem die nicht mehr neu überarbeiteten historischen und statistischen Kompendien schnell an Aktualität.[32]

Die Art und Weise der Rezeption Achenwalls durch seine Zeitgenossen und seine Epigonen wird nicht Aufgabe dieser Arbeit sein. Dennoch müssen einige Gelehrte genannt werden, die zeitlebens oder später ausdrücklich an Achenwall anknüpften. In Halle las Carl Friedrich Pauli die Statistik 1750 nach Achenwall.[33] 1755 folgte ihm Timotheus Gottlieb Gregorovius in Danzig.[34] Später beriefen sich auch Naturrechtsautoren auf Achenwall: Ulrich Mayer 1772 im katholischen Ingolstadt,[35] vor allem aber

---

[29] Vgl. C.G. HEYNE, Rede zu Ehre des Freiherrn von Münchhausen (1770), S. 94.; W. EBEL, Zur Geschichte der Juristenfakultät (1960), S. 15; W. SELLERT, Rechtswissenschaft und Hochschulpolitik (1988), S. 57ff.; DERS., Die Juristische Fakultät der Georgia-Augusta (1994), S. 54ff.

[30] Vgl. A.F. KAHN, Anfangsgründe der Fechtkunst (1739). Vgl. dazu auch die spätere Kritik J.D. MICHAELIS an der „Krankheit der Docenten", regelmäßig Kompendien zu schreiben, „die weder den Wissenschaften Vortheil, noch ihren Verfassern Ruhm einbringen, und darüber andere nützliche Bücher unterbleiben" (Raisonnement über die protestantischen Universitäten (1768), S. 18). Vgl. ferner W. EBEL, Zur Geschichte der Juristenfakultät (1960), S. 20; L. MARINO, Praeceptores Germaniae (1995), S. 259ff.

[31] Vgl. J. SCHRÖDER, Vorlesungsverzeichnisse als rechtsgeschichtliche Quelle (1991), S. 395; DERS./I. PIELEMEIER, Naturrecht als Lehrfach an den deutschen Universitäten 1995, S. 261.

[32] Vgl. L.T. VON SPITTLER, Entwurf der Geschichte der Europäischen Staaten (1793), Vorrede, o.S.; F.C.G. HIRSCHING, Historisch-literarisches Handbuch (1794), Bd. 1, S. 272 (DBA); K.H.L. PÖLITZ, Die Staatswissenschaften, Bd. 1 (1827), S. 352.

[33] Vgl. C.F. PAULI, Gedancken von dem Begrif[f] und denen Grenzen der Staats-Kenntniß (1750), S. 24.

[34] Vgl. T.G. GREGOROVIUS, Probe eines Entwurfs von der Staatsverfassung Lieflands nach Achenwallischer Ordnung entworfen (1755).

[35] Vgl. U. MAYER, Dissertatio historico-politica inauguralis de nexu statisticae, cum jurisprudentia ecclesiastica (1772), S. 4.

der Gießener Rechtsprofessor Ludwig Julius Friedrich Höpfner.[36] August Ludwig von Schlözer hatte nach Achenwalls Tod dessen Professuren für Politik, Statistik und Staatengeschichte übernommen. Er gab Achenwalls Statistikkompendium 1781 und 1785 zusammen mit Matthias Christian Sprengel heraus.[37] Der spätere Hallenser Geschichtsprofessor Sprengel gab 1790 Achenwalls Statistikkompendium nochmals alleine heraus, bevor er drei Jahre später eine eigene Darstellung vorlegte.[38]

Der noch in Göttingen liegende Teil von Achenwalls Briefwechsel enthält kaum persönliche Passagen — die zu dieser Zeit ohnehin kaum üblich waren.[39] Über Tod, kümmerliche Umstände, „Hülfe und Trost" wurde in diesen Briefen nur sehr selten geschrieben.[40] Für ein besseres fachliches Verständnis sind diese Briefe ebenfalls wenig geeignet. Solche Themen wurden nur oberflächlich angeschnitten, wie ein Brief von Johann Jacob Moser aus dem Jahre 1749 beweist. Achenwalls späterer Schwiegervater fragte, ob „De eo, quod circa Gravamina Religionis ex parte Rom[anarum] Catholicarum prudentiae utilitatis est" ein „artiges Thema" für eine Dissertation sei.[41] Weitere prominente Briefpartner waren 1763/64 Anton Friedrich Büsching in seiner Funktion als Schulleiter und Prediger der deutschen Gemeinde in St. Petersburg[42] und Achenwalls Schüler Isaak Iselin. Iselin berichtete über sein nie abgeschlossenes Projekt zum ius publicum helveticum: „Ich sehe nur 1.000 Fehler an diesen Werken, die mir es verhaßt machen."[43]

Andere Briefe erzählen von den alltäglichen Problemen des Göttinger Gelehrtenlebens, etwa die Bittschrift Achenwalls an Münchhausen, „um ein Almosen ex fisco pauperum" für einen „verunglückten Handelsmann" zu erwirken.[44] Außerdem sind

---

[36] Vgl. L.J.F. HÖPFNER, Naturrecht (1780), Vorrede, o.S. Vgl. dazu auch M. PLOHMANN, Ludwig Julius Friedrich Höpfner (1992), S. 39f.
[37] Vgl. B. WARLICH, August Ludwig von Schlözer (1972), S. 75, 153. Zu Schlözers Urteil über Achenwall vgl. unten S. 262f. Zu weiteren Schülern Achenwalls vgl. A. WAGNER, Statistik (1867), S. 418; H. KLUETING, Die Lehre von der Macht der Staaten (1986), S. 59ff.; G. ZIEGER, Die ersten hundert Jahre Völkerrecht an der Georg-August-Universität (1987), S. 52.
[38] Vgl. M.C. SPRENGEL, Grundris[s] der Staatenkunde (1793), Vorrede, o.S.
[39] Vgl. H. JACOB-FRIESEN, Profile der Aufklärung (1997), S. 19f.
[40] An Achenwall (EBD., 219/33f.). Vgl. dazu auch A.F. Büschings Darstellung über den Tod seiner dreien Kinder innerhalb von vier Monaten während einer Ruhrepidemie 1763 in St. Petersburg (EBD., 219/7).
[41] An Achenwall, 22. Dezember 1749 (COD. MS. ACHENWALL 183/45). Weitere Briefe dieser Art befinden sich EBD., 183/177, 203^b/169, 204/2–4.
[42] Vgl. COD. MS. ACHENWALL 219/5–16. Achenwall pflegte mit BÜSCHING nach dessen späterem Ermessen „vorzüglich viele collegialische Freundschaft" (Eigene Lebensgeschichte (1789), S. 257).
[43] An Achenwall, 20. August 1751 (COD. MS. ACHENWALL 219/19–21). Vgl. dazu auch U. IM HOF, Isaak Iselin und die Spätaufklärung (1967), S. 52.
[44] Vgl. 2°COD. MS. PHILOS. 133^{II}/130.

aufgrund von Achenwalls Tätigkeit als Prorektor weitere Göttinger Universitätsepisoden erhalten.[45] Exemplarisch mögen dafür jene Briefe von 1764 stehen, die er anläßlich der Verhaftung eines Bediensteten wegen angeblichen Diebstahls geschrieben hat, da die Beweislage keinen eindeutigen Schluß zuließ.[46] Erwähnenswert ist auch der Brief eines Doktoranden aus dem Jahre 1763, der plötzlich bei dem damals in Sankt Petersburg weilenden Büsching promovieren wollte. Wegen eines Zwists, der zwischen ihm und seinem ursprünglichen Doktorvater Johann David Michaelis ausgebrochen sei, erscheine ihm eine Promotion bei Michaelis unmöglich.[47]

II. Gelehrter und Publizist

Hauptsächlich über seinen Nachlaß läßt sich Achenwall als politisierter Gelehrter der Aufklärung analysieren. Er reflektierte in seinen Manuskripten ebenso über Freiheit, Recht und Eigentum wie über Staat und Gesetzgebung. Als Gelehrter und Professor gehörte er neben den Künstlern zu den elitären Wortführern der Aufklärung.[48] Die Anzahl der Gebildeten schätzte Friedrich Nicolai Anfang der siebziger Jahre auf 20.000 in Deutschland.[49] Dazu zählten laut neueren Forschungsergebnissen an die 800 Professoren, die an den ungefähr 40 Universitäten lehrten.[50]

Da die Gebildeten im Laufe dieses Jahrhunderts an gesellschaftlicher Bedeutung gewannen, besaßen sie einen großen Einfluß auf die entstehende öffentliche Meinung moderner Prägung. Das kam wiederum der Entwicklung des politischen Bewußtseins zugute.[51] Hinzu kam eine flexiblere Handhabung der Pressefreiheit in den absoluten Monarchien. Nicht zuletzt ging es allen Beteiligten auch um die ökonomischen Vorteile des Druckgewerbes, so daß zwischen offizieller Zensur und inoffizieller Tolerierung zumindest theoretisch relativ viel Spielraum bestand.[52] Die dabei bewiesene publizistische Bandbreite reflektierte

---

[45] Achenwalls einjähriges Prorektorat endete am 2. Januar 1765 (CATALOGUS PROFESSORUM GOTTINGENSIUM (1962), S. 24).
[46] Vgl. 2°Cod. Ms. Philos. 133^II/129, 134.
[47] An Achenwall (Cod. Ms. Achenwall 219/53).
[48] Vgl. R. Vierhaus, Politisches Bewußtsein in Deutschland vor 1789 (1967), S. 178 (auch im folgenden).
[49] Vgl. F. Kopitzsch, Die Sozialgeschichte der deutschen Aufklärung (1976), S. 60.
[50] Vgl. W. Müller, Die Aufklärung (2002), S. 8.
[51] Vgl. M. Vovelle, Der Mensch der Aufklärung (1996), S. 23ff. Zur Gelehrtenrepublik nach 1763 vgl. H. Schultz, Frühformen des Nationalismus in Deutschland (1996), S. 35ff.
[52] Vgl. S. Rosenfeld, Writing the History of Censorship in the Age of Enlightenment (2001), S. 122f.

die allgemeine Vielseitigkeit vieler Aufklärungsautoren, die bereits eher marktgesetzliche als ausschließlich literarische oder gelehrte Gründe hatte.[53]

a. Die Göttinger Öffentlichkeit

In seinen veröffentlichten Äußerungen strebte Achenwall weder die Vielfalt noch die Präzision seiner Äußerungen in den Notata an. Brisante Themen ließ er mitunter sogar offen – wie in der *Staatsklugheit* (1761), wo er die Frage nach dem Umgang mit Atheisten unbeantwortet ließ.[54] Außerdem mußte er, der ausführliche Manuskripte selbst über Themen wie die englische Austernfischerei anfertigte, sich in seinen Kompendien kurz fassen und vereinfachen.[55] In den Kollegien konnte er dagegen detaillierte Notata, wie jene mit den genauen Angaben der französischen Truppenstärke samt Waffengattungen von 1750 sowie der englischen und preußischen Heere von 1756, problemlos vorstellen.[56]

Die veröffentlichten Äußerungen hatten mit der Göttinger Atmosphäre zu korrespondieren, in der beständig zwischen obrigkeitstreuem Konformismus und intellektueller Selbständigkeit laviert werden mußte.[57] So war Achenwalls *Staatsklugheit* (1761) sieben königlich-geheimen Räten gewidmet, darunter dem Kurator der Universität. Kaum war 1763 die zweite Auflage erschienen, bat Münchhausen in einem offiziell gehaltenen Billet vom 4. April 1763, „dem Ministerio" ein Exemplar samt einer Dedikation zu überlassen.[58] In diesem Rahmen, der der bürgerlichen Printgesellschaft voranging, war die Möglichkeit veröffentlicher Kritik nur beschränkt gegeben. Die Aufklärer mußten ihre kritische Öffentlichkeit lange ohne den Einsatz von Printmedien erzeugen. Benjamin Redekop hat diesen Zustand „face-to-face contact in public spaces" genannt und auf die Möglichkeit der mündlich vorgetragenen öffentlichen Kritik hingewiesen, die einer Universitätsstadt wie Göttingen leicht möglich war.[59]

Diese Form von Öffentlichkeit nahm auf die noch mittelalterliche Art des Publizierens Bezug, die anstelle des Drucks nur die öffentliche Lesung handschriftlicher Unikate bei Hof oder später an der Universität gekannt hat.[60] Hinzu gesellten sich die autonomen Bereiche Theologie, Recht und Diplomatie, die ihrerseits

---

[53] Vgl. W. VON UNGERN-STERNBERG, Schriftsteller und literarischer Markt (1984), S. 166.
[54] Vgl. G. ACHENWALL, Staatsklugheit (1761), S. 164f.
[55] Vgl. COD. MS. ACHENWALL 34/45.
[56] Vgl. EBD., 32/112, 40/11, 129a/1, 129c/4.
[57] Vgl. L. MARINO, Praeceptores Germaniae (1995), S. 62.
[58] Vgl. COD. MS. ACHENWALL 188/47.
[59] Vgl. B.W. REDEKOP, Enlightenment and Community (2000), S. 9.
[60] Vgl. R. STICHWEH, Universität und Öffentlichkeit (1997), S. 104ff.

eigene Formen von Öffentlichkeit in der Frühen Neuzeit ausbildeten. Grundsätzlich außerhalb der ständischen Welt gelegen, waren damit bereits zu Beginn des 18. Jahrhunderts professionalisierte Wege der gelehrten oder traditionalen Kommunikation bekannt, die die spätere bürgerliche Öffentlichkeit vorwegnahmen. Was sie davon trennte, war einerseits die fehlende institutionalisierte politische Partizipation, andererseits die Dominanz der Schriftform als Kommunikationsweg.[61]

Nur vor der Öffentlichkeit der Vorlesungen und Kollegien konnte es sich Achenwall erlauben, kritische Gedanken zu entwickeln. Dort wurde er durchaus deutlich. Zunächst vermittelte er seinen Zuhörern die Grundansprüche der Aufklärung. In einer Veranstaltung zum Naturrecht sprach er zum Beispiel über die besondere Verantwortung der Gelehrten:

> Gelehrten als Philosophen: D[a]s soll[en] sie alle seyn desto nöthiger; d[ie] Unwiss[en]h[ei]t leitet sie in Irrthümer, d[a]s sind practische Irrthümer, d[ie] sind die gefährlichsten, ihre irrigen Sätze u[nd] folgl[ich] böse Ex[empla] werden gar leicht v[on] andern angenomm[en] u[nd] kön[nen] ganze Nation[en] anstecken, e.g. peregrinus est hostis.[62]

Es war die gesellschaftliche Verantwortung des modernen Gelehrten, auf der Achenwall wie zum Beispiel sein Kollege Justi insistierte.[63] Allerdings hat sich Achenwall dazu nur vor seinen Studenten geäußert. In den Kompendien fand er dafür keinen Platz.

Fünf Veröffentlichungen Achenwalls werden keine weitere Erwähnung erfahren. Hinter diesen Dissertationen und Inaugurationsreden standen ausschließlich traditionelle Beweggründe. Die dissertationes pro gradu hatten im 18. Jahrhundert noch keine forschungsspezifischen Funktionen, sondern dienten nur der Erlangung des Doktorats durch eine fachlich fundierte Erörterung.[64]

Noch in Marburg schrieb Achenwall die allgemein öffentlich- und völkerrechtliche Dissertation *De iure in aemulum regni vulgo praetendentem* (1747). In Göttingen machte er sich mit dieser Analyse der Rechte von Kronprätendenten einen guten Namen: „Überall viele Ordnung, Belesenheit und Gründlichkeit" urteilte

---

[61] Vgl. A. GESTRICH, Absolutismus und Öffentlichkeit (1994), S. 29, 75; W. MÜLLER, Die Aufklärung (2002), S. 17.
[62] COD. MS. ACHENWALL 156/51.
[63] Vgl. H.E. BÖDEKER, Prozesse und Strukturen politischer Bewußtseinsbildung der deutschen Aufklärung (1987), S. 16f.
[64] Es gab auf den frühneuzeitlichen Universitäten zwei Arten einer Dissertation: die abschließende und heute noch existierende für den Grad (pro gradu) und die Übungsdissertation (exercitii causa). Vgl. dazu W. FRIJHOFF, Der Lebensweg der Studenten (1996), S. 291ff.

der Rezensent in den „Göttingischen Gelehrten Anzeigen".[65] Ein Jahr später empfahl sich Achenwall mit der völkerrechtlichen Dissertation *De transitu et admissione legati* (1748). Die Gesandten besäßen ebenso den status naturalis wie die Herrscher beziehungsweise die Völker, auf deren Geheiß sie auf Reisen seien. Daher könnten sie nur über völkerrechtliche Verträge zum Betreten fremden Territorien legitimiert werden.[66] Aus dem Jahre 1755 ist ferner die sehr herkömmlich gehaltene Inauguralrede Achenwalls über eine akademische Fleißaufgabe der Frühen Neuzeit: Tacitus und die Bewaffnung der Germanen.[67] Sieben Jahre später folgte die juristische Inaugurationsdissertation *De regnis mixtae sucessionis* (1762), eine wiederum dem feierlichen Rahmen angemessene, kurze historisch-politische Analyse der europäischen Wahl- und Erbmonarchien sowie der gemischten Erbfolgeregelungen.[68] Ähnlichen Zweck erfüllte schließlich die noch kürzere Rede vom siebzehnten September 1764, die Achenwall als Prorektor anläßlich des 27. Gründungsjubiläums der Georgia Augusta hielt.[69]

Neben den Veröffentlichungen als Universitätsprofessor versuchte Achenwall — wohl aus finanziellen Gründen –, sich durch regelmäßige Publikationen in Journalen einen Namen zu machen. Einige seiner Artikel wurden veröffentlicht, andere sind nur im Nachlaß in Form von handschriftlichen Vorentwürfen zu betrachten, oder ihr späterer Druckort konnte nicht mehr ausfindig gemacht werden.

Zufallsfunde aus dem Nachlaß beweisen — zum Beispiel anhand des von Achenwall korrigierten librum manuscriptum „Bericht des Marcus Foscarini" –, daß er darüber hinaus an gelehrten Projekten und Autorisationen beteiligt gewesen ist, an die heute nichts mehr erinnert.[70] Im Falle weiterer publizistischer Unternehmen konnte nicht geklärt werden, ob und inwieweit Achenwall involviert war.[71] Zumindest zum Teil dem damaligen

---

[65] Vgl. GGA 108 (1747), S. 910.
[66] Vgl. dazu auch die Rezension in den GGA 68 (1748), S. 537f.
[67] Vgl. G. ACHENWALL, De veterum germanorum armis ad Taciti German. c. VI. (1755). Vgl. dazu die Rezension in den GGA 77 (1755), S. 713f. Vgl. dazu auch P.H. REILL, The Rise of the Historical Consciousness (1969), S. 66ff.
[68] Vgl. dazu die wie immer wohlwollende Rezension in den GGA 9 (1763), S. 65f.
[69] Vgl. G. ACHENWALL, Academiae Georgiae Augustae Proector Gottfr. Achenwall D. cum senatu anniversaria inaugurationis sacra vicesima septima (1764).
[70] Vgl. COD. MS. ACHENWALL 78/1-20. Foscarini wurde 1762 Doge von Venedig. Sein von Achenwall korrigiertes Werk „Bericht des Marcus Foscarini, eines edlen Venetianers und außerordentlichen *[Abgesandten]* <Ambassadeurs> der Republik Venedig an dem Sardinischen Hofe im Jahr 1742" übersetzte F. Harter einmal (*Gesand[t]schaftsbericht an den Venezianischen Senat über den Zustand der Savoyischen Macht* (1743)).
[71] Vgl. die Quittung für zwei anonym erschienene Artikel in den HGA — die Nummern 24 und 35 von 1759 -, die von „Feuerlöschern" und „Apfelwein" handelten.

Publikum bekannt geworden sind weiterhin Achenwalls Artikel, die er nach einem angeblichen kurzen Gastspiel bei den „Göttingischen Gelehrten Anzeigen"[72] vor allem in den montags und freitags erschienenen „Hannoverischen Gelehrten Anzeigen" veröffentlichte.[73] Die „Hannoverischen Gelehrten Anzeigen", die ihren Titel wie die „Göttingischen Gelehrten Anzeigen" zu Lebzeiten Achenwalls mehrmals änderten, stellten die gelehrten Beilagen zu dem Intelligenzblatt „Hannoverische Anzeigen" dar. Bei allen Bemühungen um Aufklärung zielten die eigentlich regional orientierten „Hannoverischen Gelehrten Anzeigen" auf eine möglichst breite Wirkung. Daher enthielten sie nicht nur gelehrte oder politische Artikel, sondern auch journalistische Stilformen wie Rätsel, Anfragen und Kalendergeschichten.[74]

Weitaus schwieriger ist die genaue Zergliederung jener Promemoriae und Dissertationen von anderer Hand, an denen Achenwall als Autor, Glossator oder in autorisierender Weise[75] mitwirkte. Diese handschriftlichen Materialien beweisen das Fortbestehen des „Zeitalters des Manuskripts".[76] Als exklusive Quellen besaßen sie einen hohen Wert für ihn.[77] In den Salons und Akademien der Aufklärung war dieses Phänomen der Schriftkultur trotz der gleichzeitig beginnenden Kommerzialisie-

---

Da kein Name auf der Quittung steht, bleibt die Frage offen, ob Achenwall als Autor in Frage kommt (COD. MS. ACHENWALL 30a/314).

[72] Vgl. M. ROLLMANN, die darauf hinweist, daß Achenwall in den Jahren 1749/50 Beiträge für die GGA schrieb, bis ihm das Gehalt zu gering erschien und er aufhörte – leider werden keine Artikel Achenwalls aufgeführt (Der Gelehrte als Schriftsteller (1988), S. 87f.).

[73] F. KULLMANN nannte Achenwall als gelegentlichen Autor der HGA, führte aber keine Belege an (Die Hannover[i]schen Anzeigen (1936), S. 116). Das gleiche gilt für G. ACHILLES (Bedeutung und Stellung von Gottfried Achenwall in der Nationalökonomie und der Statistik (1906), S. 17).

[74] Vgl. V. DEPKAT, Die Neue Welt im regionalen Horizont: Amerikabilder im ‚Hannoverischen Magazin' (2001), S. 271ff. Zu den Namensänderungen vgl. das Abkürzungsverzeichnis.

[75] Vgl. dazu auch H. ZELLER, Befund und Deutung (1971), S. 56.

[76] Vgl. R. CHARTIER, Lesewelten (1990), S. 34 (Zitat). Vgl. dazu auch J. WEBER, Deutsche Presse im Zeitalter des Barock (1997), S. 137.

[77] Vgl. die nicht von Achenwall verfaßte „Tabelle von Forst-Bereitungs-Kosten von Trinit[atis] 1735 biß Trinit[atis] 1752, so aus königl[iche]r Cammer bezahlet und gut gethan worden" in COD. MS. ACHENWALL 70ª/95 oder das von dem Gesandten und Kanzlei-Direktor Ludwig Dietrich von Hugo unterzeichnete Promemoria „Lauenburg. Anzeige derer Mittel, wodurch die Städte im Fürstenthum Lauenburg verbessert und nahrhafter gemacht werden kön[n]ten. Auf Verlangen eines gewissen Ministers zu Anfang des Jenners 1750. entworffen" (EBD., 67a). Vgl. dazu auch das Kollegheft Achenwalls über Johann Peter von Ludewigs „Erläuterung zu des Herrn v. Seckendorff Teutschen Fürsten-Staat" aus Halle von 1741 (EBD., 210a), eine in lateinischer Sprache verfaßte Erzählung des Todes von Maria Stewart oder das „Büchlein von den vorne[h]msten Geschlechtern im Königreich Schottland", beide aus dem 17. Jahrhundert (EBD., 211/25, 37).

rung und Modernisierung des Verlagswesens noch lange verbreitet.[78]

Zunächst ist die handschriftlich verfaßte Dissertation *De dominio mundi* von Heinrich Sigismund Plesmann zu erwähnen, die von Achenwall korrigiert worden ist.[79] Es kann nicht einmal bestimmt werden, ob *De dominio mundi* eine Übungsdissertation oder eine Dissertation für den Grad war. Pütter hat darauf hingewiesen, daß eine Promotion zum Doktor iuris trotz des Verzichts auf den Doktorschmauß 130 Reichstaler kostete. Dieser Betrag entsprach dem halben Jahresgehalt eines damaligen Professors.[80] Dazu gesellten sich die Druckkosten für eine solche dissertatio pro gradu, deren Veröffentlichung sich deswegen kaum einer leisten konnte. Daher sind nicht alle Dissertationen bekannt, die unter der Betreuung Achenwalls entstanden oder die er als Praeses selbst verfaßte.

Schließlich sind nochmals jene Manuskripte Achenwalls zu nennen, die den Eindruck erwecken, als Artikel für Journale geplant gewesen zu sein. Sie weisen über die bereits erläuterte aphoristische Form seiner Notata hinaus und sind sowohl ausführlicher und systematischer als auch bis hin zur Leserlichkeit zuweilen druckfertig. Wenn die Ursachen für diese unvollendet gebliebenen Texte nicht bekannt sind, so muß davon ausgegangen werden, daß eine Veröffentlichung schon aus finanziellen Gründen im Interesse Achenwalls gewesen sein muß. Immerhin bekam er im Dezember 1767 für seine *Anmerkungen über Nord-Amerika*, die in den „Hannoverischen Gelehrten Anzeigen" erschienen waren, vierzehn Reichstaler Honorar. Dieser Betrag entsprach dem halben Monatsgehalt eines damaligen Professors oder dem Jahresgehalt eines Knechts.[81]

---

[78] Vgl. den Nachlaß von G.L. BOEHMER, der ebenfalls viele libra manucscripta enthält (W. MEYER, Verzeichniß der Handschriften (1894), S. 81–95). Vgl. dazu auch C.F. PAULI, der über viele bereits verlorene handschriftliche Darstellungen zur preußischen Geschichte klagte (Allgemeine preußische Staats-Geschichte (1760), Vorrede, o.S.).

[79] Vgl. COD. MS. ACHENWALL 159/154.

[80] Vgl. J.S. PÜTTER, Gelehrten-Geschichte (1765), S. 216, 321. Vgl. dazu auch W. EBEL, Zur Geschichte der Juristenfakultät (1960), S. 23; H. MART, „Dissertation" (1994), Sp. 880ff.; P. MORAW, Der deutsche Professor (1998), S. 20f. Zu den damaligen Honoraren vgl. W. VON UNGERN-STERNBERG, Schriftsteller und literarischer Markt (1984), S. 179; H.J. GERHARD, Geld und Geldwert (1987), S. 26; R. SIEGERT, Positiver Journalismus (1997), S. 167; H. BÖNING, Aufklärung und Presse (1997), S. 158.

[81] Vgl. COD. MS. ACHENWALL 89/301. Vgl. dazu auch den Brief des Jenaer Professor iuris Carl Friedrich Walch vom 15. November 1756 an Achenwall, der dessen „Mitarbeit in denen Relationibus und gelehrten Anzeigen" betraf. Weiterhin ist von der Einsendung einiger Rezensionen Achenwalls die Rede, die bisher „noch nicht eingerückt worden" seien (EBD., 219/55f.). Walch bezog sich dabei wahrscheinlich auf die „Jenaer Gelehrten Anzeigen", in denen Achenwall jedenfalls namentlich niemals etwas veröffentlicht hat.

b. Achenwalls ‚Sudelzettel'

Die meisten Zettel des Nachlasses dokumentieren Achenwalls eigene Anreicherung von Wissen. Sie konservierten seine permanente Reflexion über die beeindruckend detailliert zur Verfügung stehenden Daten im „Zeitalter der Informationen".[82] Diese Texte verkörpern eine Seite der Aufklärung, die den späteren Äußerungen Georg Christoph Lichtenbergs ähneln. Lichtenberg rief die seiner Meinung nach empfindsamen, aber ohne tiefere Bildung räsonierenden Zeitgenossen 1780 zur verstärkten Selbstreflexion auf: „Die meisten Menschen sind bessere Beobachter, als sie glauben und kennen den Menschen besser, als sie wissen, es sind nur die falsch verstandenen Vorschriften anderer, die sie irreführen."[83]

Lichtenberg selbst reflektierte über sich und die Welt in den nie zur Veröffentlichung gedachten *Sudelbüchern*. Kaufleute notieren täglich alles Geschäftliche, so Lichtenberg, wahllos in ihr „Sudelbuch" oder „Waste book". Erst von dort aus würden sie es systematisch in ein Journal übertragen: „Dieses verdient von den Gelehrten nachgeahmt zu werden" — und er hielt sich zeitlebens daran. Ebenso knüpfte Achenwall an dieser frühneuzeitlichen Tradition der „commonplace books" an, um alle Lese- und Gedankenfrüchte schriftlich, aber mehr oder weniger zusammenhanglos aufzubewahren.[84] Wie die *Sudelbücher* waren auch seine Notizen universal ausgerichtet und enthielten viele ausführliche Reflexionen. Allerdings hat er niemals über sich selbst räsoniert, oder darüber, daß es 62 verschiedene Arten gibt, sich den Kopf mit dem Ellbogen und der Hand abzustützen.[85]

Während Lichtenberg glaubte, seinem aufgeklärten Auftrag mitunter nur durch die Ironie eines klinisch Schizophrenen mit Vergiftungsideen entsprechen zu können,[86] verkörperte der politisierte Gelehrte Achenwall die ältere, pathetische und freisinnige Form der Aufklärung.[87] Mit ruhigem Ernst und unbedingtem

---

[82] Vgl. N. POSTMAN, Die zweite Aufklärung (1999), S. 105, 109 (Zitat). Vgl. dazu auch die aus einem Artikel abgeschriebene Notiz „ital[ienischen] Schwefel gräbt man viel am Fuß d[er] feuerspeyend[en] Be[r]g[e] Vesuv u[nd] Etna" (COD. MS. ACHENWALL 76/44). Vgl. ferner R. WILD, Stadtkultur, Bildungswesen und Aufklärungsgesellschaften (1984), S. 120; H.E. BÖDEKER, Zeitschriften und politische Öffentlichkeit (1996), S. 216; E. SCHÖN, Publikum und Roman (1997), S. 295ff.
[83] G.C. LICHTENBERG, Vorschlag zu einem Orbis pictus (1780), S. 382.
[84] Vgl. J. KAUBE, Ohne Schere keine Erkenntnis (2002), S. 72.
[85] Vgl. G.C. LICHTENBERG, Sudelbücher (1765–1799), Bd. 1, S. 21, 36, 104, 352 (Zitat), 384f., 871. Vgl. dazu auch W. FREUND, Prosa-Satire (1984), S. 728f.; L. MÜLLER, Das Welttheater im Kopf des Georg Christoph Lichtenberg (1999), S. VI.
[86] So jedenfalls G. BENN, Das Genieproblem (1930), S. 113. Vgl. dazu auch L. MARINO, Praeceptores Germaniae (1995), S. 38, 165.
[87] Vgl. R. VIERHAUS, „Liberalismus" (1982), S. 747.

Vertrauen auf die analytischen Fähigkeiten des Gelehrtentums und einem Verständnis von Aufklärung als vollkommener Erkenntnis ging er in seinen Notata dem Ansinnen nach, Staat, Politik und Mensch um der Vernunft wegen zu vervollkommnen.[88] Lichtenbergs Witz und Kants Zweifel an den Fundamenten der Aufklärung waren Achenwall völlig fremd.

Dieses epigrammatische Pathos Achenwalls im „Age of Aphorismus"[89] entpuppt sich nicht als achtungsvoller Umgang vor gelehrten Kollegen. Die entstehende Öffentlichkeit war nicht von Offenheit, Harmonie und Rationalität geprägt, wie Habermas annahm.[90] Speziell an Achenwalls Vorurteile und Stereotypen wird angeknüpft werden müssen, die dem damals immer lauter erschallenden Ruf nach Unparteilichkeit entgegenstanden.[91] Damit darf allerdings Voreingenommenheit nicht mit Polemik verwechselt werden, auch wenn zweifellos fließende Übergänge herrschten. Die „vernünftige" Polemik war nützlich und der Forschung dienlich, wie Joachim Georg Daries — dem Achenwall viel Polemik entgegenbrachte — dies formulierte.[92]

Daries' Unterscheidung zwischen vernünftiger Polemik und persönlicher Voreingenommenheit spielte auf die letztlich immer fragwürdige Trennung zwischen wissenschaftlich-reflektierter und nicht wissenschaftlicher, nicht methodisch abgesicherter Wahrnehmung an.[93] Die moderne Auffassung von Wissenschaft ist in diesem Zusammenhang zweitrangig. Anscheinend, so die Vermutung moderner Historiker, ist der irrationale, deterministische und subjektive Faktor bei der Identitätsstiftung des Einzelnen und der Gesellschaft stets größer als bisher angenommen. Die innere Harmonie der disziplinären Matrix nach Jörn Rüsen muß daher zwischen dem zu untersuchenden Subjekt und den zeitgemäßen Erwartungen neu ausgelotet werden.[94]

Insgesamt verträgt sich Achenwalls gelehrte Perspektive nicht mit der des modernen Wissenschaftlers. Dies zeigt sich vor allem daran, daß Achenwall niemals auf einer wie auch immer gearte-

---

[88] Vgl. zu diesem elitären Anspruch der Gelehrten das BERLINISCHE JOURNAL FÜR AUFKLÄRUNG (1788), S. 19ff., 30ff.; M. VOVELLE, Der Mensch der Aufklärung (1996), S. 22f. Zur ‚Vervollkommnung' vgl. unten S. 199.
[89] P.H. REILL, The Rise of the Historical Consciousness (1969), S. 169.
[90] Vgl. B.W. REDEKOP, Enlightenment and Community (2000), S. 11.
[91] „Unpartheilichkeit ist die wesentliche Pflicht des statistischen Sammlers" (C.W. DOHM, Materialien für die Statistik (1777), Vorrede, o.S.).
[92] Vgl. J.G. DARIES, Lehrsätze der Wolf[f]ischen Metaphysic (1748), S. 1f.
[93] Vgl. J. RÜSEN, Historische Methode (1988), S. 70; L. GALL, Das Argument der Geschichte (1997), S. 10f.
[94] Vgl. H.W. BLANKE, Historiographiegeschichte als Historik (1991), S. 23ff.; A.C. DANTO, Niedergang und Ende der analytischen Geschichtsphilosophie (1996), S. 128f.; G. HÜBINGER, Geschichtsmythen (1998), S. 93.

ten Metaebene über sich oder seine Disziplinen reflektierte.[95] Es war das Ideal des enzyklopädischen Gelehrten und nicht des spezialisierten Fachgelehrten, das durchschimmerte.[96] Zudem gab er in seinen Notizen vielen Überlegungen Raum, die heute unwissenschaftlich genannt würden. Als Beispiel mögen Achenwalls Reflexionen über verschiedene französische und schweizerische Städte dienen, die er im Rahmen seiner ersten Gelehrtenreise im Sommer 1751 niedergeschrieben hat. Schließlich faßte er zusammen: Während ihm der französische Kaufmann lediglich „arbeitsam" erschienen sei, stelle sich der deutsche und der schweizerische Kaufmann unternehmerisch „solider" dar.[97] Die Italiener dagegen seien grundsätzlich „rachgierig".[98] Freilich finden sich solche Vorurteile auch bei ansonsten unverdächtigen Aufklärern wie David Hume.[99] Im folgenden wird Achenwalls gelehrte Identität zwischen seinen Werturteilen und seinem Literaturkanon untersucht, um darüber Aufschluß zu geben, wie er seine Wirklichkeit zwischen Tradition und sozialen Kausalitäten begriffen hat.[100]

III. SOZIALE UND RELIGIÖSE WERTVORSTELLUNGEN

Die moderne Geschichtswissenschaft bedient sich einer erweiterten Sozialgeschichte, um die Sinnfundamente und Lebenswelten vergangener Zeiten in den Griff zu bekommen.[101] Das gesamte Panorama gesellschaftlich bestimmter, kulturell ausgeprägter und politisch analysierter Vorstellungen soll in seinen Veränderungen und Entwicklungen überblickt werden. Damit wird der Boden der New Cultural History betreten, die die Sozialhistorie als Ergebnis der ‚sprachlichen Wende' erweitert hat. Seit den Arbeiten von Thomas Kuhn, Michel Foucault, Steven Shapin und anderen Wissenschaftshistorikern werden soziales Handeln und symbolische Sinnwelten in einem multidisziplinären Verfahren in Beziehung gesetzt, um Sprache, Kultur und Wissen einer bestimmten Zeit zu analysieren.[102]

---

[95] Vgl. L. BOEHM, Wissenschaft — Wissenschaften — Universitätsreform (1978), S. 8f.; H. DREITZEL, Monarchiebegriffe in der Fürstengesellschaft (1991), S. 457ff.
[96] Vgl. R. CHARTIER, Der Gelehrte (1996), S. 122.
[97] Vgl. COD. MS. ACHENWALL 31/12, 23, 45 (Zitat).
[98] Vgl. EBD., 76/60.
[99] Vgl. W. SCHULZE, Nationales Denken und nationale Vorurteile (1997), S. 41.
[100] Vgl. L. FLECK, Zur Krise der ‚Wirklichkeit' (1929), S. 46ff.
[101] Vgl. R. VIERHAUS, Die Rekonstruktion historischer Lebenswelten (1995), S. 14.
[102] Vgl. V. SELLIN, Mentalität und Mentalitätsgeschichte (1985), S. 555ff. und die Einleitung zu WISSENSCHAFT ALS KULTURELLE PRAXIS (1999), S. 11ff.

Es geht aber um mehr als um konstante Denkweisen und Verhaltensweisen. Im Vergleich etwa zu den Mentalitäten, die sich nur kollektiv bilden, müssen Statements einzelner Autoren anders behandelt werden. In ideengeschichtlicher Perspektive geht es in Texten um deren Grad an Autonomie und ihren Kontext, wobei die Cambridge School dem kontextualisieren die größte Bedeutung beimißt.[103]

Zunächst fällt bei Achenwall immer wieder auf: Die Daten, die Achenwall täglich erreichten, inspirierten ihn, sich auch über weniger prätentiöse Themen der Aufklärung auszulassen. Der distanziert-kritische Blick des modernen, der gesamten politisch-sozialen Verantwortlichkeit entsprechenden Gelehrten hatte seinen Rahmen noch nicht präzise abgesteckt.[104]

Vor den Gefahren der holländischen und genuesischen Lotterie warnte Achenwall zum Beispiel in um das moralische Wohl des Volkes besorgte Weise. Vielleicht durch die „Hannoverischen Gelehrten Anzeigen" ermuntert, die 1770 darüber berichteten,[105] trieb ihn vor allem die Aufdeckung des betrügerischen Lossystems um.[106] Akribisch beschrieb Achenwall die Methode des Betrugs in Lotterien.[107] Gegen Ende des 17. Jahrhunderts erfunden, habe es sich vor allem in Italien zur profitträchtigen „Raserey"[108] entwickelt. Dem Volk würden damit „böse Sitt[en] angewöhnt": zunächst die „Habitude u[nd] Neig[un]g zu Glücksspiel"; danach werde es „von dem gemeinnützig[en] Fleiß" abgebracht. Er sehe sich darin mit Justi einig.[109] Dahinter verbarg sich auch eine Auseinandersetzung zwischen dem Zivilrecht und dem ius germanicum, da Justinian im Gegensatz zu den Germanen eine durch Spiel begründete Verbindlichkeit für unwirksam erklärt hatte.[110] Doch der ansonsten am römischen Recht geschulte Iuris

---

[103] Vgl. Q. SKINNER, Meaning and understanding in the history of ideas (1988), S. 57.
[104] Vgl. H.E. BÖDEKER, Prozesse und Strukturen politischer Bewußtseinsbildung der deutschen Aufklärung (1987), S. 12ff.; R. CHARTIER, Der Gelehrte (1996), S. 122.
[105] Vgl. F. KULLMANN, Die Hannover[i]schen Anzeigen (1936), S. 99f.
[106] Vgl. COD. MS. ACHENWALL 217/1 (1763), 198/490, 493, 496 (auch im folgenden). G.C. LICHTENBERG legte dies ebenfalls detailliert in seinen Sudelbüchern (1765–1799) dar (Bd. 2, S. 33f.). Vgl. dazu auch Pütters spätere Abhandlung *Über die Rechtmäßigkeit der Lotterien* (1780), die gegen Lotterien gerichtet war (M. ROLLMANN, Der Gelehrte als Schriftsteller (1988), S. 90).
[107] „E[in] Loos mit Gewinn gezog[en], wird untergeschlagen, obgl[eich] d[ie] Loos[e] an [einem] Bindfad[en] durch[ge]zogen, u[nd] d[ie]s[es] v[er]siege[l]t wird; m[an] schreibt d[ie] Seite[n] d[e]s Protocolls nun mit Auslassung d[er] gezogenen Num[mern] u[nd] Gewinns u[nd] reißt N[ummern] v[om] Gewinnst u[nd] dem versiegelt[em] Paquet ab" (COD. MS. ACHENWALL 198/493).
[108] EBD., 198/490.
[109] Vgl. EBD., 198/490. Vgl. dazu auch den kurzen Artikel über Zahlenlotterie (EBD., 209/27). Demnach habe Justi bereits alles über die Gefahren des Lotteriewesens gesagt, indem er vor allem den großen Gewinn des „Entrepreneurs" ankreidete.
[110] Vgl. K. LUIG, Samuel Stryk (1991), S. 234.

Consultus naturalis Achenwall erwähnte in dieser Sache nicht die römische Tradition. Ihm ging es um die öffentliche Moral.

a. Über Bauern

Nun zu Stereotypen, die den exklusiven Charakter der Aufklärung verdeutlichen.[111] Gegenüber den unteren sozialen Schichten pflegte Achenwall trotz eines gewissen Maßes an Verständnis die klassischen Vorurteile, die Alteuropa für die Bauern übrig hatte. Solche sozial exkludierenden Vorurteile waren bei den Gelehrten des 18. Jahrhunderts weit verbreitet.[112] Dennoch gab es immer wieder Versuche einzelner Cameralisten oder akademisch gebildeter Autoren, die Landwirtschaft zumindest aus ökonomischen Gründen zu optimieren. Achenwalls preußischer Intimfeind, Joachim Georg Daries, setzte sich für die Bekämpfung der „Unwissenheit der Landwirte" 1758 sogar publizistisch ein.[113]

Der Bauer sei, so begann Achenwalls Räsonnement, „e[in] Feind d[er] Neuerung".[114] Überhaupt entspreche sein Verhalten der „Eig[en]schaft des Pöbels". Die Ursache läge darin, daß der Bauer sich seiner Tradition unbedingt verpflichtet fühle: „Auf s[ein] Herkommen hält er steif. Auf s[ein] eigenes mehres Interesse unempfindlich. Es verdrießt ihn noch in s[einen] alten Tagen, was zu lernen. Es verdrießt ihn, e[ine] ungewohnte Bemüh[un]g anzuwend[en]."[115] Der „alte Bauer" sei „ein Hartkopf".

Bei dieser Aufzählung von mehr oder weniger berechtigten Vorurteilen beließ es Achenwall nicht. Er skizzierte ein kurzes Reformprogramm, wie diesen Mißständen Abhilfe geschaffen werden könnte. An eine Neuverteilung von Macht oder Recht ging es ihm nicht, womit er sich nicht gerade als früher Vertreter des politischen Liberalismus empfahl: „Es war der Sinn der Menschenrechte, Glück auch dort zu versprechen, wo keine Macht ist",[116] haben Adorno und Horkheimer diesen späteren Anspruch beschrieben.

Den Bauern hatte sich seit Thomasius kaum ein Iuris Consultus und schon gar kein Naturrechtsgelehrter öffentlich gewidmet, auch wenn es Achenwall eher um sozialpolitische als um

---

[111] Vgl. E. HELLMUTH, Aufklärung und Pressefreiheit (1982), S. 344; H. BOSSE, Die gelehrte Republik (1997), S. 65.
[112] Vgl. O. BRUNNER, Adeliges Landleben und europäischer Geist (1949), S. 95; K.S. BADER, Dorf und Dorfgemeinde (1959), S. 2; M. KLEENSANG, Das Konzept der bürgerlichen Gesellschaft bei Ernst Ferdinand Klein (1998), S. 369ff.
[113] Vgl. J. BAUER/G. MÜLLER, Der Aufklärer Joachim Georg Darjes (2001), S. 147f.
[114] Vgl. COD. MS. ACHENWALL 193/471 (auch im folgenden).
[115] EBD., 193/471 (auch im folgenden). Dieses Urteil gegenüber den Bauern wiederholte ACHENWALL — höflicher formuliert — in der Staatsklugheit (1761), S. 98.
[116] M. HORKHEIMER/T.W. ADORNO, Dialektik der Aufklärung (1944), S. 181.

rechtspolitische Reformen ging.[117] Zunächst müßten die jungen Bauern wie Handwerker auf Wanderschaft geschickt werden. Damit wolle er ihnen „d[en] Kopf [au]fschließen". Da die meisten Bauernfamilien für solche Maßnahmen kein Geld besäßen, müßten Fonds gegründet und die Bauern durch ihre Schulmeister und Pfarrer dazu „dressirt" werden. Des weiteren hätten Prämien für den nötigen Anreiz zu sorgen, da wahrscheinlich immer noch zu viele Bauern „zu schläfrig" seien. Von Zwangsmaßnahmen für diese Wanderschaften verspreche er sich nichts, weil diese zu viel an Aufsichtskosten erfordern würden. Letztlich seien auch Bücher in dieser Hinsicht nicht geeignet — womit Achenwall ein Dilemma der Volksaufklärung ansprach –, weil kein Bauer sie lese oder verstünde: „Bl[ei]bt schläfr[ig], Buchstab[en] s[in]d vor ihn e[in] Todtes, so ihn ô [nicht] rührt. Kein Geschmack daran."[118]

b. *Glaube und Konfession*

Das Alltagsleben im 18. Jahrhundert war bei allem subjektivistischen und aufgeklärten Glaubensverständnis noch immer von einem stark konfessionell durchdrungenen Kontext bestimmt.[119] Selbst Prozesse der Entchristianisierung — wie zum Beispiel in Frankreich nach der Jahrhundertmitte — können als Übergang von der barocken Frömmigkeit zur religiösen Innerlichkeit gedeutet werden.[120] Franz Uhle-Wettler hat bereits auf Achenwalls Gläubigkeit hingewiesen. Ober er allerdings „von handfestem Bibelglauben durchdrungen" war,[121] wie Uhle-Wettler meinte, ist fraglich.

So beweist Achenwalls Bemerkung über Andreas Karlstadt, wie säkularisiert und unzutreffend die Reformation im 18. Jahrhundert bereits wahrgenommen wurde. Erstens ließ sich Karlstadt „Bruder Andres" und nicht „Nachbar Andreas" nennen

---

[117] Vgl. dazu auch die zu dieser Zeit gemachten Vorschläge von J.D. MICHAELIS, der in seinem anonym erschienenen Raisonnement über die protestantischen Universitäten (1768) mit Hilfe der Prediger und Bürger ebenfalls mit der Aufklärung zu den Bauern vordringen wollte. Allerdings gab Michaelis für diese Vorschläge seinen tieferen Grund offen zu. Er wollte dadurch das Volksbewußtsein stärken und somit die Macht eines Staates (S. 87f.). Vgl. ferner K.S. BADER, Dorf und Dorfgemeinde (1959), S. 6ff.; W. SCHULZE, Die Entwicklung des „teutschen Bauernrechts" (1990), S. 127ff.
[118] COD. MS. ACHENWALL 193/471. Vgl. dazu auch J. VOSS, Der Gemeine Mann und die Volksaufklärung (1981), S. 208ff.; W. RUPPERT, Volksaufklärung im späten 18. Jahrhundert (1984), S. 341ff.
[119] Vgl. B. STOLLBERG-RILINGER, Europa im Jahrhundert der Aufklärung (2000), S. 94ff.
[120] Vgl. W. PHILIPP, Das Werden Aufklärung in theologiegeschichtlicher Sicht (1957), passim; M. VOVELLE, Der Mensch der Aufklärung (1996), S. 20f.
[121] Vgl. F. UHLE-WETTLER, Staatsdenken und Englandverehrung bei den frühen Göttinger Historikern (1956), S. 15.

und strebte zweitens nicht die politische Gleichheit an. Drittens spielte Karlstadts Auffassung des hoc est corpus meum im innerprotestantischen Abendmahlstreit — daß Christus dabei auf seinen Körper gezeigt habe[122] — bei Achenwall überhaupt keine Rolle mehr:

> D[er] sonst vortreffl[iche] Carlstad oder Andr[eas] Rudolph Bodenstein machte sich lächerl[ich], da er ô [sc. nicht] m[e]hr Doctor seyn noch heißen wollte, s[on]dern führte Holz zu Markte, u[nd] l[ie]ß s[ich] Nachbar Andreas nennen. Es kan[n] [au]ch keine res p[ublica] amoris et amicitiae [au]fgeehret w[er]d[en], darin wir in nichts ungleich [sind], [wei]l wir ô [nicht] alle tugendhaft seyn w[er]d[en].[123]

Die vier Sprüche Salomons, die sich Achenwall 1771 notiert hat, müssen daher nicht aus Gründen der Frömmigkeit für ihn wichtig gewesen sein — schließlich vermerkte er sie unter der Rubrik „Privatklugheit".[124] Ohne Zweifel stand für ihn nur noch aus traditionellen Gründen fest, daß der Regentenstand nicht um der Menschen wegen existiere, sondern eine göttliche Verordnung darstelle. Die speziell lutherische Legitimation des Staates als Notkonstrukt für die erbsündlichen Menschen hat Achenwall nicht mehr angesprochen.[125] Dagegen hat er seinen Studenten die traditionelle Essenz des paulinischen Römerbriefes 13 diktiert, auch wenn er selbst in seinen Naturrechtskompendien das Widerstandsrecht rechtfertigte: „So sind auch die Worte des Apostels Pauli klar: Es ist keine Obrigkeit ohne Gott. Wo aber Obrigkeit ist, die ist von Gott verordnet."[126] Was bis hier als Mischung zwischen älterem lutherischem und reformiertem Staatsverständis hätte durchgehen können, wurde durch die folgende Passage theologisch völlig entleert, weil es Achenwall nur um säkularisierte Aspekte ging. Nach seinem Urteil käme jede Obrigkeit am besten mit dem Christentum aus, weil dieses aus Gründen der Staatsräson dazu vorzüglich geeignet sei:

> Längst ausgemacht, daß die reine christliche Religon auch diesen politischen Vorzug vor den übrigen falschen Relig[ionen] habe. Daß sie zu Erhaltung und zum Flor des Staats am bequemsten sey. Ein Christ ist allezeit ein treuer Unterthan seines Landesherrn, weil ihm sein Gott befiehlt: Sey unterthan der Obrigkeit, und weil er überzeugt ist,

---

[122] Vgl. M. BRECHT, Martin Luther (1986), S. 148ff.; B. LOHSE, Luthers Theologie in ihrer historischen Entwicklung (1995), S. 187ff.

[123] COD. MS. ACHENWALL 163/161. Diese falsch wiedergegebene Anekdote ist sinngemäß in der Biographie Karlstadts in J.F. KÖHLERS Lebensbeschreibungen merkwürdiger deutscher Gelehrten und Künstler (1794) zu finden (S. 137ff.).

[124] Vgl. COD. MS. ACHENWALL 201/2 (Spr 29.8, 29.11, 29.19, 29.20). Vgl. dazu auch S. EHRHARDT-REIN, Zwischen Glaubenslehre und Vernunftwahrheit (1996), S. 7.

[125] Vgl. E. WOLF, Große Rechtsdenker (1939), S. 145, 156, 185; H. DREITZEL, Monarchiebegriffe in der Fürstengesellschaft (1991), S. 487ff.

[126] COD. MS. ACHENWALL 163/158 — anfänglich von Achenwall verfaßt, dann offensichtlich diktiert.

daß die bürgerliche Regierung dem Göttlichen Willen gemäß ist. Wo eine Obrigkeit ist, die ist von Gott.[127]

Deswegen hätten die konfessionellen Spannungen des 17. Jahrhunderts in Europa die „terriblesten Kriege und Revolutionen verursacht". Damals sei die Religion „häufig sowohl auf erlaubte als noch häufiger auf boshafte Art als ein instrumentum dominationis gebrauchet worden". Solche Aussagen waren allerdings unter Staatswissenschaftlern weit verbreitet.[128]

Wegen dieses Mißbrauchs von staatlicher Seite versuchte Achenwall, seinen Studenten den richtigen methodischen Umgang mit theologischen Fragen darzulegen. Schon Thomasius hatte zuweilen biblische Exegese in seinen Vorlesungen betrieben und konnte ebenso wie Achenwall nicht gerade als Theologe glänzen.[129] Zwar konstatierte Achenwall zu Recht, daß sich christliche Dogmen nicht demonstrieren ließen, weil aus der Vernunft nicht bewiesen werden könne, daß Christus „für uns[e]re Sünde durch seine Menschwerdung u[nd] Creuzestod genug gethan" habe.[130]

Mit diesen Formulierungen bewies Achenwall zunächst seine Ablehnung der natürlichen Religion, die keine Glaubensbeweise und keine Offenbarung als Erkenntnisquellen erlaubte. Außerdem übernahm er damit die seit Pufendorf übliche Trennung des Naturrechts von der Moraltheologie, weil im Naturrecht nicht der Glaube und die Erlangung des ewigen Heils von Belang war.[131] In der Theologie sicherte dagegen nur der Glaube die Erkenntnis, daß die Bibel Gotteswort sei und daß ihre Wahrheiten universale Gültigkeit besäßen. Bis hierher argumentierte Achenwall durchaus konform mit der Theologie des Neuen Testaments.[132]

Darüber hinaus, fuhr er fort, seien diese Dogmen als „principia historica" aufzufassen, weil sie alleinig von dem Zeugnis anderer Menschen abhingen. Nur durch diese fides historica — im Sinne von glauben, daß dieser Leute Bericht rechtens ist — sei die Möglichkeit gegeben, diese Zeugnisse als göttliche Wahrheit anzuerkennen. Dieses Prinzip gelte für alle Weltreligionen, da deren Fundamente ausnahmslos in deontologischen Offenbarungen lägen: „Ob Christiani in Christo et Apostoles, Judaci in Mose et Prophetis, Turcae in Mahomet, Persae in Ali, Sinenses in

---

[127] EBD., 197/354 (auch im folgenden).
[128] Vgl. J.C. DITHMAR, Einleitung in die Oeconomische, Policei- und Cameral-Wissenschaften (1745), S. 139.
[129] Vgl. E. WOLF, Große Rechtsdenker (1939), S. 394; M. WUNDT, Die deutsche Schulphilosophie im Zeitalter der Aufklärung (1945), S. 20.
[130] Vgl. COD. MS. ACHENWALL 197/354.
[131] Vgl. S. ZURBRUCHEN, Naturrecht und natürliche Religion (1991), S. 7; G. HARTUNG, Die Naturrechtsdebatte (1999), S. 31.
[132] Vgl. E. LOHSE, Grundriß der neutestamentlichen Theologie (1989), S. 106.

Confucio. In all[en] unser[e]n Kirchen etwas a) zu glauben, für wahr anzunehmen [au]f Zeugnis anderer, b) zu thun."[133] Dieses Glaubensverständnis faßte nahezu alle Vorwürfe der Reformatoren an den Katholiken zusammen und war keinesfalls mit lutherischen, reformierten oder gar orthodoxen Ansätzen zu vereinbaren. Mit dem reformatorischen Glaubensverständnis der fides qua fiducia, das heißt des Glaubens durch das Vertrauen in das Bekenntnis, hatten diese Formulierungen Achenwalls nicht mehr viel gemein. Er verstand Glaube nur noch als Inhalt, als fides obiectiva. Den individuellen Glaubensvollzug in Gestalt der fides subiectiva beziehungsweise der fiducia war ihm fremd.[134] Seine Äußerungen wirkten wie Säkularisate des reformatorischen Bekenntnisses — ein heimlicher Katholik ist Achenwall mit Sicherheit nie gewesen.

Mit dem vor allem von Thomasius reformierten Gegenstand des ius circa sacra fanden diese Vorüberlegungen ihre endgültige Form in den naturrechtlichen oder politischen Vorlesungen Achenwalls.[135] Herausragen würde dieser Teil des Rechtslebens, der dem Souverän über die Kirche zukomme, weil Religion und Verfassung der Kirche trotz aller Schwierigkeiten nach wie vor einen — wie oben erwähnt — „beträchtlichen Einfluß" auf das Wohl des Staates besäßen. Diese Schwierigkeiten lägen hauptsächlich in der Uneinigkeit derjenigen Autoren, die entweder den Fürsten zu viele oder zu wenige Rechte dieser Art zukommen lassen würden. Während die katholischen Gelehrten den weltlichen Herrschern in der Regel nicht viel an Mitsprache ließen, sicherten dagegen ihre protestantischen Kollegen der Obrigkeit oft übermäßig viele Rechte zu. Achenwalls Fazit in dieser Sache fiel insofern skeptisch aus. Im Zweifelsfall wolle er den weltlichen Herrschern eher weniger als mehr iura circa sacra überlassen, weil diese von Fürsten fremder Konfession „gar zu leicht gemißbraucht" werden könnten.

Für Achenwall stand fest, daß die protestantische Konfession der katholischen überlegen sei. Sie besäße nicht deren „off[en]bar[en] Verfolg[un]gsgeist". Außerdem zögen Kleriker das Wohl der Religion jederzeit dem Wohl des Staates vor. Andere konfessionelle und antiklerikale Vorurteile nannte Achenwall ebenfalls: „Der Geist d[er] Toleranz ist bey d[en] Geistlichen am wenigsten anzutreffen."[136] In der Staatsklugheit (1761) unterließ es

---

[133] COD. MS. ACHENWALL 164/349.
[134] Vgl. W. LAYH, Dogmatik-Repetitorium (1997), S. 197f.
[135] Vgl. dazu COD. MS. ACHENWALL 164/361. Vgl. dazu auch N. HAMMERSTEIN, Jus und Historie (1972), S. 120ff.; S. ZURBRUCHEN, Naturrecht und natürliche Religion (1991), S. 55.
[136] COD. MS. ACHENWALL 196/359.

Achenwall im Vergleich zu anderen Göttinger Kollegen, den behaupteten Vorzug des Protestantismus zum Katholizismus öffentlich ausführlich darzulegen.[137] Wenn aber Voltaire in seinem *Le siècle de Louis XIV.* (1766) behauptet hatte, daß die protestantische Religion nur in freien Ländern am leichtesten Eingang gefunden habe, weil sie „untreue Einwohner" mache, so konnte Achenwall in seinen Notata nur fragen: „Wer ist aber treuer? Der, so niemande[n] als Gott v[or] sein[em] König ehret, oder der, der ein[en] Priester anbethet, dem er das Recht zustehet, seinen König abzusetzen"?[138] Trotzdem sei es unstreitig, daß eine neue Religion dort leichter eindringen konnte, „wo ihr die Gewalt, Inquisition u[nd] d[a]s Feuer weniger widerstand".

In seinen religionspolitischen Äußerungen blieb Achenwall traditionell reformatorisch, wobei sich bei diesen unsystematischen Äußerungen nicht genau sagen läßt, ob er eher lutherisch oder eher pietistisch dachte. Göttingen war ebenso wie seine Geburtsstadt Elbing seit der Reformation evangelisch-lutherisch. Erst seit 1746 wurde in Göttingen die katholische Messe privat geduldet und seit 1748 in gleicher Weise die reformierte Messe. Allerdings hatte Achenwall während seines Studiums in Halle sicherlich Berührungen mit dem Pietismus gehabt. Ohne Verständnis für diese Glaubensbewegung hätte er nie in die Familie der Mosers einheiraten können.[139]

Achenwalls kurze Abhandlung „Vom rechtschaffenen Ernst im wahren Christenthum" trägt eindeutig pietistische Züge, wie sie auch bei Thomasius anzutreffen waren.[140] Zwar lassen sich Forderungen wie „Du sollst Gott lieben vom ganzen Herz[en], von ganzer Seele und von ganzem Gemüthe" prinzipiell von jedem Christen stellen. Die daran anschließenden Formulierungen über den beständig-reflektierenden Umgang mit der Sünde weisen jedoch in eine pietistische Richtung. Roy Porter hat allerdings darauf hingewiesen, daß alle Aufklärer stets zu „strict and strenuous self-examination"[141] bereit sein mußten:

> Wir müssen eifrig seyn, alle Sünden abzulegen, um des Verdienstes Christi willen. Nicht nur einige; sondern alle. [...] Nicht nur grobe; auch Schwachheitssünden. Diesen Befehl Gottes zu erfüllen nöthig: a) tägliche sorgfältige Prüfung: alles, das wir denken, werden, thun,

---

[137] Vgl. G. ACHENWALL, Staatsklugheit (1761), S. 162. Vgl. dazu auch C.G. HEYNES antiklerikale Passage in seiner Festrede anläßlich der Jubelfeyer der Georg Augustus Universität (1787), S. 3.
[138] COD. MS. ACHENWALL 196/379.
[139] Vgl. J.S. PÜTTER, Gelehrten-Geschichte (1765), S. 317; H. HOPPE, Der Stadtstaat Elbing (1991), S. 68f.; L. MARINO, Praeceptores Germaniae (1995), S. 212; S. EHRHARDT-REIN, Zwischen Glaubenslehre und Vernunftwahrheit (1996), passim.
[140] Vgl. COD. MS. ACHENWALL 214/13 (auch im folgenden). Vgl. dazu auch M. WUNDT, Die deutsche Schulphilosophie im Zeitalter der Aufklärung (1945), S. 50ff.
[141] R. PORTER, The Creation of the Modern World (2000), S. 400.

müssen wir mit Gottes Gesetz zusamm[en]halten, ob es solchem zuwider od[er] damit einstimmig sey. b) beständiger Kampf gegen die Sünde, nicht nur den groben Ausbruch verhindern, auch die aufsteigende böse Begierden.[142]

Diese Postulate zeugen von einem stark durchdrungenen Verständnis von Sünde, wie es gerade im Pietismus zu finden ist. Ähnliches gilt auch für die folgende Passage:

> Wir müssen fleißig seyn in gutem Wirken. Fleißig, keine Geleg[en]h[eit] verabsäumen, was gutes zu denken und auszuführen. Gute Werke: Nicht, daß wir aufhör[en] mög[en] zu sündigen: das hat kein Paulus ausführen können: Wir sind allzumal Sünder und mangeln des Rufes, den wir bey Gott haben sollen. Nicht also die Heiligkeit, sondern unser Werk ist der Heiligung, wir suchen uns von d[em] anklebenden Sünden je länger je mehr zu entfernen. Dieses müßen wir erhalten unter Anrufung des Beystandes des Heiligen Geistes. Durch die Kraft von oben gegeben. Wir haben uns hi[e]rzu durch den Bund in der Taufe anheischig gemacht. Diesen müssen wir täglich erneuern.[143]

Nicht ohne Widersprüche und Brüche war schließlich das Toleranzverständnis Achenwalls. Das Paradoxe war, daß er sich öffentlich toleranter gab als in seinen Aufzeichnungen. Wichtig war für ihn in erster Linie die Duldsamkeit des Staats. In seinen nicht für die Publikation gedachten Äußerungen konnte er dagegen keine Toleranz selbst gegenüber den verschiedenen christlichen Glaubensgemeinschaften entgegenbringen. Damit stand er allerdings in der Tradition der Naturrechtsautoren seit Pufendorf.[144]

In der *Staatsklugheit* (1761) befürwortete er öffentlich die uneingeschränkte religiöse Toleranz, ließ aber wohlweislich Fragen wie die nach dem Umgang mit Atheisten unbeantwortet.[145] Schließlich stand der Atheismus überall, selbst in England, öffentlich unter Strafe.[146] Nur Verachtung fühlte er dagegen in seinen Notizen gegenüber dem Jansenismus, der bei aller Vereinfachung als eine aus Frankreich stammende Version der protestantischen Erneuerungsbewegung gelten darf.[147] Achenwall faßte den Jansenismus in einem glatten Fehlurteil als eine deistische Variante auf: „Die Freygeisterey u[nd] zwar v[on] sehr dummer [Art] wird je länger, je stärker Mode."[148] Selten äußerte er

---

[142] COD. MS. ACHENWALL 214/13.
[143] EBD.
[144] Vgl. S. ZURBRUCHEN, Naturrecht und natürliche Religion (1991), S. 7, 54.
[145] Vgl. G. ACHENWALL, Staatsklugheit (1761), S. 164f.
[146] Vgl. S. ZURBRUCHEN, Der Philosoph des 18. Jahrhunderts zwischen Esoterik und Exoterik (1998), S. 274.
[147] Vgl. B. STOLLBERG-RILINGER, Europa im Jahrhundert der Aufklärung (2000), S. 109f.
[148] COD. MS. ACHENWALL 31/250.

sich wohlwollend über religiöse Strömungen, etwa gegenüber einer persischen Gruppe von Deisten, die ihre religiöse Freiheit mit großer Tapferkeit verteidigte.[149] Nur auf staatlicher Ebene hatte sich Achenwall um der Aufklärung wegen zu Toleranz gegenüber den verschiedenen Religionen durchgerungen, wie sein Bekenntnis vom Dezember 1767 beweist: „Aller Zwang in [Rel] Gewissens-Sachen unvernünftig."[150]

So konnte er die französische Staatspraxis der Hugenottenverfolgung ebenso wie das Vorgehen der Spanier gegen Juden nur als unverantwortlich und nicht zu entschuldigen verurteilen. Einem ähnlichem Zweck diente Achenwalls Schilderung eines Falles aus Deutschland. In Mecklenburg hatte ein Dorfpfarrer die Kinder eines Hofjuden entführt und gedroht, diese zwangsweise zu taufen, wenn der Jude ihm nicht seine angeblich gestohlenen Sachen wiedergebe. Dieser beschwerte sich bei seinem Territorialherrn, und dem Pfarrer drohte Suspension. Die Kinder des Juden mußte er freilassen. Achenwall vermerkte dazu, daß er jeglichen „Religionszwang zur Strafe: absurd" fände.[151] Das Judentum selbst bedrücke, so Achenwall an anderer Stelle traditionell antijudaistisch, „der göttliche Fluch bis auf den heutigen Tag". Dennoch beweise „das Sonderbare, so sich in der Verfassung dieses Volks" finde, die göttliche Eingebung der Heiligen Schrift.[152]

Schließlich war Achenwall in zeittypischer Weise weit davon entfernt, den Atheisten, über die er sich öffentlich nie äußerte (s.o.), ein gewisses Maß an Toleranz zuzugestehen. Allerdings begründete er diese Entscheidung nicht dogmatisch oder politisch, sondern rein historisch. Alle Religionen und Staaten, die ein ius ecclesiasticum kennen, würden den Atheismus strikt ablehnen und bekämpfen: „D[ie] Ungläub[igen] hab[en] d[ie] ganze Welt gegen sich. D[ie] Christen, Juden, Mahomet kom[men] in dem Gesetz üb[er]ein: M[an] [mu]ß gottlos u[nd] unsinnig seyn, um e[ine] Offenbarung zu leugnen."[153]

---

[149] Vgl. EBD., 34/252, 164/394.
[150] EBD., 164/354.
[151] Vgl. EBD., 164/475.
[152] Vgl. EBD., 197/354. Weitaus fortschrittlicher waren zu dieser Zeit die Gedanken J.H.G. VON JUSTIS über die Juden: „Ich halte es vor sehr unbillig, von einem ganzen Volke [...] ein allgemeines nachtheiliges Urtheil zu fällen" (Die Grundfeste zu der Macht und Glückseeligkeit der Staaten (1760), S. 744f). Zum Göttinger Antijudaismus vor allem bei J.D. Michaelis vgl. A.R. LÖWENBRÜCK, Judenfeindschaft im Zeitalter der Aufklärung (1995), passim. Vgl. dazu auch G.C. LICHTENBERG, Sudelbücher (1765–1799), Bd. 1: „Nebst meinen eignen bösen Begierden haben mir immer die Juden am meisten zu schaffen gemacht" (S. 240).
[153] Cod. Ms. Achenw. 164/353.

Diesbezüglich ist bei dem älteren Achenwall eine Wandlung zu beobachten.[154] In einem der späteren Konvolute stimmte er dem ungenannten Autor zu, der die Meinung vertreten hatte, daß Atheisten genauso gute oder schlechte Menschen sein könnten, wie es auch unter den Christen Betrüger und Schelme gäbe. Atheisten wie Spinoza oder Deisten wie Rousseau und LaMettrie — wobei letzterer eigentlich Nihilist war[155] — bewiesen dies. Nur fanatische Sekten müßten verboten werden, da diese den öffentlichen Frieden gefährden und die Sitten angreifen würden. Dieser Relativismus hatte allerdings kaum schwerwiegende Konsequenzen, da es atheistische oder heidnische Religionen ohnehin kaum mehr gebe. Gerade das Heidentum sei mittlerweile „so gut als vertilget". Allenfalls in Grönland und zum Teil in Lappland wären in Europa noch Heiden zu finden.

IV. LITERATURKANON

a. Periodika

Achenwall hat den Übergang vom intensiven zum extensiven Lesen, den moderne Gelehrsamkeit voraussetzt,[156] bereits vollzogen. Regelmäßig gelesen hat Achenwall vor allem die „Hannoverischen Gelehrten Anzeigen", die „Göttingischen Gelehrten Anzeigen", die „Gelehrten Beyträge zu den Braunschweigischen Anzeigen", ferner die „Staats- und Gelehrte Zeitung des Hamburgischen unpartheyischen Correspondenten", den „Reichs-Post-Reuter", die „Lübeckischen Anzeigen", die „Berlinischen Nachrichten von Staats- und Gelehrten Sachen", die „Gazette d'Utrecht", das „Gentleman's Magazine", die „Suite des Nouvelles D'Amsterdam" und die „Nouvelles Extraordinaires de Divers Endroits". Das deutliche Übergewicht der deutschsprachigen Zeitungen, Intelligenzblätter und Jahreschroniken zeugt davon, daß Deutschland im 18. Jahrhundert das Land mit den höchsten Auflagen Europas war.[157] Des weiteren hat Achenwall immer wieder den *Auszug aus allen Theilen der neuesten Geschichte* (1749–1764) für seine statistischen Notizen benützt.

Oft von aphoristischer Kürze sind Achenwalls unzählige Bemerkungen über Autoren, die eine Spiegelung seines gelehrten Literaturkanons darstellen. Diese Lektüre bildete die Folie, auf

---

[154] Vgl. EBD., 196/449, 197/354 (Zitat — auch im folgenden).
[155] Vgl. P. KONDYLIS, Die Aufklärung (1986), S. 26.
[156] Vgl. R. PORTER, The Creation of the Modern World (2000), S. 76f.
[157] Vgl. H.E. BÖDEKER, Zeitschriften und politische Öffentlichkeit (1996), S. 210ff.; H. BÖNING, Aufklärung und Presse (1997), S. 152; W. MÜLLER, Die Aufklärung (2002), S. 29f.

der die aufgeklärte Elite die entstehende öffentliche Meinung ausbildete.[158] Da der Umgang mit Texten immer frei ist, stellt sich die Frage nach dem gelehrten Kanon mit jedem Leser neu. Wiederholt hat Achenwall Autoren im Hinblick auf das Naturrecht bewertet, was an dieser Stelle nur angedeutet werden soll. Wolffs und Daries' Beurteilung war durch Achenwalls zielgerichtete Wahrnehmung ihres Naturrechts bestimmt und wird im Naturrechtkapitel analysiert. In gleicher Weise hat er über sehr viele Naturrechtsautoren im weitesten Sinne ein Exzerpt angefertigt.[159]

Seine Bestellzettel für die Universitätsbibliothek der Georgia Augusta, die Achenwall später als Schmierzettel benützte, bestätigen, daß er häufig englische und schottische Autoren las.[160] Dazu gehört unter anderem der noch zu erörternde Umgang mit Adam Fergusons *Institutes of Moral Philosophy* (1769).[161] Es darf nicht vergessen werden, daß die damaligen deutschen Gelehrten große Schwierigkeiten hatten, sich diese Schriften zu beschaffen. 1777 beklagte sich Christian Wilhelm Dohm darüber, daß er „auch in den größten Buchhandlungen Deutschlands vergebens" nach diesen Autoren suche, „wenn man nicht eine Göttingische Bibliothek zur Hand hat".[162] Darüber hinaus bestand für Achenwall die Möglichkeit, durch seine Gelehrtenreisen zu neuen Eindrücken und Perspektiven zu gelangen: 1751 unternahm er eine Reise in die Schweiz und nach Frankreich, 1759 eine zweite Reise nach Holland und England.[163]

b. Antike und ältere Autoren

Bereits der Umgang mit den antiken Philosophen reflektiert Achenwalls gegenwartsbezogene Perspektive. In seinen ausführlichen Notizen über Xenophon betrachtete er diesen als den ältesten Schriftsteller in punkto Ökonomie und Finanzen, der dem zeitgenössischen Leser durch seine tugendhafte Bescheidenheit „große Stärke" beweise.[164] Achenwall zitierte den Schüler Sokrates'

---

[158] Vgl. H.E. BÖDEKER, Prozesse und Strukturen politischer Bewußtseinsbildung der deutschen Aufklärung (1987), S. 11.
[159] Vgl. zum Beispiel das Exzerpt über Ephraim Gerhard in COD. MS. ACHENWALL 181/398; über Albericus Gentilis und Johann Georg von Kulpis (EBD., 163/86, 93); über Hugo Grotius (EBD., 159/160-162); schließlich über Johann Philipp Palther (EBD., 165/380).
[160] Vgl. zum Beispiel T. RUTHERFORTHS Institutes of Natural Laws (1754), das Achenwall nachweislich 1770 und 1771 ausgeliehen hat (COD. MS. ACHENWALL 173/19, 176/61).
[161] Vgl. unten C. I. c.
[162] C.W. DOHM, Materialien für die Statistick (1777), Vorrede, o.S.
[163] Vgl. C. WEIDLICH, Lexicon aller jetztlebenden Rechtsgelehrten (1766), S. 268 (DBA).
[164] „Seine Schrift v[on] d[en] Einkünften ganz vortreffl[ich]. Sehr kurz u[nd] in 15. klein[en] Capiteln, aber mit vielen Überlegung[en] u[nd] großer Stärke der Gedanken nach d[en] echtesten Grundsätz[en] in gesunder Politik u[nd] Staats-

wiederum in seiner *Staatsklugheit*, allerdings ohne diese Panegyrik und ohne — ebenso wie später Adam Smith — zu erkennen, daß Xenophon als erster die Arbeitsteilung thematisiert hatte.[165] Desgleichen hat Achenwall den von seinen Zeitgenossen vielgescholtenen Aristoteles nur mit aktuellem Bezug lesen können. Dieser habe als Statistiker über wenigstens 158 Staaten in Griechenland und Kleinasien eine Statistik verfaßt: „Unendl[ich] schade, d[a]ß solche bis [au]f wenige Fragmente verlohren gegangen [sind]. Aber davon ist doch s[eine] Politic wohl gerathen. Er abheritierte [sc. vererbte] s[eine] polit[ischen] Regeln [au]s Erfahrungen. Gewiß sehr brauchbar u[nd] practisch; vor seinen Zeiten wenig vor unser[e] Staaten mehr [erhalten]".[166]

Die deutschen Autoren des 17. Jahrhunderts hat Achenwall selten gelesen.[167] Julius Bernhard von Rohr war wegen seiner mangelnden Originalität und seiner fehlenden methodischen Stringenz für Achenwall kaum von Nutzen. Zunächst fiel ihm an Rohrs *Einleitung zur Staatsklugheit* (1718) die starke Verbundenheit mit Veit Ludwig von Seckendorff auf. Wie die meisten älteren Autoren habe Rohr so gut wie keinen methodisch versierten „part[em] architect[onicam]" vorzuweisen.[168] Tatsächlich sparte Rohr nicht an herber Kritik. Aristoteles oder die Historie wären nur für Leute geeignet, die „nicht von sonderlichen Verstande" seien. Außer dieser Fundamentalkritik war herauszuhören, daß die Politik nur durch praktische Erfahrung erlernbar sei. So betrachtet kam er tatsächlich über den christlichen Fürstenstaat seines gothaischen Vorgängers Seckendorff in keiner Weise hinaus.[169]

Gegenüber kritischen und mutigen Autoren aus dem Ausland war Achenwall immer offen. Sébastien le Prestre de Vaubans *Projet d'un Dime Royale* (1708) bekam nicht nur wegen seines feinen Druckes Lob von ihm, sondern vor allem wegen des entlarvenden Mutes und des statistischen Wissens, das dieser Kritiker des Colbertismus gezeigt habe. So gesehen sei Voltaires abfälliges

---

wirtschaft geschrieben; zugl[eich] überaus bescheiden u[nd] tugendhaft, m[an] kann sagen gottesfürchtig" (COD. MS. ACHENWALL 198/16).

[165] Vgl. G. ACHENWALL, Staatsklugheit (1761), S. 190. Vgl. dazu auch J. BUCHAN, Unsere gefrorenen Begierden (1999), S. 241.

[166] COD. MS. ACHENWALL 188/295. Vgl. dazu auch N.H. GUNDLING, der bezeugt, daß Aristoteles in Deutschland allgemein verachtet werde (Einleitung zur wahren Staatsklugheit (1751), S. 36).

[167] Vgl. zum Beispiel Achenwalls Notiz über die Privatklugheit H. CARDANUS' (Arcana politica sive de prudenta civili (1668)): „Sie war zu s[eine]r Zeit Meisterstück" (COD. MS. ACHENWALL 201/97).

[168] Vgl. COD. MS. ACHENWALL 188/474.

[169] Vgl. J.B. VON ROHR, Einleitung zur Staatsklugheit (1718), S. 1ff., 13ff., 19ff., 30f. (Zitat). Vgl. dazu auch V.L. VON SECKENDORFF, Teutscher Fürsten-Stat (1656) S. 237ff.; H. MAIER, Ältere deutsche Staatslehre (1985), S. 114f.

Urteil darüber ungerechtfertigt gewesen, weil er Vaubans Streben nach ungeschminkten Wahrheiten nicht erkannt habe.[170] In seinem Kompendium zur Politik hat er das *Projet* en passant als Vorschlag zitiert, anstelle von vielen nur noch eine einzige allgemeine Steuer zu erheben.[171] Es wird daher der Frage nachzugehen sein, inwiefern Achenwall diesem Anspruch eines beherzten Kritikers selbst gerecht wurde.

Literarische Werke sind Achenwalls rein fachgelehrter Perspektive mehr oder weniger entgangen, obwohl um 1750 eine rege Befruchtung der deutschen Gelehrten und Schriftsteller untereinander herrschte. Immerhin schrieb Johann Christoph Gottsched seinen *Versuch einer Critischen Dichtkunst* (1730) nach der intensiven Lektüre von Wolff.[172] Achenwall sind die literarischen Werke der Hochaufklärung keine Bemerkung wert gewesen. So ist es nicht verwunderlich, daß er sogar Jonathan Swifts Satireroman *Gullivers Reisen* (1726) in den sechziger Jahren nur aus der politischen Perspektive einzuordnen wußte. Swifts Ironie ist Achenwall nicht aufgefallen — nur die Tatsache, daß die Religion, die in *Gullivers Reisen* beschrieben werde, „fast nur Politik" sei.[173]

Allein Miguel de Cervantes' damals wiederentdeckten *Don Quichotte* (1605/1615) hielt Achenwall aus rein ästhetischen Gründen für „incomparable". Vermerkt hat er diesen Roman ebenfalls aus einem anderen Grund. Die neue französische Übersetzung habe seiner Meinung nach „viel castri[e]rt, u[nd] die beste Schönheit dad[urch] verloren". Die alte Übersetzung sei die bessere gewesen. Die neuen Satiren, die an dem Original in Deutschland anknüpften, hat Achenwall ebensowenig erwähnt, wie die Debatte

---

[170] „Ein vortreffliches Werk. Naiv, solide, simple, deutlich mit force und militairischer Freymüthigkeit geschrieben. Dem Könige zur Nachricht u[nd] Vorstellung, [au]ch er etl[iche] Mal[e] im Werk anredet. Aufgesetzt 1698., gleich nach dem Ryswick[er] Fried[en]. Er kennt viele Provinz[en] Frankr[eichs] aus dem Grunde, sein mehr als 40jähriges unstetes Leben dazu Gelegenheit v[er]schaff[t]. Seine Neugier, Aufmerksamkeit auf des Landes Beste u[nd] Mitleiden mit den arm[en] geplagten Volk hab[en] ihn den Gebrauch mach[en] lassen. Sein Ansehe[n] hat gemacht, d[a]ß er hinter viele Wahrh[ei]t[en] gekom[men] u[nd] s[eine] Gründlichk[ei]t, d[a]s er alles sehr genau untersucht. [...] NB.: quod observand[a] contra Voltaire, der d[ie]ses Werk sehr heruntermacht. Zum ganz[en] Finanzwesen, zur Kenntnis des franz[ösischen] Staats unentbehrlich. Solche Wahrh[ei]t[en] vom Elende d[er] Unterthanen u[nd] d[en] Blutegeln der Finanziers hat wohl niemand dem Könige so deutl[ich] in die Augen gesagt, viel weniger zugl[eich] drucken lassen" (COD. MS. ACHENWALL 198/395).
[171] Vgl. G. ACHENWALL, Staatsklugheit (1761), S. 229.
[172] Vgl. R. GRIMMINGER, Aufklärung, Absolutismus und bürgerliche Individuen (1984), S. 41ff.
[173] Vgl. COD. MS. ACHENWALL 164/313. Zu Swifts Rolle als politischer Schriftsteller in den Spannungen zwischen Whigs und Tories zwischen 1710 und 1713 meinte Achenwall eher abfällig: „Swift ist mehr ein Harlequin" (EBD., 36/181). Vgl. dazu auch W. FREUND, Prosa-Satire (1984), S. 716ff.

über Fiktion und Wahrheit, die in England darüber geführt wurde.[174]

c. *Über Zeitgenossen*

Bisher fielen bei der Beschreibung von Achenwalls Lektürekanon sein ausgeprägtes Methodenbewußtsein, sein starker Gegenwartsbezug und seine Vorliebe für mutige Kritiker auf. Jetzt soll Autoren Platz eingeräumt werden, die Achenwall unmittelbar als Zeitzeuge miterlebt hat. Über prominente Zeitgenossen wie Johann Jacob Moser, Justus Möser und Charles-Louis de Montesquieu hat Achenwall sich zum Beispiel nur kurz geäußert.[175] An Achenwalls Umgang mit Montesquieus epochemachendem *De l'Esprit des Loix* (1748) äußerte sich die Distanz über ein nicht mehr als zeitgemäß empfundenes Werk, obwohl er darüber keine zwanzig Jahre später urteilte.[176] *De l'Esprit des Loix* habe „mehr Witz als Gründlichkeit"[177] — und den Zitaten Montesquieus dürfe selten getraut werden. Insgesamt müßte nach Achenwalls Meinung in diesem Œuvre mittlerweile „alles revidirt" werden.

Genaue Aufmerksamkeit verdienen dagegen Achenwalls ausführliche Notizen über den Hamburger Jakob Friedrich von Bielfeld. Mit dem vielgerühmten Bielfeld verband Achenwall die gemeinsame Herkunft aus kaufmännischen Verhältnissen.[178] Die Kaufmannschaft galt im ständischen Denken des 18. Jahrhunderts als „das 5te Element im Staat" (Glafey), so daß eine gelehrte Karriere einen gewaltigen sozialen Aufstieg bedeutete. Die studia-nobilitant-Regel erlaubte es den Professoren, adlige Kleidung zu tragen und sich den Grafen gleich mit ‚Hoch-Wohlgebohren' anreden zu lassen.[179] Bielfeld wurde 1748 zum

---

[174] Vgl. COD. MS. ACHENWALL 214/233. Vgl. dazu auch R. GRIMMINGER, Aufklärung, Absolutismus und bürgerliche Individuen (1984), S. 48ff.; R. PORTER, The Creation of the Modern World (2000), S. 289.

[175] Seinen späteren Schwiegervater Moser hat Achenwall nur als einen von vielen exzerpiert, ohne dabei in besonderer Weise Stellung zu beziehen (EBD., 171/49–79, 179/216, 422 und 191/159). J. MÖSERS Osnabrückische Geschichte (1768) hat er nur sehr knapp in seinen Notata vermerkt. Möser habe „vortreffl[iches] üb[er] Vortheile v[on] e[iner] Historie geschrieb[en]" (EBD., 89/57).

[176] Vgl. COD. MS. ACHENWALL 180/15, 188/434. Zu dem immer noch hohen Ansehen, das Montesquieu zu dieser Zeit speziell in Deutschland besaß: J.C. STRODTMANN/F. STOSCH, Des neuen gelehrten Europa eilfter Theil (1757), S. 535ff.; R. VIERHAUS, Montesquieu in Deutschland (1987), S. 9ff.

[177] COD. MS. ACHENWALL 188/434 (auch im folgenden).

[178] Vgl. EBD., 188/464 (auch im folgenden). Im allgemeinen fand Bielfeld nur Lob vor seinen gelehrten Kollegen, mit Ausnahme zum Beispiel von Justi (J.G. DARIES, Einleitung in des Freyherrn von Bielfeld Lehrbegriff der Staatsklugheit (1764), Vorrede, S. 1ff.; A.L. VON SCHLÖZER, Theorie der Statistik (1804), S. 121ff.). Vgl. dazu auch H. KLUETING, Die Lehre von der Macht der Staaten (1986), S. 115ff.

[179] Vgl. A.F. GLAFEY, Historische Betrachtung einiger im H. Röm. Reiche gebräuchlichsten Titel, (1722), S. 37. Zu der besonders nach Rang und Ständen geschiedenen Gesellschaft in Kurhannover — und wie dies sich in der Anrede in den Briefen

Freiherrn nobilitiert, nachdem er 1739 in preußische Dienste eingetreten und fünf Jahre später zum Prinzenerzieher avanciert war. Das Studium der Geschichte und Philosophie betrieb Bielfeld nur privat, notierte sich Achenwall — eine Universität besuchte er nie. Trotzdem habe ihn Friedrich II. 1747 zum Kurator aller preußischen Universitäten gemacht, wovon er nach seiner Meinung weder „Ehre noch Dank" gehabt hätte. Inhaltlich kritisierte Achenwall an Bielfeld, daß dieser wie die älteren Autoren „nichts v[on] parte architect[onic]a" in seinem Hauptwerk habe. Die Regierungskunst in den *Institutions politiques* (1760) besäße eine unsystematische Form und behandle allenfalls ausländische Affären.

Besondere Kritik fand auch Bielfelds angebliches Bekenntnis zum Eklektizismus, weil er einer Biene gleich den „Honig [au]s allerley Blum[en] zusam[men]g[e]trag[en]" habe: „Wenig System, nicht d[ie] beste Ordn[un]g, noch Wahl, noch weniger Neues."[180] Zwar wurde in der Tat Eklektik häufig mit diesem Gleichnis Horaz' illustriert. Doch Bienen wiesen seither ebensowenig zwingend auf Eklektizismus hin, wie Ameisen auf Empirismus und Spinnen auf Dogmatik.[181] Dieses negative Verdikt wirkte um so härter, weil Bielfeld sich methodisch ausschließlich auf Wolff berufen hatte und eine universal gültige wie auch empirische Vorgehensweise anstrebte.[182] Damit widmete er sich wie Achenwall der Lösung eines zentralen Problems im frühneuzeitlichen Naturrecht: Die apriorisch demonstrierten Thesen mit der empirischen Welt zu harmonisieren. Dennoch besaß das Naturrecht bei Bielfeld nicht diesen eminent wichtigen Platz wie in Achenwalls wissenschaftstheoretischen Fundamenten. Im Grunde genommen waren bei Bielfeld alle Staatswissenschaften und praktischen Kenntnisse gleichberechtigt.[183] So gesehen drängte sich bei Achenwall leicht der Verdacht des Synkretismus auf, ohne daß jedoch dieses Urteil gerechtfertigt war.

---

zeigte — vgl. J. LAMPE, Aristokratie, Hofadel und Staatspatriziat in Kurhannover (1963), 3. 271f.
[180] COD. MS. ACHENWALL 188/464.
[181] Vgl. M. ALBRECHT, Eklektik (1994), S. 29, 52f., 166.
[182] Vgl. die Vorerinnerung des Übersetzers in der deutschen Ausgabe (J.F. VON BIELFELD, Lehrbegriff der Staatskunst (1761), o.S.) und S. 7f.
[183] Vgl. EBD., Lehrbegriff der Staatskunst (1761), S. 20f.

C. DAS SYSTEM DER STAATSWISSENSCHAFTEN

Achenwall las in Göttingen Natur- und Völkerrecht (samt des Gewohnheitsvölkerrechts und des allgemeinen Staatsrechts), daneben Europäische Staatengeschichte, ferner Statistik sowie Politik unter Einschluß des Cameralwesens. Außerdem veranstaltete er regelmäßig zeitgeschichtliche Zeitungskollegien über außenpolitische Entwicklungen, zum Beispiel über das Europäische Gleichgewicht, den Siebenjährigen Krieg oder über einzelne europäische Staaten. Juristische Veranstaltungen verband er manchmal mit einer Disputationsübung.[1]

Die von Achenwall gelehrten fünf Disziplinen Naturrecht, Statistik, Geschichte, Politik und Cameralwissenschaften müssen samt der ihnen zur Seite stehenden Fächer vor dem Hintergrund der Genese des modernen Staates betrachtet werden.[2] Dieser Prozeß hatte einen beträchtlichen Einfluß auf die Fort- und Neuentwicklung verschiedener Universitätsdisziplinen. Am Ende stand die Auflösung der praktischen Philosophie und eine Anzahl neuer Disziplinen und Fächer.

Die moderne Forschung benützt in diesem Fall den Terminus ‚Staatswissenschaften', um den dabei entstehenden Disziplinen- und Fächerkanon zu beschreiben.[3] Diese Begrifflichkeit ist zum Teil ein Anachronismus. Zwar tauchten um die Mitte des 18. Jahrhunderts die ersten Versuche auf, mehrere politische, juristische und kameralistische Fächer zu einem umfassenden staatswissenschaftlichen System zusammenzufassen.[4] Diese ‚aufklärerischen' Staatswissenschaften gingen aber nicht unmittelbar

---

[1] Vgl. CATALOGUS PRAELECTIONUM IN ACADEMICA GEORGIA AUGUSTA (1747–1772), o.S.; J.S. PÜTTER, Gelehrten-Geschichte (1765), S. 149ff., H.H. SOLF, Gottfried Achenwall (1938), S. 77f.; N. HAMMERSTEIN, Jus und Historie (1972), S. 331.
[2] Vgl. P. PASQUINO, Politisches und historisches Interesse bei Gottfried Achenwall (1986), S. 144f.
[3] Vgl. R. VOM BRUCH, Zur Historisierung der Staatswissenschaften (1985), S. 133f.; J.H. KAISER, „Staatslehre" (1995), Sp. 193f.; H. MAIER, „Staatswissenschaft" (1995), Sp. 226f.
[4] Vgl. V. HENTSCHEL, Die Staatswissenschaften an den deutschen Universitäten (1978), S. 182; H. DREITZEL, Monarchiebegriffe in der Fürstengesellschaft (1991), S. 663f., 683f.

in den Disziplinen der Staatswissenschaften auf, die im 19. und
20. Jahrhundert an den deutschen Universitäten gelehrt wurden.
Das Konstrukt der Staatswissenschaften hilft, die historischen
und an konkreten Staaten interessierten Intentionen der damaligen Gelehrten zu verstehen.[5] Nach dem Dreißigjährigen Krieg ermöglichten sie ein neues Wissen, das in erster Linie praktisch
orientiert sein sollte. Gleichzeitig reflektierten sie den Paradigmenwechsel innerhalb der praktischen Philosophie, der zunehmend Praxisferne vorgeworfen wurde. Erst zum Ende des
18. Jahrhunderts löste sich die praktische Philosophie vollends
auf.[6]

Die neuen Disziplinen ergänzten die traditionelle Trias Ethik,
Ökonomik und Politik innerhalb der praktischen Philosophie, in
die bereits seit dem Ende des 17. Jahrhunderts das Naturrecht
integriert worden war.[7] Das Naturrecht wurde schnell zum Kernstück der erneuerten philosophia practica.[8] Achenwalls Hallenser
Lehrer Martin Schmeizel rechnete dagegen die Staatengeschichte
zur praktischen Philosophie, ohne daß Achenwall diese Zuordnung übernommen hat.[9]

Obwohl ihre aristotelische Prägung weiterhin erkennbar blieb,
hatte die philosophia practica schon lange andere Traditionen
absorbiert — die scholastische, die stoische, die römischrechtliche, später vor allem die Hallische Tradition. Angeführt von
Thomasius wurde in Halle einerseits die historisch genetische
Methode etabliert, andererseits eine besondere utilitaristische
Variante des Empirismus. Dieser Empirismus verband den
Schularistotelismus mit John Locke und ist nicht mit dem modernen empirischen Verständnis gleichzusetzen. Außerdem festigte Thomasius die eklektische Philosophie im Sinne eines selbständigen Philosophierens. Dazu kam die Stärkung der
Jurisprudenz, insbesondere des positiven Rechts.

Doch nicht allein der Wandel in der Wissenschaftstheorie bestimmte die neue Ausrichtung der staatswissenschaftlichen Disziplinen, sondern auch deren Organisation an den Universitäten.
An der philosophischen Fakultät gelehrt, blieb der praktischen
Philosophie zunächst nur der ungenügende Status einer propä-

---

5   Vgl. H.E. BÖDEKER, Das staatswissenschaftliche Fächersystem (1985), S. 143–145 (auch im folgenden).
6   Vgl. H. DREITZEL, Vom Verfall und Wiederaufstieg der Praktischen Philosophie (1973), S. 31.
7   Vgl. H. MAIER, Die Lehre der Politik (1966), S. 34f.
8   Vgl. H. DREITZEL, Vom Verfall und Wiederaufstieg der Praktischen Philosophie (1973), S. 34, 38–44 (auch im folgenden).
9   Vgl. D.M. MEYRING, Politische Weltweisheit (1965), S. 17ff. Vgl. dazu auch J.F. BUDDEUS, Elementa philosophiae practicae (1717), S. 4ff.

deutischen Disziplin.¹⁰ Die Staatswissenschaften aber waren imstande, neben der Veränderung in der Wissenschaftstheorie und der Hierarchie innerhalb der Universitätsfakultäten schließlich auch die Ausbildung von politischen Interessen zu ermöglichen. Dies konnte zum Beispiel zur Kritik am Naturrecht der Vernunft (Schmauß), an der absoluten Monarchie (Justi) oder am preußischen aufgeklärten Absolutismus (Vater und Sohn Moser) führen.¹¹

Achenwall unternahm eigene Anstrengungen, seine von ihm gelehrten Staatswissenschaften im Zusammenhang zu erfassen. Während Justi und seine Nachfolger die Systematisierung aus der ökonomisch-politischen Perspektive anstrebten,¹² stellte er seine Überlegungen aus der Tradition der praktischen Philosophie kommend, das heißt in der Politik oder des Naturrechts, an: in der *Staatsklugheit* (1761) aus der Perspektive der „allgemeinen Statslehre",¹³ tiefer gehend innerhalb des Naturrechts. Das Naturrecht dominierte bei Achenwall die staatswissenschaftlichen Disziplinen eindeutig. Dennoch müssen alle seine Staatswissenschaften aufeinander bezogen werden.

Für Achenwall blieb die praktische Philosophie oberste Disziplin aller natürlichen Gesetze.¹⁴ Die philosophia practica sive moralis ist in der Frühen Neuzeit als Kunst oder Klugheit, das heißt als Habitus verstanden worden — „Philosophia est habitus constans sapientia & prudentia".¹⁵ Sie vereinigte die unvollkommenen (die der Politik und manchmal der Ethik) und die vollkommenen oder natürlichen Mittel (die des Naturrechts und manchmal der Ethik). Die Termini ius perfectum und ius naturalis implizierten immer ein ius cogendi.¹⁶ Die ebenfalls habituell vorzustellenden Disziplinen Ethik und Politik verpflichteten im 18. Jahrhundert den Menschen gegenüber Gott¹⁷ und gegenüber dem eigenen Nut-

---

10 Vgl. O. HÖFFE, Praktische Philosophie (1971), S. 10, 17.
11 Vgl. H. DREITZEL, Monarchiebegriffe in der Fürstengesellschaft (1991), S. 659f.
12 Vgl. EBD., S. 683f.
13 Vgl. unten C. IV. a.
14 Vgl. die Definition R. SPAEMANNS: „Praktische Philosophie hat es mit dem Handeln unter dem Aspekt seiner intersubjektiven Rechtfertigung zu tun" (Moral und Gewalt (1972), S. 215).
15 L.G. WERNHER, Theoria generalis de natura philosophiae (1623), S. 6.
16 Vgl. J.G. DARIES, Observationes iuris naturalis, socialis et gentium, Bd. 2 (1754), S. 11ff. Im ius commune waren diese Termini ebenfalls verbreitet, so daß J. HERMANN die zivilrechtliche Systematik in ius personarum und ius rerum aus dem ius perfectum entspringen ließ, ohne zuzugeben, daß er damit das Naturrecht an die Spitze des ius commune setzte (Allgemeines Teutsch-Juristisches Lexicon (1739), S. 580).
17 Bereits H. CONRING hatte die Ethik auf die Beziehung zu Gott jenseits der Offenbarung beschränkt: „De divino cultu agere, in quantum ille naturae lumine potest

zen. Dagegen obligierte das Naturrecht — dessen Habitus sich im 18. Jahrhundert zugunsten des modernen Rechtsverständnisses aufzulösen begann[18] — vor allem gegenüber anderen Menschen. Dieser Meinung war auch Achenwall: „Moral meint Pflicht gegen Gott. Ius naturale meint Schuldigkeit gegen andere Menschen und damit verknüpfte Rechte. Prudentia lehrt die Art und Weise, wie ich meine Pflicht und Schuldigkeit erfülle und mich meines Rechts bedienen soll, dergestalt, daß ich dadurch mein eigenes Wohl befördere."[19] Alle drei Disziplinen waren zumindest seit Wolff durch das deontologische perfice te verbunden. Trotzdem wollte auch Achenwall Gott nicht ohne weiteres aus dem Naturrecht verschwinden lassen.[20]

Traditionell blieb für Achenwall die Logik jenes Instrument der Philosophie, mit der die Diskussion um Methode und System eines gelehrten Faches geführt wurde.[21] Weiterhin stellte Achenwall für alle Fächer fest, daß das beste System jenes sei, das diese „am gründlichsten" und „am brauchbarsten" bestimme.[22] Gründlichkeit werde erreicht, wenn „adaequate Definitionen und daraus bündig geschlossene Sätze" nacheinander abgehandelt würden. Brauchbar werde ein von Achenwall habituell, das heißt als Kunst oder Klugheit aufgefaßtes Fach, durch sein System, wenn sich die gewonnenen Hypothesen als Mittel und Regelkanon auf einzelne Fälle „appliciren" ließen. Schließlich lerne man, resümierte Achenwall, nur aus dem Grund, um etwas anzuwenden und nicht um des bloßen Wissens willen.

Geschichte, Politik, Cameralwissenschaften und Statistik verband zunächst die Empirie als Methode. Dahinter verbarg sich das Interesse an den zeitgenössischen europäischen Staaten, die nur auf diese Weise und nicht durch das Naturrecht analysiert werden konnten. Frühmoderne Universitätsdisziplinen unter-

---

innotescere" — allerdings war sie damit nur schwer vom Naturrecht abzugrenzen (De morali prudentia (1629), S. 336).

[18] Vgl. dazu J. SCHRÖDER, Wissenschaftstheorie und Lehre der „praktischen Jurisprudenz" (1979), S. 47. Traditionell hatte sich zum Beispiel G.A. STRUVE bei der Definition der Jurisprudenz auf das klassische Ulpianzitat (D 1.1.10.2) berufen, das diese als „notitia rerum divinarum atque humanarum" und als „scientia iusti et iniusti" beschrieb (Jurisprudentia romano-germanico-forensis (1760), S. 1).

[19] COD. MS. ACHENWALL 145/155 (August 1760).

[20] Vgl. dazu auch J.G. DARIES, Observationes iuris naturalis, socialis et gentium, Bd. 1 (1751), S. 335; M. RIEDEL, Metaphysik und Metapolitik (1975), S. 224ff. Zu Achenwalls Umgang mit Gott im Naturrecht vgl. unten D. III.

[21] Vgl. zum Beispiel L.G. WERNHER, Theoria generalis de natura philosophiae (1623), S. 18; H.S. REIMARUS, Die Vernunftlehre (1766), S. 1ff. und später I. KANT: „Der richtige Gebrauch des Verstandes und Vernunft: Logic" (Handschriftlicher Nachlaß (1934), S. 171). Vgl. dazu auch N. HAMMERSTEIN, Jus und Historie (1972), S. 53f.; H. DREITZEL, Vom Verfall und Wiederaufstieg der Praktischen Philosophie (1973), S. 38.

[22] Vgl. COD. MS. ACHENWALL 144/25, 145/55, 120, 155 (August 1760), 145/172–174, 202, 156/77, 157/236, 160/212, 188/121f. (auch im folgenden).

scheiden sich aber erheblich von dem modernen, objektiven und apriorischen Verständnis. Sie wurden, wie eben angedeutet, habituell und subjektiv aufgefaßt[23] — als „notitia scilicet habitualis, & interdum scientifica ac certa, plerumque verosimilis saltem ac probabilis" (Buddeus).[24] Damit war eine an Aristoteles' fünf Fähigkeiten der Seele angelehnte praktische Methode gemeint. Aus der wissenschaftlichen, artifiziellen, klugen, vernünftigen oder weisen Kenntnis (der cognitio oder notitia) eines Faches konnten entweder universale oder singuläre Kausalschlüsse gezogen werden. Wenn Achenwall im folgenden den Begriff ‚Wissenschaft' in Anlehnung an eine Tradition zwischen Aristoteles und Wolff benützt hat, ist grundsätzlich dieser habituell-praktische Zusammenhang gemeint.[25] Darüber hinaus wurden im 18. Jahrhundert die Termini ‚disciplina', ‚scientia', ‚ars' und ‚habitus' synonym und widersprüchlich gebraucht.[26]

Die Zuwendung zur Empirie ließ die scientia universalium erstmals in den Hintergrund geraten. Deren Methoden waren a priori und qua lege gewesen.[27] Das empirische Vorgehen a posteriori und qua facto, das im aristotelischen Verständnis nur zur cognitio historica, sensata oder singularium geführt hatte, gewann dagegen an Bedeutung. Auf diese Weise begann der entscheidende Aufstieg der Empirie. Noch zu Beginn des 19. Jahrhunderts war dieser ursprünglich von der Scholastik entwickelte Terminus allerdings leicht negativ konnotiert und wurde hauptsächlich zur Formulierung von theorielosen Hypothesen benützt, wie Johann Christoph Adelungs Definition bestätigt: „Arzt, der bloß Erfahrung hat."[28] Nur damit wurden aber die neuen Staatswissenschaften ihrem Anspruch als Realdisziplinen gerecht. Dieser Anspruch besiegelte wie kein zweiter den Untergang der aristotelischen Politik, deren Universalienideal als unbrauchbar und praxisfern empfunden wurde.

---

[23] Vgl. zum Beispiel D. RINGMACHER, Lexicon philosophiae moralis, ethicae & politicae (1694), S. 76f.
[24] J.F. BUDDEUS, Elementa philosophiae instrumentalis, Bd. 1 (1717), S. 4 (Zitat), 138f.
[25] Vgl. J. SCHRÖDER, Wissenschaftstheorie und Lehre der „praktischen Jurisprudenz" (1979), S. 15ff., 44ff., 82ff., 132ff.
[26] Vgl. S.C. VON MENESES, Summa politica (1687), S. 4; L.G. WERNHER, Theoria generalis de natura philosophiae (1623), S. 7ff.; M. SCHMEIZEL, Praecognita historiae civilis (1720), S. 3, 7.
[27] Vgl. W. RÖD, Geometrischer Geist und Naturrecht (1970), S. 5, 123; A. SEIFERT, Cognitio Historica (1976), S. 29, 81f., 93; G. GAWLICK, Über einige Charakteristika der britischen Philosophie (1983), S. 30ff.; G.K. MAINBERGER, „Aristotelismus" (1992), Sp. 1007.
[28] J.C. ADELUNG, Kleines deutsches Wörterbuch (1824), S. 119 („Empirie").

I. NATURRECHT

Das Naturrecht spielte im Rahmen der Politisierung des 18. Jahrhunderts eine bedeutende Rolle. Es ermöglichte den Wandel des politischen Denkens, indem es in ganz Europa zum „seedbed" (Haakonssen) neuer politischer und ökonomischer Disziplinen sowie der politischen Reformen wurde.[29] Naturrecht war nicht wie heute ein rechtsphilosophisches Fach, sondern eine eigenständige universitäre Disziplin. Zwischen Philosophie und Ziviljurisprudenz wurde ihm vor allem in der Gestalt des allgemeinen Staatsrechts und des Völkerrechts eine große Karriere als geltendes Recht prophezeit.[30] Bereits hundert Jahre eher hatte sich die Meinung durchgesetzt, zumindest das ius publicum an der juristischen Fakultät zu lehren, weil seine naturrechtlichen Grundsätze allgemeingültig seien.[31]

Das knüpfte an frühaufklärerische Bemühungen an, die das ius publicum bereits in Reichshistorie und Naturrecht untergliedert hatten. Seitdem gehörte ein historisiertes Naturrecht zu der ohnehin stark geschichtlichen Orientierung des öffentlichen Rechtsdenkens.[32] Speziell in Jena waren Naturrecht und Reichspublizistik seit dem Ende des 17. Jahrhunderts fest etabliert. Dazu kam eine starke Bevorzugung der Geschichte, die wiederum zu einer Historisierung der Jurisprudenz führte. Diese Tendenz hat später in Halle weiter gewirkt. Da Halle bis in die dreißiger Jahre als modernste Universität des Reichs galt, war es kaum verwunderlich, daß Achenwall dort studierte. Die Fridericiana stand nicht nur für den aufgeklärten Kampf gegen Folter und theologische Bevormundung, sondern auch für eine dezidierte Aufwertung staatswissenschaftlicher Fächer wie Naturrecht, ius publicum und Historie.[33]

So wurde Achenwall in Jena, Halle, Leipzig und später Göttingen mit zwei konkreten wissenschaftstheoretischen Ansätzen vertraut gemacht: mit einer zunehmend historisch aufgefaßten Jurisprudenz und späten Versionen der geometrischen Methode. Nach 1750 konkurrierte eine Vielzahl von Spielarten dieser ur-

---

[29] Vgl. F. WIEACKER, Privatrechtsgeschichte der Neuzeit (1967), S. 249ff.; Beitrag von D. Klippel, in: NATURRECHT – SPÄTAUFKLÄRUNG – REVOLUTION (1989), S. 107; K. HAAKONSSEN, Natural law and moral philosophy (1996), S. 61.
[30] Vgl. A.F. GLAFEY, Geschichte des Rechts der Vernunfft (1739), S. 4f.
[31] Vgl. R. SCHELP, Das Allgemeine Staatsrecht (2001), S. 21.
[32] Vgl. H.E. BÖDEKER, Das staatswissenschaftliche Fächersystem (1985), S. 147f.
[33] Vgl. N. HAMMERSTEIN, Jus und Historie (1972), S. 43, 148ff.; M. STOLLEIS, Geschichte des öffentlichen Rechts (1988), S. 241, 298ff.

sprünglich von Hobbes und Pufendorf in die Naturrechtssphäre übertragenen Methode.[34]

Bei der geometrischen Methode ging es um die formallogische Deduktion von Hypothesen, die durch die resolutiv-kompositive Analyse gewonnen wurden: Gleichzeitig sowohl analytisch als auch synthetisch gewonnene Fakten wurden zu natürlichen Prinzipien normativ erhöht. Diese natürlichen Prinzipien besaßen ihrem Anspruch nach universale Gültigkeit. Eine besondere Variante der geometrischen Methode bildete nach 1750 Christian Wolffs habitus demonstrandi, der von seinen Schülern Joachim Georg Daries und Daniel Nettelbladt juridifiziert und erweitert wurde. Daneben hatte Achenwalls Lehrer in Halle, Johann Gottlieb Heineccius, eine neue Variante der geometrischen Methode ausgearbeitet: die axiomatische Methode. Heineccius bemühte sich mehr als Wolff um die Aufstellung universaler Grundsätze (Axiome) sowie um praxisnahe und juristische Fundamente.

Während das allgemeine Staats- und Völkerrecht fast ausschließlich aus dem Naturrecht bestand, war die Gültigkeit des Naturrechts im Zivilrecht umstritten.[35] Erschwert wurde die Beantwortung dieser politisch brisanten Frage dadurch, daß jedes natürliche Gesetz im Zustand staatlicher Verfaßtheit nur dann normativen Charakter bekommen konnte, wenn die Legislative oder der Souverän ihm freiwillig die Ermächtigung dazu gab. Die Nachprüfbarkeit der Gesetze auf ihr Verhältnis zum Naturrecht schied für die Untertanen aus.[36] Die Wolffianer wollten daher weniger die Rechtsinhalte des Naturrechts in die bestehenden positiven Gesetze integrieren; vor allem die Methode des Naturrechts sollte der positiven Gesetzgebung beistehen.[37]

Andere Gelehrte — und dazu gehörte auch Achenwall — versprachen sich mehr von dem Naturrecht als die Verbesserung der Rechtsmethodik. Schon Leibniz hatte die Richter dazu aufgefordert, dem Naturrecht bei Gesetzeslücken des ius commune oder der Partikularrechte den Vorzug zu geben. Die positiven Gesetze

---

[34] Vgl. W. RÖD, Geometrischer Geist und Naturrecht (1970), passim; H.M. BACHMANN, Die naturrechtliche Staatslehre Christian Wolffs (1977), S. 59ff.; J. SCHRÖDER, Wissenschaftstheorie und Lehre der „praktischen Jurisprudenz" (1979), S. 132ff., 167f.; K. HAAKONSSEN, Natural law and moral philosophy (1996), S. 87ff.

[35] Vgl. D. GRIMM, Die deutsche Staatsrechtslehre (1987), S. 291; J. RENZIKOWSKI, Naturrechtslehre versus Rechtspositivismus (1995), S. 337.

[36] Vgl. G.F. MEIER, Recht der Natur (1767), S. 5ff.; J. SCHRÖDER, „Naturrecht bricht positives Recht" (1989), S. 419ff.; H. KRINGS, Freiheit und Macht (1990), S. 3ff.

[37] Vgl. D. NETTELBLADT, Gedanken von dem heutigen Zustand der Rechtsgelahrtheit (1749), S. 9, 21, 108ff.; DERS., Von dem rechten Gebrauch der Wolffischen Philosophie in der Theorie der positiven Rechtsgelahrtheit (1750), S. 122; J.G. DARIES, Observationes iuris naturalis, socialis et gentium, Bd. 1 (1751), S. 309. Vgl. dazu auch F. WIEACKER, Privatrechtsgeschichte der Neuzeit (1967), S. 321.

sollten damit letztlich alle vom Naturrecht abgeleitet werden.[38] Adam Friedrich Glafey wünschte später in ähnlicher Weise das gesamte ius commune aus der Vernunft „beurtheilet, begrenzet und erläutert".[39] Außerdem sollte es auch bei ihm mit Hilfe der vernünftigen Billigkeit ausgedehnt werden, mit der die Richter mehr natürliche Mäßigung im Urteil beweisen sollten.

a. Leitdisziplin und Nachlaß

In den letzten Jahren ist in der Naturrechtsforschung ein Wandel zu beobachten. Diethelm Klippel meinte zusammenfassend, daß die bisherigen Auffassungen zum Naturrecht „gegebenenfalls einer Revision bedürfen".[40] Er sprach drei Punkte an: erstens die bisher wenig beachtete Wirkungsgeschichte des Naturrechts im 19. Jahrhundert; zweitens methodische Defizite durch die Projizierung heutiger Vorstellungen auf die Geschichte des Naturrechts; daneben das mangelnde Verständnis von Naturrecht als einer gleichberechtigten Teildisziplin der Rechtsgelehrsamkeit, die als materielle und formelle Rechtsquelle betrachtet wurde und die von der heutigen Stellung des Naturrechts als Teilbereich der Rechtsphilosophie eklatant abweicht; drittens fehle es, so Klippel, an Untersuchungen, die die politischen Aspekte der Naturrechtsdiskussion „vor allem im Zusammenhang mit den politischen Konflikten der Zeit analysieren".[41] Öfter als bisher angenommen sei das Naturrecht im 18. und 19. Jahrhundert Leitdisziplin verschiedenster Diskussionen gewesen.

Die bisherige Vorgehensweise speziell im Naturrecht ist darüber hinaus durch die Sicht der Kompendien geprägt gewesen. Sie hat sich ferner auf bestimmte politische Fragen konzentriert, zum Beispiel auf das Verhältnis zwischen Herrscher und Untertanen oder auf das Verständnis von Freiheit. Es sind Fragen, die in erster Linie moderne Historiker stellen.[42] Diese Fragen haben die damaligen Gelehrten zweifelsohne ebenfalls beschäftigt. Allerdings sind sie auf anderen Wegen und Traditionen darauf zu sprechen gekommen, die in Kompendien kaum berücksichtigt werden konnten. So ist Achenwall nicht — in moderner Weise —

---

[38] Vgl. H. SCHIEDERMAIR, Das Phänomen der Macht und die Idee des Rechts bei Gottfried Wilhelm Leibniz (1970), S. 153ff.
[39] Vgl. A.F. GLAFEY, Vollständige Geschichte des Rechts der Vernunfft (1739), S. 8. Vgl. dazu auch die 120 Thesen B. KLEPPERBEINS, mit denen dieser das Naturrecht in fori unersetzlich machen wollte, weil dadurch die Rechtsstreitigkeiten „leichter, gewisser und gründlicher" gelöst würden (Vernünfftige Einigkeit des natürlichen und bürgerlichen Rechts in Processen (1714), S. 9f.).
[40] D. KLIPPEL, Politische und juristische Funktionen des Naturrechts (2000), S. 3.
[41] EBD., S. 5.
[42] Exemplarisch auch bei D. KLIPPEL, Politische Theorien im Deutschland des 18. Jahrhunderts (1988), S. 60.

davon ausgegangen, daß das Maß an politischer Freiheit im System des reformbereiten Absolutismus so groß wie möglich sein müsse. Stattdessen hat er versucht, das richtige, das heißt universal gültige Maß von Freiheit zu erkennen. In der Politik ging es ihm dann um die konkrete Ausgestaltung der Freiheit in Form von Pressefreiheit, Garantie des Eigentums, Justizreform, etc. Achenwalls Leitdisziplin war das Naturrecht. Die anderen Staatswissenschaften spielten eine untergeordnete Rolle. Politische und gelehrte Innovationen entstanden bei ihm meistens in dem Spannungsfeld zwischen Naturrecht und Politisierung, das heißt einerseits vor dem Hintergrund der damaligen Naturrechtsdiskussion und andererseits vor den aktuellen politischen Fragen. Der Nachlaß Achenwalls erlaubt erstmals den Zugriff auf die kompletten Fundamente des Naturrechts — wie damalige Autoren sie in aller Ausführlichkeit sahen. Erst in zweiter Hinsicht entwarfen sie die Kompendien, bei denen vor allem pädagogische Gesichtspunkte zum Tragen kamen.

Viele Facetten seines Naturrechts entgehen dem ausschließlich auf die veröffentlichten Werke beschränkten Beobachter. Eine Geschichte des Naturrechts und seiner bedeutendsten Autoren — wie Achenwall sie sah — findet sich in aller Ausführlichkeit nur in seinem Nachlaß. Gerade damit läßt sich ein aufschlußreicher Blick auf das Verständnis von Naturrecht als Disziplin werfen. Ohnehin kann die Kritik am ius naturale dogmaticum[43] sowie Achenwalls eigene Forschungsarbeit in einem lediglich für Vorlesungen gedachten Handbuch nicht erwartet werden.[44]

Darüber hinaus würde eine allein die Kompendien betrachtende Perspektive zum Beispiel den Fehler begehen, die einfachen Gesellschaften des allgemeinen sozialen Naturrechts — Ehe, Familie, Herr/Knecht- und die väterliche Gesellschaft — überzubewerten. Gerade der weit verbreitete familia-pater-Topos aus lutherischer Tradition, der die Entstehung der patriarchalischen und der ständischen Welt fast unausweichlich machte,[45] erhält in den Notizen Achenwalls einen sehr begrenzten Stellenwert. Anscheinend nur um der Tradition zu genügen, hat Achenwall diese kleinen Gesellschaften vor seinem Auditorium kurz angesprochen: „Wir *[reden]* sind überhaupt kurz de societatibus minoribus, weil sie nirgends brauchbar sind."[46] Damit grenzte er sich von einer

---

[43] Zu diesem Terminus vgl. zum Beispiel COD. MS. ACHENWALL 156/37.
[44] Vgl. dazu K. HAAKONSSEN, der diese Problematik bei F. Hutcheson nachgewiesen hat (Natural law and moral philosophy (1996), S. 66).
[45] Vgl. H. DREITZEL, Monarchiebegriffe in der Fürstengesellschaft (1991), S. 43.
[46] COD. MS. ACHENWALL 162/79. Diese Unterteilung hatte ihre Wurzel im römischen Recht, das solchermaßen den bürgerlichen Zustand des Menschen zergliederte (T. HAYMEN, Allgemeines teutsches juristisches Lexicon (1738), S. 1128f.;

Tradition ab, die innerhalb des deutschen Naturrechts die persönliche Unfreiheit vertraglich legitimiert hatte.[47]
Ferner wird die ausführliche und lobende Zitierung von Jean-Jacques Burlamaquis *Principes du Droit Naturel* (1747) in den *Observationes iuris naturalis* (1754) zu der fälschlichen Annahme führen, daß der Naturrechtsgelehrte Achenwall in seinen Forschungen dieses Werk in gleicher Weise benützte, wie er es als Lehrer und Autor von Kompendien praktizierte.[48] In seinen Notata widmete er sich nur kurz und eher abfällig über den später für die amerikanische Freiheitsbewegung bedeutsamen Burlamaqui: „Enthält nur generalissima".[49] Vielleicht ist Achenwall in den späten fünfziger Jahren deswegen zu diesem Urteil gelangt, weil Burlamaqui im Vergleich zu ihm die Historisierung des hypothetischen Naturrechts dezidiert ablehnte. Außerdem galt er als Eklektiker.[50]

Dennoch fördert die Lektüre von Achenwalls drei großen Naturrechtswerken einiges zutage, wie etwa die aus pädagogischen Gründen vorgenommene starke Gewichtung Gottes in den *Prolegomena iuris naturalis*. Ein viertes und postum veröffentlichtes naturrechtliches Werk Achenwalls ist das in der Einleitung bereits erwähnte Fragment zum praktischen europäischen Völkerrecht. Die *Iuris gentium europaearum practici primae lineae* (1775) stellen nur den Wiederabdruck einer erstmals 1753 veröffentlichten Teilversion der *Elementa iuris naturae* dar. Nicht einmal Achenwalls letzte Korrekturen wurden dazu berücksichtigt. Ferner zeugt das opus postumum in seiner unvollständig gebliebenen Form — der angekündigte Teil über das ius belli fehlte zum Beispiel gänzlich — von Achenwalls nahezu lebenslangem Desinteresse an diesem Fach, obwohl er es immer wieder in seinen akademischen Veranstaltungen anbot.[51]

E. HELLMUTH, Naturrechtsphilosophie und bürokratischer Werthorizont (1985), S. 50ff).

[47] Vgl. D. KLIPPEL, Persönliche Freiheit und Vertrag (1999), S. 123.
[48] Vgl. G. ACHENWALL, Observationes iuris naturalis, Spec. I (1754), S. 5–13. Diese Annahme findet sich zum Beispiel bei J. HRUSCHKA, Das deontologische Sechseck bei Gottfried Achenwall (1986), S. 56.
[49] COD. MS. ACHENWALL 157/187–190.
[50] „Tout ce qu'on peut dire sur l'origine des premiers Gouvernements, dans le fait, se recluit à de simples conjectures plus ou moins vrais emblables. D'ailleurs cette question est plus curieuse qu'utile ou nécessaire" (J.J. BURLAMAQUI, Principes du Droit Naturel, Bd. 2 (1747), S. 9). Vgl. dazu auch S. ZURBRUCHEN, Naturrecht und natürliche Religion (1991), S. 88f.; K. HAAKONSSEN, Natural law and moral philosophy (1996), S. 337ff.
[51] In der Erstauflage der *Elementa iuris naturae* (1750) hatte ACHENWALL im letzten Paragraphen einen um das praktische europäische Völkerrecht erweiterten Teil dieses Kompendiums angekündigt, der dann in der zweiten Auflage 1753 erschien (S. 365–384). Daneben existieren im Nachlaß von Achenwall korrigierte Abzüge der Elementa iuris naturae, die *nur* diese Seiten mit dem europäischen praktischen Völkerrecht enthalten (COD. MS. ACHENWALL 167–170). Die postum heraus-

Mit der Haltung, daß das Gewohnheitsvölkerrecht wenig Sinn und Nutzen verspreche, folgte er lange Zeit Thomasius:[52] „Es hat ke[inen] Zulauf in p[rinci]piis; ist 1 [sc. nicht] univ[ersale], es g[e]hört 1 [nicht] in i[ure] nat[urali] qua univ[ersalitate]. A̶b̶[er] es ist practisch, nulla in alio scientia tractati."[53] Für diese Einstellung sprachen zuweilen auch andere Gründe. Im fünften Jahr des Siebenjährigen Kriegs räsonierte er darüber, ob er ein Kollegium über das praktische Völkerrecht anfangen solle. Da aber die „generaliora" darüber zu bekannt seien, die „specialiora" dagegen zu zeitaufwendig, kam er von diesem Vorhaben wieder ab. Es erscheine ihm zu umständlich, allen „specialiora" nachzugehen, „weil wir seit 5. Jahren in einem Krieg leben, da von allen Arten eine Menge exempla vorgefallen".[54]

b. Naturrechtsgeschichte und ius naturale cogens

In der Regel begannen die Göttinger Rechtsstudenten ihr Studium mit einer Geschichte der Philosophie beziehungsweise des Naturrechts.[55] Ausführliche Unterlagen, wie Achenwall seinen Studenten dabei die historia literaria[56] des Naturrechts vermittelt hat, bietet der Nachlaß. Auf diese Weise kann sein Verständnis dieser Disziplin besser eingeschätzt werden. Anschließend wird der Frage nachgegangen, inwieweit er in seinen Kompendien und Kollegien seinem studentischem Publikum durch didaktische und dogmatische Besonderheiten Rechnung getragen hat.

Nur in den „Prolegomena" der *Elementa iuris naturae* findet sich eine mit wenigen Sätzen skizzierte veröffentlichte Geschichte

---

gegebenen Iuris gentium europaearum practici primae lineae (1775) entsprechen diesen Korrekturabzügen, die die Herausgeber vielleicht für ein neues Werk gehalten haben. Tatsächlich stammen sie von der nicht veröffentlichten Version des praktischen europäischen Völkerrecht der *dritten* Auflage der Elementa iuris naturae von 1755/56, die — mit Ausnahme der Paginierung — mit dem praktischen Völkerrecht der zweiten Auflage identisch ist. Achenwall verzichtete ab der dritten Auflage auf das praktische Völkerrecht, weil er nach dem Urteil seines Göttinger Rezensenten die Ergebnisse seiner zweiten Gelehrtenreise noch einarbeiten wollte (GGA 66 (1759), S. 578).

[52] Zu Thomasius' Abneigung gegen das ius gentium practicum vgl. J. HERMANN, Allgemeines Teutsch-Juristisches Lexicon (1739), S. 576f.
[53] COD. MS. ACHENWALL 168. Die Peripetie in dieser Sache erfolgte erst in dem nicht mehr beendeten Naturrechtstorso der späten sechziger Jahre (unten S. 113ff.), so daß Achenwalls Schüler L.J.F. HÖPFNER das praktische Völkerrecht ebenfalls nicht als wichtig erachtete (Naturrecht (1780), S. 195).
[54] Vgl. COD. MS. ACHENWALL 171/35.
[55] T.J. HOCHSTRASSER, Natural law theories in the early Enlightenment (2000), S. 141.
[56] Zu diesem zeitgenössischen Terminus, mit dem die Ideale der eklektischen Philosophie — kooperative Kompilation auf der Basis von Bibliographien, Enzyklopädien, Spezialliteratur und Kompendien — gemeint waren, vgl. M. GIERL, Compilation and the Production of Knowledge (1999), S. 70f.

des Naturrechts aus Achenwalls Feder.[57] Das Hauptkriterium, nach dem er diese Geschichte gliederte, war die demonstrative Methode. Zwar zu keiner Zeit unbekannt, sei das Naturrecht erst spät zu den wissenschaftlichen Disziplinen aufgerückt. Bis zu den neuzeitlichen Autoren sei niemand in der Lage gewesen, es schlüssig zu systematisieren. Hobbes, Cumberland und Pufendorf überzeugten methodisch und systematisch, ersterer freilich nicht mit seinen Prinzipien. Größeren Beifall habe schließlich die geometrische Methode gefunden, die sich namentlich mit Leibniz, Köhler und Wolff festmachen ließe. Ihnen seien — und darin stimmte er mit der communis opnio seiner Zeit überein — die meisten Naturrechtsautoren gefolgt.

Weitaus ausführlicher hat Achenwall die Geschichte des Naturrechts in seinen Notata aufgebaut.[58] Zunächst erstellte er einen kurzen Kommentar der wichtigsten Darstellungen über diese Disziplin. Er fing bei dem Thomasiusschüler und Theologen Johann Franciscus Buddeus an, der „fleißig u[nd] exact, aber kurz <und summarisch>" geschrieben habe.[59] Johann Gröning habe dieses Niveau später nicht mehr erreicht. Jacob Friedrich Ludovici gefalle allenfalls durch seine „erl[auchte] Belesenheit". Erst Christian Thomasius' Geschichte des Naturrechts sei 1719 „voll neuer Gedanken" gewesen und habe darüber hinaus durch sinnreiche Kritik neue Maßstäbe gesetzt.

Danach seien Adam Friedrich Glafey durch seine überzeugende Vollständigkeit in Darstellung und Literatur sowie Johann Jacob Schmauß durch seine Themaverfehlung aufgefallen. Schmauß habe, wie Achenwall an seinem ehemaligen Göttinger Kollegen kritisierte, eine Geschichte der einzelnen Konzepte beziehungsweise des Begriffes von Naturrecht geschrieben. Die wichtigsten Autoren habe er ebenso wie die Geschichte vom „Wachsthum der Disciplin" vergessen. Für die Bemühungen Schmauß' um historische Empirie und gegen eine Vermischung des Naturrechts mit der Moral hat Achenwall kein Lob übrig gehabt, obwohl dies auch in seinem Interesse lag.[60] Schmauß hatte die Politik im allgemeinen Staatsrecht integriert und dem Naturrecht nur noch wenig Bedeutung beigemessen. Er betrachtete das ius publicum universale lediglich „nach dem iure und auch nach

---

[57] Vgl. G. ACHENWALL/J.S. PÜTTER, Elementa iuris naturae (1750), S. 22f. (auch im folgenden). Ein wenig ausführlicher legte Achenwall diese Thesen ab dem ersten Band der dritten Auflage von 1758 dar (S. 38-50).
[58] Vgl. COD. MS. ACHENWALL 145/225, 157/181 (nach 1760), 157/184 (auch im folgenden).
[59] Vgl. EBD., 157/181. Vgl. dazu auch A.F. GLAFEY, Vollständige Geschichte des Rechts der Vernunfft (1739), S. 16ff.
[60] Vgl. COD. MS. ACHENWALL 157/184. Vgl. dazu auch P.H. REILL, The Rise of the Historical Consciousness (1969), S. 98ff.

der Klugheit" — das traditionelle Naturrecht brauchte er dazu nicht.[61] Vielleicht konnte Achenwall nichts mit dieser Radikalität anfangen, mit der der Thomasiusschüler Schmauß am Naturrecht der Vernunft angesetzt hatte.[62] Achenwalls ausführliche Chronologie der Geschichte des Naturrechts fing bei den Asiaten und Afrikanern an.[63] Er sprach eher abfällig über deren naturrechtliche Beiträge, da sie weniger von naturrechtlichen als vielmehr von abergläubischem Charakter gewesen seien. Hier blitzten seine gelehrten Stereotypen auf. Sein Stil erinnerte stark an Thomasius' mitunter grobschlächtiges Vokabular und weniger an die kooperative Kompilation, die einer historia literaria ansonsten eigen sein sollten.[64] Die Chaldäer hätten, so Achenwall, „nur an die Sterne" gedacht, während die Perser sich von Zarathustra einen prunkbeladenen Gottesdienst aufdrängen ließen. Die Araber fabulierten später „von oraculmäßigen Räthzeln", und die Ägypter gerieten unter die „pfaffische Herrschaft" ihrer hieroglyphischen Figuren. Mit der Bemerkung, daß die Juden „im Aberglauben ersoffen" seien, beendete er den ersten Abschnitt. Die Heilige Schrift als Quelle des Naturrechts thematisierte Achenwall nicht, ebensowenig wie die anderen außereuropäischen Völker. Damit erreichte er nicht einmal die universale Perspektive des von ihm gescholtenen Johann Gröning.[65]

Bei den vorsokratischen Naturrechtsgelehrten, die auch bei Achenwall mit den griechischen Philosophen übereinstimmten,[66] fuhr Achenwall in seinem schroffen Jargon aus rein naturrechtlicher Perspektive fort. Der erste griechische Philosoph sei der „kräuteressende", das heißt der Vegetarier Pythagoras gewesen. Andere griechische Naturphilosophen des sechsten vorchristlichen Jahrhunderts, wie die Milesier Thales, Anaximander und Anaximenes, fanden ebenso wie Heraklit keine Erwähnung. Dies

---

[61] Vgl. J.J. SCHMAUSS, Über das teutsche Staatsrecht (1766), S. 6f.
[62] Vgl. H. DREITZEL, Monarchiebegriffe in der Fürstengesellschaft (1991), S. 660.
[63] Vgl. COD. MS. ACHENWALL 157/187–190 (auch im folgenden).
[64] Vgl. E. WOLF, Große Rechtsdenker (1939), S. 388f.; M. STOLLEIS, Geschichte des öffentlichen Rechts (1988), S. 300; M. GIERL, Compilation and the Production of Knowledge (1999), S. 72. Vgl. dazu auch die ähnliche systematische Vorgehensweise in J.A. ORTLOFFS Handbuch der Litteratur der Philosophie (1798) und noch bei E. GANS (Naturrecht und Universalrechtsgeschichte (1832/33), S. 32ff.). Beide haben mitunter ebenfalls einen abfälligen Jargon benützt.
[65] Vgl. dazu J. GRÖNING, Bibliotheca juris gentium exotica (1703), passim. Vgl. dazu auch A.F. GLAFEY, Vollständige Geschichte des Rechts der Vernunfft (1739), S. 22; E.F. KLEIN, Grundsätze der natürlichen Rechtswissenschaft (1797), S. 326ff.
[66] Bereits die Naturrechtsgelehrten des 18. Jahrhunderts gingen wie die heutige Forschung davon aus, daß das Naturrecht „das Kind des griechischen Geistes" (Welzel) ist und daß die praktische Philosophie auf diesem Grundsatz beruhe (G.B. DE MABLY, Gespräche des Phocion (1764), S. 1; J. GRÖNING, Bibliotheca juris gentium europaea (1703), S. 104ff.; H. WELZEL, Naturrecht und Rechtspositivismus (1972), S. 326).

galt nicht für Pythagoras von Samos. Dieser habe eine große Sekte mit 600 Schülern gegründet, die alle an seinem 99. Geburtstag getötet wurden. Pythagoras überlebte dieses Blutbad und erreichte noch das 111. Lebensjahr. Die biographischen Angaben, denen Achenwall hier vertraute, beruhen auf wenig seriösen Viten vornehmlich aus christlicher Zeit. Für griechische Mysterienkulte und die pythagoreische Vorstellung von der Unsterblichkeit der Seele konnte Achenwall kaum Verständnis aufbringen.[67] Allerdings hat er sich auch auf eine gemessenere Weise mit Pythagoras beschäftigt.[68] Substantielles zur Geschichte des Naturrechts ist darin allerdings auch nicht enthalten, zumal Pythagoras selbst von der modernen Forschung kaum als eigenständiger Philosoph betrachtet wird, geschweige denn, daß er Naturrechtsautor genannt wird.

Epikur hinterließ in Achenwalls Geschichte des Naturrechts neben einer 231 Jahre existierenden Sekte mehr Substantielles. Allerdings gelte dieser Befund nicht für das Naturrecht: „Elend in iure naturali", warf er dem Athener vor, weil Gerechtigkeit und Ungerechtigkeit bei diesem nur durch Vertrag entstanden.[69] Nicht erwähnt wurde von Achenwall, daß dies gegen Platons Ideenlehre gerichtet war, die auch er in seiner Politik kritisierte.[70] Außerdem entging ihm als Naturrechtsautor, daß Epikur damit der Begründer der Vorstellung war, daß der Staat durch einen Vertrag gebildet werde.[71]

Überhaupt entwickelte Achenwall wenig Verständnis für das antike griechische Naturrechtsverständnis. Es begann mit dem Recht der Polis, das alle Bereiche zwischen den Menschen und den Göttern abdeckte.[72] In Sophokles' Trauerspiel *Antigone* tritt es zum ersten Mal in Erscheinung. Um 440 vor Christus im demokratischen Athen geschrieben, beruft sich die Protagonistin auf die ungeschriebenen, untilgbaren Gebote der Götter, die wandellos und nicht von den Menschen zu übertreffen sind.[73] Die Perserkriege brachte eine Veränderung in diesem Denken. Heraklit stand für eine neue Auffassung von Naturrecht, die es als einen

---

[67] Vgl. G. KIRK/J. RAVEN/M. SCHOFIELD, Die vorsokratischen Philosophen (2001), S. 239, 254ff.
[68] Vgl. den Torso der Dissertation eines „O." über Pythagoras (COD. MS. ACHENWALL 183/o.Nr.).
[69] „Gerechtigkeit an sich hat es nie gegeben. Alles Recht beruhte vielmehr stets nur auf einer Übereinkunft zwischen Menschen" (EPIKUR, Philosophie der Freude (1973), S. 61).
[70] Vgl. unten C. IV. a.
[71] Vgl. E. BLOCH, Naturrecht und menschliche Würde (1961), S. 5ff. Vgl. dazu auch A.F. GLAFEY, Vollständige Geschichte des Rechts der Vernunfft (1739), S. 41ff.
[72] Vgl. V. EHRENBERG, Anfänge des griechischen Naturrechts (1965), S. 359ff.; R. SPAEMANN, Die Bedeutung des Natürlichen im Recht (1993), S. 113.
[73] Vgl. SOPHOKLES, Antigone (Zweiter Auftritt, Vers 453–457).

allen Menschen gemeinsamen göttlichen Logos betrachtete: „Dadurch, daß wir diesen göttlichen Logos einatmen, werden wir vernunftbegabt."[74] Der Sophist Protagoras mediatisierte das Naturrecht, indem er die Welt mit dem Konzept des homo mensura allein aus dem menschlichen Bewußtsein aufbaute. Die Naturrechtsautoren begannen, sich mit universalem Anspruch über den ehemals göttlichen Nomos und dessen Gesetze zu erheben. Eine Konsequenz der Auflösung des Nomos war die Unterscheidung zwischen positiven und universal gültigen Gesetzen. Diese Gesetze konnten nun von einer Metaebene aus betrachtet werden, ohne die göttliche Sphäre direkt zu tangieren.

Achenwalls Naturrechtsgeschichte machte bei Platon weiter. Er habe durch „herrliche moralische principia von Obrigkeit und der Tugend" eher ethische und politische als naturrechtliche Werte geschaffen. Speziell hinsichtlich der politischen Sphäre ersann er die eudämonistische res publica platonica. Andere Gelehrte des 18. Jahrhunderts dachten in dieser Sache ähnlich. Für Laurentius Reinhard hatte Platon „de jure naturae egregie" ebenfalls „haud raro" ersonnen.[75]

Platons Schüler Aristoteles stand bei Achenwall in deutlich höherem Ansehen. Neben seinen Verdiensten um die Systematisierung, vor allem der Politik, nannte er Aristoteles' Definition von Gerechtigkeit. Mit dieser stimme er im Vergleich zu der Epikurs überein. Leider blieb Aristoteles' herausragendster Beitrag zum Naturrecht — die Entdeckung des ius naturale cogens durch die Unterteilung in Zwangs- und Gewissenspflichten[76] — unausgeführt. Außerdem kritisierte Achenwall, daß Aristoteles unter Alexander dem Großen zu einem Schmeichler ohne Rückgrat wurde:

> Aristoteles: Der Vater der Peripatheten. Schüler Platons. Summum ingenium. Von ihm haben wir die ältesten Systemata Logices, Metaphysik, Physik, Ethicae, Politicae et Oeconomicae; iustitiam esse complexio omnium virtutum institutionibus universalibus; omnes leges, particulares; suum cuique tribuit. War auf dem Sprunge, das auszuführen, was keiner in 2.000 — natus 384 ante Chr. — Jahren nach ihm erfunden, nämlich cogens, weil den civitates statuirte er schon socialitatem. Seine Politic noch ein Meisterstück [...]. Alexander Magnus [...] aber [.] verdarb ihn; im iure naturali ein Flatteur: Man könne ein dummes Volck zu Sclaven machen: Also leugnete er aequalitatem.[77]

Da Achenwall Aristoteles vor allem als Erfinder des ius naturale cogens zu verbuchen versuchte, entging ihm eine andere wichti-

---

[74] HERAKLIT, Fragmente (2000), S. 43.
[75] Vgl. L. REINHARD, Historia jurisprudentiae naturalis (1725), S. 1ff.
[76] Vgl. E.F. KLEIN, Grundsätze der natürlichen Rechtswissenschaft (1797), S. 332.
[77] COD. MS. ACHENWALL 157/187–190.

gen Tradition, die dieser begründet hatte: die Historisierung des Naturrechts. Aristoteles unterschied in der *Nikomachischen Ethik* und der *Eudemischen Ethik* zunächst ein natürliches und ein gesetzliches Recht. In der *Rhetorik* nannte er dieses Paar das ungeschriebene, allen Menschen gemeinsame Gesetz (koinos nomos) und das besondere Recht (idios nomos).[78] Den koinos nomos beschrieb er als grundsätzlich unveränderlich, da sein Wesen naturgemäß sei (kata physin). Manches sei aber von Natur aus der Veränderung unterworfen. Damit ließ Aristoteles einer Historisierung des Naturrechts erstmals Raum. Methodisch blieb Aristoteles' Naturrecht beziehungsweise seine praktische Philosophie bis in die Frühe Neuzeit verpflichtend. Es verband die empirische und die apriorische Natur des Menschen.[79] Empirisches Sein und naturgemäßes Sollen hatten bei Aristoteles ihren gemeinsamen Ort noch immer in der Polis. Im Nomos waren sie nur noch nicht unterscheidbar gewesen.

Aristoteles' griechische Epigonen hinterließen nach Achenwalls Meinung wenig Wertvolles. Aristhenes betonte als Zyniker zwar wie Epikur die Tugend als Weg zur Glückseligkeit. Er diskreditierte aber das Naturrecht, indem er wie ein „natürliches Schwein" lebte. Mit dem idealisierten Bild des ‚Wilden', der ebenfalls auf ‚natürliche' Weise lebte, hatte dies für Achenwall wenig gemein. Mit dem Stoiker Zenon, der um 300 vor Christus mit rigider Lehre und ernstem „Schwulst" in seinem rhetorischen Stil eine eigene Sekte gegründet habe,[80] beendete Achenwall den Abschnitt über die griechischen Naturrechtsgelehrten. Der Einfluß der Stoiker auf das römische Recht und auf das frühneuzeitliche Naturrecht in Hinsicht auf die natürliche Gleichheit, die universale Gültigkeit und die persönliche Freiheit ist von Achenwall nicht näher beachtet worden.[81]

Den Römern widmete Achenwall in seiner Geschichte des Naturrechts folglich nur einen kurzen Absatz. Sie hätten „alles von den Griechen" gelernt und seien — „wie jetzt die nordischen Naturalisten", die von den sächsischen Universitäten vieles übernommen hätten — Synkretisten geblieben. Am Beispiel von Cicero veranschaulichte Achenwall diese These. Cicero sei ein Stoiker in der praktischen Philosophie und ein Platoniker im Naturrecht gewesen. Tatsächlich hat Cicero sich selbst als Neu-Akademiker verstanden, womit Achenwall mit seinem Urteil so falsch nicht lag.[82]

---

[78] Vgl. W. ECKSTEIN, Das antike Naturrecht (1926), S. 72ff.
[79] Vgl. J. RITTER, „Naturrecht" bei Aristoteles (1961), S. 9.
[80] Vgl. dazu auch E. SCHWINGER, Angewandte Ethik (2001), S. 46f.
[81] Vgl. E. BLOCH, Naturrecht und menschliche Würde (1961), S. 26ff.
[82] Vgl. M. ALBRECHT, Eklektik (1994), S. 39.

Der Absatz über das Naturrecht im Mittelalter war ebenfalls relativ kurz und von Achenwalls elitärer Gelehrtenperspektive getrübt. Spätestens seit dem siebten Jahrhundert stellte sich Europa „erbärmlich" dar, was zum Beispiel an seiner zeitgemäßen Weigerung lag, Augustinus als Naturrechtsautoren zu thematisieren.[83] Für ihn waren deswegen für Jahrhunderte „alle Wissenschaften aus". Die Araber retteten vorerst die Schätze der abendländischen Geistesgeschichte:

> Das ius naturale des occidentalen Reichs wurde durch die Barbaren: Gothen, Hunnen und Normänner, Teutsche des Orients, durch die Saracenen verwüstet. Seit dem 6ten Saeculi ging die hohe Schule in Italien, England, Spanien und Africa, und seit dem 7ten die in Asia, Griechenland und Egypten zugrunde. Die Weisheit flog aus ganz Europa und setzte sich bei den Arabern. Aristotelici übersetzten seine Werke in ihrer Muttersprache.[84]

Die scholastische Philosophie konnte im Urteil Achenwalls wenig davon wieder zum Leben erwecken. Sie sei zu sehr mit „närrischen" Bibelerklärungen und Frömmeleien beschäftigt gewesen. Ähnlich abfällig wie Achenwall urteilten auch die meisten anderen aufgeklärten Gelehrten.[85] Tertullian erklärte, so Achenwall weiter, hohe Absätze für Häresie, Origines ließ sich um des Himmelreichs wegen kastrieren und für Cyprian war Haare färben Todsünde. Erst tausend Jahre später habe sich durch die neu gegründeten Universitäten das Blatt gewendet, allen voran durch Bologna, Oxford und Paris. Zunächst sei ein „Mischmasch" aus Aristoteles und scholastischer Theologie in den sieben freien Künsten gelehrt worden. Dann hätten Thomas von Aquin, Johannes Duns Scotus und vor allem Wilhelm von Ockham den Ruf Aristoteles' wieder hergestellt, wobei Ockham sogar die aristotelische Ethik der Bibel gleichsetzte. Mehr fiel Achenwall dazu nicht ein.

Die spätscholastische Philosophie betrachtete das Naturrecht als einen Kanon von Gesetzen und Geboten, der von Natur aus im Menschen wirkt. Das christliche Naturrecht setzte dabei einen Dualismus von göttlicher und weltlicher Sphäre voraus, der dem griechischen Naturrecht in dieser Form unbekannt gewesen war. Nichtsdestotrotz wurde Aristoteles als Begründer der christlichen Naturrechtslehre betrachtet. Von ihm wurde ein Verständnis von Naturrecht übernommen, das politische, juristische und ethische Elemente beinhaltete.[86] Dennoch befand sich das scholastische Naturrecht spätestens seit Francisco de Vitoria in einem Prozeß

---

[83] Vgl. H. WELZEL, Naturrecht und materiale Gerechtigkeit (1951), S. 48ff., 108.
[84] COD. MS. ACHENWALL 157/187–190.
[85] Vgl. G. STOLLE, Kurzgefaßte Lehre der allgemeinen Klugheit (1748), S. 20. Erst E.F. KLEIN erwähnte die Verdienste der Scholastik im Naturrecht (Grundsätze der natürlichen Rechtswissenschaft (1797), S. 324f.).
[86] Vgl. M. SCATTOLA, Das Naturrecht vor dem Naturrecht (1999), S. 9ff.

der Enttheologisierung. Dies machte es erstmals möglich, auch Nichtchristen zu integrieren, indem allen Menschen die von Gott gewollte Vernünftigkeit zugebilligt wurde.[87]

Die philosophia christiana konnte die Existenz des Naturrechts aber noch im 18. Jahrhundert mit Hilfe der aristotelischen Physik erklären. Als causa efficiens („Deus autor naturae"), causa materialis („adstringentia luminis naturae"), causa formalis („ratio Dei in adstringentia") und causa finalis („cultum Deo in vita privata, seu etiam civili") waren alle natürlichen Rechte systematisch zwischen Gott und menschlicher Vernunft eingebettet.[88] Die protestantischen Naturrechtsgelehrten blieben trotz ihres Skeptizismus gegenüber der Einheit zwischen Mensch und Gott bei der Definition der natürlichen Rechtsgelehrsamkeit methodisch vage: „Die Gesamtheit der von Gott selbst der Menschheit durch die richtige Vernunft verlautbarten Gesetze."[89]

Achenwall sah das alles nicht. Der große Einfluß des spätscholastischen Naturrechts gerade auf den von ihm niemals genannten Jesuiten Franciscus Suárez und auf Hugo Grotius ist ihm völlig entgangen. Allerdings leugneten bereits die ersten Grotius-Kommentatoren diesen Einfluß, so daß zweihundert Jahre später niemand mehr davon sprach.[90] Ebenso erfuhr der Voluntarismus von Duns Scotus keinerlei Erwähnung, obwohl sich gerade dadurch das Individuelle unabhängig von dem göttlichen Intellekt der christlichen und antiken Tradition machte. Damit besaßen die frühneuzeitlichen Naturrechtsautoren eine Tradition, mit der sie — exemplarisch ausgeführt von Descartes — den Menschen nur noch durch seinen Willen und seine Natur erklären konnten. Allerdings haben die Zeitgenossen Achenwalls diese Traditionen ebensowenig berücksichtigt.[91]

Die Reformation rehabilitierte, so Achenwall, sowohl die griechischen Philosophen als auch die Stoa und die Kabbala, ohne dabei die Bedeutung von Aristoteles zu erreichen. Spätestens nach Luthers Tod sei Aristoteles' Stellung unangefochten gewesen: „Ganz Europa mit seiner Lehre angefüllt. Alle 3 Religionen [sc. Konfessionen]; sonderlich bis auf Cartesii Zentrum. Solche Hochachtung, daß in Leipzig jeder Magister darauf schwören mußte."[92]

---

[87] Vgl. R. GRAWERT, Francisco de Vitoria (2000), S. 117, 124.
[88] Vgl. J. FILO, Jus naturae (1781), S. 33 (Zitate). Vgl. dazu auch G. LYPRAND, Conclusiones philosophicae ex universa scientia naturali (1627), S. 1ff.; J.S. STAPFF, Jus naturae et gentium (1735), S. 9ff.
[89] J.G. HEINECCIUS, Grundlagen des Natur- und Völkerrechts (1738), S. 30.
[90] Vgl. K. HAAKONSSEN, Natural law and moral philosophy (1996), S. 15f.
[91] Vgl. F. WIEACKER, Privatrechtsgeschichte der Neuzeit (1967), S. 254; P. KONDYLIS, Die Aufklärung (1986), S. 174ff.
[92] COD. MS. ACHENWALL 157/187–190.

Die folgenden Absätze beschäftigten sich mit den „Novatores". Mit dieser Epoche des Naturrechts hat Achenwall sich auch anderorts beschäftigt.[93] An erster Stelle standen bei Achenwall Francis Bacon, Petrus Ramus, Nicolaus Hemmingius und Hugo Grotius — aber auch Autoren wie Alexander Pope und Anthony Shaftesbury. Diese Grenzüberschreitung entsprach den damaligen Gewohnheiten.[94] Sie zeugte von Achenwalls universal ausgedehnter Perspektive.

Grotius nahm bei Achenwall nicht die prominente Stellung ein wie bei anderen Autoren.[95] Dies mag seinen Grund darin gehabt haben, daß er im Urteil Achenwalls weniger abstrakt beziehungsweise „mehr für die Welt und den Gebrauch" geschrieben habe, als methodisch innovativ zu wirken. Trotzdem hat er sich mit den wichtigsten Kommentaren von *De iure belli ac pacis* (1625) auseinandergesetzt.[96] Weitaus wichtiger für ihn in dieser Epoche war, daß damals das aristotelisch-humanistische Wissenschaftskonzept in Frage gestellt wurde. Zuallererst verbesserte Euklids Physik die aristotelische Physik, die nun als philosophia naturalis aufgefaßt wurde.[97] Anschließend attackierten laut Achenwall „große Geister das ganze Gebäude der Weltbeherrscherin der aristotelischen Philosophie". Dazu zählte neben Grotius vor allem Thomas Hobbes, dessen Naturrecht wie keines zuvor mit allen Traditionen brach.

Hobbes entwickelte sein philosophisches System, so Achenwall weiter, gegen Aristoteles und gegen jegliche Tradition. Dazu stimmt auch die heutige Forschung zu: Hobbes widerlegte als erstes das zwischen Aristoteles und Pufendorf immer wieder neu begründete Fundament der natürlichen socialitas des Menschen.[98] In Paris wurde er, so Achenwall weiter, durch Pierre Gassendi zusätzlich im epikureischen Prinzip des nulla iustitia ante pactu[99] verstärkt. Auf ihm baute er in seinen Hauptwerken *De*

---

[93] Vgl. EBD., 145/225f., 230 (auch im folgenden).
[94] Vgl. G. GAWLICK, Über einige Charakteristika der britischen Philosophie (1983), S. 39.
[95] Vgl. zum Beispiel H. CONRING, der Grotius als „incomparabilis vir" lobte (Disputatio politica de bello et pace (1663), o.S.). Faktisch war Grotius zu Achenwalls Lebzeiten längst nicht mehr zeitgemäß (A.F. GLAFEY, Vollständige Geschichte des Rechts der Vernunfft (1739), S. 135; H. WELZEL, Naturrecht und materiale Gerechtigkeit (1951), S. 110, 123ff.).
[96] Vgl. COD. MS. ACHENWALL 145/226 (auch im folgenden). Bereits A.F. GLAFEY nannte zu diesem Stichwort 42 Titel (Vollständige Geschichte des Rechts der Vernunfft (1739), S. 329f.).
[97] Vgl. L. REINHARD, Synopsis philosophiae naturalis sive physica (1724), S. 7.
[98] Vgl. COD. MS. ACHENWALL 157/187–190 (auch im folgenden). Vgl. dazu auch H. WELZEL, Naturrecht und materiale Gerechtigkeit (1951), S. 139; R. GRAWERT, Francisco de Vitoria (2000), S. 116; P. SCHRÖDER, Naturrecht und absolutistisches Staatsrecht (2001), S. 18.
[99] Vgl. EPIKUR, Philosophie der Freude (1973), S. 61.

Cive (1642) und *Leviathan* (1651) die absolutistischunumschränkte Macht des „Reichs der Finsternis" auf.[100]

Methodisch war Hobbes außergewöhnlich, wie Achenwall zugab. Vor ihm hätte noch keiner mit einer solchen „rigoreusen Methode" Prinzipien in der praktischen Philosophie „so inhaeris" gehabt. Leider habe er keinen Leibniz als Vorgänger nennen können. Ohne die wölfischen Fundamente in *De Cive* hätte er zu einem schulemachenden Christian Wolff werden können: „Aber just strauchelte er im 1sten Satz, er schloß daraus: [.] Bellum omnium contra omnes. Courage genug, aber noch mehr Hitze."[101]

Daß Hobbes trotz dieser „Hitze" in dem Vorwort der zweiten Auflage von *De Cive* darauf insistiert hatte, daß der Mensch keinesfalls von Natur aus böse sei, übersah Achenwall ebenso wie viele seiner Zeitgenossen. Für Hobbes war nicht entscheidend gewesen, ob der Mensch nun eine wölfische Natur besaß, wie Plautus behauptet hatte.[102]

Laut Achenwall war Hobbes' Naturrechtsprinzip schon durch die Geschichte nicht zu beweisen. Dessen Vorstellung des bellum omnium contra omnes sei „c[on]tra Histor[iam]". Es sei ein großer Fehler Hobbes' gewesen, „aus der bösen Neigung einiger Menschen, anderen zu schaden", auf alle anderen Menschen zu schließen. Achenwall versuchte auf diese Weise, eine verallgemeinerte anthropologische Beobachtung Hobbes' gegen ebenso willkürlich gewählte historische Beispiele auszuspielen. Denn zweifellos ließen sich beliebig viele historische Quellen finden, die dieses Fundament Hobbes' widerlegten.

Außerdem widerspreche Hobbes seinem eigenen „p[rinci]p[ium] cognosc[iendi]". Bei ihm gebe es – fälschlicherweise – vor der Gründung des Staats kein Naturrecht. Hobbes' zweites Fundament, das „ius zu schaden ante pactu", könne davon keinesfalls deduziert werden. Denn Hobbes gehe gerade von der Prämisse aus, daß im vorstaatlichen Zustand kein Recht existiere. Schließlich sei dessen Aussage, daß positive und natürliche Gesetze niemals moralisch sein könnten, ebenfalls „nur ein Huth, kein[e] lex" gewesen. Gerade Gesetze müßten darüber entscheiden, was gut, schlecht oder indifferent sei.

Hobbes war einer der wenigen Autoren, mit denen Achenwall sich auch in seinen Kompendien beschäftigte. In den *Observationes iuris naturalis* kritisierte er dessen Gleichsetzung von Gerech-

---

[100] Vgl. dazu auch N.H. GUNDLINGS ähnliches Urteil über Hobbes: „Negamus vero, ante pacta neminem ad pacem servandam obligari" (Ius naturae ac gentium (1751), S. 31). Vgl. ferner W. RÖD, Geometrischer Geist und Naturrecht (1970), S. 10ff.

[101] COD. MS. ACHENWALL 157/187–190.

[102] Vgl. dazu R. GREWERT, Francisco de Vitoria (2000), S. 116; P. SCHRÖDER, Naturrecht und absolutistisches Staatsrecht (2001), S. 22, 219.

tigkeit und Vertragstreue, die blind für den Inhalt der Verträge mache.[103] Dies war wiederum gegen das ursprünglich epikureische Prinzip des ante pactu nihil dare iusti et iniusti gerichtet. Achenwall definierte dagegen Gerechtigkeit als immer vorhandene natürliche Qualität, die vollkommenen Gesetze nicht zu verletzen. Dieses Verständnis richtete sich ausdrücklich gegen die moralphilosophische Definition von iustitia auf der virtuell-habituellen Ebene, da diese sich auch unvollkommene Gesetze zu eigen mache. Außerdem käme eine nur habituell orientierte Handlungsweise schnell an ihre Grenzen.[104] Mit diesem Verständnis von Gerechtigkeit war Achenwall der Rechtssphäre näher als der praktischen Philosophie. Nur das Recht — ob in Form des positiven Rechts, des Naturrechts oder anderer Systeme — beinhaltete ausschließlich vollkommene Gesetze. In den *Observationes iuris naturalis* meinte Achenwall einen solchen universalen Zugriff, den er „complexus legum perfectarum" nannte. Auf diese Weise waren die verschiedenen Rechtssysteme in letzter Konsequenz nicht mehr zu unterscheiden.[105] Alle natürlichen, göttlichen oder positiven Rechtssysteme deckten sich in ihrer universalen Aufforderung, die vollkommenen Gesetze äußerlich nicht zu verletzen.

Nun soll wieder der Blick auf Achenwalls Geschichte des Naturrechts in seinem Nachlaß geworfen werden.[106] Ein weiterer großer Geist des Naturrechts, so Achenwall, war Samuel Pufendorf. Von seinem Jenaer Lehrer, dem Mathematikprofessor Erhard Weigel, habe er die geometrische Methode Euklids übernommen. Die moderne Forschung mußte diese damals weit verbreitete Vorstellung[107] relativieren, weil Pufendorfs Methode mit Euklids Geometrie nicht gleichzusetzen ist.[108] Dennoch kommt Weigel ein wichtiger Platz im Werk seines Schülers Pufendorf zu. Wenn Pufendorf auch nicht wie sein Lehrer Cartesianer wurde, so wurde er doch von ihm entscheidend beeinflußt.[109]

Neu an Pufendorf war, wie Achenwall richtig erkannte, daß er die geometrische Methode auf die moralische Sphäre übertrug.

---

[103] Vgl. G. ACHENWALL, Observationes iuris naturalis, Spec. III (1754), S. 8, 15–24 (auch im folgenden).
[104] Vgl. die ältere Definition von J.U. KERN, der sich auf B. Keckermann berief: „Justitia est virtus dirigens voluntatem & appetitum hominis ad obdientiam omnium legum, quae ad humanae societatis conservationem pertinent" (Disputatio ethica de justitia (1621), S. 2).
[105] Vgl. G. ACHENWALL, Observationes iuris naturalis, Spec. IV (1754), S. 1–5.
[106] Vgl. COD. MS. ACHENWALL 157/187–190 (auch im folgenden).
[107] Vgl. zum Beispiel A.F. GLAFEY, Vollständige Geschichte des Rechts der Vernunfft (1739), S. 201ff.
[108] Vgl. E. WOLF, Große Rechtsdenker (1939), S. 320ff.; H. WELZEL, Naturrecht und materiale Gerechtigkeit (1951), S. 132; W. RÖD, Geometrischer Geist und Naturrecht (1970), S. 76ff.
[109] Vgl. T.J. HOCHSTRASSER, Natural law theories in the early Enlightenment (2000), S. 43.

Das sei „allen ehemaligen Aristotelikern ein Herzensstoß" gewesen. Des weiteren sei Pufendorf, so Achenwall weiter, zu einer besseren Systematik als etwa Grotius gelangt, weil er die theologische Moral aus dem Naturrecht entfernt habe. Sein Grundfundament im Naturrecht sei das socialiter vive gewesen, das Gott dem Menschen bereits im natürlichen Zustand verinnerlicht habe. Grotius und Hobbes hätten dieses Fundament zwar ebenfalls vertreten, beide allerdings aus völlig verschiedenen Gründen: Grotius, um das iustum bereits vor Verfassung der positiven Gesetze zu erklären und Hobbes, um ein hypothetisches Pendant zum absoluten Naturrecht des bellum omnibus contra omnes zu haben.

Am Beispiel der Zurechnung erwähnte Achenwall Pufendorf in einem seiner Kompendien.[110] Im Vergleich zu Achenwall habe Pufendorf die Zurechnung auf alle innerlichen oder äußerlichen menschlichen Handlungen bezogen. Auf diese Weise seien diese auch ohne göttliches Gesetz möglich. Achenwall blieb dagegen — zumindest als Forscher — bei seinem legalistischen, die Zurechnung ausschließlich auf die äußerliche Sphäre begrenzenden juristischen Verständnis, das ohne Gesetz kein Urteil kennt. Umgekehrt lehnte er es ebenfalls ab, ein Recht zu ersinnen, das auch ohne eine Zurechnung vorstellbar ist. Eine Tat müsse dem Gesetz verpflichtet sein, so daß der juristische Dreischritt Tat, Zurechnung qua lege und Urteil gewahrt bleibe.

Doch zurück zu Achenwalls Naturrechtsgeschichte, wie er sie in seinen Aufzeichnungen skizzierte.[111] Der nächste Gipfel seiner naturrechtlich inspirierten Geistesgeschichte war Thomasius, der Pufendorf folgte. Thomasius, so Achenwall weiter, „expurgierte" und rezipierte — weitaus mehr als Pufendorf — seine Vorgänger Grotius und Hobbes. Die moderne Forschung bestätigt diese Beobachtung. Wenn auch durch Inkonsistenzen und zeitgenössische Mißverständnisse getrübt, nahm Thomasius eine Kompromißhaltung zwischen Hobbes und der deutschen Tradition ein.[112]

Darüber hinaus habe der Hallenser, so Achenwall, „viel Laerm gemacht". Anfänglich verteidigte er Pufendorf, wofür er sich den Haß der Theologen zugezogen habe. Nach und nach rückte er von Pufendorf ab, bemerkte Achenwall — weil sein Naturrecht auf einer Affektenlehre basierte und diese nur durch Zwangsnormen in den Griff zu bekommen war.[113] Trotz seiner Courage habe Thoma-

---

[110] Vgl. G. ACHENWALL, Observationes iuris naturalis, Spec. II (1754), S. 13–16
[111] Vgl. COD. MS. ACHENWALL 157/187–190, 145/225.
[112] Vgl. P. SCHRÖDER, Naturrecht und absolutistisches Staatsrecht (2001), S. 132ff., 159.
[113] Vgl. dazu auch L. REINHARD, Historia jurisprudentiae naturalis (1725), S. 47ff. Vgl. ferner G. HARTUNG, Die Naturrechtsdebatte (1999), S. 95.

sius den Fehler gemacht, keine überzeugende Logik für seine Wissenschaft zu entwickeln. Thomasius' philosophia aulica, die zunächst diese Funktion übernehmen sollte, hat er offenbar ebenso wie die deutsche Logik nicht als eine solche anerkennen können.[114]

Als zentrale Naturrechtsprinzipien definierte Thomasius, wie Achenwall weiter ausführte, das rechtlich-gerechte iustum, das sittlich-anständige decorum und — als dritte, neue Variante der Goldenen Regel — das naturrechtlich-moralische honestum.[115] Daß Thomasius durch das adiaphorische decorum seine Trennung zwischen Recht und Moral zumindest aufweichte, ist ihm nicht aufgefallen.[116] Die bedingte Einwirkung des englischen Empirismus auf Thomasius und dessen anfänglicher Eklektizismus erschienen ihm ebenfalls nicht erwähnenswert.[117] Für Achenwall erwarb Thomasius seine Verdienste hauptsächlich dadurch, daß er in der Nachfolge Pufendorfs durch „heftiges Herumbeißen"[118] die philosophische Freiheit für alle Zeiten erkämpfte.

Wenig Auffälligkeiten zeigte Achenwall bei der Beurteilung von Leibniz. Zu Achenwalls Lebzeiten herrschte keinerlei Einigkeit darüber, welchen genauen Beitrag Leibniz zur Methodendiskussion im Naturrecht geleistet habe.[119] Das lag daran, daß Leibniz sich nur einmal systematisch mit dem Naturrecht beschäftigt hatte.[120] In der Tradition Galileis und Descartes' berief er sich auf Euklid, so die moderne Forschung, um mit dessen geometrischmathematischer Naturbeschreibung nicht nur empirische Fächer wie die Optik und die Medizin, sondern auch soziale Fächer wie die Ethik und die Jurisprudenz zu Tatsachenwissenschaften zu erhöhen.[121] Methodisch bediente Leibniz sich sowohl sensualistischer als auch empirischer Schlußfolgerungen. Dabei griff Leib-

---

[114] Vgl. D.M. MEYRING, Politische Weltweisheit (1965), S. 36; W. SCHNEIDERS, Zwischen Welt und Weisheit (1983), S. 10f.; H. HOLZHEY, Philosophie als Eklektik (1983), S. 22.
[115] „Principium honesti: fac tibi, quod vis ut alii tibi faciant; iusti: quod tibi non vis fieri; decori: quod tibi fieri vis, aliis fac" (COD. MS. ACHENWALL 157/187–190). Vgl. dazu auch E. WOLF, Große Rechtsdenker (1939), S. 404ff., A. DRESCHER, Naturrecht als utilitaristische Pflichtenethik? (1999), S. 96f.
[116] Vgl. G. SAUDER, Christian Thomasius (1984), S. 244f.; P. SCHRÖDER, Naturrecht und absolutistisches Staatsrecht (2001), S. 147.
[117] Vgl. W. RÖD, Geometrischer Geist und Naturrecht (1970), S. 151ff.; N. HAMMERSTEIN, Jus und Historie (1972), S. 74; G. GAWLICK, Über einige Charakteristika der britischen Philosophie (1983), S. 30f.; M. ALBRECHT, Eklektik (1994), S. 398ff.
[118] COD. MS. ACHENWALL 157/187–190.
[119] Vgl. H. SCHIEDERMAIR, Das Phänomen der Macht und die Idee des Rechts bei Gottfried Wilhelm Leibniz (1970), S. 1f.
[120] Vgl. T.J. HOCHSTRASSER, Natural law theories in the early Enlightenment (2000), S. 73, 85.
[121] Vgl. H. SCHIEDERMAIR, Das Phänomen der Macht und die Idee des Rechts bei Gottfried Wilhelm Leibniz (1970), S. 37, 139, 147f. (auch im folgenden).

niz, wie Achenwall richtig erkannte, zunächst auf die Psychologie zurück, um die Phänomene sinnlich zu erfahren:

> E[ine]r d[er] größten Geister d[er] Gelehrsamkeit. Ehre v[on] T[eu]tschl[an]d u[nd] g[an]z Europa. Er baute g[an]ze philos[ophia] pract[ica] auf Psychologia, [au]f Natur d[er] m[en]schl[ichen] Seele u[nd] führte alle philos[ophischen] Wahrh[ei]t[en] d[urch] die Geometrische Methode noch zur größ[e]ren Gemeinigkeit u[nd] Gründl[ich]k[ei]t [her]bey."[122]

Dieses Urteil hat Achenwall später für seine gegen Wolff gerichteten Hypothesen benützt. Leibniz habe die praktische Philosophie laut Achenwall erneuert, indem er sie mit Hilfe der „geometrischen Methode" modernisierte. Dazu baute er sie auf dem psychologischen Fundament der Natur der menschlichen Seele auf. Das Problem des Voluntarismus – hängt die Gerechtigkeit vom göttlichem oder menschlichen Willen ab? – umging Leibniz, indem er solche Fragen mithilfe der platonischen Ideenlehre unabhängig vom Willen Gottes machte.[123] Was den Menschen mit Gott verband, war die gemeinsame Teilhabe an den ewigen Wahrheiten. Wolff habe später, so Achenwall, Leibniz' Methode nur „adoptiert" und speziell das Naturrecht verbessert, auch wenn Achenwall abschließend meinte: „Aber doch nicht accurat distinguirt".[124] Keine Erwähnung fand allerdings, daß auch Achenwall ein wesentliches Fundament Leibniz' übernommen hatte: Die anti-hobbesianische Vorstellung, daß schon das Recht im Naturzustand universal obligierend sei.[125]

Zugleich rückte die Stoa wieder in das Blickfeld einiger Naturrechtsgelehrten, zumindest in der Annahme, daß die Natur ihr Recht allen Wesen auf gleiche Weise mit guten Trieben lehre. Diese Richtung, so Achenwall weiter, hätten zunächst die Kritiker Hobbes' – Cumberland, Shaftesbury und Pope – vorgegeben sowie Claproth für den deutschen Raum. Letzterer habe nur versäumt, seine englischen Wurzeln öffentlich einzugestehen. Schmauß, Struve und andere seien dieser durch den Instinkt geleiteten natürlichen Ratio der Stoa gefolgt und hätten versucht, daraus Moral und praktische Philosophie abzuleiten. Achenwall kritisierte diese Schule, allen voran seinen ehemaligen Göttinger

---

[122] COD. MS. ACHENWALL 157/227.
[123] Vgl. T.J. HOCHSTRASSER, Natural law theories in the early Enlightenment (2000), S. 74ff.
[124] Cod. Ms. Achenwall 157/187–190. Dieses Urteil über Leibniz und Wolff findet sich fast gleichlautend auch EBD., 157/227. An anderer Stelle lobte Achenwall die Verdienste Leibniz' im praktischen Völkerrecht, dessen „treffliche Remarquen" seien „ungemein brauchbar" (EBD., 171/28).
[125] Vgl. dazu auch G. SCHEEL, Leibniz und die deutsche Geschichtswissenschaft um 1700 (1976), S. 82ff.; E.J. AITON, Gottfried Wilhelm Leibniz (1991), S. 9; K. LUIG, Die Wurzeln des aufgeklärten Naturrechts bei Leibniz (1995), S. 213ff., D. DÖRING, Die Philosophie Gottfried Wilhelm Leibniz' (1999), S. 35ff.

Kollegen Schmauß.[126] Mit diesem triebhaften Prinzip habe diese Schule das Naturrecht auf die Tiere ausdehnen wollen, obwohl Tiere nicht einmal Gesellschaften kennen würden. Die englischen und französischen Naturrechtsautoren hat Achenwall zumindest teilweise gelesen.[127] Thomas Rutherforths kritische Vorlesungen über Grotius kommentierte er zum Beispiel in einer Weise, die deutlich macht, daß ihm neben dem Tadel Rutherforths an Grotius vor allem die Widerlegung der Thesen Lockes aufgefallen ist.[128] Die Prinzipien Rutherforths über Einführung des Eigentums, die dieser im Vergleich zu Locke „durch factum et legem" belegt habe, überzeugten Achenwall. Die sowohl empirische als auch synthetische Argumentation kam seinem eigenen Verständnis entgegen. Die Darstellung des Eigentums aus dem Naturrecht überging Achenwall allerdings, so daß er nach wie vor die Eigentumsgarantie nur als politicus und nicht als Naturrechtsautor vertrat.[129]

Fernerhin erweckten Rutherforths ius publicum und sein Völkerrecht Achenwalls Gefallen, auch wenn Rutherforth „sehr abstract" denke: „Hat schöne Grundsätze von Auslegung der Gesetze". Strenger urteilte Achenwall über Locke und speziell über dessen Begründung der Moral.[130] Locke habe zwar zunächst nur beweisen wollen, daß „die begriff[lichen] Grundsätze v[on] Recht nicht angebohren wären".[131] Damit habe er aber nichts anderes behauptet, als daß „es k[eine]n natürl[ichen] u[nd] wesentlichen u[nd] notwendigen Unt[er]schied zwisch[en] Recht

---

[126] Vgl. dazu auch oben S. 72. Überdies fand J.J. SCHMAUSS' Neues System des Rechts der Natur (1754) bei Achenwall keinen großen Anklang, da sie seiner Meinung nach nur auf der negativen Version der Goldenen Regel basierte: „Eigentlich sein ius naturale beruht alles auf dem dem menschlichen Willen angebohrnen Triebe quod tibi non vis fieri, alteri ne feceris" (COD. MS. ACHENWALL 145/330). G. ACHILLES ging dagegen von einem bedeutenden Einfluß Schmauß' auf Achenwalls Naturrecht aus (Bedeutung und Stellung von Gottfried Achenwall in der Nationalökonomie und der Statistik (1906), S. 12). Tatsächlich hatte Schmauß nach seinem kurzen Gastspiel in Halle 1743/44 in Göttingen viel an Anerkennung verloren (C.O. MÜLLER, Festrede zur Hundertjahrfeier (1837), S. 231; N. HAMMERSTEIN, Jus und Historie (1972), S. 341ff.; G. ZIEGER, Die ersten hundert Jahre Völkerrecht an der Georg-August-Universität (1987), S. 41).

[127] Vgl. zum Beispiel Achenwalls bejahende Bemerkungen über J. Barbeyracs Préface ad Grotium (1724), über J. Domat, Les Loix civiles dans leur ordre naturel (1689) und über A. Smith, The Theory of Moral Sentiments (1759): „Treffliche Gedanken" (COD. MS. ACHENWALL 157/295; 163/83; 180/137 (Zitat).

[128] Vgl. EBD., 163/25 (auch im folgenden). Vgl. dazu auch das Urteil über T. Rutherforths Institutes of Natural Laws being the substance of lectures on Grotius' De Iure Belli et Pacis (1754/56): „Dieser erste Theil enthält principia von Einführung und Eigenschaften der Proprietät; widerlegt dabey Locke. Zeigt origines und derivatio adquisitionis durch factum et legem" (EBD., 181/280–285).

[129] Vgl. dazu unten E. IV.

[130] Vgl. EBD., 179/94 (auch im folgenden).

[131] Vgl. dazu auch J. LOCKE, Versuch über den menschlichen Verstand (1690), S. 52ff.

u[nd] Unrecht gebe". Er könne deswegen mit Locke „ô [nicht] völlig zufrieden seyn". Dieser habe einem der wichtigsten naturrechtlichen Fundamente widersprochen: dem moralischen Gefühl. Schon Platon, die Stoiker und gegenwärtig Hume und Hutcheson hätten dieses Fundament immer wieder bestätigt.[132]

Am Beispiel John Lockes zeigte sich wieder einmal Achenwalls stark ausgeprägte Fixierung auf die deutschen Verhältnisse. Allerdings stand Achenwall damit nicht allein: Diethelm Klippel geht davon aus, daß Locke bis zum Ende des 18. Jahrhunderts im Reich kaum politisch rezipiert wurde.[133] Genuin als Naturrechtsautor konnte Locke von Achenwall ohnehin nur begrenzt rezipiert werden. Lockes Negation der Vorstellung der ‚Wilden' als anthropologisches Vorbild paßte nicht in sein eigenes Konzept.[134] Nur als Autor des allgemeinen öffentlichen Rechts hat er daher Locke erwähnt.[135]

In erster Linie ist Achenwall aufgefallen, daß Locke die absolute Monarchie mit dem Despotismus gleichsetze: Diese sei „gar k[ei]n[e] <eh[r]l[iche], rechtmäßige> Regierungsform", weil der Monarch die „unwied[er]sprechl[iche] G[e]walt üb[er] a[n]d[e]re M[en]sch[en]" besäße, „ihn[en] d[a]s L[e]b[en] zu nehm[en], w[ie] es ihm g[e]fällt".[136] Niemand könne diese Macht von Natur aus haben. Dieses Verdikt war Achenwalls Meinung nach falsch. Die Vorstellung, daß ein Monarch durch bestimmte Handlungen seiner Macht beziehungsweise seines Amtes verlustig werde, konnte Achenwall aus der Sicht des ius publicum speciale nicht teilen. Stattdessen berief er sich auf den Wolffschüler Baumgarten, daß „o[mn]is monarchia est limitata" sei. Er spitzte diese Problematik nicht in englischer Weise zu.[137]

Das Konzept der monarchia limitata war hundert Jahre zuvor durch Pufendorf der aristotelischen res publica mixta entgegengesetzt worden. Diese Unterscheidung war zu Achenwalls Lebzeiten allerdings kaum mehr von Bedeutung. Trotzdem stimmte er damit einer absolutistischen Sichtweise der Monarchie zu, die dem fürstlichen Oberhaupt in diesem verfassungsrechtlichen Kontext nahezu die volle Staatsgewalt übertrug.[138] Daß der Naturrechtsautor Achenwall dagegen ein Widerstandsrecht kannte, läßt sich von dieser Position aus nicht erahnen. Für ihn war das die deutschen Verhältnisse beschreibende ius publicum speciale sehr weit

---

[132] Vgl. COD. MS. ACHENWALL 179/94.
[133] Vgl. D. KLIPPEL, Politische Freiheit und Freiheitsrechte (1976), S. 51, 81; DERS., Natürliches Privatrecht (1991), S. 456.
[134] Vgl. J. LOCKE, Versuch über den menschlichen Verstand (1690), S. 52ff.
[135] Vgl. COD. MS. ACHENWALL 165/35 (auch im folgenden).
[136] Vgl. EBD.
[137] Vgl. dazu J. TULLY, An introduction to Locke's political philosophy (1990), S. 10ff.
[138] Vgl. H. DREITZEL, Monarchiebegriffe in der Fürstengesellschaft (1991), S. 67, 96ff.

von dem naturrechtlichen ius publicum universale entfernt, an das er hier offenbar nicht denken wollte.[139]

Fassen wir zusammen: Was übernahm Achenwall von der Naturrechtstradition, wogegen grenzte er sich ab? Er definierte das natürliche Recht in erster Linie als „Wissenschaft der natürlichen Zwangsgesetze",[140] das heißt als ius naturale cogens. Das war seiner Meinung nach Aristoteles' wichtigster Beitrag zum Naturrecht gewesen.

In der Frühen Neuzeit war dieser Ansatz, Naturrecht als System von Zwangsnormen zu betrachten, am konsequentesten von Hobbes entwickelt worden. Bei ihm ersetzte es im Grunde sogar das Vertragsdenken. Als Verbindlichkeit diente hier die Zwangsgewalt und nicht der auch moralisch wirkende Vertrag. Im 18. Jahrhundert hatten vor allem der Gundling und Wolff das ius naturale cogens seu necessitatis neu geprägt.[141] Das Korrelat bildete bei dieser Untergliederung des Naturrechts das ius naturale humanum seu subiective. Während das ius naturale cogens von den bewahrenden oder juristischen Prinzipien wie dem neminem laede handelte, hatte das ius naturale subiective die moralisch wirkenden deontologischen Fundamente wie das honeste vive abzuhandeln.[142]

Achenwall vertrat eine Mittelposition: Er wollte keinem Gesellschaftsmodell zustimmen, das sich lediglich auf pflichtethische Prinzipien beschränkte. Das Zwangsrecht müsse hinzutreten. Eine Gesellschaft, die nur Freiwilligkeit und Liebesdienste kenne, bleibe „precär".[143] Die Konsequenzen verschwieg er nicht. Vor seinen Studenten betonte er, daß das ius naturale cogens letztlich darin ende, den „laedentem auf Leib und Leben angreifen zu dürfen."[144] Achenwall zählte das ius naturale cogens bereits im hypothetischen Zustand zu den subjektiven Zwangrechten des einzelnen. Deren facultates cogendi erzeugten Furcht, den die nur dem Gewissen beziehungsweise Gott verpflichtete Ethik nicht kannte. Diese Reduzierung des Naturrechts auf eine Theorie der Zwangsrechte wurde nach Achenwall von anderen Autoren weiter betrieben. Auf diese Weise konnte die Moral(philosophie) sukzessive aus dem Naturrecht entfernt werden, ohne daß genaue Kriterien für diese Grenzziehung vorhanden waren. Um 1780 geriet

---

[139] Vgl. unten E. V.
[140] Vgl. COD. MS. ACHENWALL 137/23 (auch im folgenden).
[141] Vgl. G. HARTUNG, Die Naturrechtsdebatte (1999), S. 45, 146.
[142] Vgl. J.G. DARIES, Insitutiones iurisprudentiae universalis (1754), S. 17; DERS., Observationes iuris naturalis, socialis et gentium, Bd. 1 (1751), S. 36; E.F. KLEIN, Grundsätze der natürlichen Rechtswissenschaft (1797), S. 358.
[143] Vgl. COD. MS. ACHENWALL 181/68.
[144] Vgl. EBD., 144/213.

dieser Prozeß in ein Krise, die erst das kantianische Naturrecht beendete.[145]

Achenwall definierte sein Naturrecht noch nicht ausschließlich als die Wissenschaft der äußeren Zwangsgesetze. Gott war in seinem Naturrecht noch existent: „Unter Androhung seiner Strafe" fordere auch er die Einhaltung des Naturrechts.[146] Erst darüber hinaus dürfe von den anderen Menschen zu dessen Einhaltung Zwang ausgeübt werden. Damit mußte Achenwall sich der Frage stellen, in welcher Weise Gott in seinem Naturrecht zu integrieren sei.[147]

Bemerkenswert ist, daß Achenwall trotz aller Hochschätzung des ius naturale cogens nie den Schritt unternommen hat, dem Individuum durch den Staat oder eine andere Gesellschaft Schutz gewähren zu lassen. Bei ihm gab es nur das natürliche Zwangsrecht, das immer ein subjektives Ausnahmerecht einzelner Untertanen blieb. Als natürliches Recht wurde es nie in Regeln gegossen, die der Staat als Zivilprozeß hätte übernehmen können.[148] Nach Achenwalls Wahrnehmung war der Staat anscheinend unfähig, das natürliche Zwangsrecht auszuüben, um das verletzte Recht wiederherzustellen.

Im folgenden müssen noch weitere Fragen geklärt werden: Wie ging Achenwall mit dem Naturrecht der Schotten und der Schule Wolffs um? Wie lautete seine Antwort auf die Frage nach der Historisierung im Naturrecht? Wie integrierte er das anthropologische Vorbild der ‚Wilden' in sein Naturrechtskonzept? Diese Fragen können am besten anhand der Auseinandersetzung Achenwalls mit den prominenten Autoren Benjamin Franklin, Adam Ferguson, Christian Wolff und Jean-Jacques Rousseau beantwortet werden.

c. *Franklin, Ferguson, Wolff und Rousseau*

Aus seinem Umgang mit der zeitgenössischen Naturrechtsliteratur bezog Achenwall entscheidende Impulse für sein Umdenken in den späten sechziger Jahren. Am Anfang dieser Entwicklung steht eine Veröffentlichung, die Achenwall den weiteren Zugang zu dem breiten Publikum ermöglichen sollte: Die *Anmerkungen über Nord-Amerika*, die auf Gesprächen mit Benjamin Franklin basierten.[149] Franklins Ruf gründete sich schon damals nicht nur

---

[145] Vgl. D. KLIPPEL, Ideen zur Revision des Naturrechts (2000), S. 74, 79.
[146] Vgl. COD. MS. ACHENWALL 156/95.
[147] Vgl. unten D. III.
[148] Vgl. L. BJÖRNE, Deutsche Rechtssysteme (1984), S. 10.
[149] Vgl. G. ACHENWALL, Einige Anmerkungen über Nord-Amerika und über dasige grosbritannische Colonien. Aus mündlichen Nachrichten des Herren D. Franklins (1767).

auf der Erfindung des Blitzableiters (1754). Er war auch als Publizist und Gesandter Pennsylvanias und anderer amerikanischer Kolonien berühmt.[150] Achenwalls *Anmerkungen* erhoben den Anspruch, den hannoverischen Gebildeten die angeblich idyllischen Begebenheiten in Nordamerika nahezubringen. Gleichzeitig reflektierten sie Achenwalls zunehmende Beschäftigung mit einem historisch aufgefaßten Naturrecht.

Anfang 1767 hatte Achenwall alles, was ihm in persönlichen Gesprächen während des kurzen Aufenthalts von Franklin in Göttingen im Sommer 1766 dienlich gewesen war, in den „Hannoverischen Gelehrten Anzeigen" publiziert.[151] In diesen Beilagen erschienen zwischen 1750 und 1789 über 40 Artikel zu diesem Thema. Politische Themen wie später die amerikanische Revolution wurden allerdings niemals offen thematisiert. Nur Achenwalls Artikel erwähnte die sich damals anbahnenden politischen Umwälzungen.[152]

1769 fanden Achenwalls *Anmerkungen über Nord-Amerika* ihre identische Entsprechung in Buchform, der 1777 schließlich eine postume zweite Auflage folgte. Zu dieser Zeit hatte die amerikanische Revolution längst dafür gesorgt, daß auch bei anderen Göttinger Gelehrten wie Matthias Christian Sprengel und dessen Lehrer August Ludwig von Schlözer der Wunsch nach Unterrichtung über die amerikanischen Verhältnisse deutlich vernehmbar geworden war.[153]

Franklin äußerte sich über die *Anmerkungen* sehr befriedigend, wie ein Brief aus dem Göttinger Nachlaß bestätigt. Briefschreiber Patzer teilte Achenwall bereits im September 1767 Franklins „überaus große Zufriedenheit über die ihm überschickte Abhandlung" mit.[154] Nur zwei „kleine Unrichtigkeiten" seien den beiden Herren bei der Lektüre aufgefallen, als sie zusammen die Themse hinunterfuhren. Franklin habe eingeräumt, daß diese Fehler vielleicht in seiner schlechten französischen Aussprache Ursache gehabt hätten, „indem er deux nach englischer Art doux" auszusprechen pflege. Der weitere Kontakt mit

---

[150] Vgl. J.A.H. REIMARUS, Die Ursache des Einschlagens vom Blitze (1769), S. 18; J.L. DURHAM, Benjamin Franklin (1997), S. 41, 157ff.
[151] Vgl. dazu auch Achenwalls Textniederschrift zu dem Nachwort der *Anmerkungen über Nord-Amerika*, mit der er noch einmal bekäftigte, daß er davon ausgehe, Franklins Sinn „überall getroff[en] zu haben" (COD. MS. ACHENWALL 41/193). Zu Franklins Besuch in Göttingen Mitte Juli 1766 vgl. J.D. MICHAELIS, Lebensbeschreibung (1793), S. 110f.; H. DIPPEL, Deutschland und die amerikanische Revolution (1972), S. 36, 355; G. MEINHARDT, Die Universität Göttingen (1977), S. 33; J.L. DURHAM, Benjamin Franklin (1997), S. 106.
[152] Vgl. V. DEPKAT, Die Neue Welt im regionalen Horizont: Amerikabilder im ‚Hannoverischen Magazin' (2001), S. 269, 275ff.
[153] Vgl. H. DIPPEL, Deutschland und die amerikanische Revolution (1972), S. 9, 44ff.
[154] An Achenwall (COD. MS. ACHENWALL 89/302).

Franklin scheint von Achenwalls Seite ausdrücklich gewünscht gewesen zu sein. So hat er sich die vielleicht für einen Brief bestimmte Notiz gemacht, daß Franklin ihm weitere Materialien zuschicken solle. Zumindest müsse er ihm diese über Journale bekannt machen, damit er sie „hier [all]gemein in T[eu]tsch p[u]b[li]cieren" könne.[155]

Das Außerordentliche, das Achenwall Ende der sechziger Jahre reizte, sich dieses Themas in statistischer und naturrechtlicher Weise anzunehmen, war in erster Linie die Beschreibung der nordamerikanischen Ureinwohner — eine Aufgeschlossenheit, die er direkt von Franklin übernahm. Franklin hatte einige Jahre zuvor in einem Pamphlet die Mißstände gegenüber den Indianern im Namen der weißen Kultur angeprangert.[156] Für Achenwall bestanden die Indianer einerseits aus „vielen kleinen Nationen" und waren andererseits trotzdem „von einerley Gestalt", „als kämen sie alle von einem einzigen Stammvater".[157] Diese Faszination trug dazu bei, daß Achenwall in zunehmendem Maße die ‚Wilden' thematisierte.

Diese Perspektive hatten spanische Spätscholastiker wie Francisco de Vitoria bereits zweihundert Jahre eher geprägt. Vitoria berief sich auf die Vernünftigkeit und die Ebenbildlichkeit Gottes aller Menschen, so daß er zu dem Schluß kam, auch Indianer, Sarazenen und Juden seien wie Christen gemeinschafts- und rechtsfähig.[158] Allerdings erwähnte Achenwall eine solche Tradition niemals. Er näherte sich diesem Topos über seine Gespräche mit Franklin und seine Lektüre von Wolff.

So hat sich Achenwall vor allem den Spuren von Naturrecht im Denken der ‚Wilden' gewidmet. Kulturelle Leistungen traute er ihnen nicht zu.[159] Insgesamt schrieb er wegen der mangelnden Quellen und des für gelehrtes Räsonnement kaum geeigneten Druckorts eher eine leicht verständliche Statistik über die Indianer. Wie Franklins *Narrative of the Late Massacres in Lancaster County* (1764) verschwieg er die Gefahren des Alkohols nicht. Außerdem wendete Achenwall sich auch anderen Bewohnern Amerikas zu. Die Sklaven etwa besäßen fast den gleichen Schutz durch die Gesetze wie die Siedler Amerikas. Nur würden ihnen keine Rechte der „Menschlichkeit", wie Freiheit und Eigentum, zugestanden. Die Bauern in Amerika dagegen besäßen neben diesen

---

[155] Vgl. EBD., 41/119.
[156] Franklins Schrift von 1764 trug den Titel *A Narrative of the Late Massacres in Lancaster County* (J.L. DURHAM, Benjamin Franklin (1997), S. 157ff.).
[157] Vgl. G. ACHENWALL, Einige Anmerkungen über Nord-Amerika (1767), Sp. 259ff.
[158] Vgl. R. GRAWERT, Francisco de Vitoria (2000), S. 117.
[159] Vgl. G. ACHENWALL, Einige Anmerkungen über Nord-Amerika (1767), Sp. 269ff., 280ff., 501ff.

Rechten „das Ansehen eines Gentleman's".[160] Dieses Bild über die halb fertige Zivilisation in Amerika stellte die „Wunschprojektion" (Depkat) zweier Gelehrter dar, die die amerikanische Gesellschaft eher aus volksaufklärerischen als aus politischen oder gelehrten Gründen populär machen wollten.[161]

Dennoch fanden auch die gegenwärtigen Spannungen ihre Erwähnung, indem Achenwall auf den allgemeinen Widerspruch hinwies, den die Stamp Act (1765) erzeugt hätte und gegen die Franklin als amerikanischer Gesandter unermüdlich arbeitete. Weil die Stamp Act die Kolonien „in dem Rechte, über ihr Geld zu disponieren, mithin in einem Hauptpunct ihrer Freyheit" angriff, würden sie dem englischen Parlament in dieser Sache widerstehen. Dieser Gegensatz spitze sich zu, weil die amerikanischen Siedler trotz ihres englischen Bürgerrechts keine Vertreter im Parlament besäßen, die über Steuern günstig abstimmen müßten.

In seinem kurzen Manuskript „Große Confederation b[ei] Stampduty" schätzte Achenwall die Versammlung der amerikanischen Provinzen als „sehr gefährlich" ein, weil sie ein Mittel darstellen könne, „sich independent zu machen".[162] Zwar seien die Kolonien grundsätzlich „in großer Eifersucht" gegeneinander eingestellt. In dieser Frage jedoch, resümierte Achenwall, verhindere nurmehr die Autorität des Königs den Ausbruch öffentlicher Feindseligkeiten. Daß letztlich die Stempelakte die Wurzel des amerikanischen Kriegs geworden ist, daran hatten spätere Göttinger wie Ludwig Timotheus Spittler keine Zweifel.[163]

Nach diesem Versuch, dem bürgerlich-gelehrten Publikum die Zustände jenseits des Atlantiks mit Wohlwollen zu schildern, sind spätere Positionen Achenwalls in dieser Sache nur aus dem Nachlaß zu rekonstruieren. Schließlich war er ein loyaler Untertan Georgs III., des Königs von Großbritannien. Wichtigster Grund, sich damit auch weiterhin auseinanderzusetzen, war wiederum der Unwille der nordamerikanischen Siedler, sich von dem englischen Parlament besteuern zu lassen. Allenfalls dem König selbst würden von amerikanischer Seite noch Steuern bewilligt, wie Achenwall in einem — vielleicht durch einen Artikel aus einem Journal inspiriert — fiktiven Dialog zwischen dem englischen Parlament und Franklin zu verstehen gab. Er knüpfte an

---

[160] In seinen Notizen hat Achenwall vermerkt, daß Franklin „v[on] Landwirthschaft ichts genaues" wisse, weil er ausschließlich in Städten gelebt habe (COD. MS. ACHENWALL 41/120).
[161] Vgl. V. DEPKAT, Die Neue Welt im regionalen Horizont: Amerikabilder im ‚Hannoverischen Magazin' (2001), S. 283f.
[162] Vgl. COD. MS. ACHENWALL 41/148. Weitere Materialien über den Streit Englands mit seinen amerikanischen Kolonien bietet auch das Konvolut „e" (EBD., 40).
[163] Vgl. H. DIPPEL, Deutschland und die amerikanische Revolution (1972), S. 67f.; J.L. DURHAM, Benjamin Franklin (1997), S. 201, 220f.

Franklins tatsächlich erfolgter Befragung[164] durch das Unterhaus 1766 an:

> Vielleicht, wenn alsdenn der König von ihnen Summen verlangt, werden sie ihm solche bewilligen. Sie erkenn[en] d[en] König für ihr Oberh[au]pt m[it] Engla[nd]; aber nicht das brit[ische] Parlament für ihren absoluten Souverän. M[an] lass[e] d[en] Franklin ins Parl[ament] kommen, examiniere ihn üb[er] Americ[anische] Sachen 4. Stunden, über ande[re] Fragen: Ob er glaube, wenn König in künftig[en] Kriege[n] v[om] Brit[ischen] Parl[ament] d[ie] verlangte[n] Subsidia nicht erhielte, u[nd] v[on] d[en] Nordamer[ikanischen] Colon[ien] Subsid[ien] verlangte, selbige d[er]gl[eichen] bewilligen würde. R[ecí]p[e]: Er wisse nicht, was solchenfalls d[ie] Meinung der Nord-Amer[ikanischen] Colon[ien] seyn würde: W[enn] er aber s[ein]e Privat-Meinung sagen solle, so wird er h[oc] c[asu] dem König d[ie] Subsid[ien] bewilligen, wenn er d[en] König billige, u[nd] ihm solcher gefiele.[165]

Franklins angenommene Meinung artikulierte deutlich Achenwalls Beurteilung, daß die Kolonien Ende der sechziger Jahre bereits mit sehr großem politischen Selbstvertrauen ausgestattet waren. Dahinter verbarg sich schon die Ansicht der Siedler, daß England nicht mehr imstande sei, über sie zu bestimmen. Nach Achenwalls Einschätzung würden die Kolonien auf die Gesetze des englischen Parlaments nicht mehr „regardieren" und diese als „bloße Worte" ansehen, die „ohne Wirkung" blieben.[166]

Jenseits der politischen Debatte um die amerikanischen Kolonien war es vor allem Achenwalls Auseinandersetzung mit Adam Ferguson, die ihm neue Impulse für seine eigene Entwicklung des Naturrechts ermöglichte. Dabei ist in erster Linie *Von Staatsgesetzen* (1771) zu nennen, das eine Übersetzung eines Kapitels aus Adam Fergusons *Institutes of Moral Philosophy* (1769) darstellte. Die *Institutes of Moral Philosophy* waren die Erweiterung eines Kompendiums, das Ferguson 1766 für seine Vorlesungen als Professor für Moralphilosophie in Edinburgh verfaßt hatte.[167] Unter dem Pseudonym „A." aus „Göttingen" gewährte Achenwall einen Einblick in das Naturrecht des Schotten, der in Edinburgh die naturrechtliche Tradition mit moderaten presbyterianischen Glaubensartikeln vereinbaren mußte.[168] Ferguson verband Hutchesons pädagogisch motivierten Anspruch, Moralphilosophie zu lehren, mit Humes Skeptizismus und einem historischen Empirismus, der sich hauptsächlich mit den Fähigkeiten einzelner oder vergesellschafteter Menschen begnügte. Dabei gelangte er zu einem geschichtsphilosophischen Entwicklungsprinzip, daß in

---

[164] Vgl. J.L. DURHAM, Benjamin Franklin (1997), S. 41ff.
[165] COD. MS. ACHENWALL 41/149.
[166] Vgl. EBD., 41/150.
[167] Vgl. H.H. JOGLAND, Ursprünge und Grundlagen der Soziologie bei Adam Ferguson (1959), S. 32.
[168] Vgl. N. PHILLIPSON, Die Schottische Aufklärung (1996), S. 19.

seiner naturhaft-organischen Ausprägung romantische Züge vorwegnahm.[169] Das Interesse an der Entwicklung der menschlichen Gesellschaft und ihren moralischen Werten machte ihn zusammen mit John Millar zu einem der Begründer der modernen Soziologie.[170]

Bereits kurz nach der erstmals 1767 in deutscher Sprache erfolgten Veröffentlichung von Fergusons *Versuch über die Geschichte der bürgerlichen Gesellschaft*[171] hatte Achenwall ein ungewohnt ausführliches Exzerpt verfaßt. Er bediente sich verschiedener anderer Rezensionen, etwa aus Hallischen Intelligenzblättern und aus englischen Journalen. Wie so oft bei Achenwall liest sich auch dieses Manuskript wie eine zur Veröffentlichung geplante eigene Rezension. Insgesamt war Achenwall mit Fergusons damals ungemein erfolgreichen[172] *Versuch* zufrieden. „Viele neue auserlesene Gedanken; oft tiefsinnig. Sehr eingenomm[en] v[on] d[em] Geist d[er] Activität zum gemein[en] Besten, u[nd] d[er] Gluth in Freundschaft u[nd] Feindschaft."[173] Nur wenn Ferguson mit seinem „patriotisch[en] Eifer" so weit gehe, Grausamkeiten gegen den Feind zu loben, könne er ihm nicht mehr folgen. Darüber hinaus bezog Achenwall den *Versuch* auf die in den deutschen und englischen Rezensionen zu beobachtenden Aussagen gegen Rousseau:

> D[en] Rousseau widerlegt er bess[er], indem er v[on] eb[en] d[en] Materien handelt, s[on]d[er]l[ich] gegen tr[acatus] de l'inégalité. [...] Schade, d[a]ß er s[ein] Werk nicht mit mehr Ey[fer] erläutert; reor, kommt ihm zu gemein u[nd] alltägl[ich] vor. Auch meldet er nichts von Religion, als nur en passant, welche doch Haupteinfluß im Staat hat. Er führt allgem[eine] philosoph[ische] Sätze aus, u[nd] faßt nur die allgemeinsten, ähnl[ich] derer Rousseau u[nd] Iselin; nicht d[a]s Detail wie Montesq[ieu], viel weniger solche histor[ischen] Erweise als Goguet.[174]

Mit der falschen Erkenntnis, daß Sparta und Rom die „Abgött[er]" dieses „bescheidenen" und „behutsamen" Autors seien, schloß Achenwall vorerst seine Reflexionen über Ferguson. Tatsächlich kritisierte dieser Professor aus Edinburgh gerade die Römer und die Griechen. Diese hätten Unvermögen bewiesen, mit Hilfe einer

---

[169] Vgl. H.H. JOGLAND, Ursprünge und Grundlagen der Soziologie bei Adam Ferguson (1959), S. 64, 87f., 125; R.B. SHER, The social history of the Edinburgh moral philosophy chair (1990), S. 118f.
[170] Vgl. A. BROADIE, The Scottish Enlightenment (2001), S. 79.
[171] Die Erstauflage war 1766 unter dem Titel *Essay on the History of Civil Society* in Edinburgh erschienen.
[172] Vgl. H.H. JOGLAND, Ursprünge und Grundlagen der Soziologie bei Adam Ferguson (1959), S. 32.
[173] COD. MS. ACHENWALL 186/43. Vgl. dazu auch die Notiz Achenwalls über die soeben erschienene zweite Auflage von Fergusons *Essay on the history of civil society* (1768) – EBD., 186/*206a.
[174] EBD., 186/43.

nicht ständischen beziehungsweise gesellschaftlich offenen Arbeitsteilung alle Bürger, einschließlich der Frauen, zum Wohl des Staats zu integrieren. Weil die Arbeitsteilung bei ihnen zur Subordination ganzer Bevölkerungsgruppen geführt habe, durften bei ihnen nur freie Männer angesehene Ämter wie Kriegskunst oder Politik ausüben, so Ferguson:

> Auf solche Weise wurde die Ehre der einen Hälfte des menschlichen Geschlechtes der Ehre des ander[e]n aufgeopfert; so wie etwa Steine aus einerley Bruche in den Grund verscharret werden, um die andern großen Stücke zu unterstützen, die durch ungefähren Zufall für die obern Theile des Gebäudes zugehauen werden.[175]

Die Gegenwartskritik, die Ferguson damit zumindest indirekt erreichte, ist für Achenwall nicht von Bedeutung gewesen. Er notierte, daß er es dem Schotten nachgesehen hatte, daß der *Versuch* — wie er ihn las — hin und wieder unter der Allgemeingültigkeit der Hypothesen und Dunkelheit der Beweise leide. Überhaupt habe Ferguson ein System vermissen lassen. Diese Behauptung stimmte insofern, als Ferguson nicht das wolffianische Methodenbewußtsein der deutschen Naturrechtsautoren besaß. Ein solches brauchte er allerdings auch nicht, da er als Vertreter des schottischen Naturrechts weniger in Kategorien von fiktiven Verträgen und universal gültigen Hypothesen dachte.

Ferguson entwarf eine genetische Evolutionstheorie, die sich um Bedürfnisdifferenzierung in Form von Arbeitsteilung und Ökonomie drehte. Diese Theorie reflektierte die civil society insofern besser, weil sie den historischen und aktuellen Bedürfnissen der Menschen mehr entsprach als der abstrakte Prozeß der Verstaatlichung.[176] Daß Ferguson außerdem scharfsinnig gegen die Phrase ‚natürlich' argumentierte, weil alles ein Resultat dessen sei, was der Mensch an Handlungen unternehme — das übersah Achenwall ebenso geflissentlich wie eben die Beschreibung der industriellen Arbeitsteilung und die Panegyrik auf die englischen Verhältnisse, obwohl er sie selbst auf seinen Zetteln vertrat. Jene politische Freiheit Englands, die die Sicherheit der Person und das Eigentumsrecht garantiere, fand in gleicher Weise Achenwalls uneingeschränkten Beifall.[177]

Als 1769 die erste Auflage von Fergusons *Institutes of Moral Philosophy* erschien, zögerte Achenwall nicht, ein Kapitel daraus zu übersetzen. Sein Artikel *Von Staatsgesetzen* erschien 1771 in

---

[175] Vgl. A. FERGUSON, Versuch über die Geschichte der bürgerlichen Gesellschaft (1767), S. 286.
[176] Vgl. J. GARBER, Utopiekritik und Utopieadaption im Einflußfeld der „anthropologischen Wende" (1996), S. 92.
[177] Vgl. A. FERGUSON, Versuch über die Geschichte der bürgerlichen Gesellschaft (1767), S. 14f., 258, 278ff., 406ff. Zu Achenwalls Englandbild vgl. unten E. I.

den „Hannoverischen Gelehrten Anzeigen" — ein Jahr, bevor der Breslauer Philosoph Christian Garve eine vielgerühmte Übersetzung der gesamten *Institutes of Moral Philosophy* herausgab. Davon hat Achenwall wahrscheinlich nichts mehr erfahren.[178] Die handschriftliche Druckvorlage zu Achenwalls *Von Staatsgesetzen* befindet sich im Nachlaß.[179] Es ist bemerkenswert, diese Druckvorlage mit Garves Übersetzung von 1772 zu vergleichen, weil auf diese Weise Achenwalls Bemühungen deutlich werden, das schottische Original in den Griff zu bekommen. Ursprünglich hatte Achenwall zum Beispiel geplant, seinen Artikel „Von politischen Staats-Gesetzen" zu nennen. In der verkürzten Version meinte er offenbar, Fergusons „Of Political Law" am besten zu entsprechen. Garve nannte dieses Kapitel nur noch „Über Staatsgesetze".

Neben der Übersetzung von Fergusons Text fixierte Achenwall einige Gedanken, die seine Einschätzung über die *Institutes of Moral Philosophy* verdeutlichen. Hier muß eingeräumt werden, daß die justizpolitischen und naturrechtlichen Fundamente dieses Kapitels — etwa Fergusons Bekenntnis für ein angemessenes Verhältnis zwischen Strafe und Schuld — offenbar an Achenwall vorbeigegangen sind, weil er darüber nichts vermerkt hat. Ähnlich wie Ferguson hatte einige Jahre zuvor schon Beccaria argumentiert, ohne daß auch dies Achenwall aufgefallen wäre.[180] Von der veröffentlichten Version verdient deswegen nur eine Anmerkung Achenwalls nähere Aufmerksamkeit: Die Behauptung, daß Fergusons Thesen gegen Folter und für den Grundsatz nulla crimen sine lege sich nicht mit dem Naturrecht in Einklang bringen ließen. Sie seien nicht universal gültig. Diese Prinzipien seien durch die englischen Verhältnisse geprägt und nur politische „Stützen der Freyheit des Briten" (Anm. „a)"). Als politicus sprach sich

---

[178] C. GARVES Übersetzung und Kommentar — Adam Fergusons Grundsätze der Moralphilosophie — von 1772 wurde sogleich in den deutschen Rezensionen hochgelobt: „Fast wissen wir nicht, ob wir zuerst die vortrefflichen Anmerkungen unsers Herrn Prof. Garvens, oder das Buch selbst [...] loben und bekannt machen sollen" (J.T. SATTLER, Philosophische Bibliothek, Bd. 2 (1772), S. 88). Es erfuhr 1787 eine zweite Auflage. Außerdem gab es 1775 eine französische, 1790 eine italienische und 1804 eine russische Übersetzung (THE CORRESPONDENCE OF ADAM FERGUSON (1995), S. xliff.; F. OZ-SALZBERGER, Translating the Enlightenment (1995), S. 130f., 231ff.; DIES., Die Schottische Aufklärung in Frankreich (1996), S. 109; N. WASZEK, Christian Garve (1996), S. 131).

[179] Vgl. COD. MS. ACHENWALL 201/315–317 (Anweisungen wie „Neue Zeile" verdeutlichen den Charakter der Druckvorlage). Vgl. dazu auch A. FERGUSON, Institutes of Moral Philosophy (1786), S. 180–190; C. GARVE, Adam Fergusons Grundsätze der Moralphilosophie (1772), S. 249–263.

[180] Vgl. C. BECCARIA, Über Verbrechen und Strafe (1764), S. 68, 83f.

Achenwall zwar auch gegen die Folter aus — doch hier urteilte er öffentlich als Naturrechtsgelehrter.[181]

Die weiteren Notizen hat Achenwall nicht veröffentlicht. Ihnen ist zu entnehmen, daß er sich nicht nur in Übereinstimmung mit Ferguson befand. Die übersetzte Abteilung lese sich zum Beispiel „nicht verständig", obgleich sie „doch besse[r] als Montesq[ieu]" sei. Daß gerade Montesquieu nicht mehr zeitgemäß sei, läge wiederum an den methodischen Verdiensten Wolffs, der die deutschen Gelehrten an die Spitze der aufgeklärten Naturrechtsautoren befördert habe. Überhaupt habe „d[er] T[eut]sche Vorzug vor Fr[an]zos[en] u[nd] Engl[ändern]. D[a]s habe man Wolf[f]en z[u] danken."[182]

Aber alle noch so selbstbewußten Argumente, die Achenwall in seltener Gunst über Wolff urteilen ließen, vermochten nicht die Schwierigkeiten zu kaschieren, mit denen er bei der Übersetzung dieses Kapitels zu kämpfen hatte. Allerdings machte Ferguson es ihm durch seinen inkonsequenten Gebrauch der Termini nicht gerade leicht. Die Druckvorlage enthält gleich zu Beginn dieses dritten Kapitels einen von Achenwall nachträglich durchgestrichenen Absatz, der seine Verlegenheiten beispielhaft verdeutlicht. Fergusons „political law of nature, is that branch of moral law which expresses what is beneficial in the civil institutions of men" — faßte Achenwall nach einigen Verbesserungen auf als „das *[politische]* natürliche Staats-Recht ist derjenige Theil des *[moralischen]* Natur-Rechts, welches dasjenige ausdrücket *[abhandelt]*, so in *[bürgerlichen Einrichtungen]* Staats-Anstalten gemeinnützig ist."[183] Anscheinend waren Achenwall seine eigenen Übersetzungsfähigkeiten nicht zuverlässig genug — in der veröffentlichten Version unterschlug er diesen Satz komplett. Garve versuchte in seiner Übersetzung erst gar nicht, das „moral law" in das deutsche Naturrecht zu transformieren.[184] Das Syntagma „politisch" wußte er ebenso wie Achenwall nur auf den Staat zu beziehen, wobei er weitaus universaler dachte als dieser: „Das natürliche Staatsgesetz ist der Theil des Moralgesetzes, welcher aussagt, was

---

[181] Vgl. G. ACHENWALL, Von Staatsgesetzen (1771), Sp. 1475–1478. Vgl. dazu auch unten S. 235f.
[182] COD. MS. ACHENWALL 201/315–317.
[183] EBD., 201/315–317. Vgl. dazu auch A. FERGUSON, Institutes of Moral Philosophy (1786), S. 181.
[184] Ferguson hatte das Naturrecht in einen physischen und einen moralischen Teil untergliedert, womit einerseits „moral law" materiell dem deutschen Naturrecht entsprach. Anderseits war damit das weiter gefaßte Verständnis von Fergusons Naturrecht zwischen der natur- und sozialwissenschaftlichen Sphäre nicht abgedeckt. Allerdings definierte Garve an anderen Stellen die Moralphilosophie auch als Naturrecht (C. GARVE, Adam Fergusons Grundsätze der Moralphilosophie (1772), S. 4ff., 122).

in den bürgerlichen Verfassungen dem menschlichen Geschlecht nützlich sey."[185]

Die „civil rights" nannte Garve die „bürgerlichen Rechte", womit er die viel weiter reichenden englischen Verhältnissen überging. Achenwall hingegen sprach in sperriger, aber zutreffender Weise von den „bürgerlichen Privat-Gerechtsamen", obwohl er nachträglich „bürgerlich" durchstrich. Der englischen Realität der civil rights kam er damit auch nicht näher. So definierte Achenwall die Sicherheit eines Volkes als „sicher[e]n Genuß der Gerechtsamen eines jeden unter ihnen", was Fergusons rechtsstaatlich inspirierten „the safety of the people consists in the secure enjoyment of their rights" immerhin dem Wortlaut nach entsprach. Garves Übersetzung klang im Vergleich zu Achenwall eindeutig überzeugender — „die Sicherheit des Volks besteht in dem ungestörten Besitz und Gebrauch ihrer Rechte" — einfach, weil sie konziser formuliert war. Ohne Übersicht war Achenwall bei der richtigen Übersetzung von Fergusons allgemein formulierten „some communities", da er diese zunächst als „Gemeinden", dann als „Nationen" übersetzte. Hier interpretierte wiederum Garve überzeugender. Er sprach traditionell naturrechtlich von „gewissen Gesellschaften".

Solche Probleme lassen sich an weiteren Wörtern und Termini festmachen. Fergusons „conventional law" nannte Garve schlicht „positives Gesetz", Achenwall dagegen „National-Vertrags-Gesetze", wobei er die leges fundamentales des ius publicum meinte. Den dritten Abschnitt dieses Kapitels wollte Achenwall ursprünglich „Von dem Wohlstande des Volks" nennen. Diese Variante erschien ihm aber als nicht wortgetreu genug, so daß er den Abschnitt in „Von der Glückseeligkeit des Volks" umbenannte. Ferguson hatte „Of the Happiness of a people" vorgegeben. Hierin folgte Garve 1772 Achenwalls Benennung des dritten Abschnitts.

Der Umgang mit Ferguson verdeutlicht einerseits Achenwalls große Probleme bei der Übersetzung dieses schottischen Naturrechtsautoren. Andererseits bestätigt *Von Staatsgesetzen*, daß der Naturrechtsgelehrte Achenwall wichtige Forderungen des späteren liberalen Naturrechts nicht bejahen wollte. Zwar sprach er sich in seinen Notizen, als politicus argumentierend, gegen die Folter aus. Öffentlich, als Iuris Consultus naturalis, verschanzte er sich hinter dem philosophischen Anspruch der Universalität. Achenwall vertrat, wie oben angedeutet,[186] eine Mittlerrolle in der Naturrechtstradition: Das natürliche Zwangsrecht und die mora-

---

[185] EBD., S. 249f.
[186] Vgl. oben C. I. b.

lisch wirkenden deontologischen Forderungen wie honeste vive müssten zusammen kooperieren. Doch das ius cogendi des Lädierten könne nicht in allen Fällen auf Gewalt beziehungsweise Folter verzichten. Dennoch beweist der ausführliche Umgang mit Ferguson, daß Achenwall bereit war, sich neuen Impulsen innerhalb der europäischen Naturrechtsdebatte zu stellen. Davor stand allerdings die Emanzipation von der deutschen Naturrechtstradition an. Maßgeblich war dies zu Achenwalls Lebzeiten die Naturrechtslehre Christian Wolffs.

Über keinen anderen Autor hat Achenwall mehr Exzerpte, Manuskripte und Bemerkungen angefertigt als über Wolff.[187] Er verhehlte den immensen Erfolg des Hallensers nicht: Seiner neuer Philosophie seien methodisch alle gefolgt. Die moderne Forschung meint dagegen, daß dies gerade in Leipzig — wo Achenwall von 1742 bis 1747 studierte[188] — und in Göttingen[189] weniger der Fall war. Achenwall meinte jedoch, daß Wolff vor allem für „mehr Licht u[nd] Grün[d]lichkeit" in der Beweisführung gesorgt habe: „Die Form d[er] philos[ophischen] Schriften in der Philosophie ist richtiger u[nd] kunstmäßiger. Die Materien aber desweg[en] ô [nicht] immer besser, nicht fruchtbarer in conclusionibus, nicht solider in rationibus."[190] Dies sei nicht ohne Zufälle vonstatten gegangen.[191]

Leider habe Leibniz' Wiener Sekretär, der spätere Jenaer Philosophieprofessor Heinrich Köhler,[192] trotz der Tatsache, daß er lange Zeit als einziger dessen Pläne zum Naturrecht kannte, kein Vorreiter im ius naturale werden können. Weil er kein Jurist gewesen sei, habe ihm der nötige Praxisbezug gefehlt, so daß sein Naturrecht zur Hälfte unbrauchbare Metaphysik geblieben sei.

---

[187] Vgl. die äußerst umfangreichen Exzerpte von einigen Schriften Wolffs in COD. MS. ACHENWALL 157/226–244, 182/21–49. Vgl. dazu auch die Konvolute „k" und „e", die ausschließlich Wolff behandeln, letzteres zum Beispiel nur „Wolffi conspectus iuris naturalis aus seinen praefationibus ad opus maius" (EBD., 181).

[188] In Leipzig hatte Leibniz seit den vierziger Jahren eine von J.C. Gottsched und C.G Ludovici geprägte Renaissance erlebt, die sich zunächst gegen Wolff richtete, mit C.A. Crusius allerdings auch gegen Leibniz selbst (D. DÖRING, Die Philosophie Gottfried Wilhelm Leibniz' (1999), S. 83ff., 102ff.).

[189] Zu der grundsätzlich antiwolffianischen Philosophie der Göttinger vgl. C.G. HEYNE, Rede zu Ehre des Freiherrn von Münchhausen (1770), S. 9; C.O. MÜLLER, Festrede zur Hundertjahrfeier (1837), S. 232; N. HAMMERSTEIN, Christian Wolff und die Universitäten (1983), S. 266ff.; W.C. ZIMMERLI, J.G.H. Feder und die Göttinger Philosophie (1983), S. 62ff.

[190] Vgl. COD. MS. ACHENWALL 157/232.

[191] Vgl. EBD., 145/215, 225, 157/187–190, 228–230, 232, 235, 241, 245 (auch im folgenden). Vgl. dazu auch N. HINSKE, Wolffs Stellung in der deutschen Aufklärung (1983), S. 306ff.

[192] Köhler war nach seinem Studium in Leipzig und Halle von 1712 bis 1720 der Sekretär Leibniz' in Wien. Nach einer Hofmeisterstelle in Gotha und Jena hatte er von 1734 bis zu seinem Tod eine außerordentliche Professur für Philosophie in Jena inne, wo Achenwall ihn vielleicht noch gehört hat.

Köhler konnte allenfalls dazu beitragen, die ursprünglich von Leibniz geprägte geometrische Methode von Wolff wieder zu separieren.[193] Immerhin sei sein Insistieren auf dem ius naturale externum von bleibendem Nutzen gewesen. Thomas Hobbes, dessen größter Kritiker Richard Cumberland und später auch Samuel Pufendorf hätten schon lange vor Wolff von der geometrischen Methode und ihrer Anwendung auf die moralia gewußt. Doch ein unbekannter Engländer habe 1716 das erste Werk nach dieser Methode veröffentlicht.[194] Wolffs Erfolg habe zu diesem Zeitpunkt aber bereits alle anderen Versuche, more geometrico in der praktischen Philosophie zu schreiben, in den Schatten gestellt, so daß zunächst „alles wolffianisch"[195] geworden sei.

Als Achenwall 1742 als Student in Leipzig ankam, galt dieses als Hochburg des Woffianismus.[196] Er ging von da an zeitlebens von einer Allgegenwart Wolffs im deutschen Raum aus. Die moderne Forschung meint dagegen, daß Wolffs Sieg zwar nach 1740 feststand, aber allenfalls bis zum Ende der sechziger Jahre reichte.[197] Für Achenwall, der genau in dieser Zeitspanne als Gelehrter in Göttingen arbeitete, waren aus dieser Vorherrschaft Wolffs bereits mehrere „incommoda"[198] entstanden. Erstens eine philosophische Weitläufigkeit durch die umständliche Demonstration jedes Satzes, was Wolff bis hin zur Lächerlichkeit ausgeübt habe:

> Zu weitläuftig, gibt leichte Begriffe u[nd] allgem[eine] Bekennt[nisse] unleugbarer Sätze d[urch] seine gar zu große Demonstri[e]rungs-Strenge, Demonstri[e]rsucht; das Ansehen von schwer zu b[e]g[rei]fend[en] notio[nibus] u[nd] Sätzen. In ex[emplis] zu wenig Wahl u[nd] Geschmack, oft v[on] Kleinigk[ei]t[en] hergenomm[en], obgl[eich] wahr, d[a]ß [au]ch d[ie]se p[ro] nexum e[ine] Moralité in sich halten; d[ie]se Weitläuftigkeit u[nd] Exempel geben s[einen] großen Werken e[ine] gewisse Farbe des Lächerlichen.[199]

---

[193] Vgl. dazu H. KÖHLER, Jus sociale et gentium (1735); DERS., Juris naturalis eiusque cumprimis cogentis methodo systematica propositi exercitationes (1738).
[194] Achenwall meinte damit die kurze Darstellung von M.E., Elements of Policy, Civil and Ecclesiastical in a Mathematical Method, 1716 (COD. MS. ACHENWALL 157/241).
[195] EBD., 157/230.
[196] Vgl. D. DÖRING, Der Wolffianismus in Leipzig (1997), S. 52f.
[197] Vgl. H.M. BACHMANN, Die naturrechtliche Staatslehre Christian Wolffs (1977), passim; G. MÜHLPFORDT, Radikaler Wolffianismus (1983), S. 239; N. HAMMERSTEIN, Christian Wolff und die Universitäten (1983), S. 270; W. SCHNEIDERS, Der Philosophiebegriff des philosophischen Zeitalters (1985), S. 73; C. LINK, Rechtswissenschaften (1985), S. 127; R. VOPPEL, Der Einfluß des Naturrechts auf den Usus modernus (1996), S. 186; M. KLEENSANG, Das Konzept der bürgerlichen Gesellschaft bei Ernst Ferdinand Klein (1998), S. 66ff.
[198] COD. MS. ACHENWALL 157/228.
[199] EBD., 157/242 (auch im folgenden). Vgl. dazu auch H. THIEME, Die Zeit des späten Naturrechts (1936), S. 226.

Die zweite unangenehme Folge sei der „Hochmuth der Philosophen", von einmal demonstrierten Meinungen unumstößlich nicht mehr abzugehen. Damit meinte Achenwall zwar in erster Linie Wolff und dessen „Prahlerey" selbst,[200] aber auch dessen Epigonen wie Daries und Nettelbladt.[201] Diese Einstellung führe dazu, daß keine neue Literatur mehr gelesen werde, weil alle von dieser Methode so sehr überzeugt seien. Soviel Ignoranz könne er nicht akzeptieren, schließlich stünden alle nur auf den Schultern ihrer Vorgänger — womit Achenwall sich eines Diktums Bernhard von Chartres bediente.[202] Diese alte Erkenntnis habe Wolffs „philosophischer Hochmuth und dessen Hartnäckigkeit" nie gezeigt.

Die demonstrative Methode Wolffs habe drittens, führte Achenwall weiter aus, nicht zu neuen nützlichen Prinzipien geführt. So sprach er ihr jegliche Grundlegitimation einer gelehrten Methode ab. Dies war allerdings ein sehr geläufiger Vorwurf, der jeder Wissenschaft vorgeworfen werden konnte.[203] Das Fehlen eines praktischen Bezugs habe außerdem zur Folge gehabt, daß bei Anwendung der demonstrativen Methode die Gefahr des „irrens und strauchelns" bestünde.[204]

Viertens beurteilte Achenwall das Gesamtwerk Wolffs vernichtend als „Schaalenphilosophie".[205] Wolff löse durch Worte naturrechtliche Probleme lediglich oberflächlich, ohne die Prinzipien, die hinter den Worten lägen, wirklich zu erfassen. Er demonstriere nur noch Worte, weil Wesen, Grund und Endzweck der Sache nicht mehr berücksichtigt würden. Außerdem führe dies zu willkürlichen Verknüpfungen der Begriffe mit Inhalten. Damit nahm Achenwall die spätere Kritik an der Popularphilosophie vorweg — deren unsystematischer Aufbau nur durch den methodischen Anstrich kaschiert werde — und bezog sie auf Wolff.[206] Solche Urteile waren Ende der siebziger Jahre verstärkt aus Göttingen zu hören. Der Mathematiker Abraham Gotthelf Kästner meinte 1777, daß die Wolffianer nur Definitionen und Beweise auswendig ler-

---

[200] Speziell zu Achenwalls Kritik an „Wolffs Prahlerey", vor allem an dessen *Deutscher Ethik* (1720), wo Wolff geäußert habe, „daß alles Wahrheit sey", was er dort geschrieben habe, oder an dessen *Jus naturae* (1740-1748): EBD., 157/235, 242 (auch im folgenden).
[201] Vgl. dazu D. NETTELBLADTS Corollarium: „Quidquid demonstratum, illud est verum" (Exercitationes academicae (1783), S. 59f.).
[202] Vgl. L. BOEHM, Wissenschaft — Wissenschaften — Universitätsreform (1978), S. 14.
[203] Vgl. zum Beispiel J.H.G. VON JUSTI, Rede von dem unzertrennlichen Zusammenhange (1759), S. 152ff.
[204] Vgl. COD. MS. ACHENWALL 157/187-190.
[205] Vgl. EBD., 157/245 (auch im folgenden).
[206] Vgl. G. UEDING, Popularphilosophie (1984), S. 605. Aus juristischer Perspektive vgl. dazu auch L. BJÖRNE, Deutsche Rechtssysteme (1984), S. 15.

nen könnten. Sie würden aber an der Oberfläche bleiben, ohne die Phänomene mehr zu beachten.[207] Kritik an Wolff hatte es im übrigen schon immer gegeben. Sie war in der Person Glafeys sogar von Gelehrten gekommen, mit denen Achenwall sich selbst auseinandersetzen hatte müssen.[208] Zwanzig Jahre später urteilte Achenwall ähnlich: Wenn die alten Gelehrten gerade den Fehler, nur Worthülsen zu produzieren, auch begangen hätten, seien sie doch dabei behutsamer vorgegangen. Sie hätten wenigstens oft „Scrupel" gezeigt, diese Werte als unumstößlich zu bezeichnen, und nahmen deswegen „nur ad interim an", bis „ein besserer einsehe". Außerdem gäben sie auch „mehrere rationes" einer propositio an. Dagegen habe Wolffs Methode stets verhindert, daß einzelne Lösungen sukzessiv und auf eine reformerische Weise erneuert werden konnten, ohne daß gleich alle anderen Werte geändert werden mußten und somit das ganze System auseinanderfalle.[209]

Schließlich brachte Achenwall noch „die éclairierten Nation[en] von Europa" an, die ebenfalls „kein[en] Geschmack" an Wolffs Methode gefunden hätten. Montesquieu habe sogar gemeint, daß „diese Art zu schreiben" allen Europäern „wässrig, matt" und „jährend" vorkomme: „Sie wird ihn[en] verächtl[ich] u[nd] wir T[eu]tsche[n], d[ie] solche bish[e]r hochgeschätzt hab[en], seien dadurch stumpfe, langsame Köpfe, verächtl[ich] u[nd] lächerlich."[210]

Es finden sich bei Achenwall immer wieder Bemerkungen über einzelne Fehler Wolffs, etwa im ius publicum universale oder über dessen „oft blindlings"[211] vorhandene Bereitschaft, dem römischen Recht zu folgen. Das war eine Möglichkeit der Kritik an Rechtsgelehrten, wie Achenwall sie in Halle von Ludewig und Gundling hatte hören können.[212] Allerdings hatten die Hallenser im Vergleich zu ihm für ein quellenmäßig abgesichertes ius publicum germanicum votiert. Wolffs Abhängigkeit, so Achenwall weiter, werde zum Beispiel am Umgang mit der accessio, dem Zuwachs oder Zubehör, rasch deutlich. Wolff separiere — wie auch Heinec-

---

[207] Vgl. L. MARINO, Praeceptores Germaniae (1995), S. 154f.
[208] Vgl. A.F. GLAFEY, Vollständige Geschichte des Rechts der Vernunfft (1739), S. 255ff. Vgl. dazu auch unten C. II a.
[209] Vgl. COD. MS. ACHENWALL 157/245.
[210] EBD., 157/242.
[211] EBD., 158/286. Diese Bemerkung war auf Wolffs Darstellung der occupatio dominii im Völkerrecht bezogen, weil dieser nur den res incorporales eine eigene Substanz zugestand und die körperlichen Sachen beiseite ließ. Die occupatio als solche hat Achenwall ebenfalls anders erklärt als Wolff. Während letzterer sie im Gegensatz zur promissio als bloße declaratio sufficiens definierte, um mögliche Restzweifel an der sinceritas des Okkupanten zu integrieren, verstand Achenwall die declaratio in diesem Fall ohne „dubiae": „Besser et generalis: declaratio voluntatis moraliter certae est sufficiens" (EBD., 159/49).
[212] Vgl. D. WYDUCKEL, Ius Publicum (1984), S. 196f.

cius und andere vom römischen Recht abhängige Naturrechtsautoren[213] — alle Früchte vom Zuwachs und unterteile diese in res aliena und ursprünglich herrenlose res nulliae. Die herrenlosen Früchte dürften nach Wolff bei ihrem ursprünglichen Okkupator bleiben. Da Achenwall an anderer Stelle vermerkt hat, daß auch im römischen Recht in dieser Frage ein „großes Dubium" herrsche,[214] erscheint sein Urteil über Wolff an dieser Stelle nur konsequent: „Klebt gar zu sehr den terminis und thesibus iuris romani an."[215]

Diese Feststellung war für Achenwall eher das kleinere Problem bei Wolff.[216] Zunächst habe dieser sich erst in seinem Spätwerk mit dem Naturrecht beschäftigt. Näher bestimmt habe er alle Disziplinen der praktischen Philosophie in seiner *Deutschen Ethik* (1720), seiner *Deutschen Politik* (1721) und seinen großen lateinischen Schriften nur aus dem reinen Naturzustand. Zu unterscheiden seien diese Werke mit Blick auf ihre Fundamente lediglich dadurch, daß die *Ethik* die vollkommenen als auch die unvollkommenen natürlichen Verbindlichkeiten umfasse. Wolffs *Politik* dagegen gehe ausschließlich den unvollkommenen natürlichen Obligationen nach. Deswegen habe Wolff das Naturrecht nicht sorgfältig genug von Moral und Politik trennen können. Er mache auch den Fehler, das ius publicum samt den Majestätsrechten in der *Politik* nicht abzuhandeln. Zudem enthalte das Kapitel über die Theorie der Zivilgesetze „wenig neues". Zu den acht großen lateinischen Quartbänden über das *Jus naturae*, die von 1740 bis 1748 erschienen, meinte Achenwall abschließend lakonisch: „Ich wünsche guten Appetit."[217]

Rückblickend habe Wolff und seine Schule, resümierte Achenwall, dem Naturrecht wie einst Luther den Gebrauch der Vernunft gezeigt.[218] Damit sei der Bruch mit den alten Traditionen vollzogen worden. Wolffs Epigonen seien nur ihrer jeweils eigenen Vernunft nachgegangen, so daß in der Folge bei ihm wie bei Luther Popularphilosophen beziehungsweise Schwärmer aufgetreten seien. Achenwalls Schlußresümee über Wolff fiel sowohl kritisch als auch distanziert aus:

---

[213] In diesem Konvolut nannte Achenwall zusätzlich Pufendorf und Gundling, die als Vertreter des Naturrechts die privatrechtliche accessio auch auf nicht abtrennbare facta accessoria ausgedehnt hätten (COD. MS. ACHENWALL 159/359). Zum Zuwachs im ius commune vgl. J. HERMANN, Allgemeines Teutsch-Juristisches Lexicon (1739), S. 19.
[214] COD. MS. ACHENWALL 179/43 (ca. 1771).
[215] EBD., 159/357.
[216] Vgl. EBD., 157/231, 236, 163/53 (auch im folgenden).
[217] EBD., 157/231.
[218] EBD., 157/244 („Ad historiam iuris naturalis").

Wolf[fs] Systema i[uris] nat[uralis] ist h[au]ptsächl[ich] [au]s Raisonnem[en]t; er hatte e[ine] gar schwache Kenntnis v[on] iur[ibus] positivis; s[o] erstreckte [sich] s[eine] Hochst[ellung] f[ür] [das] i[us] roman[um] privatum u[nd] [enthielt] schlechterdings k[ein]e Notiz d[er] Staatsgeschichte. In d[ie]s[e]m System bin ich verzogen worden, bis mich m[eine] studia iuridica, histor[ica] et statistica [au]f Zweifel u[nd] endl[ich] auf ander[e] Meinung brachten.[219]

Der vielleicht prominenteste und hinsichtlich der Beliebtheit seiner Naturrechtskompendien erfolgreichste Schüler Wolffs[220] war der Theologe, Cameralist und Naturrechtsautor Joachim Georg Daries. Daries bezeichnete sich selbst als Wolffianer, auch wenn er Wolff in Jena niemals in persona gehört hatte.[221] Die moderne Forschung bezweifelt diese Selbstaussage. Eckhart Hellmuth ließ ihn nur „in einem weiteren Sinne" als Wolffschüler gelten.[222] Zumindest war Daries in späteren Jahren pragmatisch im Umgang mit Wolffs apodiktischer Methode und ließ sich auch von Thomasius' Naturrecht inspirieren.[223] Er besaß außer Achenwall noch andere gelehrte Gegner, wie zum Beispiel Georg Friedrich Meier, der dessen praktische Philosophie beanstandete.[224]

Mit Daries scheint sich Achenwall eine gelehrte Privatfehde geliefert zu haben. Vielleicht waren sich die beiden Ende der dreißiger Jahre persönlich in Jena begegnet, wo Daries zwischen 1742 und 1763 Mathematik, Philosophie, Politik und Moral lehrte.[225] Mit Daniel Nettelbladt, dem zweiten berühmten und zivilrechtlich einflußreichen Schüler Wolffs, rechnete dagegen Pütter 1767 öffentlich ab.[226] Im Nachlaß Achenwalls befinden sich überraschend viele und ausführliche Bemerkungen darüber, was Daries angeblich wunderlich, nicht allgemeingültig genug oder gar falsch in seinen Darstellungen geäußert habe.

Ein Beispiel dafür geben die Bemerkungen Achenwalls zum Zweck einer bürgerlichen Gesellschaft. Er argumentierte eudämonistisch, während Daries kollektive Sicherheit als Hauptzweck bestimmte. Auffällig ist, daß Achenwall an dieser Stelle die natur-

---

[219] EBD.
[220] Vgl. J. SCHRÖDER/I. PIELEMEIER, Naturrecht als Lehrfach an den deutschen Universitäten 1995, S. 261. Zu weiteren Wolffschülern vgl. M. WUNDT, Die deutsche Schulphilosophie im Zeitalter der Aufklärung (1945), S. 202ff.; N. HINSKE, Wolffs Stellung in der deutschen Aufklärung (1983), S. 310f.
[221] Vgl. J.G. DARIES, Einleitung in des Freyherrn von Bielfeld Lehrbegriff der Staatsklugheit (1764), S. 14.
[222] Vgl. E. HELLMUTH, Naturrechtsphilosophie und bürokratischer Werthorizont (1985), S. 28.
[223] Vgl. J. BAUER/G. MÜLLER, Der Aufklärer Joachim Georg Darjes (2001), S. 143f.
[224] Vgl. G.F. MEIER, Betrachtung über die menschliche Glückseeligkeit (1764), S. 5.
[225] L. PATITZ, Joachim Georg Darjes (1991), S. 4; J. BAUER/G. MÜLLER, Der Aufklärer Joachim Georg Darjes (2001), S. 142.
[226] Vgl. K.W. NÖRR, Zur Historischen Schule im Zivilprozeß- und Aktionenrecht (1977), S. 74; L. MARINO, Praeceptores Germaniae (1995), S. 262f.

rechtliche Dogmatik und die Exempel der Historie gegen Daries'
Sicherheitszweck auszuspielen versuchte:

> Civitatis finis: 1) nicht securitas, sondern *[salus]* felicitas; contra Daries — hält es vor unnöthig, weil es sich ex securitate begreifen läßt. Probatio: 1) haben es alle Naturalisten angenommen. 2) Der ratiocinatio gemäß, weil es als perfectissimum societatis angesehen werden soll, immo specie perfectissima. 3) finden wir, das in den actis publicis aller europäischen Reiche niemals die Rede ist bloß von der Sicherheit, sondern der Wohlfahrt des Reichs. Exemplum contra experientiam. Die Sicherheit und Flor oder Glückseeligkeit des Reichs, das gemeine Beste.[227]

Dogmatisch wurde Daries von Achenwall der Leibniz-Wolffschen Linie zugerechnet. Dies allerdings „mit Beyhülfe der Institutionen", das heißt, mit deutlich zivilrechtlicher Einfärbung.[228]

Achenwall setzte sich darüber hinaus mit Daries' Struktur des Vertrages auseinander und wollte als Naturrechtsexperte seinem Gegner eine Lektion in Sachen Privatrecht erteilen. Diese Kritik erreichte auch eine kleine Öffentlichkeit. Die undatierte „Antwort ad monitum de pacto" ist aufgrund Achenwalls ungewohnter Schönschrift und der drucktechnischen Randbemerkungen als Durchgangsstufe für die Publizität bestimmt gewesen.[229] Im Nachlaß ist an gleicher Stelle ein kurzes „Monitum ad ius naturale de pacto" zu finden, in dem ein anonymer Verfasser Achenwall darin bestärkt hat, daß „Dariesii probatio est obscura".[230]

Streitpunkt zwischen Daries und Achenwall war die Frage, ob sich ein gültiger Vertrag denken lasse, der bereits durch zwei Teilschritte „wesentlich und untrennbar"[231] sei. Achenwall bejahte dies. Daries verneinte diese Vorstellung: Er nahm zu der promissio des Versprechenden und der acceptio promissionis des Akzeptierenden als dritten Schritt den consensus des Versprechenden in acceptionem an.[232] Dieses allgemeingültige

---

[227] COD. MS. ACHENWALL 163/110. Ähnlich abfällig war auch Achenwalls Meinung über Daries' Abhandlung des ius privatum universale: „Alles was Daries sagt: 1. Nichts neues; 2. Nichts allgemein gültiges" (EBD., 165/411). Weitere Beispiele finden sich EBD., 143/286, 145/225, 160/447, 161/24. Vgl. dazu auch E. HELLMUTH, Naturrechtsphilosophie und bürokratischer Werthorizont (1985), S. 37, 68.; DERS., Ernst Ferdinand Klein: Politische Reflexionen im Preußen der Spätaufklärung (1987), S. 226; C. LINK, Johann Stephan Pütter (1995), S. 319.
[228] Vgl. COD. MS. ACHENWALL 145/225.
[229] Vgl. die Anweisung Achenwalls „eingerückt" (EBD., 160/17). Vgl. dazu auch S. SCHEIBE, Zu einigen Grundprinzipien einer historisch-kritischen Ausgabe (1971), S. 14.
[230] COD. MS. ACHENWALL 160/16 — nicht die Handschrift Achenwalls.
[231] EBD., 160/17.
[232] Vgl. J.G. DARIES, Insitutiones iurisprudentiae universalis (1764), S. 214–216. Daries ließ sich wohl vom römischen Recht inspirieren, das in jedem Vertrag allgemein einen ‚consensus in idem placitum' erblickte und in die drei Teilschritte traditio, consensus und causa (Vertrag) zerfiel (D 50.12; D 2.14; J. HERMANN, All-

Dreistufenmodell des Vertrags wies Achenwall mit Hilfe von einigen Beispielen zurück.[233] In diesem Fall hat Achenwall nachträglich recht bekommen, da auch spätere Juristen und die heutige schuldrechtliche Vereinbarung im BGB grundsätzlich nur Angebot und Annahme kennen. Das dritte factum commissivum, das Daries noch in Gestalt des consensum angebracht hat, spielte damals wie heute keine Rolle.[234]

Außerdem verwahrte sich Achenwall gegen die Vorstellung, daß das zweistufige Vertragsmodell den Versprechenden so lange an sein Angebot binde, bis der Akzeptierende sich dazu äußere. Achenwall schien dieses Konstrukt „nicht stringent zu seyn", weil der acceptans damit *vor* seiner Annahme bereits ein ius prohibendi besäße. Dies sei weder notwendig noch universal, zumal er durch dieses Recht bereits vor Abschluß des Vertrages eine Anspruchsgrundlage habe. Allenfalls zufällig ergebe sich ein solcher Fall, schloß Achenwall seine Ausführungen, daß ein Vertrag in drei Teilschritte zerfalle. Für um Allgemeingültigkeit bemühte Überlegungen sei dies nicht von Belang.[235]

Scharfe Kritik erntete Daries von Achenwall auch für seine Darstellung der Notrechte. Im 18. Jahrhundert war dies hauptsächlich Thema des ius publicum universale, während heute Strafgesetzbuch und BGB darüber bestimmen.[236] Zunächst defi-

---

gemeines Teutsch-Juristisches Lexicon (1739), S. 701f.; H. COING, Europäisches Privatrecht (1985), S. 303).

[233] „1) Der Bettler spricht mich um Almosen an: ich gebe ihm einen gl. 2) Ich fordere vom B[a]ecker einen Pfennig Semmel: er gibt mir solchen. 3) Caius ist mir 10. rh. schuldig; ich declarire ihm, ich verlange solche von ihm nicht zurück: er bedankt sich u[nd] acceptirt es. Überhaupt, wenn acceptans d[en] Anfang vom negotio pacti macht: ist nur 1. factum promittentis nöthig. Es gibt casus, ubi 2. facta sufficient. Ergo sind 3. facta nicht zu all[en] pactis nöthig. E[rgo]: H[errn] Dariesii Satz ist nicht universal. Mehr will ich nicht" (COD. MS. ACHENWALL 160/17).

[234] Vgl. dazu §§ 145, 147 BGB. L.J.F. HÖPFNER stimmte seinem Lehrer Achenwall in dieser Sache zu: Daries' Dreischritt Versprechen, Akzeptation und Einwilligung des Versprechenden in die Akzeptation sei „offenbar unrichtig", weil der promissens bereits bei sofortiger Einwilligung des promissars kein Widerrufsrecht mehr besäße (Naturrecht (1780), S. 65).

[235] Darüber hinaus kannte die damalige Rechtstheorie Fälle, in denen der Versprechende seine bereits angenommene promissio zurückziehen konnte (L.J.F. HÖPFNER, Naturrecht (1780), S. 63). Die heutige Rechtstheorie geht davon aus, daß der Antrag nur sofort angenommen werden kann, wenn nichts anderes vereinbart wird (§ 147 BGB). In der Zwischenphase geht man dabei von einem vertragsähnlichen Vertrauensverhältnis aus, das aber nicht im Sinne Daries' als Vorstufe zum Vertrag gewertet werden darf. Vielmehr handelt es sich hier um Sorgfaltspflichten, die dem gesteigerten sozialen Kontakt der Verhandlungspartner Rechnung tragen sollen. Die vertragliche Leistung kann damit nicht eingeklagt werden, denkbar ist nur der Anspruch auf Schadensersatz.

[236] Vgl. dazu J. HRUSCHKA, der die heutige Differenzierungstheorie durch Daries' Darstellung des Notstands ersetzen möchte (Vorpositives Recht als Gegenstand und Aufgabe der Rechtswissenschaft (1992), S. 431). Zur heutigen Situation der Notwehr und des Notstands vgl. K. KÜHL, Die Notrechte im Naturrecht des 19. Jahrhunderts (1997), S. 316f.

niere Daries den Notstand falsch, weil er ihn rein sinnlich beziehungsweise subjektiv veranschauliche. Schon im Falle eines aus Hunger stehlenden Armen sei diese Methode zu einfach: „Daries schlaget gewaltig bey favor necessitatis; seine necessitas hypothetica ist: wenn er sich vorstellet, er sey in necessitate extrema; aber errora. [...] E.g. Er hat nichts: Er stehlet, um seines Hungers zu [.] [sc. beendigen]; er hätte aber noch betteln können."[237] Selbst die rationale Erkenntnis in die sinnliche Wahrnehmung des Hungers hätte dem Bettler Achenwall zufolge nichts genützt. Diese sei nicht in der Lage, eine vollkommene Verbindlichkeit zu brechen. Daries argumentiere wie sein Lehrer Wolff[238] gegen die naturrechtliche Dogmatik. Die Schuld des stehlenden Bettlers, so Achenwall, stünde a priori fest. Für ihn war Daries' Erklärung eine „confusion ouverte", da selbst eine zulässige Notstandserklärung eine obligatio perfecta niemals überwinden könne. Ein legitimes Notstandsrecht könne es nur geben, wenn der Souverän einen vollkommenen Vertrag gebrochen habe.

Die falsche Vorstellung des Staatsnotstands hat Achenwall auch in anderen zeitgenössischen Naturrechtswerken zu desavouieren versucht. Baumgartens Handhabung dieser Materie lehnte er zum Beispiel rigoros ab und schimpfte ihn fälschlicherweise einen Machiavellisten.[239] Tatsächlich war Baumgartens Argumentation eher monarchomachisch als machiavellistisch.[240] Dessen Erklärung, daß ein consensum perfectum der Untertanen genüge, die Fundamentalgesetze zu beenden, hatte ihre Entsprechung in dem zugleich gültig werdenden „pactum liberatorium" der Untertanen. Damit vertrete Baumgarten, so Achenwall, ein ius resistendi, das im Falle des Staatsnotstands auf „preußischen principia" basiere.[241] Mit dieser Kritik wollte er Baumgartens Lehrer Wolff treffen. Achenwall hatte diese Forderung selbst nur im umgekehrten Fall vertreten: Nur der Bruch einer vollkommenen Verbindlichkeit von seiten des Souveräns löse den Unterwerfungsvertrag der Untertanen auf.[242]

---

[237] COD. MS. ACHENWALL 157/98 (auch im folgenden).
[238] Vgl. H. DREITZEL, Monarchiebegriffe in der Fürstengesellschaft (1991), S. 638f.
[239] Vgl. COD. MS. ACHENWALL 165/390 (auch im folgenden).
[240] Vgl. H. DREITZEL, Monarchiebegriffe in der Fürstengesellschaft (1991), S. 82f.
[241] Mit dieser Formulierung nahm Achenwall stillschweigend das Diktum W. Diltheys vom ‚preußischen Naturrecht' vorweg (E. HELLMUTH, Naturrechtsphilosophie und bürokratischer Werthorizont (1985), S. 11).
[242] Vgl. COD. MS. ACHENWALL 161/1. Deutliche Kritik Achenwalls fand auch S.J. Baumgartens Dissertation *De aequalitate hominum inaequalium naturali* von 1742 (EBD., 158/138).

Achenwall bewies am Beispiel Emer de Vattels, daß er trotz aller Vorbehalte einem bekennenden Schüler Wolffs[243] positive Züge abgewinnen konnte.[244] Nach einer kurzen Schilderung der Lebensumstände des französischen Diplomaten — „Unglück durch Fackel: 1 Auge eingebüßt. Schöne Frau" — würdigte Achenwall dessen Völkerrecht. Er erwähnte besonders die Methode Vattels, das ius gentium durch historische Beweise empirisch abzusichern. Dennoch sei Vattel ein „Wolff in französischer Kleidung":

> Hat schon einige Philosophie geschrieben und ziemlich weitläuftiges ius gentium. 1) Deutlich mit einigen Exempla aus neuerer Historie belegt. 2) Ziemlich gründlich. 3) Vollständig. An etlicher Materie reich. Also würklich sehr brauchbar, woraus man sich groß in vielen Fällen Rathschlag erhohlen kann. I. Was seine Grundsätze anbetrifft: ein Wolffianer.[245]

Achenwall schloß damit, daß Vattel wegen einiger Kritikpunkte an Wolff einen sehr guten Beitrag zum Naturrecht geleistet habe. Er übersah jedoch die anderen Positionen Vattels, die auch in seine Domäne fielen — zum Beispiel die Forderung nach einem gerechten Strafmaß, das sich nach der Natur des Verbrechens richte und das dessen Verhältnis zum Schutz der Öffentlichkeit berücksichtige.[246] Dies lag daran, daß Achenwall sich zu dieser Zeit mehr für universale historische Zusammenhänge aus naturrechtlicher Perspektive interessierte und weniger für justizpolitische Reformen oder individuelle Rechte.

Noch größere Wirkung hinterließ daher Achenwalls Auseinandersetzung mit Rousseau. Für die Göttinger Gelehrten hat die moderne Forschung herausgearbeitet, daß Rousseau mindestens auf August Ludwig von Schlözer und Christoph Meiners einen großen Einfluß ausübte.[247] Bereits eine Generation zuvor beschäftigte sich Achenwall intensiv mit Rousseau. Die öffentliche Diskussion über Rousseau hat er seit dessen *Discours sur les sci-*

---

[243] „So gestehe ich doch, daß ich mir niemalen würde getraut haben, ein so weites Feld zu betreten, wenn der berühmte Hallische Philosoph mir nicht vorgegangen, und Licht gegeben hätte" (E. DE VATTEL, Völkerrecht (1758), Vorrede, o.S.).
[244] Vgl. EBD., 157/238, 163/26 (Zitate). E. DE VATTELS Völkerrecht (1760) galt noch 1785 als „eines der berühmtesten" Werke dieses Genres, wie Achenwalls Schüler D.H.L. VON OMPTEDA betonte (Litteratur des gesammten Völkerrechts (1785), S. 338). Vgl. dazu auch U. WILHELM, Der deutsche Frühliberalismus (1995), S. 101ff.; H. STEIGER, Völkerrecht und Naturrecht zwischen Christian Wolff und Adolf Lasson (1997), S. 48.
[245] COD. MS. ACHENWALL 163/26. Ähnlich urteilte auch D.H.L. VON OMPTEDA (Litteratur des gesammten Völkerrechts (1785), S. 338ff.).
[246] Vgl. E. DE VATTEL, Völkerrecht (1760), S. 256ff. Vgl. dazu auch D. KLIPPEL, der Vattel zu einem Sekundanten der amerikanischen Menschenrechtserklärungen erklärt (Politische Freiheit und Freiheitsrechte (1976), S. 79).
[247] Vgl. M. PETERS, Möglichkeiten und Grenzen der Rezeption Rousseaus (1995), S. 267ff.

ences et les arts (1750) mit sichtlich großem Interesse verfolgt. Das geht aus seinen gesammelten Artikeln, Exzerpten und Notata hervor.[248] Achenwall vermerkte zum Beispiel, daß mit dem *Contract Social* und *Emile* zwei Hauptwerke Rousseaus gleich nach deren Veröffentlichung 1762 vom Pariser und Genfer Magistrat konfisziert wurden. So hat vor allem die „Affaire de Rousseau [mi]t Génève"[249] bei Achenwall noch Jahre später große Beachtung gefunden. Rousseau erschien ihm zunächst selbst für die ihm entgegen gebrachte Kritik verantwortlich zu sein.

Zu *Emile* und *Contract Social* meinte Achenwall 1766, daß Rousseau seiner Heimatstadt Genf mit gefährlichen Begriffen von Freiheit viel Unglück beschert habe. Er müsse Rousseaus Genfer Freund, dem Theologen Jacques Vernet, zustimmen, der meinte, daß die mittlerweile zehn Jahre andauernde „Genfer Krise" mit Rousseau — nach Voltaire und d'Alembert — erneut „traurige Prüfungen b[e]kom[men]" habe.[250] Die bald nach deren Veröffentlichung geschriebenen, zum Teil anonym publizierten Briefe und Schriften gegen Rousseau wurden in den folgenden Jahren von Achenwall vorbehaltlos exzerpiert. Vor allem die Kritiker, die „p[ro] Pufendorf contra Rousseau"[251] vorgingen oder ihm vorwarfen, Grotius nicht verstanden zu haben, fanden Achenwalls Zustimmung.

Emile hat bei Achenwall nicht die durchschlagende Beachtung gefunden wie etwa später bei Kant.[252] Gerdil Barnabites *Reflexions sur la théorie de la pratique de l'éducation* (1763) hielt er für gelungener, weil es nicht so radikal formuliert sei: „E[in] schätzbares Werk, refutirt d[en] Emile u[nd] dessen Paradoxa; setzt besser[e] p[rinci]pia fest, d[ie] solider sind; conformer dem m[en]schl[chen] Geiste, den familiären Freuden, der Ruhe d[er] Staaten, Wohl des m[en]schl[ichen] G[e]schlechtes."[253] Weitaus seltener hat Achenwall den *Contract Social* in seinen Notizen vermerkt. Diese erwecken den Eindruck, daß er ihn auf das Prokrustesbett der Reichspublizisten pressen wollte. Der erste analytische Eindruck Achenwalls läßt diese Vermutung zumindest

---

[248] Vgl. COD. MS. ACHENWALL 74/25, 163/36–47, 179/418, 196/96 (auch im folgenden). Vgl. dazu auch Achenwalls Exzerpt von J.J. Rousseaus *Discours sur les sciences et les arts (Premier Discours)* von 1750 (EBD., 189/247).
[249] EBD., 179/418 (ca. 1771). Vgl. dazu auch H. RÖHRS, Jean-Jacques Rousseau (1993), S. 72ff., 120.
[250] Vgl. COD. MS. ACHENWALL 163/37.
[251] EBD., 163/38.
[252] Zu Kants legendärer Rezeption des *Emile* vgl. L.E. BOROWSKI: Kant habe deswegen ein einziges Mal in seinem Leben seinen täglichen Spaziergang unterlassen, weil er von der Lektüre so gefesselt gewesen sei (Darstellung des Lebens und Charakters Immanuel Kant's (1804), S. 170).
[253] COD. MS. ACHENWALL 196/96.

erahnen: „Ist nur e[in] Stück eines iuris publ[ici] univ[ersali], v[er]mischt [mi]t politisch[en] Reflexionen über Grundverfassung."[254] Achenwall las vor allem Rousseaus *Diskurs über die Ungleichheit* (1755). Dies ermöglichte ihm die Historisierung der natürlichen Freiheit, die durch seine bisherige Fixierung auf Wolffs apriorische Methode nicht möglich gewesen war. In den fünfziger Jahren, als über den zweiten *Diskurs* in ganz Europa debattiert wurde, war davon bei Achenwall allerdings noch wenig zu erahnen.[255] Sichtlich unfähig, darüber eine eigene Meinung zu entwikkeln, vermerkte Achenwall zunächst nur, daß „dieser Genfer Bürger, wie er sich selbst titulirt", den Staat verdamme. Außerdem notierte er sich, daß Rousseau die Errichtung der Staaten „als e[ine] Pest des m[en]schl[ichen] Geschlechts, als den Grund ihres Elendes" ansehe. Nur durch die doppelte Unterstreichung ist ersichtlich, wie überrascht Achenwall anfangs gewesen sein muß, daß Rousseau auch das Eigentum für moralische und materielle Ungleichheit verantwortlich machte.

Wenn Achenwall hier die Absichten des *Diskurses* verstehen wollte, bediente er sich wie viele seiner Zeitgenossen des von Rousseau angeführten und oft falsch verstandenen Beispiels der Affen: „Er sucht zu erreichen, der wilde Mensch, der Orang-Outang, ist weit glücklicher als der Mensch in der bürgerl[ichen] Gesellschaft. Er mahlt den statum civilem affreux."[256] Tatsächlich ist im zweiten *Diskurs* nur die Rede davon, daß „der wilde Mensch, der jeglicher Art von Einsicht und Aufgeklärtheit entbehrt", nur physische Bedürfnisse kenne: „Nahrung, ein Weibchen und Ruhe."[257] Der wilde und der zivilisierte Mensch seien in bezug auf ihr jeweils höchstes Glück nicht zu vergleichen. Der Wilde kenne nur Ruhe und Freiheit, der Zivilisierte dagegen quäle sich Zeit seines Lebens: „Der Wilde lebt in sich selbst, der soziale Mensch weiß, immer außer sich, nur in der Meinung der anderen zu leben".[258]

Außerdem hielt es Rousseau nur für möglich, daß Orang-Utans und andere Affen in Wirklichkeit noch wilde Menschen seien.[259] Dazu muß erstens angemerkt werden, daß im 18. Jahrhundert keinesfalls Klarheit darüber herrschte, welche Anthropoiden damit gemeint sein sollten — auch die Gorillas wur-

---

[254] Vgl. EBD., 182/56–60. Anschließend folgen einige Zettel mit Exzerpten, die von Achenwall urteilslos verfaßt worden sind. Vgl. dazu auch M. PETERS, Möglichkeiten und Grenzen der Rezeption Rousseaus (1995), S. 269.
[255] Vgl. COD. MS. ACHENWALL 186/207 (auch im folgenden). Vgl. dazu auch H. RÖHRS, Jean-Jacques Rousseau (1993), S. 84ff.
[256] COD. MS. ACHENWALL 186/207.
[257] J.J. ROUSSEAU, Diskurs über die Ungleichheit (1755), S. 107.
[258] EBD., S. 269.
[259] Vgl. EBD., S. 337ff.

den Orang-Utans genannt. Zweitens waren in Europa keine genauen Daten über Affen vorhanden, so daß aus den Berichten aus Asien und Afrika durchaus der Eindruck entstehen konnte, daß bestimmte Affen eigentlich Menschen seien. Mit diesen Fragen und Zweifeln stand Rousseau keinesfalls alleine.

Weitaus wichtiger für Achenwall wäre — zumindest aus heutiger Perspektive — Rousseaus Interpretation des Unterwerfungsvertrags gewesen. Rousseau vertrat im zweiten *Diskurs* die Ansicht, daß eine Verletzung der leges fundamentales durch den Souverän den Vertrag auflöse.[260] Damit hätte sich Achenwall in seiner eigenen Interpretation bestätigt gesehen, wie er sie bereits im hypothetischen Naturrecht der *Elementa iuris naturae* (1750) vertreten hatte.[261] Doch zu dieser Zeit las er Rousseau noch nicht als Naturrechtsgelehrten.

Außerstande, zu diesem Zeitpunkt als Naturrechtsautor Position zu beziehen, verschanzte sich Achenwall Ende der fünfziger Jahre hinter den sehr kritisch gehaltenen europäischen Rezensionen zum *Diskurs*. Diese zitierte er — allen voran Jean de Castillon und dessen Bruder Jean-Louis, die er mit ihrem *Journal Encyclopédique* (1756) für die stärksten Gegner Rousseaus hielt. Erst einige Jahre später sah er sich in der Lage, selbst über den *Diskurs* zu urteilen.[262] Zunächst befaßte er sich nur mit der These Rousseaus, daß Eigentum und Geld ursächlich schlechte Folgen nach sich zögen.[263] Damit gehe dieser „zu weit",[264] da diese Mißhelligkeiten nur Ausdruck von Mißbrauch seien und nicht genuin ihre Ursache im Eigentum als solchem hätten. Ebensowenig wie diese Mißbräuche notwendig Wirkung des Eigentums seien, wären die Folgen notwendig gut — stattdessen würden sie sich in ihrer moralischen Valenz ausgleichen.

Die intensive Beschäftigung mit dem *Diskurs über die Ungleichheit* sollte bei Achenwall bis zu seinem Lebensende Bestand haben, vor allem, als er Ende der sechziger Jahre begann, ein neues Naturrecht zu entwickeln. Diese Bemühungen müssen vor dem Hintergrund der Auseinandersetzung zwischen einem erneuerten, aber vormodernen Empirieverständnis und dem alten Universalienideal betrachtet werden. Nach Wolffs Tod hatten jene Stimmen verstärkt Gehör gefunden, die an sich alte Forderung

---

[260] Vgl. EBD., S. 244f.
[261] Vgl unten E. V. b.
[262] Vgl. COD. MS. ACHENWALL 186/264 (auch im folgenden).
[263] Vgl. dazu auch EBD., 186, wo Achenwall sich einerseits mit den guten (Konvolut „e"), andererseits mit den schlechten Folgen von Geld (Konvolut „d1") auseinandergesetzt hat. Vgl. ferner die Materialien über Geld und dessen Geschichte (EBD., 213).
[264] EBD., 186/264.

Conrings und Thomasius' nach der Historisierung der einzelnen Staatswissenschaften wieder aufzugreifen.[265]

Die humanistischen Legisten hatten ihren Rechtsstoff, das ius commune, bereits zweihundert Jahre eher einer Historisierung unterzogen[266] und den alten Forderungen Francis Bacons entsprochen. Noch vor Galilei und Descartes hatte Bacon in dem *Novum Organon* (1620) jene forschende Arbeitsweise eingeführt, die einerseits durch systematisches Anordnen der als gesetzmäßig angenommenen universalen und empririsch-historischen Beweise nach deren Ähnlichkeit und andererseits durch Verknüpfen von Ursache und Wirkung vorging. Damit war jede nachfolgende Wissenschaftstheorie angehalten, ihren Weg ebenfalls zwischen universaler Dogmatik und faktischer Empirie zu suchen.[267]

Die Naturrechtsgelehrten konnten bereits seit Aristoteles sowohl auf universal-deduktive als auf sensualistisch-induktive Methoden zurückgreifen. Dem Naturrecht wurde seither eine gewisse Veränderungsmöglichkeit zugestanden. Erst im 18. Jahrhundert wurde einem spekulativen Empirismus im Naturrecht vorsichtig die Tür geöffnet, mit dem über die Entwicklung des Naturrechts in der Geschichte nachgedacht werden konnte. Thomasius verband ebenso wie viele andere europäische Aufklärer den Empirismus stark mit ethischen und sozialen Dogmen, so daß er keinesfalls mit dem modernen Empirismus gleichzusetzen war. Tatsächlich ging diese Methode noch immer deduktiv vor — nur die moralphilosophischen Prinzipien der Deduktion wurden als empirisch oder historisch gegeben erklärt.[268]

Es war Charles-Louis de Montesquieu, der die induktive und die deduktive Methode vor Rousseau in seinem *De l'Esprit des Loix* (1748) exemplarisch miteinander kombinierte. Zugleich mit der Historie und der Vernunft argumentierend, gelangte er sowohl zu dem allgemein gültigen Geist der Gesetze als auch zum individuellen Sollen eines Staats. Was er zusätzlich erreichte, war der im Vergleich zu Wolff überzeugendere Übergang vom theoretischen Naturrecht zu der Praxis der positiven Rechte.[269] Diese

---

[265] Vgl. E. WOLF, Große Rechtsdenker (1939), S. 224; H. WELZEL, Naturrecht und materiale Gerechtigkeit (1951), S. 11; N. HAMMERSTEIN, Jus und Historie (1972), S. 76; V. HENTSCHEL, Die Staatswissenschaften an den deutschen Universitäten (1978), S. 184; C. LINK, Rechtswissenschaften (1985), S. 120f.; R. VOM BRUCH, Zur Historisierung der Staatswissenschaften (1985), S. 131ff.

[266] Vgl. D. WYDUCKEL, Ius Publicum (1984), S. 131ff.

[267] Vgl. A. SEIFERT, Cognitio Historica (1976), S. 116ff.; M. HERBERGER, Dogmatik (1981), S. 289ff.; N. POSTMAN, Die zweite Aufklärung (1999), S. 36.

[268] Vgl. F. WIEACKER, Privatrechtsgeschichte der Neuzeit (1967), S. 314; P. KONDYLIS, Die Aufklärung (1986), S. 306f.

[269] Vgl. dazu C.L. MONTESQUIEU, Werk vom Geist der Gesetze (1785), S. 108; J.C. FÖRSTER, Einleitung in die Staatslehre nach den Grundsätzen des Herrn von Montesquieu (1765), S. VI, XIVff.

Methode inspirierte alle Naturrechtsgelehrten des 18. Jahrhunderts: Rousseau, die Engländer und die Schotten, schließlich die Kantianer.[270]

Nun mußten die positiven Rechte der jeweiligen Staaten ein zweites Mal unter die Folie des Naturrechts gelegt werden. Sie sollten so weit als möglich dem entsprechen, was auch deutsche Autoren in Anlehnung an Montesquieu „Geist der Nation" nannten,[271] das heißt dem Herkommen, der Staatsform und den politischen sowie sozialen Bedürfnissen. Zwanzig Jahre später begann Achenwall unter dem Einfluß Rousseaus mit dem Entwurf eines neuen Naturrechts.

d. Achenwalls spätes Naturrecht

Ende der sechziger Jahre fing Achenwall an, ein neues Naturrecht zu entwickeln. Seit den *Prolegomena iuris naturalis* (1758) hatte er keine neu konzipierten naturrechtlichen Werke mehr veröffentlicht. Dieses neue Konzept konnte er letztlich nicht mehr beenden. Seine Vorarbeiten sind auf einem mehr als dreißig Blätter umfassenden Torso erhalten.[272]

Die ersten Grundlinien verfaßte Achenwall unter der Überschrift „Neuer Entwurf iuris naturalis". Sie lassen sich mit dem Vorgehen Rousseaus im *Diskurs über die Ungleichheit* (1755) gut vergleichen, einem Werk, das als wichtige Zäsur innerhalb der Aufklärung gesehen wird.[273] Im Grunde genommen knüpfte Rousseau bei seiner Beschreibung der Genese der zivilisierten Welt an eine europäische Tradition an. Seit Thomas Morus' *Utopia* (1516) war es nicht ungewöhnlich, sich bei der Schilderung politischer Zustände auf Zeugnisse Weltreisender zu berufen. Zu authentischen Gesellschaften idealisierte Naturvölker wurden auf diese Weise zur geschichtsphilosophischen Folie der jeweiligen, als unvollkommen empfundenen Gegenwart.[274]

Um die wahre Freiheit beziehungsweise die „wenigen Gesetze in der menschlichen Freyheit"[275] zu finden, wie er es nannte, griff Achenwall am Ende seiner Beschäftigung mit dem Naturrecht zu

---

[270] Vgl. A. FERGUSON, Versuch über die Geschichte der bürgerlichen Gesellschaft (1767), passim; J.C.G. SCHAUMANN, Wissenschaftliches Naturrecht (1792), passim; E. CASSIRER, Die Philosophie der Aufklärung (1932), S. 280ff.; H. COING, Europäisches Privatrecht (1985), S. 80; R. VIERHAUS, Historisches Interesse (1986), S. 272f.; DERS., Montesquieu in Deutschland (1987), S. 11.
[271] Vgl. H.C. VON SENCKENBERG, Vorläufige Einleitung zu der Rechtsgelehrsamkeit (1764), S. 23f.
[272] Vgl. COD. MS. ACHENWALL 186/296–311 (ungeordnet und nicht paginiert).
[273] Vgl. U. IM HOF, Das Europa der Aufklärung (1993), S. 219; J. SWENSON, On Jean-Jacques Rousseau (2000), S. 95ff.
[274] Vgl. K.-H. KOHL, Der Gute Wilde der Intellektuellen (1996), S. 70, 80; U. MÜLLER-WEIL, Rousseau als Geschichtsphilosoph (2001), S. 148.
[275] COD. MS. ACHENWALL 181/365.

den ursprünglichen und vorstaatlichen status humanae der ‚Wilden'. Diese Suche nach der letztlich unveränderlichen Freiheit projizierte das Bemühen nach dem Natürlichem im Recht in die Sphäre der ‚Wilden',[276] um so alle kulturspezifischen Kontingenzen zugunsten der universalen zurückzulassen.[277] Diese Absicht schimmert noch in zeitgenössischen Versuchen durch, die zwischen Psychologie, Mythen und Ethnologie pendeln, um mithilfe alter Initiationsrituale die ursprüngliche innere Balance des Menschen wiederzufinden. Moderne Männer müssten, so Robert Bly, den „Wilden Mann auf dem Grunde des Tümpels" berühren — jenes haarige und letztlich primitive Wesen, das die Industriegesellschaft in uns verschüttet hat.[278]

Im jüngeren, liberalen Naturrecht diente diese Perspektive weniger egoistischen Zwecken. Es sollte den naturgemäßen status civilis ermöglichen. Aus der libertas naturalis wurde die libertas immutabilis et universalis, die das Syntagma „natürlich" nicht mehr benötigte. Eine unveränderliche, universale Freiheit wurde als absolut geltendes Recht angesehen, ohne daß dabei noch auf einen vorstaatlichen Zustand Bezug genommen mußte, weil die Natur des Menschen immer gleich bleibe.[279] Diese „anthropologische Wende" (Foucault) ist zuerst um 1750 innerhalb der euopäischen Aufklärung vermehrt zu beobachten.[280] Es ist ein Übergang vom deduktiven, systematischen Rationalismus zur anthropologisch orientierten Kulturgeschichte, die Natur- und Menschheitsgeschichte vereint. Möglich wurde dies, indem exemplarisch Rousseau den Naturzustand in Anlehnung an Locke historisierte und nicht — wie etwa Hobbes — in zeitloser Statik beschrieb. Damit wurden substantielle Veränderungen innerhalb der menschlichen Geschichte bereits in der vorstaatlichen Zeit thematisiert.

Der von der menschlichen Geschichte zerissene Mensch hatte bei Rousseau nur eine kurze Zeitspanne natürlicher Reinheit. Entscheidend war nicht, ob dieser Idealzustand je existiert hatte. Rousseau kannte die Unzulänglichkeiten seines empirischen Materials. Entscheidend war, daß auf diese Weise ein neues politisches Begriffsinstrumentarium geschaffen werden konnte, das die Kritik an der Gegenwart erleichterte.[281] Achenwall hatte im Vergleich zu einigen seiner Zeitgenossen keine grundsätzlichen

---

[276] Vgl. U. BITTERLI, Die „Wilden" und die „Zivilisierten" (1976), S. 280ff.; DERS., Die Entdeckung des schwarzen Afrikaners (1980), S. 81ff.
[277] Vgl. E. TOPITSCH, Das Problem des Naturrechtes (1972), S. 164; R. SPAEMANN, Die Bedeutung des Natürlichen im Recht (1993), S. 119.
[278] Vgl. R. BLY, Eisenhans (1991), S. 21.
[279] Vgl. D. KLIPPEL, Politische Freiheit und Freiheitsrechte (1976), S. 114ff.
[280] Vgl. U. WEISS, Rousseau zwischen Modernität und Klassizität (1992), S. 11f.; J. GARBER, Selbstreferenz und Objektivität (1999), S. 137 (Foucault-Zitat).
[281] Vgl. K.-H. KOHL, Der Gute Wilde der Intellektuellen (1996), S. 75f.

Bedenken gegenüber dieser Perspektive,[282] auch wenn sein Medium zur Entfaltung der Natur des Menschen nicht die Historie, sondern das Naturrecht darstellte. In der Debatte innerhalb der „anthropologische Wende", die bereits seit Mitte des Jahrhunderts in England und Frankreich andauerte, gewannen jene Autoren die Oberhand, die die sinnlichen Erkenntniskräfte des Menschen stärker akzentuierten als die intellektuellen Fähigkeiten. Die rationale Vernunft wurde durch die empirisch faßbare Erfahrung verdrängt.[283] Allerdings geschah dieser Schritt bei Achenwall nicht mehr in eminent anticartesianischer, anti-mechanizistischer Tradition, sondern durch seine 15 Jahre währende Rezeption Rousseaus.[284]

Anfang der siebziger Jahre war Achenwall soweit: Der Blick auf einen im Oktober 1770 verfaßten Gliederungsentwurf zeigt neben dem Vorhaben, das ius publicum, das ius ecclesiasticum, das ius gentium und sogar das praktische europäische Völkerrecht abzuhandeln, vor allem eine starke Gewichtung des Naturrechts der einzelnen vorstaatlichen Zustände.[285]

„Die Wilden sind nicht unglückseeliger als wir".[286] Mit dieser ersten Wertschätzung des hypothetischen Naturzustands wollte Achenwall eine „ganz andere Art zu betrachten in foro externo" aufbauen, da die bisherigen Folgerungen aus dem hypothetischen Naturrecht oft falsch seien.[287] Sogar an eine ganz „neue Sprache" dachte er hierbei. Des weiteren plante er zwecks didaktischer Veranschaulichung „pro formam" ein „Gespräch zwischen wilder und bürgerlicher Person". Die Begründung Achenwalls, warum

---

[282] Vgl. dazu I. ISELINS Ausruf: „Sollen wir den wahren Menschen in den Wäldern von Nordamerica suchen?" (Ueber die Geschichte der Menschheit, Bd. 1 (1764), S. 81). Vgl. dazu auch M. Weguelin, der 1766 mit seinen *Considérations sur les principes moraux* eine ähnlich aufgebaute Weltgeschichte aus sensualistisch-räsonierender Perspektive vorlegte (H. DREITZEL, Monarchiebegriffe in der Fürstengesellschaft (1991), S. 285ff.).

[283] Vgl. R. GRIMMINGER, Aufklärung, Absolutismus und bürgerliche Individuen (1984), S. 23, 59, 66; J. GARBER, Utopiekritik und Utopieadaption im Einflußfeld der „anthropologischen Wende" (1996), S. 88f.

[284] Gerade im Nachlaß finden sich deutliche Hinweise darauf, daß Achenwall bis 1771 immer wieder den *Diskurs über die Ungleichheit* (1755) ausgeliehen und mehrmals exzerpiert hat (COD. MS. ACHENWALL 179/59, 68, 99, 182/71-87). In dem Konvolut „d" (EBD., 181) beschäftigte Achenwall sich ausschließlich mit Rousseau und den „Wilden". EBD., 180/65, liegt zum Beispiel ein Zettel, auf dem Achenwall nach 1757 einige Reflexionen „ad novam editionem iuris naturalis" angestellt hat, in der Rousseau eine wichtige Rolle bezüglich der Historisierung des Naturrechts spielen sollte: „Rousseau: Sur l'inégalité wird sonderlich zu den Puncten, wie nach und nach entstanden LL. naturales, vortheilhafte Dienste thun".

[285] Vgl. EBD., 186/296-311.

[286] EBD., 181/128. Vgl. dazu auch U. BITTERLI: „Er [der Wilde] fragte sich nicht endlos, wie die aufgeklärten Philosophen es taten, wie man glücklich werden könne — er war es" (Die Entdeckung des schwarzen Afrikaners (1980), S. 86).

[287] Vgl. COD. MS. ACHENWALL 186/296-311 (auch im folgenden).

der reine Naturzustand nunmehr verstärkt in seine Gedankenwelt gerate, erinnert wiederum an den Genfer, wobei Achenwall aber ausdrücklich „nicht so wild als Rousseau" vorgehen wollte.[288]
Grundsätzlich habe jeder Stand des Menschen, räsonierte Achenwall, seine „Vortheile und Nachtheile, Bequemlichkeiten und Ungemachheiten". Problematisch sei aber jene „Denkungsart des Menschen", Unannehmlichkeiten nicht zu beseitigen, was sich mit der Zeit sehr negativ bemerkbar mache. Deswegen helfe der Blick auf die Freiheit im „Stand des Wilden". Zwar hätten außer Epikur und Hobbes nur wenige Naturrechtsautoren diese Perspektive kritisiert;[289] viel Beifall habe sie allerdings nicht gefunden: „Die mehrsten auctores behaupteten: vor Errichtung des Staats gab es kein Recht nach Vernunft (alii: ante pacta). Das nahm Gassendus von Epicur, Hobbes von Gassendo an. Sie haben sich allgemeinen Tadel zugezogen: aber bei [.] Untersätzen findet man, daß sie so ganz falsch nicht geurtheilt" hätten.[290] Diesen Fehler der in Naturrechtstradition wollte nun Achenwall, streng genetisch und normativ vorgehend, vermeiden.

Seine alten Fundamente zu ändern — daran dachte Achenwall nicht. Immer noch diente die Beschäftigung mit dem ius naturale dazu, für Frieden, „Ruhestand" und „absentia violentiae" zu garantieren und im Falle eines Kriegs „durch principia iuris solchen zu endigen". Nur wer die ursprüngliche Freiheit der ‚Wilden' von der verstaatlichten Freiheit zu trennen vermöge, der könne eine Ahnung davon haben, wie der „Mensch noch Mensch bleibt" und friedlich lebe, ohne daß „das menschliche Geschlecht untergehe".

In dieser Historisierung skizzierte Achenwall immer wieder die Zustände der vorstaatlichen Wildheit, die stark an Rousseaus „jeunesse du Monde" erinnern.[291] Auf der einen Seite hätten die Menschen damals ihre ursprünglichen Triebe noch bewahrt, auf der anderen Seite hätten sie bereits kleine Gesellschaften und Verträge gekannt:

---

[288] I. ISELIN hatte an Rousseau zum Beispiel die „allzufeurige Einbildungskraft" im *Diskurs über die Ungleichheit* (1755) moniert (Ueber die Geschichte der Menschheit, Bd. 2 (1764), S. 245). Vielleicht ist Achenwall neben Rousseau und vielen anderen auch — ohne daß er ihn in dieser Hinsicht je genannt hat — durch J.H.G. VON JUSTI inspiriert worden, der bereits 1762 mit den Vergleichungen der Europäischen mit den Asiatischen und andern vermeintlich Barbarischen Regierungen die Methode des kulturellen Vergleichs mit kritischen Absichten gegen die eigene politische Verfassung angewandt hatte. J. MÖSERS Osnabrückische Geschichte (1768), die Achenwall nachweislich gelesen hat (vgl. oben S. 59), setzte im Grunde genommen diese Methode ebenfalls um, auch wenn Möser im Vergleich zu Justi die vorkarolingische Epoche stark idealisierte (S. 5ff.).
[289] Vgl. dazu auch H. MEDICK, Naturzustand und Naturgeschichte der bürgerlichen Gesellschaft (1973), S. 31ff.
[290] COD. MS. ACHENWALL 186/296–311 (Juni 1768 — auch im folgenden).
[291] Vgl. J.J. ROUSSEAU, Diskurs über die Ungleichheit (1755), S. 194f.

> Urstand muß gedacht werden: Erwachsene Menschen mit geringen Kenntnissen, wenigen Begriffen, was nützlich, schädlich, aber nicht ohne Sprache: nicht ohne pacta et contracte; nicht ohne Gesellschaft mit andren Geschlecht; nicht ohne Kinder [sic!]; nicht ohne Eigenthum in Lebensmitteln, Werkzeuge, Geräthe zur Defension, Bedekkung, Nahrung zu suchen, post auch nicht ohne Eigenthum in Vieh. [...] Kein Mensch griff anderen auf Leib und Leben an. Doch er konnte keine andere Absicht dabei haben, als sich mit dessen Fleisch zu sättigen. Mensch ist kein Raubthier gegen seines Gleichen. [...] Natürliche Neigung des Geschlechtstriebs; bleiben bei einander, so lang es ihnen gefiel.[292]

Überhaupt schätzte Achenwall die natürlichen Neigungen der ‚Wilden'. Deren Sinnlichkeit sei noch gemäß der „Idee, welche der Natur zum Grunde liegt", wie Kant dies später formulierte.[293] Für Achenwall war sie normativ gültig: „Für meine philosophia practica: Was die Sinnlichkeit den natürlichen Empfindungen gemäß, das ist recht; bei Wilden: was der Einbildungskraft, oder der Einbildung gemäß, das [ist] recht."[294] Damit gelangte Achenwall zu einer Rehabilitation nicht nur der Sinnlichkeit, sondern der *natürlichen* Sinnlichkeit, um die Hauptthese von Panajotis Kondylis' Analyse der neuzeitlichen Philosophie zu präzisieren.[295]

Nicht allen ‚Wilden' gelang es nach der Sintflut, wie Achenwall mit seiner Schilderung der weiteren Geschichte der status primaevae erklärte, den Verlust der Natürlichkeit mit dem Gesellschaftstrieb und dem Vertragsprinzip aufzuwiegen. Ein Teil der Nachkommenschaft „verwilderte" und lebte im „ewigen Kriege der Wilden, entstanden unter zweier Stämme Uneinigkeit, nach Herkömmlichen ungezähmt". Die anderen Menschen blieben vorerst in den status primaevae simplicitis und damit noch außerhalb der bürgerlichen Gesellschaft. Immerhin waren diese Stämme dem möglichen bellum omnibus contra omnes des reinen Naturzustands entronnen.

Noch kaum zivilisiert, verloren diese ‚Wilden' schon bald ihre natürliche Bindung. Erste Formen von Herrschaft kamen auf und das Eigentum gewann immer mehr an Bedeutung. Damit wurden die meisten Menschen bis hin zur Sklaverei Untertanen, die ihre ursprünglichen Rechte verloren. Bei diesen eingebüßten iura connata handelte es sich nicht nur um das Selbsterhaltungsrecht, sondern auch um das Recht auf Gleichheit und um die natürliche Freiheit. Diese „eig[en]tl[iche] lib[ertas]", so Achenwall weiter, bestehe in dem „ius exerc[iendi] alle actus iustos".[296]

---

[292] COD. MS. ACHENWALL 186/296–311. Fast wörtlich finden sich diese Gedanken bei J.J. ROUSSEAU (Diskurs über die Ungleichheit (1755), S. 118f.).
[293] I. KANT, Handschriftlicher Nachlaß (1934), S. 125.
[294] COD. MS. ACHENWALL 186/296–311.
[295] Vgl. P. KONDYLIS, Die Aufklärung (1986), S. 19ff.
[296] COD. MS. ACHENWALL 186/296–311.

Damit ist dieser Freiheitsbegriff bei Achenwall keinesfalls auf politische Freiheit im Hinblick auf den status civilis zurückzuführen. Libertas — im naturrechtlichen Kontext — war für Achenwall gleichsam um des Eigentums wegen erfunden worden, da sie analog dazu das utere et fruere ausdrückte, das auch im Eigentumsrecht vom bloßen Ausleihen unterschied.[297] Oder anders ausgedrückt: Wenn dominium nicht ein ius utendi et fruendi nach sich ziehen würde, sondern lediglich einen Akt des Verleihens, bräuchte er keinen Freiheitsbegriff: Die im Rahmen der natürlichen Selbsterhaltung weniger weit reichende potestas in se genüge. Doch die Selbsterhaltung reichte den Menschen im gesellschaftlichen Naturrecht nicht mehr, weil Souveränität und Gehorsam damit nicht abgegolten werden konnten.

Dieses Konstrukt von natürlicher Freiheit hat Achenwall mit den damals zum Beispiel aus der Südsee verstärkt nach Europa dringenden Nachrichten von ‚Wilden' in Einklang bringen wollen. Vor dieser Folie hätte sich dieses vom Anspruch her universale Konzept als wahr erweisen müssen.[298] Bezüglich der natürlichen Freiheit hat er die Bestätigung — im anthropologischen Kontext — bekommen. Menschen der status primaevae würden ihre Freiheit nicht verlieren wollen: „Die Wilden lieben solche weit mehr als wir. Niemand in der Welt würde im Stande seyn, einen Wilden zu zwingen, auch nur die häuslichen Dienste unseres Gesindes zu verrichten oder der Tagelöhner."[299]

Was für die natürliche Freiheit gelte, so Achenwall weiter, sei auch für die rein geschlechtlichen natürlichen Triebe des Menschen zu sagen. Wer sie nicht ausüben dürfe, leide wie unter Folter — ganz zu schweigen von demjenigen, der „s[ich] lebenslang nicht befriedig[en] kann u[nd] ledig bleiben [mu]ß". Um dieser Verzweiflung nicht zu erliegen, habe jeder Mensch das Recht, seinen natürlichen Trieb auszuüben. Ein solches ius coitandi wurde erst zwanzig Jahre später vom liberalen Naturrecht öffentlich gefordert.[300] Dabei vermischte Achenwall seine Hypothese, deren Ergebnis er im Sinne Rousseaus aus der Natur des ‚Wilden' gewonnen hatte, noch mit der Form des historischen Beweises. Schon im Alten Testament hätten die Zeitgenossen Noahs Ehefrauen sich freikaufen lassen müssen, mit denen die Männer nicht mehr zum Beischlaf willens waren.[301]

---

[297] Vgl. dazu unten E. IV. a.
[298] Vgl. dazu auch G. STEIN, Die edlen Wilden (1984), S. 11.
[299] COD. MS. ACHENWALL 186/332. Vgl. zum Beispiel auch die Notiz „Wilde sind Meister der Thiere" (EBD., 185/192).
[300] Vgl. D. KLIPPEL, Politische Freiheit und Freiheitsrechte (1976), S. 123.
[301] Vgl. COD. MS. ACHENWALL 179/34 (ca. 1771).

Das hypothetische Naturrecht dagegen kenne die Ehe nicht; dennoch herrsche dort keine Polygamie.[302] Jederzeit könnten sich die Männer eine andere Frau suchen und jede Quasiehe beenden. Voraussetzung sei allerdings, räumte Achenwall ein, daß die Frauen ihr Dasein in einer „Art von Sclaverey" fristeten.[303] Solche Spekulationen hatte allerdings schon Thomasius in seiner Dissertation *De crimine bigamae* (1685) in Anlehnung an Pufendorf gewagt: daß die Mehrehe naturrechtlich nicht bedenklich sei, sondern nur durch das ius divinum zu verurteilen sei.[304]

All diese Veränderungen im Naturrechtsdenken Achenwalls fanden im Vorlesungsbetrieb ebenfalls ihren Niederschlag. Vor seinen Studenten betonte er den epistemologischen Gewinn dieser Perspektive: „Es ist auch vortheilhaft, aus diesem statu originario einige Schlüsse zu deduciren, weil offenbar diese status, da wo menschliche facta et instituta noch nicht hier vorgekommen [sind], wirklich fortdauern."[305] Mit Hilfe dieses eigentumslosen Zustandes der communio primaeva könnten alle zeitgenössischen menschlichen Veränderungen betrachtet und letztlich auch kritisiert werden. Es könne gefragt werden, ob alle „Sachen an sich betrachtet" auch im reinen Naturrecht ihre Entsprechung hätten. Damit gestand Achenwall dem Naturrecht vor seinen Studenten dessen kritische und reflektierende Bedeutung für die Gegenwart zu.

Ein weiteres Vorlesungsmanuskript vom 2. Juni 1771 beweist ebenfalls, daß Achenwall seinen Studenten erste Ergebnisse seines Neuansatzes vermittelt hat.[306] Zunächst kündigte er an, sie von den „gebahnten Wegen, den alle Naturalisten seit Hobbes und Pufendorf gegangen sind", zu neuen Ufern zu führen. Er wolle ihnen nämlich, wie er unterstrich, das Naturrecht von einer „ganz andren Seite zeigen". Diese Perspektive war die Historisierung der natürlichen Freiheit. Er nannte seine Methode „analytice"[307]

---

[302] Am 23. Januar 1771 hat sich Achenwall A. Dow, *The History of Hindostan* (1768), ausgeliehen und danach vermerkt, daß der „stimulus veneris" den Menschen „eingepflanzt, obgleich nicht angebohren" sei: „Keine menschliche Gewalt berechtigt, die Ausübung des Triebes schlechterdings zu untersagen; kaum von beiden Geschlechtern. Unmenschlich von Eltern, ihr Kind dem Kloster fortzugeben." Auf staatlicher Ebene seien solche Gesetze „widernatürlich" und „gegen die wenigen Gesetze in der menschlichen Freyheit" (EBD., 181/365). Vgl. dazu auch U. BITTERLI, Die „Wilden" und die „Zivilisierten" (1976), 180ff.; A. SEIFERT, Von der heiligen zur philosophischen Geschichte (1986), S. 92ff.
[303] Vgl. COD. MS. ACHENWALL 181/355.
[304] Vgl. F. WOLF, Große Rechtsdenker (1939), S. 378.
[305] COD. MS. ACHENWALL 159/67 (1763 — auch im folgenden).
[306] Vgl. EBD., 185/6 (auch im folgenden).
[307] Vgl. dazu ein das Naturrecht inhaltlich ähnlich historisierendes Manuskript: „Viel mehr analytice: durch historia; [.] Zustand der Wilden; Natur contra Natur; Zustand der Gesitteten" (EBD., 183/46).

und stellte sich nach eigenem Urteil den traditionellen Naturrechtsautoren entgegen:

> Es wird eine historische Notiz geben, von den originibus und materibus. [...] Ich habe für mehrere Jahre hierüber [nach]gedacht und dazu unter der Hand Materialien gesammelt; nachdem ich gefunden [habe], daß die Philosophen das bloß synthetisch systematisiert [haben]; dadurch eine gewisse Dunkelheit überlassen, da sie den status absolutus der Menschen nur negativ sive abstractive beschreiben, nicht positiv und in concreto zeigen, wie denn dieser ursprüngliche Zustand der Menschen war, ehe civitas, Geld, Grundeigenthum [.], et cetera erfunden worden.[308]

Im Gegensatz zu den meisten anderen Naturrechtsautoren, die den Naturzustand beziehungsweise den Gesellschaftsvertrag nur als abstraktes Konstrukt aus methodischen Gründen gebraucht hatten,[309] nahm Achenwall diesen ebenso wie Rousseau für bare Münze: „Man kann i[us] n[aturale] betrachten in sensu primaevae simplic[iter] s[ive] originario. D[a]s ist ante dominio [e]t introd[uctionem] u[nd] in sensu adventitis."[310] In diesem vorstaatlichen Zustand wolle er sein Augenmerk auf die „bloße Sinnlichkeit" legen, um die „Neig[un]g[en]" und „angebohr[enen] Triebe z[u] unt[er]such[en]".[311] Er wolle historisch nachweisen, wie dieser Zustand ausgesehen habe. Diese Erkenntnis bringe „ein großes Licht", um „neue Schlüsse" zu ziehen.[312] Daraus ergebe sich der gleiche Vorteil, den ein Ziviljurist von der Kenntnis der römischen Geschichte habe: Mehr Verständnis für die damaligen Verhältnisse, denen das Recht entsprechen mußte.

Diese Überlegung setzt neben der genauen Lektüre von Rousseau keine tatsächliche Realität des Naturrechts in der nachparadiesischen, aber immer noch idyllischen Zeit voraus. Achenwall mußte sich nur den verstärkt nach Europa kommenden Nachrichten von ‚Wilden' zuwenden, da er kaum als Prähistoriker der antediluvianischen eineinhalb Jahrtausende zwischen Paradies und Nimrod Zeugnisse für das Naturrecht ausfindig machen wollte. Dennoch war er diesen Zeugnissen gegenüber nicht völlig abgeneigt.

Achenwall glaubte, vor allem in antiken Quellen Beweise dafür zu finden, daß Rousseaus Reflexionen über den einstigen Zustand der ‚Wilden' eine gewisse Gültigkeit zukämen. Cicero zum Beispiel bestätige Rousseau und müsse überhaupt als besonders

---

[308] EBD., 185/6.
[309] Vgl. zum Beispiel S. PUFENDORF, Über die Pflicht des Menschen (1673), S. 142f. Vgl. dazu auch F. WIEACKER, Privatrechtsgeschichte der Neuzeit (1967), S. 268; P.C. MAYER-TASCH, Hobbes und Rousseau (1991), S. 13.
[310] COD. MS. ACHENWALL 186/296–311.
[311] EBD.
[312] Vgl. EBD., 185/6.

glaubhaft angesehen werden, weil die ältesten Philosophen einen Vorzug darin besäßen, „dem Ursprunge der societate näher" gewesen zu sein als er, Achenwall, und seine Zeitgenossen.[313] Diese Sicht hatte der von Achenwall hochgeschätzte Francis Bacon 150 Jahre vorher vorgegeben.[314] Damit knüpfte er ein weiteres Mal an eine Tradition an, die immer wieder deutlich gemacht hatte, daß in den Geschichten der Antike die größte Möglichkeit bestand, moralisch vorbildliches Material zu finden.

Eine Folge dieser Überlegungen war Achenwalls Erörterung des Problems der Polygamie. Polygamie sei eine der Ursachen der Sklaverei und des Sklavenhandels.[315] Der Grund für diese überraschende These läge in der Doppelnatur der Sklaverei. Diese diene nicht nur der Befriedigung des Eigennutzes durch schwere Arbeit anderer, sondern auch der Befriedigung der Wollust. Zu der vorläufigen Stoffsammlung im Hinblick auf Sklaverei griff Achenwall zu einer Zeit, in der er bereits Rousseau in Hinblick auf sein neues Naturrecht rezipierte, noch einmal zur Bibel. Eine historisch verstandene Notiz Achenwalls, daß schon Moses Leibeigene kaufte, beweist die Lektüre des Ersten Buch Mose 12.5.

Andere antike Staaten hätten die Sklaverei auch gekannt, die so gesehen eine legitime Folge von Kriegen gewesen sei. Diese Meinung war seit der Antike bekannt.[316] Nur mit dem Naturrecht sei Sklaverei niemals vereinbar gewesen, weil sie keine Gesellschaft bilde. Das bonum des Sklaven – das geschenkte Leben und die Hoffnung auf Freiheit – reiche nicht aus, eine solche zu bilden. Auf das traditionelle Argument der Sophisten gegen die Sklaverei, daß Gott niemanden von Natur aus zum Sklaven gemacht habe, ließ sich Achenwall nicht ein. Er verband in ungewöhnlicher Weise die utilitaristische Perspektive mit dem naturrechtlichen Vertragsdenken.[317] Wolff hatte in dieser Sache völlig anders argumentiert. Er akzeptierte im Gegensatz zu Achenwall und den Sophisten grundsätzlich die Rechtmäßigkeit von solchen Abhängigkeitsverhältnissen, weil er ansonsten die Gutsuntertänigkeit ad absurdum geführt hätte.[318]

---

[313] Vgl. EBD., 181/113.
[314] Zu Bacon vgl. R. PORTER, The Creation of the Modern World (2000), S. 132. Zu Achenwalls Urteil über Bacon vgl. unten S. 217.
[315] Vgl. COD. MS. ACHENWALL 162/237, 185/448, 186/290 (nach 1768 – auch im folgenden).
[316] Vgl. HERAKLIT: „Krieg ist aller Dinge Vater, aller Dinge König. Die einen erweist er als Götter, die andern als Menschen. – die einen läßt er Sklaven werden, die anderen Freie" (Fragmente (2000), S. 19).
[317] Vgl. dazu auch D. KLIPPEL, Persönliche Freiheit und Vertrag (1999), S. 127ff.
[318] Vgl. H. WELZEL, Naturrecht und materiale Gerechtigkeit (1951), S. 16; E. HELLMUTH, Naturrechtsphilosophie und bürokratischer Werthorizont (1985), S. 85ff.

Der Kernpunkt des Naturrechts war nun bei Achenwall und Rousseau gleich: Die Selbstfindung des durch Geschichte und Zivilisation entfremdeten Menschen zu erleichtern. Da der geschichtsphilosophische Plan von beiden im natürlich-sinnlichen Bereich des Menschen vermutet wurde, war es nur durch eine historische, moralische und letztlich politische Selbstbestimmung möglich, die notwendige Reform vorzubereiten.[319]

Die Frage ist, wohin Achenwalls vollständig ausgearbeitete rousseauistische Historisierung des Naturrechts geführt hätte. Vielleicht hätte er mit dieser Normativität des Geschichtlichen den Vereinigungs- und anschließenden Unterwerfungsvertrag wie Locke, Rousseau und Ferguson stillschweigend als obsolet erklärt. Er hätte sich dann wie die schottischen Moralphilosophen mehr auf das Herkommen berufen können, um den Gesellschaftsvertrag zu bestimmen.[320] Achenwall erschien — im Vergleich zu Hobbes[321] — ein Leben im hypothetischen Naturzustand ohne Unterwerfung möglich. Dies hätte bei ihm dazu führen können, die Trennung zwischen dem status naturalis und dem status civilis aufzulösen, und überhaupt das Naturrecht zugunsten einer originären Humanität weiter vom gegenwärtigen Staat zu trennen.[322] Auf jeden Fall aber vollzog Achenwall mit dieser Wendung zu den natürlichen Anfängen der Menschheit seine Emanzipation von Wolff und dessen Methode. Eng damit verbunden war Achenwalls letztlich immer höhere Wertschätzung der Juristen unter den Autoren des Naturrechts. Heineccius, Cocceji, Otto, Titius und Gundling waren in seinem Urteil schon immer mehr geeignet gewesen, das reine Naturrecht abzuhandeln, als die Philosophen und Historiker unter den Naturrechtsgelehrten.[323]

Letztlich waren es gerade die Philosophen, Kulturhistoriker und Anthropologen wie Iselin, Schlözer und Meiners, die diese Historisierung des Naturrechts auf anderen Fundamenten als ihr Lehrer, Vorgänger und Schwiegervater post mortem weiter entwickelten, und nicht die Juristen. Erst Savigny gab der Jurisprudenz eine Orientierung, die sowohl historisch als auch philoso-

---

[319] Vgl. U. MÜLLER-WEIL, Rousseau als Geschichtsphilosoph (2001), S. 164ff.
[320] Vgl. E. CASSIRER, Die Philosophie der Aufklärung (1932), S. 354; J. HABERMAS, Naturrecht und Revolution (1962), S. 65; Beitrag von H. Dickinson, in: NATURRECHT — SPÄTAUFKLÄRUNG — REVOLUTION (1989), S. 108; R.B. SHER, The social history of the Edinburgh moral philosophy chair (1990), S. 118.
[321] Vgl. dazu auch G. HARTUNG, Die Naturrechtsdebatte (1999), S. 41.
[322] Vgl. F. WIEACKER, Privatrechtsgeschichte der Neuzeit (1967), S. 269; R. GRIMMINGER, Aufklärung, Absolutismus und bürgerliche Individuen (1984), S. 73.
[323] „Ius mere Naturale. Hier praestiren die Philosophen und Historici weit weniger als die Juristen" (COD. MS. ACHENWALL 180/66).

phisch zugleich war.[324] Das jüngere beziehungsweise das liberale Naturrecht konnte dieser Methode nicht viel abgewinnen, weil es nur noch vom gegenwärtigen gesellschaftlichen Zustand ausging und das hypothetische Naturrecht endgültig zur Fiktion degradierte.[325] Der Kantianer Johann Christian Gottlieb Schaumann mag einer der letzten Philosophen des 18. Jahrhunderts gewesen sein, der die Weltgeschichte des Naturrechts in drei aufeinanderfolgende Epochen untergliederte: in die Periode der Sinnlichkeit oder der nomadischen Völker, in die des Verstandes sowie der bürgerlichen Gesellschaften und schließlich in das Zeitalter der Vernunft. Achenwalls Überlegungen zu diesem Thema waren dem hallischen Privatdozenten selbstverständlich nicht bekannt, so daß er ihn nur als einen der vielen Epigonen Wolffs zu würdigen vermochte.[326]

Die Historisierung des Rechts, sei es als Naturrecht oder als ius publicum universale, war eine Tradition, von der Achenwall in Halle und Jena hörte, wo er von 1738 bis 1742 studierte. Neben der Interpretation, der Subsumtion und der Analogie gehörte die Historisierung — Gesetze „nach Veränderung der Zeit und Umständen gar aufheben und abrogiren"[327] — in der Frühen Neuzeit zu den gängigen hermeneutischen Methoden der Jurisprudenz. Doch die Reichshistorie, die europäische Staatengeschichte oder die römische Geschichte, wie sie etwa in Halle gelehrt wurde, um das ius publicum oder das ius commune besser zu verstehen, interessierten ihn nicht.[328] Wenn Achenwall juristische Historie betrieb, dann im Stile Rousseaus, Iselins oder Fergusons.

Für den späten Achenwall war das historische Argument aber nicht mehr Hilfsargument, sondern wesentlicher Bestandteil des Naturrechts beziehungsweise des ius publicum universale. Hierin blieb er ein Theoretiker gegen die praktischen Bedürfnisse Mosers, der sich als Positivist gegen jede Form von naturrechtlich verhüllter Rechtspolitik wandte. Die Historisierung wurde von ihm scharf kritisiert, weil sie zu einem Selbstzweck der Historie

---

[324] Vgl. J. SCHRÖDER, Vorlesungsverzeichnisse als rechtsgeschichtliche Quelle (1991), S. 393; J. RÜCKERT, Savignys Konzeption von Jurisprudenz und Recht (1993), S. 68f.; M. PETERS, Möglichkeiten und Grenzen der Rezeption Rousseaus (1995), S. 275; L. MARINO, Praeceptores Germaniae (1995), S. 70ff.; S. VETTER, Wissenschaftlicher Reduktionismus und die Rassentheorie von Christoph Meiners (1997), S. 156.
[325] Vgl. D. KLIPPEL, Politische Freiheit und Freiheitsrechte (1976), S. 115; DERS., Naturrecht als politische Theorie (1987), S. 273ff.
[326] Vgl. J.C.G. SCHAUMANN, Wissenschaftliches Naturrecht (1792), S. 33ff., 50.
[327] W.X.A. KREITTMAYR, Grundriß des Allgemeinen, Deutsch- und Bayrischen Staatsrechtes (1769), S. 19. Vgl. dazu auch F. WIEACKER, Privatrechtsgeschichte der Neuzeit (1967), S. 15; A. KAUFMANN, Analogie und „Natur der Sache" (1982), passim; H. COING, Die juristischen Auslegungsmethoden (1982), S. 210ff.
[328] Vgl. N. HAMMERSTEIN, Jus und Historie (1972), S. 178, 235.

führen konnte. Die Intentionen beider Richtungen aber waren gleich. Der Positivismus Mosers war in gleicher Weise gegen den Absolutismus gerichtet und bemühte sich aufgrund seiner Objektivität ebenso um Rechtsstaatlichkeit wie Achenwalls historisierende Argumentation. Vor dem Reichskammergericht und Reichshofrat war Mosers umfassende, positivrechtliche Schule überlegen. Achenwalls ius publicum universale hatte dagegen mehr Bezug zur Lehre und Praxis der Politik, aber auch zu den Menschen- und Bürgerrechten, da es Kritik am Status quo erlaubte.[329]

II. STATISTIK

Die Statistik als europäische Staatenkunde entstand im Kontext der sich um 1700 herausbildenden Staatswissenschaften. Diese Fächer reflektierten, wie eingangs beschrieben, die Emanzipation von Tradition, Recht und Theologie. Ein frühes Produkt war die notitia reipublicae singularis des Helmstädter Polyhistors Hermann Conring. Seine politographische notitia kam innerhalb der praktischen Philosophie zum ius publicum und zur Politik hinzu.[330] Der spätere Name ‚Statistik' wurde erst nach Conring geprägt. Er lag in den Jahrzehnten vor 1700 in der Luft, weil damit die staatsbeschreibende Grundintention ausgedrückt wurde.[331]

Das neue Fach mußte sich lange von der Tradition der Staatsräson im Sinne Machiavellis und anderer Arkanliteratur abgrenzen.[332] Noch 1687 sprach Sebastian Caesar von Meneses von „Statistica, h.e. rationis status notitia".[333] In seinen Notata vermerkte Achenwall zwei Generationen später, daß Statistik „nicht vom teutschen Wort Staat, s[on]d[e]rn reor, v[om] b[e]schrieenen ital[ienischen] ragione di stato" abgeleitet werden müsse.[334] Dar-

---

[329] Vgl. M. STOLLEIS, Geschichte des öffentlichen Rechts (1988), S. 262ff.
[330] Vgl. J. BRÜCKNER, Staatswissenschaften, Kameralismus und Naturrecht (1977), S. 259; H.E. BÖDEKER, Das staatswissenschaftliche Fächersystem (1985), S. 145ff.
[331] Vgl. die spätere Definition des „Statisten" von J.C. ADELUNG: „Der Staatskundige, von statista. Daher die Statistik, die Staatsbeschreibung, der Statistiker, statistisch" (Kleines deutsches Wörterbuch (1824), S. 476). Vgl. dazu auch V. JOHN, Geschichte der Statistik (1884), S. 6ff.
[332] Vgl. M. STOLLEIS, Arcana imperii und Ratio status (1980), S. 25.
[333] MENESES berief sich dabei auf J. Thomasius (Summa politica (1687), S. 80). Vgl. dazu auch J. Grönings *Staatistische Bücher* (1703).
[334] Vgl. COD. MS. ACHENWALL 18/13 (auch im folgenden). Vgl. dazu auch C.G.A. KNIES, Die Statistik als selbständige Wissenschaft (1850), S. 9f.; M. STOLLEIS, Geschichte des öffentlichen Rechts (1988), S. 197ff.

aus bildete sich später der Terminus „Statista" heraus, was soviel wie „Homme d'Etat" oder „Staatsmann" bedeute.[335]

Conring war es trotz einer überzeugenden Systematisierung nicht gelungen, seine notitia reipublicae singularis zu einer gegenüber den anderen Staatswissenschaften eigenständigen Disziplin zu erheben. Erst Achenwall gab ihr die disziplinäre Selbständigkeit. Nicht zuletzt deswegen galt Achenwall in der Forschungsliteratur lange als Vollender und Epigone Conrings. Diese falsche Annahme wurde erstmals durch einen ehemaligen Schüler Achenwalls verbreitet. August Ferdinand Lueder sah sich 1817 angesichts der von keinem deutschen Statistiker vorhergesagten napoleonischen Erfolge dazu veranlaßt, diese Disziplin seines Lehrers als ein „Traumgebilde" zu desavouieren.[336]

Sie habe vor der politischen und ökonomischen Realität versagt und sei sogar eine Quelle des politischen Übels der revolutionären Epoche. Zusätzlich durch persönliche Motive angetrieben — seine besten Jahre hatte er nach eigener Aussage dieser Chimäre geopfert — wollte Lueder vor allem die Statistik zu einer unwissenschaftlichen Disziplin ohne Wahrheit und Inhalt degradieren: „Mein Ziel war die Vernichtung der Statistik und der mit der Statistik innigst verbundenen Politik."[337]

Lueder erreichte mit seiner Polemik, daß die damals schwelende methodische Diskussion über die Statistik vollends entfacht wurde. Zur Krise dieser rein deskriptiv vorgehenden Art von Statistik war es allerdings auch aus wissenschaftlichen Gründen gekommen.[338] Zu Beginn des 19. Jahrhunderts knüpften die Erfolge der ersten statistischen Bureaus zusammen mit Adolphe Quételets Neubegründung der Statistik wieder an ältere empirische Versuche an.[339] In den folgenden Jahrzehnten ging es um die Frage, ob die neue, empirische Statistik ihrer beschreibenden, universalen und älteren Schwester überlegen sei.[340]

Achenwalls Statistik wurde als beschreibend und antiempirisch aufgefaßt. Als später Verfechter des alten Universalienideals habe er gegen die aufkommende, numerisch vorgehende und empirische Statistik gestanden, deren prominentester Vertreter damals Johann Peter Süßmilch war. Eine Analyse der Stati-

---

[335] Vgl. dazu auch J.W. HONVLEZ, der den politicus synonym mit „Staatskluger/Staatsmann/Staatist" setzte (Kluge und nützliche Staats-Kunst (1767), Vorbericht, o.S.).
[336] Vgl. A.F. LUEDER, Kritische Geschichte der Statistik (1812), S. IX. Vgl. dazu auch L. MARINO, Praeceptores Germaniae (1995), S. 355ff.
[337] A.F. LUEDER, Kritische Geschichte der Statistik (1812), S. V (Zitat) und im folgenden S. 14, 32ff., 71ff.
[338] Vgl. V. JOHN, Geschichte der Statistik (1884), S. 128ff.
[339] Vgl. A. WAGNER, Statistik (1867), S. 413ff.
[340] Vgl. H. KLUETING, Die Lehre von der Macht der Staaten (1986), S. 283ff.; M. RASSEM/J. STAGL, Geschichte der Staatsbeschreibung (1994), S. 3f.

stik Achenwalls aus dem Nachlaß hätte sofort dessen sehr intensive und fruchtbare Beschäftigung mit seinem Zeitgenossen Süßmilch und der aus England stammenden Tradition der politischen Arithmetik bemerkt. In seinen Kompendien hat er ihn tatsächlich nur einmal und das nur in seiner Politik kurz zitiert.[341] Zu Unrecht wurde Achenwall als vermeintlicher Verfechter des anti-empirischen Universalienideals in diesen Streit hineingezogen.[342]

Aus dieser auf die anti-empirische Statistik begrenzten Perspektive sind zu Beginn des 20. Jahrhunderts die drei einzigen Dissertationen über Achenwall geschrieben worden.[343] Den Nachlaß hat keine dieser drei Arbeiten benützt. Georg Achilles erklärte 1906 Achenwall zu einem Vorläufer der historischen Schule der Nationalökonomie. Darüber hinaus kam er zu dem Ergebnis, daß Achenwall den Dogmatismus bekämpft habe und daher ein Relativist gewesen sei. Paul Schiefers Dissertation von 1916 ging nicht über einzelne Beobachtungen und Hinweise auf formallogische Fehler in Achenwalls Statistik hinaus. Leider sei Achenwall unter seinem theoretischen Niveau geblieben. Dennoch habe seine Statistik schon die meisten modernen Anforderungen im Keim enthalten, was ein Fehlurteil Schiefers war, weil Achenwall in seinen Kompendien tatsächlich der rein deskriptiven Tradition gefolgt ist. Hans-Heinrich Solf (1938) ist bei seiner Analyse lediglich zu einer Wiedergabe Achenwalls zentraler Thesen fähig gewesen. Einen Bezug zu der zeitgenössischen Literatur, zu den Traditionsverpflichtungen und den geistigen Fundamenten herzustellen, erschien auch ihm nicht wichtig.

An die Forschungsergebnisse Knies', Wagners und Johns knüpfte wiederum die Darstellung von Wolfgang Bonß (1982) an: Achenwall sei ein weder Wirklichkeit noch Wissen produzierender Statistiker ohne jedes Empirieverständnis gewesen. In der politischen Arithmetik ebenso wie in der deutschen Universitätsstatistik seien moderne und vormoderne Ordnungsmuster unglücklich miteinander verwoben gewesen. Dies käme zu der Konkurrenz beider Ansätze hinzu. Exemplarisch zeige sich dieses Problem in der Person Conrings. Einerseits sei er Arzt gewesen und habe somit den Tatsachenblick der modernen Medizin geteilt; andererseits sei er als Staatswissenschaftler der aristotelischen Tradition

---

[341] Vgl. G. ACHENWALL, Staatsklugheit (1761), S. 187f.
[342] Vgl. C.G.A. KNIES, Die Statistik als selbständige Wissenschaft (1850), passim; J.E. WAPPÄUS, Allgemeine Bevölkerungsstatistik (1859/61), S. 547ff.; A. WAGNER, Statistik (1867), S. 413ff., 431, 464; V. JOHN, Geschichte der Statistik (1884), S. 86; E. LANDSBERG, Geschichte der Deutschen Rechtswissenschaft 3/1 (1898), S. 354.
[343] Vgl. G. ACHILLES, Bedeutung und Stellung von Gottfried Achenwall (1906); P. SCHIEFER, Achenwall und seine Schule (1916); H.H. SOLF, Gottfried Achenwall (1938).

verhaftet geblieben. Achenwall habe im wesentlichen an Conring angeknüpft. Obwohl Bonß bei Achenwall in dessen späteren Jahren eine Entwicklung in Richtung des pragmatischen Blickes auszumachen glaubte — zuungunsten der aristotelisch-conringischen Bindung — hätte Achenwall insgesamt trotzdem weder eine neue Wirklichkeit noch ein neues Wissen produziert.[344]

a. Von Conring zu Süßmilch

Diese bisherige Sichtweise kann vor allem durch den Nachlaß Achenwalls revidiert werden. Zunächst ist Hermann Conring zu betrachten, dessen Einfluß auf Achenwall auch an anderen Stellen überschätzt worden ist.[345] Gerade bei Conring hat Achenwall es vorgezogen, dessen Erträge in kompilatorisch verfaßten Werken von Epigonen nachzulesen — eine direkte Auseinandersetzung erschien ihm nicht wichtig.

An erster Stelle ist Philipp Andreas Oldenburgers *Thesaurus rerumpublicarum casus totius orbis* (1675) zu nennen. Oldenburgers Werk sei eklektisch verfaßt, vermerkte Achenwall: „Gesteht, er habe als Biene aus den besten Schriften das seinige gesammelt."[346] Dagegen sperrte sich zwar Achenwalls von Wolff übernommene Methode, war aber in diesem Fall sehr hilfreich.[347] Da Oldenburger in seiner notitia rerum publicarum vor allem Conring verarbeitet hatte, diente ihm dieses Plagiat, sich in bequemer Weise über die ältere statistische Literatur zu informieren: „Kurz: im Olde[n]burg steht d[a]s Beste aus allen älter[e]n Autoribus u[nd] auch aus Conringio drinnen."[348] Achenwall hat es nicht einmal für nötig befunden, die seit 1730 herausgegebenen Schriften Conrings im Original zu lesen.[349]

Auffällig ist ferner, daß Achenwall in seinen statistischen Notizen und Vorlesungsmanuskripten die politische Arithmetik einerseits beziehungsweise Süßmilchs Methode andererseits sehr ausführlich analysiert hat.[350] Namentlich nannte er John Graunt und William Petty, die in der Mitte des 17. Jahrhunderts in England als erste die Kirchenbücher ausgewertet hatten.[351] Beide seien als Vorgänger Süßmilchs zu betrachten. Das lediglich auf

---

[344] Vgl. W. Bonss, Die Einübung des Tatsachenblicks (1982), S. 59ff., 76.
[345] Vgl. zum Beispiel bei H. Kern, Empirische Sozialforschung (1982), S. 20ff.; P. Pasquino, Politisches und historisches Interesse bei Gottfried Achenwall (1986), S. 158; M. Rassem/J. Stagl, Geschichte der Staatsbeschreibung (1994), S. 2ff.
[346] Cod. Ms. Achenwall 18/159.
[347] Zu Achenwalls Umgang mit Wolff vgl. unten C. I. c.
[348] Cod. Ms. Achenwall 18/159.
[349] Vgl. F. Felsing, Die Statistik als Methode der politischen Ökonomie (1930), S. 7, 33ff.
[350] Vgl. Cod. Ms. Achenwall 197/262, 421, 452 (auch im folgenden).
[351] Vgl. H. Dreitzel, J.P. Süßmilchs Beitrag zur Aufklärung (1986), S. 31ff.

Zahlen und nicht auf einer natürlichen oder göttlichen Ordnung basierende Konzept der politischen Arithmetik genügte Achenwall allerdings ebensowenig wie Süßmilch.[352] Sie suchten nach theologischen Fundamenten. Das kapitalistische Denken, daß der politische Arithmetik eigen war, blieb ihnen fremd.

Diese Beobachtungen widersprechen ganz entschieden der bisherigen Forschung über Achenwall, die — mit Ausnahme von Peter Hanns Reill[353] — weitgehend davon ausgegangen ist, daß die deskriptive Universitätsstatistik aus wissenschaftstheoretischen Gründen nicht mit der Tabellenstatistik zu vereinbaren gewesen sei.[354] Doch Achenwall dankte dem Feldprediger Süßmilch, der als ein später Vertreter der Physikotheologie gelten kann,[355] daß ihm die Beantwortung der seit Graunt offenen Fragen gelungen sei. Gemeint war zum Beispiel das Phänomen, daß stets mehr Knaben als Mädchen geboren werden. Süßmilch gelang dies durch einen Rückgriff auf die Physikotheologie.

Die aus England stammende Physikotheologie hat in allen Erscheinungen — von den Schmetterlingen bis zu den Schneeflocken — Gottes universal-kausales System nachzuweisen versucht.[356] Sie darf weniger als eigenständige theologische Bewegung betrachtet werden, sondern als ein Forschungsansatz, dessen Ziel es war, sowohl naturgesetzlichen als auch theologischen Ansprüchen zu genügen. Süßmilch war daher kein Physikotheologe aus theologischen Gründen, sondern dürfte allenfalls aus wissenschaftstheoretischen Gründen so genannt werden. Wie Newton und Graunt sah er allein in Gott den Grund der von ihm beschriebenen Gesetzmäßigkeiten.[357] Sein empirisches Material bezog Süßmilch — wie vor ihm schon Graunt und antike Vorbilder[358] — aus den meist kirchlichen Sterberegistern.

---

[352] Vgl. J. BUCHAN, Unsere gefrorenen Begierden (1999), S. 142ff.
[353] Vgl. P.H. REILL, The Rise of the Historical Consciousness (1969), S. 176.
[354] Vgl. zum Beispiel C.G.A. KNIES, Die Statistik als selbständige Wissenschaft (1850), S. 81ff.; V. JOHN, Geschichte der Statistik (1884), S. 80; F. FELSING, Die Statistik als Methode der politischen Ökonomie (1930), S. 74; B. WARLICH, August Ludwig von Schlözer (1972), S. 46f.; H. MAUS, Zur Vorgeschichte der empirischen Sozialforschung (1973), S. 24; M. RASSEM/J. STAGL, Zur Geschichte der Statistik (1977), S. 84; H. DREITZEL, J.P. Süßmilchs Beitrag zur Aufklärung (1986), S. 33; H. KLUETING, Die Lehre von der Macht der Staaten (1986), S. 53; K.H. KAUFHOLD/W. SACHSE, Die Göttinger „Universitätsstatistik" (1987), S. 78ff.
[355] Vgl. J. HECHT, Johann Peter Süßmilch und die Demotheologie (2001), S. 158, 164f.
[356] Vgl. H. DREITZEL, J.P. Süßmilchs Beitrag zur Aufklärung (1986), S. 29, 48ff.; P. KONDYLIS, Die Aufklärung (1986), S. 242ff.; S. EHRHARDT-REIN, Zwischen Glaubenslehre und Vernunftwahrheit (1996), S. 10ff.
[357] Vgl. J.P. SÜSSMILCH, Die göttliche Ordnung (1741), S. 56f., 74.
[358] Vgl. den Artikel „Beweis, daß die Regeln der Ordnung der Mortalität in Rom bereits in den ersten Jahrhunderten der Monarchie bekannt gewesen" aus den „Gelehrten Beyträgen zu den Braunschweigischen Anzeigen" 81 (1767), Sp. 637–644 (auch in COD. MS. ACHENWALL 209/271). Dort wurde auf Ulpian hingewiesen (D 68, ad leg. Falcid.), der durch die Analyse der Totenlisten die Methode der poli-

Nach den „Gesetzen d[er] Göttlichen Vorsehung", so las Achenwall Süßmilch, „vermehret sich das menschliche Geschlecht von selbst, [au]ch ohne obrigkeitl[iche] künstliche Bemühungen."[359] Der Staat verschaffe sich aber „e[ine] größere Leichtigkeit d[er] allmähligen Zunahme und Vermehrung d[er] Menschen", wenn „Gott u[nd] Natur u[nd] d[ie] Errichtung d[er] Staaten cooperieren zu diesem groß[en] Zweck".

Es ist daher nicht verwunderlich, daß er das Hauptwerk Süßmilchs, die 1741 in Erstauflage erschienene *Göttliche Ordnung*, als eines gerühmt hat, das den Verfasser „unsterblich" und „d[er] ganz[en] t[eu]tschen Nation Ehre" gemacht habe. Den physikotheologischen Fundamenten Süßmilchs ist er bewußt gefolgt:

> Er hat alles, was davor geschrieben word[en], gelesen u[nd] benützet, u[nd] ist also weiter gekom[men] als alle se[ine] Vorgänger. Er hat gleichsam einige Staats-Max[imen] d[er] göttl[ichen] Vorseh[un]g in d[er] Regierung, d[er] Welt u[nd] Erhalt[ung] d[e]s m[en]sch[lichen] Geschlechts neu entdeckt, u[nd] dabey wie verschied[ene] wichtige moral[ische], philos[ophische] u[nd] theolog[ische], so auch mehrere Betrachtungen, politische Regeln u[nd] Reflexionen mit eingestreut.[360]

Achenwalls ausführliche Beschäftigung mit Süßmilch war damals keineswegs ungewöhnlich. Ein Blick in die erste Auflage der *Göttlichen Ordnung* bringt eine Vorrede Christian Wolffs zutage, der nicht gerade als Vertreter einer empirischen Methode gelten kann. Wolff rühmte zunächst die englischen Vorgänger Süßmilchs und forderte weitere Listen mit statistischen Daten. Es findet sich sogar das Eingeständnis, daß sich die empirische Statistik durchaus mit Wahrscheinlichkeiten begnügen könne — seine eigene, apriorische Methode werde von ihm nicht vermißt.[361] Wenn ein Christian Wolff damit auf das Universalienideal seiner eigenen demonstrativen Methode verzichtete, konnten Achenwall und seine Zeitgenossen keine dogmatischen Gründe kennen, sich mit Süßmilch auseinanderzusetzen.

Gerade die Göttinger beschäftigten sich ausführlich mit der numerischen Statistik Süßmilchs. Die „Hannoverischen Gelehrten Anzeigen" publizierten 1756 eigene Sterbelisten, um diese mit Süßmilchs Listen zu vergleichen.[362] Sieben Jahre später erschien dort der „Beweiss, dass alle getaufte[n] Kinder in Paris von sol-

---

tischen Arithmetik und diejenige Süßmilchs vorweggenommen hätte. Die moderne Forschung folgt dagegen der Auffassung Süßmilchs, Graunt habe diese Methode erfunden (F. WAGNER, Isaac Newton im Zwielicht zwischen Mythos und Forschung (1976), S. 36; H. DREITZEL, J.P. Süßmilchs Beitrag zur politischen Diskussion der deutschen Aufklärung (1986), S. 29ff.; M. RASSEM/J. STAGL, Geschichte der Staatsbeschreibung (1994), S. 2ff.).

[359] COD. MS. ACHENWALL 197/262 (auch im folgenden).
[360] EBD., 197/269.
[361] Vgl. J.P. SÜSSMILCH, Die göttliche Ordnung (1741), Vorrede von C. Wolff, o.S.
[362] Vgl. EBD., S. 76.

chen Ehefrauen geboren werden, die keine Männer haben, nach Süssmilchischen Grundsätzen geführet".[363] In der dritten Auflage 1761 widmete sich Süßmilch einigen Einwänden Justis, die dieser in den „Göttingischen Gelehrten Anzeigen" geäußert hatte.[364] Den Göttinger Gelehrten war Süßmilch demnach vertraut. Büsching hatte Süßmilch 1749 persönlich in Berlin kennengelernt.[365] Mit der weitgehend unempirischen Auffassung von Statistik, wie Conring sie betrieben hatte, waren diese Ansätze allerdings nicht mehr zu vereinbaren.[366] In Göttingen wurde zu dieser Zeit darin kein Problem mehr gesehen.

Ausführliche Materialien mit vielen Tabellen beweisen, daß Achenwall selbst mit solchen Daten gearbeitet hat.[367] Die kurze Notiz von 1769 über ein mechanisches Gedankenspiel des Mathematikers Jacob Bernoulli[368] zeigt seine fachliche Offenheit — die Wahrscheinlichkeitsrechnung machte die Bevölkerungsstatistik erst möglich — und ihre Grenzen. Bernoulli hatte errechnet, daß ein normaler Mann täglich „1.728.000pf" an Gewicht „ohne Nachtheil s[einer] G[e]s[un]dh[ei]t" bewegen könne. Bevor Achenwall über diese erstaunliche Zahl weiter nachdenken konnte, mußte er die Überlegung bereits mit einer offenen Frage beenden: „Aber was vor [sc. für] Pfunde? Pariser v[er]muthl[ich]".[369] Sogar zum Umgang mit dem Thema, ob Fremden das Recht zur Niederlassung gewährt werden solle, leistete ihm Süßmilch mit seinen einprägsamen Zahlenbeispielen gute Dienste. Süßmilch habe erkannt, so Achenwall, daß es auf lange Sicht von ungleich höherem Nutzen sei, zehn Landeskinder zu behalten, als zwanzig

---

[363] Vgl. HGA 81 (1768), Sp. 1281-1296.
[364] Vgl. J.P. SÜSSMILCH, Die göttliche Ordnung (1741), S. VIIIff.
[365] Vgl. J.C. STRODTMANN/F. STOSCH, Des neuen gelehrten Europa fünfzehnter Theil (1760), S. 601.
[366] Vgl. dazu H. CONRING, De notitia singularis alicujus Reipublicae (1730), S. 1ff.; DERS., De civili prudentia (1662), S. 350; V.J. ASSMANN, De rerumpublicarum notitia (1735), S. 5f.
[367] Vgl. zum Beispiel die Zahlenkolonnen zu der Statistik Spaniens in COD. MS. ACHENWALL 129/4-19 oder die von Achenwall markierte Tabelle mit Angaben des Sterbealters von 1770 aus den HGA 6 (1771), Sp. 71 (EBD., 207/34). Vgl. dazu auch den Zeitschriftenartikel über die „Hamburg[ische] Volkszahl" und Achenwalls Kommentar dazu (EBD., 207/127). Vgl. schließlich das Exzerpt Achenwalls zu einem Journalartikel: In der Türkei seien keine Totenregister bekannt und deswegen müsse eine statistische Ersatzmethode über den täglichen Mehlverzehr angewendet werden (EBD., 83/62).
[368] C. WOLFF bedauerte, daß Bernoulli früh gestorben sei und deswegen die „Muthmaßungs-Kunst" nicht auf die Moral und die Politik übertragen habe (Mathematisches Lexicon (1716), Sp. 1328f.). Vgl. dazu auch H. MAUS, Zur Vorgeschichte der empirischen Sozialforschung (1973), S. 24f.; H.E. BÖDEKER, Prozesse und Strukturen politischer Bewußtseinsbildung der deutschen Aufklärung (1987), S. 12.
[369] COD. MS. ACHENWALL 204/16. Ähnliche Probleme hatte auch G.C. LICHTENBERG: „Der schwereste Anker, der zu Söderfors in Schweden [...] geschmiedet worden ist, wog 30 Schiff-Pfund und 15 Lispfund. Wieviel ist das?" (Sudelbücher (1765-1770), Bd. 1 (S. 801).

Ausländern den Zuzug zu ermöglichen. Schließlich sei „der Treue ein Patriotismi".[370]

b. Verhältnis zu anderen Disziplinen

Die wissenschaftstheoretischen Fundamente der Statistik sind bei Achenwall unverändert geblieben. Noch 1771 verstand er die Statistik in seinen Notata als die „Lehre von d[er] politischen Beschaff[en]heit einzelner Staaten nach den einzelnen Theilen derselben b[e]trachtet".[371] Damit bezeuge sie eine enge Verwandtschaft mit der historia civilis, da beide Fächer versuchten, „1.000 Sachen aus d[en] viel[en] Staaten" herauszulösen. Die Statistik sei einerseits auf die heutigen Staaten begrenzt, andererseits auf Europa. So sehr sich Achenwall durch seine Beschäftigung mit Süßmilch von dem Wissenschaftsverständnis Conrings getrennt hatte — der Sache nach waren diese Formulierungen eine Wiederholung der alten Definitionen von Statistik, wie Achenwall sie zum Beispiel von seinem Hallenser Lehrer für Geschichte und Staatsrecht, Martin Schmeizel, hatte hören können.[372] Schmeizel hatte eingesehen, daß die Statistik eine große Nähe zu der historia civilis besaß. Außerdem konnte sie, wie Schmeizel mit Verweis auf den Jenaer Historiker Johann Andreas Bose bemerkte, auch als politica de singulis imperiis gesehen werden.[373] Was er nicht erwähnte, war die zusätzliche Nähe zu der politischen Geographie und zum ius publicum.[374]

Inhaltlich ging es Achenwall um die „politische Ken[n]tnis d[er] jetzig[en] Staatsv[er]fassung".[375] Die Statistik handle daher von den „politische[n] Zustände[n]" der „**heutig[en] vornehmsten Staaten** nach ihren singulären Theilen betrachtet". Damit begannen sich auch bei ihm die disziplinären Grenzen zur Politik aufzulösen. Die Politik schrieb sich in ähnlicher Weise die Staatsgeschäfte auf ihre Fahnen und griff ebenfalls alle Singularien auf, welche die gegenwärtige Beschaffenheit eines Staates ausmachen konnten: eine Analyse der Einwohner, des Staatsrechts, der politischen Titel, der Wappen und Ritter, die Zergliederung der Kon-

---

[370] Vgl. Cod. Ms. Achenwall 193/411, 197/401 (Zitat).
[371] Cod. Ms. Achenwall 18/2 (auch im folgenden).
[372] Vgl. V. John, Geschichte der Statistik (1884), S. 73f.; P. Pasquino, Politisches und historisches Interesse bei Gottfried Achenwall (1986), S. 150f.
[373] Vgl. M. Schmeizel, Praecognita historiae civilis (1720), S. 7, 40, 84f.
[374] Vgl. F. Felsing, Die Statistik als Methode der politischen Ökonomie (1930), S. 33f.; A. Seifert, Cognitio Historica (1976), S. 132ff.; M. Rassem/J. Stagl, Zur Geschichte der Statistik und Staatsbeschreibung (1977), S. 81ff.; G. Lutz, Geographie und Statistik (1980), S. 249ff.; D. Denecke, Die Geschichte der Geographie in Göttingen (1994), S. 198ff.; K.H. Kaufhold, 250 Jahre Wirtschaftswissenschaften (1994), S. 260.
[375] Vgl. Cod. Ms. Achenwall 18/3 (auch im folgenden).

fession und die Beschäftigung mit dem Justizwesen, den Manufakturen, dem Handel sowie dem Finanz- und Kreditwesen.[376] Zwar versuchte Achenwall, die Statistik weiter aufzuwerten, indem er sie zum „Hauptth[eil] d[er] Ken[n]t[ni]s d[er] groß[en] Welt" erhob und ihr Nutzen das „Wohl d[er] Völker, folg[lich] d[es] g[an]z[en] m[en]schl[ichen] G[e]schlechts" bedeute. Doch es gelang ihm kaum, mit diesen populären aufklärerischen Forderungen die wissenschaftstheoretischen Probleme seiner Disziplin, nämlich die Aufweichung der disziplinären Grenzen, überzeugend zu lösen.

Zweifel hatte Achenwall auch erwähnt, als er am 7. September 1748 seine akademische Karriere als Professor und Adjunkt der philosophischen Fakultät in Göttingen begann.[377] Allen voran wurde in dieser akademischen Disputation die Kritik des kursächsischen und königlich-polnischen Hofrats Adam Friedrich Glafey angeführt, der allerdings nicht nur wissenschaftstheoretische Einwände nannte. Glafey behauptete, daß die notitia rerum publicarum aus Gründen der Staatsräson nicht an Universitäten, sondern in geheimen Ratsstuben erlernt werden müßte. Außerdem stelle dieses Fach eine unzulässige Vermischung („permixtio") von Jurisprudenz, Politik und Geographie dar.[378]

Diesen Vorwürfen wich Achenwall aus, indem er sich auf die lange Tradition der Statistik berief, deren Anfänge in der Antike lägen.[379] Anschließend schränkte er seine Disziplin in pragmatischer Weise[380] und ohne namentlichen Rekurs auf gelehrte oder logische Traditionen auf die alten „notatu digna" Hermann Conrings ein — die später von ihm sogenannten Staatsmerkwürdig-

---

[376] Vgl. dazu auch A. SEIFERT, Staatenkunde (1980), S. 226; H. DREITZEL, Monarchiebegriffe in der Fürstengesellschaft (1991), S. 163, 602.
[377] Vgl. G. ACHENWALL, Notitiam rerum publicarum academiis vindicatam consentiente ordine philosophorum amplissimo (1748), S. 4ff. Vgl. dazu auch die Rezension in den GGA 130 (1748), S. 1033f. Vgl. ferner V. JOHN, Geschichte der Statistik (1884), S. 75ff.
[378] Vgl. A.F. GLAFEY, Praefatio (1747), o.S. Vgl. dazu auch V. JOHN, Geschichte der Statistik (1884), S. 75.
[379] Zu den Ursprüngen der Statistik in Herodots Lehre vom Verfassungsvergleich vgl. R. KOSELLECK, Erfahrungswandel und Methodenwechsel (1988), S. 34f. Weitere antike Beispiele bei M. RASSEM/J. STAGL, Zur Geschichte der Statistik (1977), S. 81; A. SEIFERT, Staatenkunde (1980), S. 225.
[380] Das Syntagma ‚pragmatisch' im Sinne von ‚nützlich' diente den damaligen Staatswissenschaftlern in erster Linie, um sich gegen die als scholastisch bezeichneten älteren, meist aber aristotelisch-humanistischen Methoden abzugrenzen. Dagegen strebten diese Gelehrten Forschungsergebnisse an, die sich durch Quellenstudium, Kausalitätserklärungen und praktische, lebensweltliche Verwendbarkeit auszeichneten (G. STOLLE, Anleitung zur Historie der juristischen Gelahrheit (1745), Vorrede von C.G. Buder, S. 9; M. RIEDEL, Metaphysik und Metapolitik (1975), S. 117; P.H. REILL, Die Geschichtswissenschaften um die Mitte des 18. Jahrhunderts (1985), S. 165ff.; R. VIERHAUS, Historisches Interesse (1986), S. 271; H.-J. PANDEL, Historik und Didaktik (1990), S. 50ff.; M. ALBRECHT, Eklektik (1994), S. 25.).

keiten eines einzelnen Gemeinwesens. Diese untergliederte er, wiederum wie Conring, in Land und Leute.[381] Mit Bezug auf den Gundlingschüler und Professor iuris Eberhard Otto[382] zählte Achenwall diese Disziplin in der *Notitiam rerum publicarum* nun zu den historischen Wissenschaften. Anschließend folgten die herkömmlich geführten Beweise, daß die Statistik von hohem Nutzen sei, wobei erst jetzt Conring namentlich in einer Anmerkung auftauchte. Dieser „princeps politicorum sui saeculi" habe die Statistik ab 1660 an die Akademien gebracht. Achenwall betonte allerdings in ausführlicherer Weise, daß die Statistik der Sache nach seit der Antike bekannt gewesen sei.

Zu Anfang seiner ersten deutschsprachigen Veröffentlichung über die Statistik erwähnte Achenwall die vielfältigen Definitionen seiner Disziplin.[383] Deswegen vermied er diesen Begriff und sprach einerseits von der Staats*wissenschaft* (Statistik), die von den einzelnen Staaten ausgehe und andererseits von der auf die politische Sphäre begrenzten, naturrechtlichen Staats*lehre* (Politik mit naturrechtlichem Fundament). Diese Unterscheidung war schon allein deswegen ungeschickt gewählt, weil die deutschen Gelehrten beide Begriffe grundsätzlich synonym verwendeten. Achenwall wurde später selbst in dieser Unterscheidung inkonsequent.[384] Die Erkenntnisse dieser Staatswissenschaft (Statistik) seien, so Achenwall, auf synthetische Weise in allgemeine Regeln zu fassen. Um nicht im Meer der Empirie unterzugehen, schränkte Achenwall die Heuristik der Statistik wiederum auf jene Daten ein, die die Wohlfahrt eines Staates im Vergleich zu den anderen Staaten erhöhen beziehungsweise verringerten.

---

[381] An dieser methodischen Unterteilung hielt Achenwall zeitlebens fest. Vgl. dazu auch das später verfaßte Manuskript „Plan d[er] verkürzten Statistik" (COD. MS. ACHENWALL 86/106). Achenwalls Nachfolger A.L. VON SCHLÖZER übernahm diese Definition später (Theorie der Statistik (1804), S. 37) und selbst spätere Kritiker Achenwalls, wie A.F. LUEDER und A.H.L. Heeren, folgten dieser Methode anfänglich (Einleitung in die Staatskunde (1792), Vorrede, o.S.). Vgl. ferner M.C. SPRENGEL, Grundris[s] der Staatenkunde (1793), S. 2f.; C. BECKER-SCHAUM, Arnold Hermann Ludwig Heeren (1993), S. 128, 323ff.

[382] E. Otto hatte 1726 mit den *Primae lineae notitiae rerumpublicarum* das vor Achenwall letzte bedeutsame Konzept dieses Faches vorgelegt, wie G. STOLLE urteilte: „Ein herrlicher Entwurff, der ausgeführet werden sollte" (Anleitung zur Historie der juristischen Gelahrheit (1745), S. 42f.). Vgl. dazu auch V. JOHN, Geschichte der Statistik (1884), S. 72f.; F. FELSING, Die Statistik als Methode der politischen Ökonomie (1930), S. 38ff.

[383] Vgl. G. ACHENWALL, Vorbereitung zur Staatswissenschaft (1748), S. 3–44 (auch im folgenden). Vgl. dazu auch die Achenwall sehr gewogenen Rezensionen in den GGA 64 (1748), S. 505f. und 64 (1749), S. 361f.

[384] Vgl. zum Beispiel M.C. HANOV, der beide Begriffe synonym für Politik verwendete (Philosophiae civilis sive politicae (1756), S. 1). Vgl. dazu auch P. PASQUINO, Politisches und historisches Interesse bei Gottfried Achenwall (1986), S. 150 und unten C. IV. a.

Erst an dieser Stelle erwähnte er die Tradition der notitia reipublicae singularis — allerdings ohne die älteren Autoren zu nennen und ausschließlich aus dem Grunde, weil er auf die Fokussierung der Statistik auf einen einzelnen Staat hinweisen wollte. Mit Hilfe der Staatsgeschichte müsse nun, fuhr er fort, die Analyse der Merkwürdigkeiten in komparativer Weise mit den anderen Staaten oder über das Staatsinteresse des konkreten Staates erfolgen. Diese Statistik stellte im Grunde genommen nur eine politica singularis dar, die Achenwall inhaltlich wieder in die Rubriken Land und Leute unterteilte. Nicht zuletzt deswegen blieben bei Achenwalls Statistik die Grenzen nicht nur zur Geschichte, sondern auch zur Politik flüssig, weil er sein Hauptaugenmerk auf die Staatsbürger lenkte. Damit kam endgültig eine grundlegende disziplinäre Grenzüberschreitung an den Tag, da hier die traditionellen Topoi der Politik — wie Macht-, Gleichgewichts- und Verfassungslehre — gemeint waren.

Die Fundamente der Statistik waren in Achenwalls Kompendien immer auf dem Naturrecht und der Politik aufgebaut: Eine Gesellschaft von Familien unterwirft sich vertraglich (Naturrecht) — der Glückseligkeit wegen (Politik) — einem Oberhaupt.[385] Wenn Achenwall sich auch im folgenden bemühte, die Statistik als historische beziehungsweise empirische Staatslehre ein weiteres Mal von der universalen, philosophischen Staatslehre zu trennen — das heißt in erster Linie von der naturrechtlich bestimmten Politik[386] — so verwischte er damit nur noch weiter die Grenzen zwischen Staatengeschichte, Politik und Statistik.

Die Grenzen zwischen den drei Disziplinen hatten immer weniger Bedeutung. Dazu kam, daß die Themen, denen sich die Statistik zu widmen hatte, auch vom ius publicum particulare[387] und den Policey- und Cameralwissenschaften abgedeckt wurden. So konnte Schlözer in der letzten, vom ihm überarbeiteten Auflage von Achenwalls Statistik zwar behaupten, daß die Statistik an Nutzen nicht zu übertreffen sei, weil sie der Historie „einen sehr ansehnlichen Teil ihres Lichts" besorge, dem allgemeinen Staatsrecht „den trefflichsten Stoff" und schließlich die Politik „mit einer Menge practischer Sätze" bereichere. Doch allein die Quellen, die der Statistiker dazu benötigte, waren dieselben, die Achenwall in den anderen staatswissenschaftlichen Disziplinen in gleicher

---

[385] Vgl. den ersten Teil der siebten und letzten Auflage der Statsverfassung der heutigen vornehmsten europäischen Reiche und Völker (1790), S. 3ff., 48ff. (auch im folgenden).

[386] Vgl. dazu auch die Rezension zu Achenwalls zweiter Auflage der Statsverfassung (1752) in den GGA 43 (1752), S. 432.

[387] Das ius publicum particulare hatte sich den einzelnen Verfassungen im weitesten Sinne und damit den singulären und gegenwärtigen deutschen Staaten zu widmen (B.G. STRUVE, Iuris publici prudentia (1740), S. 8).

Weise benützte: Urkunden, Staatsschriften, Reiseberichte und Zeitungen.[388]

c. *Statistik als Vorlesung*

Wie ist Achenwall dieser Gefahr in seinen Kollegien und Vorlesungen begegnet? „Statistic" definierte Achenwall in einem seiner Vorlesungsmanuskripte — wie bisher gehört — als Lehre, die „qua habitu mentis" zu der „systemat[ischen] Kenntnis d[er] Verfassung od[er] des wirkl[ichen] Zustandes d[er] einzeln[en] Staaten" führe.[389] Sie diene dazu, die Verfassung eines Staats in einer Weise zu beschreiben, „wie solche[r] v[on] e[inem] polit[ischen] Auge betrachtet" werde. Mit anderen Worten, sie war für Achenwall ein politographischer Versuch, vom Staatsrecht bis zur Religionsmacht, vom Justiz- bis zum Finanzwesen jeden gegenwärtigen europäischen Staat einzeln zu erfassen. Damit ging die Statistik Achenwalls auch in den Kollegien über die Analyse der *forma regiminis* nur wenig hinaus und ließ sich mit Conrings zeitlich und inhaltlich ebenfalls weit gefaßter Definition der *notitia reipublicae singularis* durchaus vereinbaren[390] — ohne daß Achenwall sich je viele Gedanken über Conrings Traditionsstiftung gemacht hat.

Für wissenschaftstheoretische Probleme hatte Achenwall vor dem universitären Plenum weder die Zeit noch die Möglichkeit. Zu seinen Studenten meinte er lediglich, daß die Statistik „eine ungemein schwere Disziplin" sei, die besonders viel Arbeit erfordere.[391] Zudem sei die Literatur häufig unzulänglich, da sich zu vieles zu schnell ändere. Außerdem differenzierte er vor seinen Studenten in keiner Weise zwischen der Statistik, die im weitesten Sinne aus der Tradition Conrings kam, und der politischen Arithmetik. So ist aus dem Vorlesungsmanuskript „Statistic: Calculus politicus" zwar leicht ersichtlich, daß diese Disziplin „höchst nützlich" sei. Völlig unklar aber ist, auf welche Tradition Achenwall sie bezogen hat. Stattdessen bemühte er sich an dieser Stelle um andere Dinge, zum Beispiel, um dem pädagogischen Auftrag besser nachzukommen. Um anschaulicher und lebendiger zu wirken, brachte er ihnen die Statistik mit Hilfe von Nashörnern, Mäusen und Elefanten nahe:

> Die Determinatio quanti in rebus politicis. Ist nützlich und vortheilhaft. Unsere Begriffe von existi[e]renden Sachen enthalten e[ine] große Unvollkommenheit, solange das quantum nicht d[e]t[e]rminiret ist.

---

[388] In seinem zweiten Kompendium zur europäischen Geschichte hat ACHENWALL in gleicher Weise diese Quellen für die Historie genannt (Geschichte der allgemeineren europäischen Staatshändel (1767), Vorrede (o.S.)).
[389] Vgl. COD. MS. ACHENWALL 18/4.
[390] Vgl. H. CONRING, De notitia singularis alicujus Reipublicae (1730), S. 1ff.
[391] Vgl. COD. MS. ACHENWALL 18/5.

[...] Ex[empli causa] von R[h]inoceros. [...] Es ist e[in] 4-füßiges Thier mit einem krummen Horn auf d[er] Nase. So sonst ich noch L[änge] ignori[e]re, ob es übrigens v[on] d[er] Größe ist et[wa wie] e[ine] Maus. Od[er] e[in] Hund, od[er] e[in] Hirsch, od[er] e[in] Ele[p]fant. D[er] B[e]g[r]if[f] ist ô. [sc. nicht] vollständig, ô. e[in] dunkel. Ich kann irr[en] [...] Von d[er] Größe beynahe wie [ein] Elep[h]ant. Neue große Ku[n]st: D[as] politisc[he] Calcul. Habe so mathematische Gew[i]ßheit.[392]

Seinen eigenen „Vorr[at] von neuen Statisticis", den er zum Teil durch ausländische Gönner und seine Gelehrtenreisen beständig vermehre, pries er vor diesem Auditorium wiederholt an. Eindringlich appellierte er bei solchen Gelegenheiten an seine Studenten, sich seiner Kompetenz anzuvertrauen: „Sie müssen mir trauen, f[ür] mein[e] e[r]folg[te] Geschicht[e] glauben, d[a]ß ich e[in] honnêt[e] homme bin."[393] Diese Bemerkung, vor seinem Auditorium rhetorisch den Höfling und nicht den aufgeklärten gentilhomme abzugeben,[394] verwundert zunächst. Steven Shapin hat auf das lange innige Verhältnis zwischen der modernen Wissenschaft und dem Typus des glaubwürdigen Gentleman hingewiesen.[395] So war auch Achenwalls Autorität als Gelehrter von sozialen Konventionen abhängig, die jenseits des akademischen Horizonts lagen. Was er an Geburt und Wohlstand nicht mitbrachte, mußte er durch die gelehrte Virtus und die richtige Gesprächsführung beziehungsweise Wortwahl ausgleichen.

Seine Aufforderung an seine Studenten, daß es für jeden Reisenden notwendig sei, „die Statistic desjenigen Reiches zu wissen, wo er sich aufhält", entsprach dennoch dem modernen Ideal des neugierigen statisticus, der aufrichtig an einem Austausch der Daten interessiert war. Es sei sogar besser, so Achenwall weiter, über ein Land falsch informiert zu sein, als nichts zu wissen. Wer nichts wisse, der frage auch nicht.[396]

An diesen Beispielen wird deutlich, daß Achenwall bereits jene Aneignungsform der sozialen Wirklichkeit möglich war — in einem subjekt- und situationsfreien Zusammenhang –, die Wolfgang Bonß ihm nicht zubilligen wollte.[397] Er ließ sein empirisches Wissen zumindest in seinen Notata und Vorlesungen zu keinem Zeitpunkt aus Gründen der wissenschaftstheoretischen Tradition außen vor. Dieses Profil ist allerdings nur über seine nicht publizierten Äußerungen in Erfahrung zu bringen. Daß er seine Daten und Zahlen nicht in den Kompendien veröffentlichte, steht auf

---

[392] EBD., 188/184 (auch im folgenden).
[393] EBD., 18/6. Vgl. dazu auch das Manuskript „[Vorrede zur Statistic]", das wohl zugleich ein Vorentwurf für sein Statistikkompendium war (EBD.).
[394] Vgl. A. GESTRICH, Absolutismus und Öffentlichkeit (1994), S. 69.
[395] Vgl. S. SHAPIN, A Social History of Truth (1994), S. 65f., 120, 411.
[396] Vgl. COD. MS. ACHENWALL 18/112f. Vgl. dazu auch H.E. BÖDEKER, Reisebeschreibungen im historischen Diskurs der Aufklärung (1986), S. 276ff.
[397] Vgl. W. BONSS, Die Einübung des Tatsachenblicks (1982), S. 59.

einem anderen Blatt. Vielleicht war es ihm nicht gestattet, vermeintlich vertrauliche Zahlen öffentlich zu nennen.

III. Geschichte

In der Aufklärung entstand die Historie als eigenständige Wissenschaft im heutigen Sinne. Obwohl es noch wenige Fachhistoriker gab, etablierte sie sich nach 1740 sukzessive als universitäre Disziplin mit einem eigenen Berufsethos. Nicht das immer gleiche Propädeutikum an der philosophischen Fakultät stand im Vordergrund, sondern Forschung und Lehre einer sich ständig weiter entwickelnden Wissenschaft. Inhaltlich geriet der Fokus auf die Geschichte der Regenten zunehmend in den Hintergrund, während andere Bevölkerungsgruppen und fremde Kulturen häufiger analysiert wurden.[398] Darüber hinaus führte ein neues Methodenverständnis zum modernen Wissenschaftsverständnis von Historie. Dazu füllte sich die Leerstelle, die die theologische Universalgeschichte hinterlassen hatte, zunehmend mit geschichtsphilosophischen Inhalten.[399]

a. Kompendien zur Geschichte

Zu Achenwalls Lebzeiten gingen gerade aus Göttingen weitgehende Impulse für diesen Prozeß aus.[400] Seit Wilhelm Dilthey wird Achenwall von vielen Historikern als pragmatischer Aufklärungshistoriograph verstanden, der allerdings nicht durch theoretische Abhandlungen aufgefallen sei.[401] Dieses nach wie vor richtige Urteil basiert auf Achenwalls Kompendien zur Geschichte, die er in zwei Bänden vorlegte. In der 1754 erstmals erschienenen *Geschichte der heutigen vornehmsten europäischen Staaten* bestimmte er in der Vorrede seine Methode ausschließlich durch den Zweck der „politischen Kenntniß" der europäischen Staaten.[402] Gemeint war ein bestimmter Ausschnitt aus der Geschichte — der Teil, der sich im weitesten Sinne auf die Verfassung eines

---

[398] Vgl. H.W. BLANKE, Historiographiegeschichte als Historik (1991), S. 111ff.
[399] Vgl. H.-D. KITTSTEINER, Naturabsicht und Unsichtbare Hand (1980), S. 172f.
[400] Vgl. R. VIERHAUS, Die Universität Göttingen und die Anfänge der modernen Geschichtswissenschaft (1987), S. 13ff.; H.W. BLANKE/D. FLEISCHER, Theoretiker der Aufklärungshistorie (1990), S. 31f., H. BOOCKMANN, Ein Blick auf die Göttinger Geschichtswissenschaft (1994), S. 122.
[401] Vgl. W. DILTHEY, Das achtzehnte Jahrhundert und die geschichtliche Welt (1901), S. 261ff.; P.H. REILL, The Rise of the Historical Consciousness (1969), S. 125ff.; N. HAMMERSTEIN, Jus und Historie (1972), S. 310f., 318f., 357; P.H. REILL, The German Enlightenment and the Rise of Historicism (1975), S. 40.
[402] Vgl. G. ACHENWALL, Geschichte der heutigen vornehmsten europäischen Staaten (1754), Vorrede (o.S.).

Staates bezog und den er „historische Staatslehre" nannte. Da er die Geschichte in traditioneller Weise als „allgemeine Vorrathskammer unzähliger Wahrheiten" verstand, konnte die Historie nur die ersten Dienste zu einer tieferen politischen Kenntnis leisten.[403] Erst die Statistik sollte die wahren Interessen und Merkwürdigkeiten der einzelnen Staaten herausfiltern. Allenfalls die Veränderungen in der Vergangenheit konnten durch auf diese Weise rekapituliert werden.[404]

So erstaunt es nicht, daß Achenwall in diesem ersten Band lediglich eine kommentierte Chronologie der Geschichte der acht wichtigsten europäischen Staaten entwarf. Dabei beschränkte er sich — ohne Reflexionen — auf die politischen Ereignisse. In dieser Sichtweise dominierte die Perspektive der Fürsten, die im Stile der von Schlözer später kritisierten „AnnoDominiMänner" von Kriegen, Schlachten und Friedensschlüssen handelte.[405]

In der kurzgefaßten *Anzeige seiner neuen Vorlesungen über die grössere[n] europäische[n] Staatshändel des XVII. und XVIII. Jahrhunderts* kündigte Achenwall 1755 an, sich in einem neuen Band zum zweiten Mal als Historiker zu empfehlen.[406] Indem er mit einer Kritik an jenen Autoren begann, die die Geschichte der europäischen Staaten als Universalhistorie begriffen hatten, war sein Augenmerk immer noch auf die politische Sphäre beschränkt. Er wollte seinen Studenten ausschließlich „eine politische Kenntnis von Europa" ermöglichen. Diese gedachte er durch Schilderung jener umwälzenden Ereignisse in Europa zu erlangen, die in internationaler Hinsicht von Belang seien. Mit diesem neuen Fach — den „allgemeinen europäischen Staatshändeln" — erleichtere sich vor allem das Verständnis des europäischen Mächtesystems. Diesem Zwecke sollte sein zweiter Grundriß der europäischen Geschichte dienen. Zusammen mit der Statistik und dem ersten Band seiner Darstellung der europäischen Geschichte glaubte er, für seine Studenten ein gelungenes Konzept zur politischen Gesamtkenntnis Europas vorlegen zu können.

---

[403] Ähnlich argumentierten die älteren Darstellungen der Politik, wie zum Beispiel J.A. HOFFMANN, Politische Anmerkungen von der wahren und falschen Staatskunst (1718), S. VI — aber auch N.H. GUNDLING, Einleitung zur wahren Staatsklugheit (1751), S. 7ff. Vgl. dazu auch R. KOSELLECK, Historia Magistra Vitae (1967), S. 196ff.; H.W. BLANKE, Historiographiegeschichte als Historik (1991), S. 102ff.

[404] Vgl. dazu R. VIERHAUS, Geschichtsschreibung als Literatur (1976), S. 431.

[405] Vgl. G. ACHENWALL, Statsverfassung der heutigen vornehmsten europäischen Reiche und Völker (1790), S. 5. Vgl. A.L. VON SCHLÖZER, Allgemeines StatsRecht und StatsVerfassungsLere (1793), S. 11; DERS., Theorie der Statistik (1804), S. 92. Vgl. dazu auch P.H. REILL, Die Geschichtswissenschaften um die Mitte des 18. Jahrhunderts (1985), S. 163f.

[406] Vgl. G. ACHENWALL, Anzeige seiner neuen Vorlesungen über die grössere[n] europäische[n] Staatshändel des XVII. und XVIII. Jahrhunderts (1755), S. 3ff. (auch im folgenden). Vgl. dazu auch die GGA 131 (1755), S. 1205f., 67 (1756), S. 561ff.

Mit seiner 1756 in erster Auflage erschienenen *Geschichte der allgemeineren europäischen Staatshändel des vorigen und jetzigen Jahrhunderts* präsentierte Achenwall seinen zweiten Band. Ein neues Verständnis von Historie und des europäischen Mächtesystems wollte er schaffen. Die Umsetzung dieses Unterfangens gelang ihm nur unzulänglich.[407] Immer noch war der Zweck seiner Bemühungen die politische Kenntnis des europäischen Staatensystems. Wenn sich Achenwall dazu auf die „europäischen Staatshändel" besann, um die unterschiedlichen „Begebenheiten" der jüngeren Geschichte im Zusammenhang zu erzählen, so entsprach dies zwar nicht der isolierten Geschichte der einzelnen Staaten. Doch eine neue Disziplin – die „grössern Staatshändel" – wurde damit nicht aus der Taufe gehoben.[408]

Achenwalls „Staatshändel" ermöglichten nur die erste Einsicht in das europäische Staatensystem, indem er die machtpolitischen Zusammenhänge dieser Staaten untereinander nachzeichnete. Das war stark an Thomasius' oder Gundlings Auslegung der Staaten-Historie angelehnt, die auf diese Weise das Zusammenspiel der europäischen Machtstaaten beschrieben hatten. Die ursprünglich starke Gewichtung des statischen Gleichgewichts stand bei ihnen im Hintergrund. Wichtig war der an sich flexible Systemgedanke.[409] Durchaus traditionell erfolgte bei Achenwall die ereignisgeschichtliche Unterteilung der einzelnen Epochen: die Habsburgische Hegemonialmacht habe um 1660 dem französischen Machtstreben weichen müssen, dem ab 1700 eine allgemeine Kriegsepoche folgte, die – trotz der letzten Zäsuren von 1740 und 1748 – gegenwärtig noch andauere. Damit liefen auch die *Europäischen Staatshändel* auf eine kommentierte Chronologie der europäischen Neuzeit hinaus, deren Zäsuren aus heutiger Perspektive cum grano salis zugestimmt werden kann.[410]

b.   Historie, Narration und Journale

Der endgültige Übergang zur Erzählung ist von Achenwall in seinen Kompendien nicht vollzogen worden. Obwohl er Geschichte pragmatisch auffaßte, was bei den meisten anderen Aufklärungs-

---

[407] Vgl. G. ACHENWALL, Geschichte der allgemeineren europäischen Staatshändel (1767), Vorrede zur 1. Auflage (o.S. – auch im folgenden).
[408] Der Terminus „Staatshändel" ist nicht von Achenwall – vgl. dazu den Reihentitel „Staatshändel von 1739–1748" zu der anonym herausgegebenen Darstellung POLITISCHE REFLEXIONS ÜBER DAS GROSSE FRIEDENS WERK ZU AACHEN (1748). Schon F.A. PELZHOFFER benützte diesen Begriff (Neu-entdeckte Staats-Klugheit (1710), S. 26).
[409] Vgl. N. HAMMERSTEIN, Jus und Historie (1972), S. 238, 241.
[410] Vgl. den Überblick bei W. BAUMGART, Die großen Friedensschlüsse der Neuzeit (1978), S. 778f.

historiographen letztlich zur Narration führte,[411] setzte er dies als Universitätsdozent nicht konsequent um. In seinen Artikeln für Journale unternahm er dagegen diesen Schritt. Als erklärter Naturrechtsgelehrter zeigte Achenwall wenig Interesse, geschichtsphilosophische Weltdeutungen auch als Historiker zu unternehmen. Dieses Streben nach dem universalen Gesamtzusammenhang war zwar spätestens seit Voltaire en vogue[412] — doch Achenwall stellte diese Spekulationen nur innerhalb des Naturrechts an. Er dachte nicht daran, zum Beispiel den Fortschrittsgedanken in seiner Historiographie zu reflektieren.

Die „Staatshändel" präsentierten sich auf diese Weise nur ein wenig ausführlicher als der erste Band der europäischen Geschichte. Neu waren kurze Querschnitte vor Epochenzäsuren, wie zum Beispiel die Schilderung der „Verfassung von Europa um das J[ahr] 1740".[413] Achenwall geizte allerdings mit tiefer gehenden Analysen. Friedrich II. brach in jenem Jahr ohne weitere Begründung und „ganz unvermuthet gegen Oesterreich los". Damit war er nur wenig über das Maß an Reflexion des ersten Bandes hinausgelangt, den er in der Vorrede des zweiten Bandes zurückblickend als „Hausgeschichte" eines jeden europäischen Staates deklarierte. Doch im zweiten Band verlor seine Darstellung nicht den dynastischen Beiklang. An Quellen hätte es ihm nicht gefehlt, wie zum Beispiel jene vier Briefe eines unbekannten Absenders aus Bamberg verdeutlichen, die ursprünglich an Achenwalls Schwager Friedrich Carl von Moser in Frankfurt gerichtet gewesen waren. Moser überließ die Briefe wohl Achenwall, weil dort von Kriegsereignissen 1758 in Mähren die Rede war, deren Schilderung er dem Göttinger Historiker offenbar nicht vorenthalten wollte.[414]

Ende der fünziger Jahre versuchte sich Achenwall mit den *Anmerkungen von dem Verkauf der Aemter in Frankreich* erstmals als historisch argumentierender Publizist. Veröffentlicht wurde diese Abhandlung 1759 in den „Hannoverischen Gelehrten Anzeigen". Dieser Artikel schilderte die finanziellen Hintergründe, die Ludwig XIII. Anfang des 16. Jahrhunderts zu dem Ämterverkauf bewogen. Ludwigs Nachfolger hielten an dieser Einrichtung fest,

---

[411] Vgl. H.-J. PANDEL, Historik und Didaktik (1990), S. 23ff., 50ff.; H. WHITE, Literaturtheorie und Geschichtsschreibung (1996), S. 69.
[412] Vgl. U. MÜLLER-WEIL, Rousseau als Geschichtsphilosoph (2001), S. 146f.
[413] Vgl. G. ACHENWALL, Geschichte der allgemeineren europäischen Staatshändel (³1767), S. 283 (auch im folgenden)
[414] Vgl. 2°COD. MS. ACHENWALL 129ª/39–42. Vielleicht kannten sich die beiden bereits durch ihre gemeinsame Studienzeit in Jena (K. ECKSTEIN, Friedrich Carl von Moser (1973), S. 3).

so daß seit dem 17. Jahrhundert die einmal gekauften Ämter als Erbeigentum angesehen wurden.[415]

Drei Jahre später stellte Achenwall seine historischen Kenntnisse über europäische Staaten erneut unter Beweis. Zwar wurde die *Kurze Nachricht von dem Ritterorden vom Bade (order of the Bath) in Engelland* unter dem Pseudonym „R" in den „Hannoverischen Gelehrten Anzeigen" in Druck gegeben. Aber einige Notizen von Achenwall in seinem Nachlaß zu diesem Ritterorden und vor allem die von ihm korrigierten Druckfahnen bestätigen ihn zumindest als autorisierenden Mitverfasser dieses Artikels. Der Text wies auf die Geschichte dieses Ordens hin, der seine Entstehung dem rituellen Bad zur Erlangung des Ritterstandes in England verdankte. Seit dem zwölften Jahrhundert sei das Bad als Teil der Erhebungszeremonie zu beobachten gewesen, bis im folgenden diese Standeserhebungen zu einem eigenen Ritterstand führten.[416]

Als Publizist experimentierte Achenwall mit der historischen Narration. Als Historiker kam er dagegen über jene traditionelle Form der Chronologie nicht hinaus, die weitgehend blind gegenüber tieferen Analysen ist. Einige Notizen im Nachlaß verdeutlichen die Unzufriedenheit, die Achenwall in dieser Zeit bei den *Europäischen Staatshändeln* verspürt hat. Zu weitläufig, zu verwickelt und überhaupt „d[urch]einand[er]" kam ihm die erste Auflage am 3. März 1758 rückblickend vor. Als Verbesserung hatte er eine „neue Idee: M[an] b[e]trachte jed[es] Staatshändel einzeln nach d[er] Chronologie".[417] Damit wollte er zum Beispiel die Händel um die Ostindische Kompanie, die „Jülich-Cleve-Händel" und andere Staatshändel jeweils chronologisch beschreiben. Methodisch änderte sich damit aber nichts. Als Forscher und Lehrer kam Achenwall über die Tradition der hallischen Reichshistorie nicht hinaus.[418]

Weiterhin überzeugt, daß die Historie nur pragmatisch vorstellbar sei, machte Achenwall sie seinen Studenten in gleicher Weise traditionell als „Erz[a]ehlung merckwürdiger Begebenheiten" deutlich, die der Nachwelt zum Nutzen aufbewahrt werde.[419]

---

[415] Vgl. G. ACHENWALL, Anmerkungen von dem Verkauf der Aemter in Frankreich (1759), Sp. 129–140. Vgl. dazu auch die diesbezügliche Niederschrift Achenwalls in COD. MS. ACHENWALL 201/288–293.

[416] Vgl. G. ACHENWALL, Kurze Nachricht von dem Ritterorden vom Bade (order of the Bath) in Engelland (1762), Sp. 81ff., 177ff. Vgl. dazu auch die von Achenwall korrigierten Druckbögen in COD. MS. ACHENWALL 89/297. Vgl. ferner die Notata über diesen und andere Ritterorden (EBD., 18/79–81, 37/15ff.). – Noch heute ist Prinz Charles „Knight Grand Cross of the Order of the Bath".

[417] Vgl. COD. MS. ACHENWALL 119/15.

[418] Vgl. N. HAMMERSTEIN, Reichs-Historie (1986), S. 98f.

[419] Vgl. das Manuskript „Politische Universal-Historie. Vorbereitung zu Historie überhaupt" in COD. MS. ACHENWALL 93ª/19 (auch im folgenden). Vgl. dazu auch die zehnseitige, ungedruckte und anonyme Dissertation „De natura et indole Histo-

Er grenzte sie von den Romanen, Fabeln und moralischen Reflexionen ab. So sehr er die Historie damit von der humanistischen Tradition separierte, so sehr sah er diese in Anlehnung an Cicero als „magistra vitae" oder „lux temporum". Mit diesem traditionellen Ansatz konnte er den Selbstzweck einer modernen Wissenschaft nicht darstellen.[420] Anschließend nannte Achenwall seinen Zuhörern vier Hauptarten von Geschichte, um die pragmatisch interessanten Bedingtheiten erfassen zu können: Kirchengeschichte, Staatsgeschichte (politische Geschichte), Gelehrtengeschichte — eine Erzählung der merkwürdigen Begebenheiten der Gelehrsamkeit — und schließlich die vermischte Geschichte, die zu keiner der drei vorherigen Klassen gezählt werden könne.[421]

Methodisch würden die historischen Begebenheiten entweder durch eine bedeutungsblinde „historia nuda" oder eine „historia pragmatica" erzählt. Letztere könne versteckte Absichten „dem menschl[ichen] Leben nutzbar" machen. Pragmatische Historie werde entweder in chronologischer oder in systematischer Weise abgehandelt, wobei die systematische Weise synonym mit ‚zusammenhängend' aufzufassen sei: „Die beste Methode ist Systematice, wenn m[an] die Geschichte eines Reiches von Anfang bis auf uns[e]re Zeit in einem unzertrennten Zusammenhang vorträgt."[422]

Der Nutzen dieser pragmatischen Reichshistorie sei, „den erstaunlich großen Unterschied der menschl[ichen] Gemüther" kennenzulernen und zu beobachten, wie heftig „die Passionen sey[e]n, was Neid, Rachgier, Verleumdung" anrichten könnten. Durch diese Moralisierung fiel Achenwall wiederum in ältere Auffassungen von Geschichte zurück: „D[ie] Historie ist e[in] collegium practicum morale; sie lernet, tug[en]dhaft, weise, klug [zu] agi[e]ren."[423] Dieses traditionelle Verständnis von Geschichte, das schon zu Conrings Zeiten verbreitet war,[424] teilte Achenwall allerdings noch mit vielen Gelehrten seiner Zeit. Selbst Justi schrieb zu dieser Zeit: „Die Historie ist ein Spiegel, worinnen uns die

---

riae fontibusq[ue] et subsidiis eius", die ähnlich traditionell gehalten war (EBD., 93/111).
[420] Vgl. L. BOEHM, Der wissenschaftstheoretische Ort der historia (1965), S. 666ff.; A. SEIFERT, Cognitio Historica (1976), S. 26.
[421] Diese Unterteilung ist stark an den Systematiken von E. WEGENER (Einleitung zu den StaatsGeschichten der vornehmsten Staaten (1743)) und M. HANOV angelehnt (Entwurf der Lehrkunst (1740), S. 232f.). Vgl. dazu auch N. HAMMERSTEIN, Reichs-Historie (1986), S. 92f.
[422] COD. MS. ACHENWALL 93ᵃ/19.
[423] EBD.
[424] Vgl. H. CONRINGS Definition von Historie als „philosophiam civilem per exempla", die bewußt an Polybius anknüpfte (De natura ac optimis auctoribus civilis prudentiae (1639), S. 7).

menschlichen Handlungen von vielen Jahrhunderten vorgestellet werden."[425]

IV. POLITIK

1761 veröffentlichte Achenwall ein Kompendium, in dem er sich der Politik widmete. Diese ursprünglich aristotelische Disziplin hatte in den ersten Jahrzehnten des 18. Jahrhunderts im Rahmen der staatswissenschaftlichen Fächer einen gewissen Aufschwung erfahren.[426] Die Politik wurde in der Regel in einen naturrechtlichen Teil, der für die Theorie zuständig war, und in eine empirisch-pragmatische Klugheitslehre unterteilt. Dieses Schema war bereits im Erbe der Scholastik beziehungsweise des Aristotelismus enthalten gewesen.[427] Der naturrechtliche Überbau bildete dabei den ethischen Zweck, die technische Klugheitslehre die Methode.[428] De facto wurde die Politik damit von einer ars zu einen reinen prudentia weiterentwickelt. Der gewünschte Nebeneffekt war, daß sie sich als technische Praxisanleitung den praktischen politischen Problemen öffnete.

Mit der Cameralistik und dem Naturrecht hatte die erneuerte Politik starke Konkurrenten bekommen. Hinzu kam das allgemeine Staatsrecht[429] — das selbst eher aus der aristotelischen Politik als aus dem Naturrecht entstanden war.[430] Gegen Ende des 18. Jahrhunderts wurde die Politik endgültig durch die kameralistischen Disziplinen ersetzt.[431] Da Achenwall in seinem Nachlaß ein Plädoyer für die sich seit einem Jahrhundert im Verfall befindende professio politicarum an den deutschen Universitäten hinterließ, wird er das geahnt haben. Allerdings forderte er die strikte Trennung von der professio moralium, da diese — und weniger Cameralistik und Naturrecht — sich hauptsächlich für die Krise der Politik verantwortlich zeige. Die Moral sei zudem lediglich der „Arzt der Seelen" und nicht der Staaten. So gesehen könnte die-

---

[425] J.H.G. VON JUSTI, Moralische und Philosophische Schriften, Bd. 2 (1760), S. 58.
[426] Während J.B. VON ROHR noch 1718 davon sprach, daß Darstellungen über die Staatsklugheit „nicht so gar dicke gesäet" seien (Einleitung zur Staatsklugheit, Vorrede, o.S.), meinte B.M. REUTER 1750, daß mittlerweile dieser Teil der praktischen Philosophie am weitesten verbreitet sei (Ob die Politic durch allgemeine Sätze könne vorgetragen werden?, § 1). Vgl. dazu auch H. MAIER, Die Lehre der Politik (1966), S. 31ff.
[427] Vgl. O. HÖFFE, Praktische Philosophie (1971), S. 22.
[428] Vgl. H.E. BÖDEKER, Das staatswissenschaftliche Fächersystem (1985), S. 147f.
[429] Vgl. R. SCHELP, Das Allgemeine Staatsrecht (2001), S. 22.
[430] Vgl. J.J. SCHMAUSS, Academische Reden und Vorlesungen über das teutsche Staatsrecht (1766), S. 6f.; H.G. SCHEIDEMANTEL, Das allgemeine Staatsrecht (1775), S. 6.
[431] Vgl. H. DREITZEL, Vom Verfall und Wiederaufstieg der Praktischen Philosophie (1973), S. 34–36.

ses Plädoyer eine nicht veröffentlichte Vorarbeit zu einer späteren Auflage seines Politikkompendiums darstellen.[432]

Die Frage nach Achenwalls Rolle innerhalb der Erneuerung der traditionellen aristotelischen Politik haben Jutta Brückner und vor allem Hans Erich Bödeker am überzeugendsten beantwortet. Für sie bestand Achenwalls Leistung in der Neudefinition der ehemals rein aristotelischen Politik. Er sei von der staatswissenschaftlichen Seite, also von Jurisprudenz und Geschichte, ausgegangen. Ohne dabei seine theoretische Basis vollends zu enttraditionalisieren, habe er mit dieser neuen Systematik Schule machen können. Achenwall löste die Politik aus dem Umfeld der praktischen Philosophie und gab ihr ein naturrechtliches Fundament. Damit näherte sie sich den anderen staatswissenschaftlichen Disziplinen, der Geschichte, der Statistik und der Cameralistik der Prägung Justis an — obwohl gerade der nicht naturrechtlich dachte.[433] Achenwalls systematische Bemühungen um die Politik hätten, das hat auch Horst Dreitzel bestätigt, dieser Disziplin letztlich einen erneuten Aufschwung an den deutschen Universitäten ermöglicht.[434]

Andere Forschungsansätze konnten weniger zufriedenstellen. Karl Lewin erklärte Achenwall 1971 zu einem Politikgelehrten, der stark einseitig an einer unpolitischen Policey orientiert gewesen sei. Der Grund für diese Beschränkung sei vor allem die gewollte Übereinstimmung mit der herrschenden Adelsideologie gewesen, die — repräsentiert durch die adligen Studenten — allenfalls eine systemkonforme Kritik erlaubt hätte.[435] Dieser Interpretation muß entgegengehalten werden, daß Achenwall sich niemals explizit Policeygelehrter genannt hat. Nur von seinen „studii iuridica, histor[ica] et statistica"[436] ist die Rede, nie von eigenen studii cameralis oder oeconomica. Zudem läßt sich ein kritisches Potential aus seinen Kompendien herauslesen, zugegebenermaßen weniger aus seiner Politik und mehr aus seinen Naturrechtswerken. Dennoch ist auch Ursula Becher nicht zuzustimmen, wenn Achenwall für sie ein Theoretiker des Absolutismus blieb, weil er die politische Freiheit der Bürger als „rein hypothetisch" deklarierte.[437]

---

[432] Vgl. COD. MS. ACHENWALL 188/79–83 (nach 1769). Zu diesen an Thomasius erinnernden Formulierungen vgl. auch N. HAMMERSTEIN, Jus und Historie (1972), S. 64.
[433] Vgl. H.E. BÖDEKER, Das staatswissenschaftliche Fächersystem (1985), S. 153–155. Ähnlich bereits J. BRÜCKNER, Staatswissenschaften, Kameralismus und Naturrecht (1977), S. 259.
[434] Vgl. H. DREITZEL, Monarchiebegriffe in der Fürstengesellschaft (1991), S. 714.
[435] Vgl. K. LEWIN, Die Entwicklung der Sozialwissenschaften in Göttingen (1971), S. 138ff., 156ff., 202f.
[436] Diese Wortwahl findet sich zum Beispiel in COD. MS. ACHENWALL 157/244.
[437] Vgl. U. BECHER, Politische Gesellschaft (1978), S. 98–103, 146f., 102 (Zitat).

a. Achenwalls „Staatsklugheit" (1761)

Achenwall bezog sich wie schon bei der Statistik eher auf das aktuelle System der europäischen Staaten als auf die wissenschaftstheoretischen Traditionen.[438] Speziell gegen die Tradition des platonischen Idealstaats war sein — im Grunde genommen an Montesquieu anknüpfendes[439] — Bestreben in der *Staatsklugheit* (1761) gerichtet; ferner gegen das als abstrakt-universal empfundene Staatsverständnis des Wolffschen Naturrechts. Er wolle dagegen, betonte Achenwall in der Vorrede, den Staat lediglich dergestalt betrachten, „wie unsere Staaten würklich sind". Es war eine stark empirische Auffassung der Politik, die vor den gegenwärtigen europäischen Staaten praktische Regeln erarbeiten wollte. Damit wäre die aristotelisch-humanistische prudentia auf induktive Weise in den Rang einer scientia erhoben worden — was gegen jede Tradition gedacht war. Schließlich war die prudentia als empirische, nicht universale, praktische ars aus wissenschaftstheoretischer Perspektive eigentlich eine historia.[440] Achenwall erwähnte diese Problematik allerdings weder in seinen Notata noch in seinem Kompendium. Ein Göttinger Rezensent bestärkte ihn später in diesen Absichten — ebenfalls ohne diese Traditionen zu erwähnen.[441] Sie spielten innerhalb der Göttinger Gelehrten keine Rolle mehr.

Damit war der frühneuzeitliche Staat für Achenwall zum wichtigsten Objekt der neuen anti-aristotelischen und staatswissenschaftlichen Lehre der Politik geworden.[442] So faßte er in seiner Vorrede zur *Staatsklugheit* (1761) den Staat als „überaus künstlich zusammengesetzte Maschine" auf, deren universale Regeln es zu abstrahieren gelte. Mit diesem Ansinnen stand er keineswegs allein. Sowohl Justi als auch Wolff benützten die Maschinenmetapher, die in eigenartiger Weise sowohl die rationale als auch die metaphorische Perspektive vermischte. Diese Methode, die Gesetze der Natur mit denen der Mechanik gleichzusetzen, ging letztlich auf Descartes' *Discours de la Méthode* (1673) zurück.[443]

---

[438] Vgl. G. ACHENWALL, Staatsklugheit (1761), Vorrede (o.S. — auch im folgenden).
[439] Vgl. J.C. FÖRSTER, Einleitung in die Staatslehre nach den Grundsätzen des Herrn von Montesquieu (1765), S. Vf. Vgl. dazu auch H. WELZEL, Naturrecht und materiale Gerechtigkeit (1951), S. 22ff.
[440] Vgl. dazu A. SEIFERT, Staatenkunde (1980), S. 220ff.; P. PASQUINO, Politisches und historisches Interesse bei Gottfried Achenwall (1986), S. 160f.
[441] Vgl. die Rezension von Achenwalls zweiter Auflage der *Staatsklugheit* (1763) durch J.H.C. VON SELCHOW, der es Achenwall zuschrieb, die mittlerweile aus der Mode gekommene Politik in einem „den jetzigen Zeiten angemessenen Kleide" wieder einzuführen: durch historisch-empirische Beweise und durch eine Orientierung am europäischen Staatensystem (Juristische Bibliothek, Bd. 1 (1764), S. 174ff.).
[442] Vgl. H.E. BÖDEKER, Das staatswissenschaftliche Fächersystem (1985), S. 143ff.
[443] Vgl. zum Beispiel J.H.G. VON JUSTI: „Ein wohl eingerichteter Staat muß vollkommen einer Maschine ähnlich seyn" (Von der wahren Macht der Staaten (1764),

Achenwalls Politik blieb jedoch eng mit dem Naturrecht verbunden: „Mittelst des natürlichen Rechts werden also die wesentlichen Grenzen der Staatsklugheit bestimmt. Eine jede politische Regel, welche diese Grenzen überschreitet, mit einem natürlichen Gesetze streitet, [...] ist keine politische Regel."[444] Gleichwohl ließ er sich in der Vorrede deutlich anmerken, daß es ihm mehr um die historisch faßbaren Ausnahmen ging, die die individuellen Staaten voneinander abgrenzten. Des weiteren hegte Achenwall sich vor der älteren, universaler gefaßten rationalen Klugheitslehre ein, die je nach Bedarf Hofleute, Privatleute oder Beamte bedient hatte.[445]

Ausklammern wollte er die meist moralisch und nur auf die Gegenwart bezogene vorgehende Erörterung der Kriegs- und Staatsnotstände, weil diese ebenso wie die Errichtung von neuen Staaten in Europa gegenwärtig nur selten auftreten würden.[446] Weitaus wichtiger erschien ihm in Anlehnung an Justi der Komplex der Staatswirtschaft. Dieser Begriff umschrieb einerseits die Cameral-, Ökonomie- und Finanzangelegenheiten und andererseits die herkömmliche Staatsklugheit.[447] Ziel dieses Ansatzes war es, die Macht eines Staates aus ökonomischer Perspektive bestimmen zu können.

Diese Apperzeption Justis bedeutet jedoch nicht, daß Achenwall diesem vorbehaltlos gefolgt ist. In seinen Notizen monierte Achenwall, daß fast alle Cameralisten Ökonomie, Policey- und Finanzsachen „zusammenwerfen" würden und diese „unrichtig" voneinander „distinguir[ten]". Selbst Justi gelänge die Separierung seiner Disziplinen kaum.[448] Achenwall selbst faßte die Poli-

---

S. 86). Vgl. dazu auch B. STOLLBERG-RILINGER, Der Staat als Maschine (1986), S. 24, 32f., 80, 98.
[444] G. ACHENWALL, Staatsklugheit (1761), S. 4.
[445] Vgl. als ein extremes Beispiel der Palette dieses Genres die ANONYM erschienene Schmähschrift Die entdeckte Staats-Klugheit des Frauenzimmers, oder, Die künstlichen Practiken eines verschmitzten und arglistigen Weibes (1738). Allerdings schimmerte hier die höfische Perspektive mit ihren Ränken und Kabalen noch deutlich durch. Ein weiteres Beispiel für ein genuin ständisch gedachtes Politikverständnis stellt etwa B.M. REUTERS Erörterung dar: Ob die Politic durch allgemeine Sätze könne vorgetragen werden? (1750), §§ 9ff. Selbst in N.H. GUNDLINGS Einleitung zur wahren Staatsklugheit (1751) wurde die Politik — als „Fürsichtig- und Geschicklichkeit, sich in seinem Stand und bey seinem Posten zu erhalten" — noch ständisch aufgefaßt (S. 24). Vgl. dazu auch H. DREITZEL, Vom Verfall und Wiederaufstieg der Praktischen Philosophie (1973), S. 36.
[446] Vgl. dazu die ANONYM erschienenen und auf Frankreich bezogenen sittlichen Zeitkritiken Der Universal-Geist der Krone Frankreich[s], Als die Mißgeburth der Politic (1745) und Über den gegenwärtigen Zustand der Politick und der Kriegswissenschaft von Europa (1775).
[447] Vgl. dazu H.E. BÖDEKER, Das staatswissenschaftliche Fächersystem (1985), S. 154f.
[448] Vgl. COD. MS. ACHENWALL 193/247 und das Manuskript „Staatswirthschaft o[der] StaatsOeconomie" (EBD., 193/227), in dem Achenwall sich mit Justi und Zincke

cey beziehungsweise die (Stadt-)Policey äußerst weit auf, so daß ihm die Differenzierung ebenfalls schwer gefallen wäre:

> D[ie] Stadt-Policey begreift also theils alle zum Stadtbesten von Stadt und deren Obrigkeit wegen getroffener Anstalten nebst der Aufsicht und Direction derselben ... Kürzer, sie enthält nebst den gemeinen Stadtanstalten zugleich die Regierung der Stadt, außer dere[n] Grundverfassung, dem Cammer- und Justiz- u[nd] Religionswesen derselben.[449]

Allerdings umfaßte die Policey eine große Spannbreite, die von der Volkswirtschaftspolitik, der Gesetzgebungs- bis zur Verwaltungslehre reichte — kurz, sie galt als „Lehre von der inneren Ordnung" (Maier), die als spezifisch deutsches Phänomen angesehen wird. Sie war für die Zeitgenossen schwer faßbar, weil sie viele Ordnungsaufgaben beschreiben mußte, die die ständischen Herrschaftsbereiche lange nicht zu leisten imstande gewesen waren: Friedenssicherung, Regelung des Handels, Handhabung von Religion und Sitte. Mit der Policey drang der absolutistische Wohlfahrtsstaat in die ehemals autonomen Bereiche der Städte, Kirchen und Grundherrschaften ein.[450]

Wie wurde Achenwall den Ansprüchen seiner Vorrede in der *Staatsklugheit* gerecht? Inhaltlich beschrieb Achenwall ein verwirrendes Fächersystem.[451] An die Spitze aller Bemühungen um das Staatswesen stellte er die Disziplin der allgemeinen Staats*lehre*, die ihr Objekt entweder auf empirische oder auf philosophische Weise betrachte. Letztere nannte er Staats*wissenschaft* oder philosophische Staatslehre, womit er seiner früher vertretenen Definition von Statistik widersprach.[452] Diese Überdisziplin der Staatslehre beinhaltete alle Fächer, die sich im Rahmen der praktischen Philosophie dieses Themas anzunehmen hatten: das ius publicum universale, die Politik und das Naturrecht.

Der Teil der *Staatsklugheit*, der den Hauptteil dieses Kompendiums gleichsam historisierend einleitete, muß genauer beschrieben werden, weil Achenwall an dieser Stelle in einer für ein solches Werk ungewohnten Weise fortfuhr.[453] Mit apodiktischer Knappheit setzte Achenwall — naturrechtlich gesprochen — im hypothetischen Naturzustand ein und referierte die Weltge-

---

auseinandersetzte. Vgl. dazu auch „Was ist d[ie] Staatswirthschaft" vom Juli 1767 (EBD., 193/235).
[449] EBD., 199/63.
[450] Vgl. H. MAIER, Die ältere deutsche Staats- und Verwaltungslehre (1980), S. 1 (Zitat), 71f.
[451] Vgl. G. ACHENWALL, Staatsklugheit (1761), S. 1–11 (auch im folgenden).
[452] Vgl. oben C. II. a. Achenwalls Nachfolger A.L. VON SCHLÖZER nannte später diese normative Staatswissenschaft Achenwalls „Statslere" und steigerte damit die Beliebigkeit der Termini (Allgemeines StatsRecht und StatsVerfassungsLere (1793), S. 9).
[453] Vgl. G. ACHENWALL, Staatsklugheit (1761), S. 12–20 (auch im folgenden).

schichte der verstreuten Nachkommen Noahs als Geschichte des Wachstums von Staaten.[454]

Achenwall berief sich auf Antoine-Yves Goguets *De l'Origine des lois, des arts, des sciences* (1758), das damals nicht nur unter Göttinger Historikern Furore machte.[455] Zunächst erfolgte bei Achenwall unter den Nachkommen Noahs ein Rückfall in die gott- und naturrechtlose Barbarei, aus der erst Nimrods Gründung von Babylon die weltgeschichtliche Peripetie erwirkte.[456] Nach und nach entstanden weitere Staaten, die für ihn das Hauptkriterium einer nicht mehr „wilden Nation" darstellten. Als Begründung für diese Perspektive nannte er — wie schon in der Statistik — wieder einmal in traditionell naturrechtlicher Weise die bestmögliche Abwendung von Übeln aller Art durch den Staat. Das allmähliche Wachstum der Staaten war für Achenwall gleichbedeutend mit dem Wachstum des menschlichen Geistes.

Diese geschichtsphilosophische Stufentheorie trug einen, später bei Hegel wieder auftauchenden,[457] negativen dialektischen Widerpart in sich. Achenwall führte ihn auf die ungünstigen menschlichen Passionen zurück. Dazu zählte er vor allem die Herrschsucht, die von Anbeginn der ersten großen Staaten der feste Gegensatz zu der „Freyheit der Unterthanen" gewesen sei. Seither stehe dieses zweite Hauptkriterium mit der republikanischen Freiheit in einem immerwährenden Spannungsverhältnis:

> Mit dem allmähligen Wachsthum der Erkenntnis des menschlichen Geistes [...] erwuchsen zugleich die menschlichen Passionen, sonderlich die Herrschsucht. Die Monarchien fingen an, durch Eroberungen ihre Landeshoheit zu erweitern, und hiernechst durch Unterdrückung der Freyheit der Unterthanen sich unumschränkt zu machen. Dieses gab den nechsten Anlaß zu Empörungen. Einige Monarchien zerfielen in mehrere kleinere, in andern schrieb man den Regenten bestimmte Verbindungen ihrer Regierungsrechte vor, in andern behielt das Volk die nach abgeschütteltem Joch erhaltene Freyheit vor sich selbst bey. Und dieses ist der Ursprung der Republicken.[458]

---

[454] Viele Autoren des 18. Jahrhunderts gingen von den biblischen 6.000 Jahren aus, die nach Erschaffung von Adam und Eva vergangen seien. Bei A.F. BÜSCHING wurde etwa Preußen im Jahre 5677 — anstelle von 1701 — ein Königreich (Grundriß der allgemeinen Weltgeschichte (1771), o.S.). Ähnlich argumentierte auch J.C. GATTERER, Abriß der Universalhistorie (1773), S. 7. Vgl. dazu auch A. SEIFERT, Von der heiligen zur philosophischen Geschichte (1986), S. 92ff.
[455] Vgl. L. MARINO, Praeceptores Germaniae (1995), S. 310.
[456] Allerdings galt Nimrod als Symbolfigur der Kritik des Adels an einem despotischen Monarchen. Achenwall widersprach damit sowohl Conrings als auch Pufendorfs Vorstellung, daß der erste Staat eine monarchia mixta oder eine Demokratie gewesen sein mußte (H. DREITZEL, Monarchiebegriffe in der Fürstengesellschaft (1991), S. 72; R.G. ASCH, Ständische Stellung und Selbstverständnis des Adels (2001), S. 13).
[457] Vgl. dazu auch H.M. BAUMGARTNER, Philosophie der Geschichte nach dem Ende der Geschichtsphilosophie (1996), S. 154.
[458] G. ACHENWALL, Staatsklugheit (1761), S. 16f.

Eng damit vermengt war für Achenwall die Geschichte der technischen Erfindungen und geistigen Errungenschaften im weitesten Sinne. Deren Saat sei in der Neuzeit aufgegangen. Mit diesem dritten und letzten Hauptkriterium erkläre sich das gegenwärtige europäische Staatensystem als eine Folge einerseits der Revitalisierung des römischen Rechts sowie des Glaubens durch die Reformation, andererseits von Entdeckungen im Bereich der Technik und schließlich durch die „Erfindung der neuen Welt". Zudem sei durch diese Entwicklung die Kenntnis in punkto Wissenschaften und Regierungskunst derart angewachsen, daß der „Geist der Herrsucht" überall wieder emporsteige. Mit dem Hinweis, daß sowohl Habsburg als auch Frankreich in der Vergangenheit versucht hätten, sich zur Hegemonialgewalt emporzuheben, beendete Achenwall seinen Abriß der Weltgeschichte.[459]

Die Entschlossenheit, mit der sich Achenwall zu Beginn der *Staatsklugheit* um neue Perspektiven innerhalb der Politica bemühte, fehlte im Hauptteil.[460] Schon die unmittelbar folgende Beschreibung der Regierung eines Staates sparte nicht mit bekannten Floskeln: „Die Staatsregierung wird also mit Klugheit geführt, wenn die schicklichsten Mittel zu Beförderung der allgemeinen Glückseeligkeit von der obersten Gewalt beständig angewandt werden".[461] Inmitten dieser zeittypischen, am summum bonum orientierten Flor- und Glückseligkeits-Forderungen[462] ragt zunächst Achenwalls unverbindliches Bekenntis zu einer Regierungsform hervor, die „Grundgesetze" oder „unveränderliche Regierungs-Gesetze" kenne.[463] Einen Ruf nach politischen Reformen stellte dies nicht dar.

Unmißverständlich war aber sein Bekenntnis zur Rechtssicherheit. In erster Linie müsse die Garantie von Eigentum gewährleistet werden:

> Vorzüglich muß das Eigenthum und der häusliche Stand der Unterthanen eine gewisse Einrichtung erhalten. Es sind also Gesetze erforderlich, wodurch ein für allemal festgestellt wird, was in Ansehung der Habe und Güter, der Verträge und Contracten, der häuslichen Gesellschaften und Erbfolge unter den Unterthanen allgemeinen Rechtens seyn soll.[464]

---

[459] Vgl. EBD., S. 19f.
[460] Vgl. EBD., S. 57–84 (auch im folgenden).
[461] Vgl. EBD., S. 58. Diese Phraseologie findet sich zum Beispiel bei so unterschiedlichen Autoren wie dem Calvinisten J. ALTHUSIUS (Politica [1614], S. 9) und dem Panegyriker Peters des Großen, M. HASSEN (Die wahre Staats-Klugheit [1739], S. 1).
[462] Vgl. R. SPAEMANN, „Glück, Glückseligkeit" (1974), Sp. 702; J.E. PLEINES, Eudaimonia zwischen Kant und Aristoteles (1984), S. 19.
[463] Vgl. G. ACHENWALL, Staatsklugheit (1761), S. 61.
[464] Vgl. EBD., S. 76.

Dieser Teil der Gesetzgebung gehöre zu den noch „ungebauten Feldern der Politik".[465] Sei das Zivilrecht erst einmal vollständig in ein Gesetzbuch zusammengefaßt, müsse es promulgiert werden. Überhaupt sei ein allgemein verbindliches Gesetzbuch wünschenswert, das nicht so sehr an der römischen Tradition anknüpfe. Fazit für Achenwall war, daß das europäische Justizwesen gegenwärtig nur in ungenügender Weise funktioniere. Solche Forderungen waren zu dieser Zeit öffentlich von Autoren wie Justi bekannt.[466] Die konkreten Forderungen und Vorstellungen in dieser Sache, wie Achenwall sie in seinen Notizen formulierte, hatten aber in dem Kompendium keinen Platz.[467]

b. Politik als universitäre Disziplin

Am Schluß der Vorrede der *Staatsklugheit* von 1761 hatte Achenwall sich dahingehend geäußert, daß er noch einige Anmerkungen „von dem ehemaligen Flor der Politik auf den Teutschen Universitäten" anzufügen gedachte. Aus ungenannten Gründen müsse er dieses Vorhaben auf unbestimmte Zeit verschieben. Dieses letztlich niemals veröffentlichte Manuskript — vielleicht riet der Kurator davon ab — über Politik als universitäre Disziplingeschichte ist im Nachlaß erhalten.[468] Einerseits wird dort die vorübergehende enge Verbundenheit der Politik mit dem deutschen Staatsrecht erwähnt, die maßgeblich zu beider Aufblühen im 17. Jahrhundert geführt habe.[469] Andererseits wurde Conring erstmals für Achenwall wirklich bedeutend: Er habe beide Disziplinen wieder voneinander getrennt, wodurch die Staatsklugheit bald ihren Rang verlor, weil das, „was nach dieser Absonderung nunmehr in der Politik übrig blieb", nach Achenwalls Meinung „von geringem oder gar keinem Nutzen" gewesen sei:

> Man klebte an der aristotelischen Politick, die theils sehr unvollständig ist, und verschiedene Hauptartikel gar nicht berühret, theils vor uns[e]re heutige[n] Staaten, die von ganz anderer Grund- und Regierungsverfassung sind, gar wenig brauchbar ist. Man fügte dessen Lehrsätzen eine Menge überflüssiger Kunstwörter und Spitzfindigkeiten hinzu, die durch die Scholastiker warm ausgesuchet worden [waren]. Die Beweise bestanden in Denksprüchen oder in Exempele[n] des Alterthums. [...] In Betreff der Regierungskunst begnügte man sich größtentheils damit, gewisse Staatsmaximen oder auch wohl ge-

---

[465] Vgl. EBD., S. 77.
[466] Vgl. J.H.G. VON JUSTI, Die Grundfeste zu der Macht und Glückseeligkeit der Staaten (1760), S. 14. Vgl. dazu auch B. STOLLBERG-RILINGER, Der Staat als Maschine (1986), S. 166.
[467] Vgl. unten E. III.
[468] Vgl. das Manuskript „§ 30" in COD. MS. ACHENWALL 188/52–56 (auch im folgenden).
[469] Vgl. dazu auch H. MAIER, Die Lehre der Politik (1966), S. 41ff.; M. STOLLEIS, Geschichte des öffentlichen Rechts (1988), S. 52, 116, 207, 231f.

wisse schändliche Ränke anzuzeigen, wodurch sich Staaten und besonders Regenten bey allerley Gefährlichkeiten erhalten oder auch bey besonder[e]n Gelegenheiten an Gewalt und Land vergrößert haben, ohne an die Arbeitsamkeit, den Handel, Münzwesen, Finanzverfassung, Bevölkerung zu gedenken. Gleichwie die aristotelische Ethik unter den Händen der Scholastiker eine spitzfindige Casuistik geworden [ist], so hat man dessen Politick zum einen Lehrgebäude der beschrienen Raison d'Etât gemacht. Man errichte[te] sich in re[i]ne Staatsfälle bey außerordentlichen Umständen des Staats ohne dessen ordentlichen und beständigen Zustand genau zu erwägen. Man blieb bei gewissen Lehrsätzen h[a]engen, die eigentlich zur Ausnahme gehörten, ohne die allgemeinen Regeln, das Wohl des Staats zu befördern, näher zu untersuchen. Kurz, die damaligen politischen Lehren waren in den Augen ächter Statisten, das ist practischer Staatsmänner, unnütz oder unerwiesen oder gar falsch und irrig.[470]

Damit werden Achenwalls Voreingenommenheiten gegen die vermeintlich „priapeische" beziehungsweise unzüchtige scholastisch-aristotelische Philosophie in aller Deutlichkeit klar. Andererseits warb er um eine Entmythologisierung der anscheinend immer noch machiavellistisch konnotierten Staatsklugheit mit dem Hinweis, daß die wirklichen Politiker hierin keine Gefahr sähen. Außerdem bliebe damit der Zugang zu allgemeingültigen Regeln grundsätzlich verwehrt.

c. *Politik als Lehre*

Welche Gedanken hegte Achenwall hinsichtlich der Politik vor seinen Studenten? Dort beschäftigten ihn wie in der Statistik und Historie eher pädagogische Gedanken. So stellte er auf einem seiner Notizzettel im August 1767 die Überlegung an, daß er künftig ganz anders in seinen Vorlesungen zur Politik vorgehen wolle.[471] Die „H[au]ptmaterien" gedenke er fortan über einen „freyen Disc[urs]" zu erledigen, da lediglich vorgetragene, wenn auch „leicht begreifliche" Sätze „languissant" seien und „alles matt" erscheinen lassen würden. Außerdem müsse er zu illustren Beispielen greifen.

Diese Überlegungen über den richtigen didaktischen Umgang mit der Politik hatten ihren Ursprung in Achenwalls Beschäftigung mit dem Berliner Pastor, Realschulen- und Waisenhausdirektor Johann Julius Hecker.[472] Hecker hatte 1755 versucht, *Die Glaubenslehren der Christen zum Gebrauch der Schulen für verschiedene Classen* vorzutragen. Diese pädagogischen Absichten gedachte Achenwall nun für seine Bedürfnisse umzumünzen: „Wo in Moral d[a]s Herz zu richt[en] z[ur] Tug[en]d, so hier in Politic

---

[470] COD. MS. ACHENWALL 188/52–56.
[471] Vgl. EBD., 192/2f. (auch im folgenden).
[472] Vgl. R. WILD, Stadtkultur, Bildungswesen und Aufklärungsgesellschaften (1984), S. 110.

zum Patriotismo. So macht es He[c]ker: nicht g[e]bunden an viele tro[c]kene Sätze u[nd] réussirt s[o] besser s[eine] Predigten."[473] So ging Achenwall dazu über, auch in der Politik einzelne Themen aus seinem Kompendium auszuwählen, um sie weitaus detaillierter vor seinem Auditorium anschaulich zu explizieren.[474]

Zusammenfassend kann konstatiert werden, daß Achenwall trotz seines empirisch-pragmatischen Blicks an zwei Stellen direkt an Hermann Conring anknüpfte: im Verständnis von Statistik als notitia rei singularis und von Geschichte als historia civilis. Beide bezog er auf den modernen Staat. Der Preis dieser Traditionsübernahme war, daß sich beide Disziplinen nur durch ihre temporäre Perspektive voneinander unterschieden. Aber durch das Syntagma pragmatica, das in der Aufklärung aus der Exempellieferantin historia die europäische Staatenhistorie modellierte, wurde die Geschichte bei Achenwall auf die Gegenwart verkürzt. So lösten sich die Grenzen zwischen diesen beiden Disziplinen endgültig auf.

Die Politik Achenwalls war als prudentia singularium rerum civilium in gleicher Weise auf die einzelnen modernen Staaten begrenzt. Alle drei Disziplinen hatten sich letztlich nur der Singularien der gegenwärtigen Staaten und des europäischen Mächtesystems anzunehmen. So mußte ein Gelehrter über zehn Jahre nach Achenwalls Tod diesem nicht einmal kritisch gesonnen sein, um an der Statistik zu beanstanden, daß diese immer noch „eine so weitläuftige Bedeutung" habe.[475]

V.   CAMERALWISSENSCHAFTEN

Der deutsche Cameralismus galt lange einerseits als merkantilistisch, andererseits als absolutistisch und eudämonistisch dominiert. Erst spät habe der Einfluß von Physiokratie und Adam Smith neue Impulse ermöglicht. Die neuere Forschung hat, wie in der Einleitung angedeutet, dieses Bild revidieren müssen.[476] Speziell Justi, den Achenwall ausführlich las, akzentuierte die Ökonomischen, Policey- und Cameralwissenschaften stärker als das

---

[473] COD. MS. ACHENWALL 192/3.
[474] Vgl. zum Beispiel das Manuskript G. ACHENWALLS über die Geschichte der „Hamburgischen Bank" (EBD., 192/1), das an § 26 der Staatsklugheit (1761) anknüpft (S. 37).
[475] Vgl. die gegen die Göttinger gerichtete Schmähschrift von G.C. LIST, Beyträge zur Statistik von Göttingen (1785), S. III.
[476] Vgl. R. VOM BRUCH, Wissenschaftliche, institutionelle oder politische Innovation? (1988), S. 79ff.

Naturrecht.[477] Unter dem Einfluß von Montesquieu übernahmen Justi und seine Schule zunächst die Politik aus dem Kreise der praktischen Philosophie und integrierten sie in ihr System der Staatswissenschaften: Politik im utilitaristischen Verständnis, Policey-, Kommerzienwissenschaft und Ökonomik im traditionellen Sinne, schließlich die Kameralwissenschaft im Sinne von Finanzwissenschaft.[478]

Diese Schule von Cameralisten, als deren prominente Vertreter Georg Heinrich Zincke, Joseph von Sonnenfels, Heinrich Jung-Stilling und Johann Friedrich von Pfeiffer gelten, bestand weitgehend aus Praktikern und weniger aus juristisch geschulten Beamten oder Akademikern. Als Ausnahme mag Joachim Georg Daries gelten, der in Frankfurt an der Oder das Fach zuletzt als Rektor las.[479]

Die weiteren politischen Intentionen der Cameralisten um Justi wurden in den letzten Jahren herausgearbeitet. Neben der Verwissenschaftlichung der Ökonomie entwickelten sie eine umfassende politische Theorie des Staats, der politisch mindestens eine konstitutionelle Monarchie vorsah. Voraussetzung hierfür war das Ideal einer nicht mehr ständisch-koporativ, sondern bürgerlich verfaßten Gesellschaft, die ihren Ursprung in der Kritik Justis an einer landständischen oder absoluten Fürstenherrschaft besaß. Dessen radikal aufklärerische Positionen führten ihn schließlich zu Gewaltenteilung und Volksrepräsentation.[480]

a. Justi und andere Cameralisten

Achenwall hat seinen zeitweiligen Göttinger Kollegen Justi nahezu bis zu dessen tragischen Lebensende immer wieder gelesen, exzerpiert und rezipiert. Von 1755 bis 1757 lehrte Justi als Privatdozent und „Oberpolicey-Commissarius, unter dem Character eines Bergraths" in Göttingen.[481] Über dessen Werke konnte Achenwall insgesamt positive Urteile bilden.[482] Andere Policey- und Cameralwissenschaftler kritisierte er dagegen scharf. Dem

---

[477] Vgl. H. DREITZEL, Universal-Kameral-Wissenschaft als politische Theorie (1998), S. 151f., 162–169 (auch im folgenden).
[478] Vgl. H.E. BÖDEKER, Das staatswissenschaftliche Fächersystem (1985), S. 151.
[479] Vgl. R. VOM BRUCH, Wissenschaftliche, institutionelle oder politische Innovation? (1988), S. 94f.
[480] Vgl. H. DREITZEL, Justis Beitrag zur Politisierung der deutschen Aufklärung (1987), S. 159.
[481] Vgl. J.S. PÜTTER, Gelehrten-Geschichte (1765), S. 110. Vgl. dazu auch M. OBERT, Die naturrechtliche „politische Metaphysik" des Johann Heinrich Gottlob von Justi (1992), S. 18f.; U. WILHELM, Das Staats- und Gesellschaftsverständnis von J.H.G. v. Justi (1991), S. 415ff.
[482] Vgl. zum Beispiel Achenwalls Exzerpt über Justis *System des Finanzwesens* (1766) in COD. MS. ACHENWALL 198/23. Vgl. dazu auch weitere Exzerpte (EBD., 190/48 (nach 1770) und 188/37, 198/21, 24, 306, 312, 202/70f.).

österreichischen Cameralisten Joseph von Sonnenfels konnte Achenwall zum Beispiel wenig Gutes abgewinnen; dessen Darstellung *Von dem Ursprunge und Wachsthume der Handlung* (1769) sei fehlerhaft in ihrem historischen Teil und „geahmet an Hume oder Schlözer".[483]

An Justis *Staatswirtschaft* (1755) fand Achenwall den Stil gut und deutlich. Dennoch vermerkte er, daß Justi den Helmstedter Rechts- und Cameralwissenschaftler Georg Heinrich Zincke oft benützt habe, ohne diesen namentlich zu erwähnen.[484] Tatsächlich gilt Justis Versuch, die Cameralwissenschaften zu systematisieren, als Vollendung der Bemühungen Zinckes.[485] Aufgefallen ist Achenwall, daß Justi seine empirischen Kenntnisse der österreichischen und sächsischen Wirtschaftsverhältnisse nicht in seine allgemeinen Hypothesen einfließen lasse. Somit könne er nicht den Besonderheiten aller Staatsanstalten gerecht werden: „Sehr frische Ordnung, immer v[om] Groß[en] fängt er an; au[ch] vom Ganzen. Dann will [er] erst [zum] Kleinen, [au]f [das] Einzelne. So d[ie] synthet[ische] Philos[ophie], nicht ab[er] so d[ie] Natur in d[en] Staatsanstalt[en]."[486]

Bei allem grundsätzlichen Lob verzieh er Justi dessen Abkehr von einer früheren Kritik an der preußischen Finanzpachtung nicht. Für den Preis einer Anstellung als Berghauptmann hatte Justi 1765 diese Kritik in einer Widmung an die preußische Regierung zurückgenommen. Nun hatte er nichts mehr gegen die nach französischem Vorbild eingerichtete preußische Finanzpachtung einzuwenden. Achenwall konnte für diese Renegation nur Verachtung empfinden: „Niederträchtiger Schmeichler: schlägt sich selbst aufs Maul."[487] Selbst als er 1771 auf dem gleichen Zettel vermerkte, daß Justi im August in Berlin an „Schlagfluß" gestorben sei, war er nicht bereit, von seinem damaligen Urteil abzukommen. Tatsächlich ist Justi am 21. Juli 1771 in der Küstriner Festung verstorben, in der er unter dem Verdacht der Veruntreuung von Staatsgeldern einsaß.[488] Nicht alle Informationen erreichten den Göttinger Gelehrten in korrekter Weise.

---

[483] Vgl. EBD., 201/343.
[484] Achenwall besaß neben den geläufigen Veröffentlichungen Zinckes auch ein über 300 Paragraphen umfassendes Konvolut aus handschriftlichen Kollegmitschriften über die „General-Policey-Wissenschaft nach Zincke", das 1748/49 am Collegium Carolinum in Helmstedt im Herbst und Winter gehalten worden war (EBD., 211a – nicht die Handschrift Achenwalls).
[485] Vgl. H.E. BÖDEKER, Das staatswissenschaftliche Fächersystem (1985), S. 150.
[486] COD. MS. ACHENWALL 193/66.
[487] EBD., 198/24.
[488] Vgl. F. FRENSDORFF, Über das Leben und die Schriften des Nationalökonomen J.H.G. v. Justi (1903), S. 454ff.

b. Finanzpolitische Fragen und Wirtschaftsbild

Schon als junger Göttinger Dozent wollte sich Achenwall als Finanzexperte präsentieren. 1751 erschien sein *Entwurf einer politischen Betrachtung über die Zunahme des Goldes und Abnahme des Silbers in Europa*.[489] Ziel dieser Abhandlung war der Beweis, daß Silber im Vergleich zu Gold — trotz der amerikanischen Transporte — immer mehr ins Hintertreffen gerate. Tatsächlich hatten die Silbervorkommen in Mexiko und Peru die Förderungsmengen im 16. Jahrhundert zunächst drastisch erhöht.[490] Gegen Ende des 17. Jahrhunderts waren die Erträge allerdings zurückgegangen. Erst im 18. Jahrhundert kam es wieder zu einem Aufschwung. Dieses Phänomen reflektierte andererseits den allgemeinen Geldmangel, der charakteristisch für die Frühen Neuzeit war.[491] Außerdem hatten die Merkantilisten mit der Quantitätstheorie herausgefunden, daß die Preissteigerungen des 16. Jahrhunderts auf die gestiegene Gesamtmenge an Silber in Europa zurückzuführen seien.[492]

Achenwall beschrieb den außereuropäischen Handel, der von den Europäern in Silber bezahlt werde, während gleichzeitig die eigenen Waren in Gold verkauft würden. Inzwischen vermehre sich das Gold jährlich im Verhältnis fünf zu zwei gegenüber dem Silber. Dieser Mangel an Silber müsse, so Achenwall, spätestens in den nächsten 50 Jahren ungünstige Folgen in Europa nach sich ziehen.

Zum ersten und einzigen Mal erntete Achenwall vornehmlich Kritik für eine Abhandlung. Man warf ihm fachliche Mängel und politische Befangenheit vor.[493] Er zögerte daraufhin nicht, in einer im folgenden Jahr publizierten Entgegnung inhaltliche Fehler energisch zurückzuweisen. Außerdem beteuerte er strikte politische Neutralität.[494] Als Finanzexperte war sein öffentlicher Ruf allerdings erst einmal ramponiert. Zehn Jahre später mußte er außerdem in seinem Politikkompendium zugeben, daß das Verhältnis zwischen Gold und Silber mittlerweile wieder eins zu vier-

---

[489] Vgl. G. ACHENWALL, Entwurf einer politischen Betrachtung über die Zunahme des Goldes und Abnahme des Silbers in Europa (1751), Sp. 81ff. Eine von Achenwall korrigierte Druckvorlage befindet sich in COD. MS. ACHENWALL 204b/41. Vgl. dazu auch die handschriftliche französische Übersetzung des ursprünglichen Entwurfs (EBD., 203a/185). In diesem Konvolut finden sich weitere finanzpolitische Promemoriae und Vorarbeiten.
[490] Vgl. M. NORTH, Kommunikation, Handel, Geld und Banken (2000), S. 28.
[491] Vgl. G. PARKER, Die Entstehung des modernen Geld- und Finanzwesens in Europa (1979), S. 335ff.
[492] Vgl. J. BURKHARDT, Der Begriff des Ökonomischen in wissenschaftsgeschichtlicher Perspektive (1988), S. 57.
[493] Vgl. die Kritik an Achenwall in den HGA 95 (1751) (auch in COD. MS. ACHENWALL 204b/43).
[494] Vgl. HGA 11 (1752), Sp. 169–184.

zehn betrage.[495] Dieses Verhältnis war bereits im 17. Jahrhundert erreicht worden.[496]
Finanzpolitische Fragen beschäftigen Achenwall weiterhin, wenn auch nicht mehr öffentlich. Sein Briefwechsel über die Hamburgische (Wechsel-)Bank verdeutlicht diese Ambitionen.[497] In einem ähnlichen Kontext sind zwei späte Antwortschreiben eines Hamburger Bankiers zu sehen, da Achenwall „neulich so sehr wünschte", über die Berliner Bank „etwas genauer unterrichtet zu seyn".[498] Einige Promemoriae über finanzpolitische Themen, die Achenwall glossiert oder selbst verfaßt hat, beweisen ferner, daß er von Münchhausen als Sachkenner in diesen Fragen weiterhin konsultiert worden ist.[499]

Die zu Lebzeiten veröffentlichten Positionen Achenwalls zum Cameralwesen lassen sich in folgender Weise zusammenfassen.[500] Es finden sich Bemerkungen, die auf ein merkantilistisches Wirtschaftsdenken hinweisen, was weder überrascht noch verwundert.[501] Daß der Gewinn beziehungsweise die Macht eines Staates hauptsächlich auf dem Erdboden und dem Fleiß der Menschen beruhe, ist eine der vorindustriellen Welt angemessene Beobachtung. Sie war nicht einmal ausschließlich bei Physiokraten zu finden.[502] Mit dem Topos der handelsfeindlichen, aktiven Außenhandelsbilanz entsprach Achenwall dem merkantilistischen Denken seiner Zeit, das knappen Ressourcen zu entsprechen versuchte.[503] 1789 lebten zum Beispiel nur 16 Prozent der französischen Bevölkerung in Städten, 75 Prozent der nationalen Produktion kamen aus dem Agrarsektor. Jeder Versuch, eine moderne Marktwirtschaft zu etablieren, mußte auch mit der Landwirtschaft als Motor arbeiten.[504] Die Ansicht der Vertreter des Merkantilismus, daß der Außenhandel ein Übel darstellt, stand

---

[495] Vgl. G. ACHENWALL, Staatsklugheit (1761), S. 130.
[496] Vgl. M. NORTH, Kommunikation, Handel, Geld und Banken (2000), S. 28.
[497] Vgl. den Brief des Hamburger Kaufmanns und Autors Nicolaus Magens über diese Bank (COD. MS. ACHENWALL 206c/20). Zu der damaligen Hamburgischen Wechselbank vgl. M.E. TOZE, Der gegenwärtige Zustand von Europa, Teil 1 (1767), S. 142.
[498] An Achenwall, 23. Juni 1770 (COD. MS. ACHENWALL 89/279f.).
[499] Vgl. zum Beispiel EBD., 203ª/91f., 94, 105. Vgl. dazu auch das mit „B" unterzeichnete umfangreiche Promemoria „Gründe zur Beurtheilung des Zustands einer Banque, und der Ursache von der Zunahme oder Abnahme ihres Credits" (EBD., 29/121–129).
[500] Vgl. G. ACHENWALL, Staatsklugheit (1761), S. 91–120, 179ff., 224ff., 244ff., 259ff. (auch im folgenden).
[501] Solche Positionen finden sich fast wörtlich auch bei J.H.G. VON JUSTI, Abhandlung von der Macht, Glückseeligkeit und Credit eines Staats (1760), S. 1ff., 44.
[502] Vgl. zum Beispiel C. GARVE, Adam Fergusons Grundsätze der Moralphilosophie (1772), S. 243.; E. DE VATTEL, Völkerrecht (1758), S. 122.
[503] Vgl. F. FELSING, Die Statistik als Methode der politischen Ökonomie (1930), S. 53; G. BAYERL/T. MEYER, Glückseligkeit, Industrie und Natur (1994), S. 151.
[504] Vgl. B. STOLLBERG-RILINGER, Europa im Jahrhundert der Aufklärung (2000), S. 46.

einer Erhöhung der Produktivität allerdings dogmatisch entgegen.[505]

Nur aus dem Nachlaß können bei Achenwall erste Spuren des neuen kapitalistischen Denkens beziehungsweise des wirtschaftlichen Wachstumsgedankens wahrgenommen werden. Sie deuten auf ein sich veränderndes Wirtschaftsdenken hin. Dabei wurde er von der Lektüre der englischen und schottischen Vordenker überraschend wenig beeinflußt. Adam Smiths *The Theory of Moral Sentiments* (1759) fand zwar großen Gefallen bei ihm — „treffl[iche] Gedanken".[506] Doch die rechtsstaatliche, freiheitliche und kapitalistische Gesellschaft, die der Professor aus Glasgow entstehen ließ, indem er die Wirtschaft aus ihrem moralischen Kontext herausholte und sie politisierte, las Achenwall nicht heraus.[507] Sein Umgang mit Wirtschaft und Kapitalismus war überhaupt wenig von psychologischen oder moralischen Gedanken geprägt. Unter dem Stichwort „Handel" notierte er sich:

> Ist Vertauschung des Überflüssigen gegen d[a]s Nothdürftige [...] D[ie] E[i]nführ[un]g des Handels hat die Industrie sowohl im Landbau als M[anu]facturen vermehrt. Sonst baute man d[en] Acker so viel als m[an] mit s[eine]r Familie verzehrt. Nicht mehr Handwerker in d[er] Stadt, als die einheimischen Bürger M[anu]facturen brauchte[n]. [.] Nicht Gold u[nd] Silber v[on] Bürgern mach[en] e[in] Land reich, sondern M[anu]factur[en] u[nd] e[in] profitabler H[an]d[e]l, e.g. Spanien, Portugal, Hannover, Ungarn contra Frankr[eich], Holland. [.] Macht aller Handel e[in] Land reich? Nein: die Balance davon; ex. am Handel mit China. [.] Proport[ion] d[er] Anzahl d[er] Menschen in d[en] 3. Nahrungsständen: 100. Bauern, 1. M[anu]factur. 100. M[anu]factur[en], 1. Kaufmann in spec[ie]. <Ist nur einiger Maaßen wahr>[508]

Es ist zunächst der Topos der Handelslehre, der Chrematistik,[509] der bei Achenwall die alte Ökonomik ablöste.[510] Der Profit war bei Achenwall schon fast Selbstzweck, wenn er meinte, daß der „Geld effectus" mittlerweile „Sporn d[er] Industrie" sei.[511] Ein „profitabler" Handel sei dafür Bedingung. Daher mußte ein Wirtschaftssystem vorhanden sein, daß das Prinzip der Produktivität besonders hervorhob. Mit François Quesnays „Tableau économique", das nach der Jahrhundertmitte erstmals den Wirtschaftskreislauf systematisch darstellte und den Fluß der Waren beziehungsweise des Ka-

---

[505] Vgl. T. NIEDING, Physiokratie und Revolution (1991), S. 73, 76.
[506] Vgl. COD. MS. ACHENWALL 180/137.
[507] Vgl. R. PORTER, The Creation of the Modern World (2000), S. 202f., 386, 393f.
[508] COD. MS. ACHENWALL 194/298.
[509] Vgl. O. BRUNNER, Das „ganze Haus" und die alteuropäische „Ökonomik" (1980), S. 105; H. MAIER, Die Lehre der Politik (1966), S. 54.
[510] Vgl. E. HELLMUTH, Praktische Philosophie und Wirtschaftsgesinnung (1986), S. 136ff.; G. BAYERL/T. MEYER, Glückseligkeit, Industrie und Natur (1994), S. 157; J. BUCHAN, Unsere gefrorenen Begierden (1999), S. 51.
[511] Vgl. COD. MS. ACHENWALL 186/40.

pitals in den Mittelpunkt stellte, hat sich Achenwall nicht dezidiert beschäftigt. Überhaupt scheint die école physiocratique, die sich seit den sechziger Jahren in Frankreich durchsetzte,[512] an ihm vorbeigeschrieben zu haben. Dennoch machte sich Achenwall detailliert Gedanken über den Einfluß der Arbeitsteilung:

> Industrie separirt d[ie] Professionen ex. in L[an]dbau u[nd] H[an]dwerke so v[ie]l mögl[ich]. Nutzen a) vor Professioniert[en]: Arbeit ihm leichter u[nd] g[e]schwind[er]; b) vor Käufer: b[e]kommt s[o] vollkommener s[o] in b[e]ss[ere]r Güte u[nd] wohlfeiler; c) vor Staat: so m[e]hr M[en]sch[en] ernährt w[e]g[en] Wohlfeil mehr debit in einen; u[nd] oft v[on] auß[en]; u[nd] jedermann m[it] d[ie]s[er] Waare eh[e]r zufrieden.[513]

Diese Äußerungen sind ein weiteres Beispiel dafür, wie Achenwall über die ständische Welt hinausdenken konnte. Dazu bedurfte es nicht einmal der Inspiration und Innovation anderer europäischer Staaten und Autoren. Not und fiskalische Interessen hatten bereits im Deutschland des 17. Jahrhundert dazu beigetragen, den Prozeß der Umgehung des Zunftzwanges zu starten. Nur auf diese Weise waren technische Neuerungen und Zuwanderungsgruppen in das Kartell der Zünfte zu integrieren gewesen. Die Gewerbefreiheit wurde in Deutschland gleichsam von Fürstenhand vorbereitet, auch wenn dadurch keinesfalls ein gerader Weg zur Marktwirtschaft führte.[514] Daher verwundert es nicht, daß Achenwall in der *Staatsklugheit* von 1761 die Frage nach den Handwerksinnungen in gedruckter Form unbeantwortet ließ[515] — seinen Studenten hatte er in auditorio sicherlich mehr zu sagen. Auf einem mit „Wie Geld würkt Arbeitsamk[ei]t" betitelten Manuskript nannte Achenwall ein Beispiel:

> Pone Caius, e[in] reicher H[an]delsm[ann] [au]s Carthargo, kommt nach Cadiz, s[ich] dort des H[an]d[e]ls weg[en] zu etabliren; hat 1) Waaren: seyd[ene] Tücher, wollene Tüche[r], Spiegel, Messer, Löffel; a) Tauscht Stück Land ein, baut s[ich] Haus, baut L[an]d, b[e]zahlt Arbeiter mit Waare[n]; b) tauscht Wolle ein, Weine; 2) er k[en]nt G[e]br[au]ch d[e]s Geldes, d[er] Waaren alle: g[i]bt Geld zu Pfand, soll Waare daf[ü]r haben. Weil er e[in] wohlhab[ener] Mann ist, traut m[an] ihm. Er v[er]spricht, vor d[ie] War[en] d[a]s G[e]ld w[ie]d[er] anzunehmen. 3) Wird Mode unt[er] d[en] Span[iern]; so offerirt m[an] s[ich] noch mehr Wolle, Wein b[e]schaffen, will er mehr G[e]ld g[e]ben.[516]

Von hier führt kein direkter Weg zu der modernen Martkwirtschaft. Dies beweist Achenwalls Beschäftigung mit dem Luxus

---

[512] Vgl. T. NIEDING, Physiokratie und Revolution (1991), S. 58, 73ff.
[513] COD. MS. ACHENWALL 204/25.
[514] Vgl. O. VOLCKART, Zur Transformation der mitteleuropäischen Wirtschaftsordnung (2001), S. 304, 308.
[515] „Ob die Handwerks-Innungen abschaffen?" (§ 22); „Ob allerley Handwerker außer den Städten zu dulden?" (§ 24) (G. ACHENWALL, Staatsklugheit (1761), S. 104).
[516] Cod. Ms. Achenwall 186/41.

beziehungsweise der „Pracht", auch wenn sich in seinem Politikkompendium darüber nur knappe und weniger scharf kritisierende Äußerungen finden.[517] In traditioneller Art bekämpfte er wie die meisten seiner Zeitgenossen den Luxus wegen seiner moralischen und ökonomischen Nachteile. Erst zu Beginn des 19. Jahrhunderts wurde die Ausweglosigkeit dieses Unterfangens in der kapitalistischen Welt bemerkt.[518] Für Achenwall war die Analyse dagegen noch einfach. Er versuchte nicht einmal wie Justi, ein gewisses Maß an Luxus als Motor der inländischen Manufakturen und Geldzirkulation gutzuheißen.[519]

Der Luxus bringe, so Achenwall, ausländische und überflüssige Waren in das Land und ruiniere die Gesundheit der Staatsbürger. Außerdem entfache er die „Begierde nach Reichthum" und verderbe die guten Sitten. Ehre, „Empfindung d[e]r Menschlichkeit", Ehe, „Kinderzucht" — alles falle ihm zum Opfer. Selbst die Mode als Besonderheit des Luxus hat Achenwall sich durch das kurze Manuskript eines Unbekannten erklären lassen. Problematisch sei, daß die Mode sich nicht „mechanisch" beziehungsweise kausal erklären lasse und ihre Ursprünge im dunkeln lägen. Wahrscheinlich entstehe sie durch Eindrücke und fremde Güter, die Reisende mitbrächten.[520] Seine Ursache habe der Luxus in eigenartiger Weise im florierenden Handel. Je größer der Handel, desto größer werde auch der Reichtum und damit die Distanz zwischen arm und reich. Dieser neugeweckte Eigennutz wecke neue Begehrlichkeiten und Vergnügungen. Damit werde die soziale „Kluft" in Deutschland weiter vergrößert.[521] Diese Gefahr hatte Achenwall gegen Ende seines Lebens auch in Frankreich ausgemacht.

c. „*Französischer Finanzstaat*" *(1774)*

Zwei Jahre nach seinem Tod gab sein ehemaliger Schüler Johann Conrad Spamer die unvollendet gebliebene Darstellung über den *Französischen Finanzstaat* (1774) in überarbeiteter Form heraus. Achenwall hatte sich anläßlich des Ende 1771 ergangenen fran-

---

[517] Vgl. EBD., 194/414 (auch im folgenden); G. ACHENWALL, Staatsklugheit (1761), S. 119f.
[518] Vgl. L.T. VON SPITTLER, Vorlesungen über Politik (1828), S. 431.
[519] Vgl. M. STOLLEIS, Pecunia Nervus Rerum (1983), S. 51.
[520] „Hiervon werden Geschenke an die Vornehmen gemachet, welche allezeit ihre Pracht in Dingen weisen, welche nicht viel Leute bekommen können; der gemeine Haufen äffet allezeit den Vornehmen nach, und wenn man eine Sache einige Zeitlang gebrauchet hat, so wird eine Gewohnheit daraus, die nach der Zeit nicht so leichte abzuschaffen ist, Taback und Lasten schmecken und riechen beyde übel; beyde sind von der Neubegier eingeführet worden; beyde werden von der Gewohnheit beybehalten" (COD. MS. ACHENWALL 194/444 — nicht die Handschrift Achenwalls).
[521] EBD., 186/43.

zösischen Steueredikts mit einem eingehenden Kommentar über das dortige Finanzsystem beschäftigt, als er plötzlich verstarb. Nur etwa ein Drittel der Druckbögen hatte Spamer vorfinden können, so daß die restlichen hundert Seiten „zettelweis[e]" und durch eigene Arbeit ergänzt werden mußten.[522] Spamers eigener Beitrag beschränkte sich darauf, einzelne Ergänzungen zu den französischen Finanzbestrebungen zwischen 1763 und 1771 darzulegen, wobei ihm Achenwalls Zettel als Grundlage dienten.

1748 hatte Achenwall in seinem Kompendium über die Statistik noch die Vorbildfunktion der Franzosen in Cameralsachen erwähnt — ohne negativen Beiklang.[523] Ende der siebziger Jahre sah er das anders.[524] Achenwall betonte, daß das französische Finanzwesen mit diesem Edikt zum „Grund einer fast totalen Umgießung" des Staats geworden sei, wie sich vor allem durch die Verringerung der Macht der landständischen Parlamente beobachten ließe. Diese Thesen bestätigte er in seinen Anmerkungen zu den einzelnen Artikeln des Edikts, das er oben im Text in französischer Sprache zitierte. Die Lage in Frankreich sei sehr gespannt, führte Achenwall weiter aus. Trotz der Tatsache, daß auch andere Staaten nach dem Siebenjährigen Krieg hoch verschuldet seien, habe allein Frankreich seinen Kredit überall verloren.[525] Ohne zu zögern, entlarvte Achenwall wohlklingende „idées systématiques", mit denen dieses Edikt neue Einnahmen zu leisten vorgab.[526] Diese seien ausnahmslos „eitle Projekte", die keine wirklichen Erträge liefern und nichts als „Verwirrung und Unheil" anrichten würden. Entschleierung erfuhr auch jener Artikel IV des Edikts, der — „so wie er da liegt" — nicht verständlich sei. Er verweise auf ein älteres Edikt von 1768, das wiederum nur aus einer Reihe von älteren Bestimmungen bestehe. Damit werde in der französischen Finanzpolitik ähnlich beschwerlich „wie in der Wolf[f]ischen Philosophie" zitiert.

Besondere Aufmerksamkeit fanden schließlich die „Bürden des Volks", die mit dieser Entwicklung in einem engen Zusammenhang stünden. Er sei der Meinung, daß „ohne das Elend des gemeinen Mannes, und selbst des Mittelstandes" diese neuerlichen Auflagen nicht zu erfüllen seien. Von dieser Belastung für die Bevölkerung, die für ihn zwar keine Bürger darstellten, sondern nur Untertanen, finden sich auch in seinen Notizen Spuren:

---

[522] Vgl. dazu G. ACHENWALL, Französischer Finanz-Staat (1774), Vorrede, o.S.
[523] Vgl. DERS., Vorbereitung zur Staatswissenschaft (1748), S. 31.
[524] Vgl. DERS., Französischer Finanz-Staat (1774), S. 14, 16f., 19f., 29f., 34, 49f., 55f., 62, 67 (auch im folgenden).
[525] Vgl. dazu T. NIEDING, Physiokratie und Revolution (1991), S. 72f.
[526] Dennoch galt der französische Staatshaushalt bis zu M.J. Neckers fingierten Entwurf von 1781 als eines der bestgehütesten Staatsgeheimnisse Europas (G. TREFFER, Geschichte Frankreichs (1998), S. 156).

„Fr[an]z[ösischer] Unterthan d[urch] Steuern verarmt."[527] Es ist wieder einmal der soziale „Tatsachenblick",[528] den Wolfgang Bonß speziell Achenwall nicht zugestehen wollte. Doch Achenwall war bereits in der Lage, von ständischer Ordnung befreite Wirtschaftsprinzipien zugunsten eines gewissen Maßes an sozialer Gerechtigkeit erkennen zu können.

---

[527] COD. MS. ACHENWALL 30a/116.
[528] Vgl. W. BONSS, Die Einübung des Tatsachenblicks (1982), S. 66f.

D. DAS NATURRECHT ALS GRUNDLAGENDISZIPLIN

Im Rahmen dieses Kapitels eignen sich zwei Möglichkeiten, das Naturrecht zu beschreiben. Zum einen ist es als Teil der erneuerten praktischen Philosophie zu begreifen, dem im 18. Jahrhundert der Status als subsidiäres Recht zugestanden wurde.[1] Der zweite Ansatz ist die funktionale Vorstellung einer umfassenden Sozialphilosophie, die alle humanwissenschaftlichen Fächer und Disziplinen integriert.[2] Er geht von der Prämisse aus, daß Recht immer „von Natur aus allumfassend"[3] und stets in der Lage ist, in alle sozialen Bereiche einzudringen.[4]

Von Anfang an versuchten die Naturrechtsautoren, mit Hilfe von Nomos oder göttlichem Recht, positiven Gesetzen oder der Ethik, der Politik und später der Moraltheologie, ihre jeweilige natürliche, überpositive Rechtsidee mit einer eher mythisch als empirisch aufgefaßten Natur des Menschen zu verbinden.[5] Sie konstruierten entweder eine als ideal empfundene Gesellschaft – exemplarisch durch Rousseaus „jeunesse du Monde"[6] vertreten –, oder hielten ihrer Gegenwart die Möglichkeit eines vorstaatlichen Idealzustands vor. Dieser sozialphilosophische Gebrauch des natürlichen Rechts versuchte, die Grundfragen menschlichen Lebens philosophisch, ethisch, politisch und vor allem rechtlich zu entwerfen, zu bestimmen und zu kritisieren.[7]

---

[1] Vgl. D. KLIPPEL, Politische und juristische Funktionen des Naturrechts (2000), S. 4f.
[2] Vgl. K.G. LUTTERBECK, Staat und Gesellschaft bei Christian Thomasius und Christian Wolff (2002), S. 16ff.
[3] F. MIGLIORINO, Kommunikationsprozesse und Formen sozialer Kontrolle im Zeitalter des Ius Commune (1997), S. 51.
[4] Impulse dieser Art scheint das Naturrecht noch immer auszustrahlen: Die Fundamentalkritik an John Rawls' *Theorie der Gerechtigkeit* (1971) gilt als Auftakt der Debatte um den Kommunitarismus (W. REESE-SCHÄFER, Kommunitarismus (2001), S. 13, 16).
[5] Vgl. A. KAUFMANN, Analogie und „Natur der Sache" (1982), S. 10; P. KRAUSE, Naturrecht und Kodifikation (1988), S. 7; O. HÖFFE, Politische Gerechtigkeit (1994), S. 88ff.
[6] Vgl. J.J. ROUSSEAU, Diskurs über die Ungleichheit (1755), S. 194f.
[7] Vgl. E. WOLF, Große Rechtsdenker (1939), S. 312f., 467f.; E. SCHOCKENHOFF, Naturrecht und Menschenwürde (1996), S. 147, R. BUBNER, Welche Rationalität bekommt der Gesellschaft (1996), S. 9.

Das rationale Naturrecht, dessen Prinzipien a priori erkannt werden mußten, war dabei die eine Rechtsquelle. Naturrechtliche Fragen konnten außerdem genetisch beantwortet werden, das heißt ausgehend von einer ursprünglichen, vorstaatlichen Gleichheit aller Menschen. Die anthropologische Seite[8] dieser Beweisführung war deswegen der natürliche Mensch. Faßbar wurde er im Typus des ‚Wilden', der nach persönlicher Freiheit strebt.[9] Beide Methoden, die apriorisch-rationale und die genetisch-anthropologische, konnten mit empirischen Beweisen vermischt werden. Der rein apriorischen Beweisführung wurde somit eine psychologisch-sensualistische Ebene zugedacht, der anthropologischen Ebene eine historische Argumentation.

I. ZWISCHEN IUS COMMUNE UND SOZIALPHILOSOPHIE

Der Anspruch, das Naturrecht als Sozialphilosophie zu verstehen, ist bereits bei Thomas von Aquin zu beobachten. Solange sich das Naturrecht durch das christliche Fundament bestätigt sah, fiel es den Gelehrten nicht schwer, sozialphilosophische Funktionen mit dem Naturrecht zu erfüllen — die enge Verbindung mit dem Christentum ermöglichte eine stringente Klärung aller Bereiche zwischen Lebensordnung und Ethik. Diese christliche Ordnung geriet in eine Krise, als Hobbes, Spinoza, Leibniz, Pufendorf und Wolff das christliche Fundament durch ihre neuen Methoden in Frage stellten. Der Bruch mit den teleologischen, moralischen und nicht apodiktischen Lehren der antiken und christlichen Tradition war endgültig — nicht aber der Anspruch, Naturrecht als Sozialphilosophie zu betrachten.[10]

Somit befand sich das apriorisch-rational aufgefaßte Naturrecht in einem Dilemma. Einerseits sollten es anthropologische, theologische und sonstige metaphysische Bedürfnisse erfüllen. Andererseits mußte es als wichtigste Disziplin innerhalb der praktischen Philosophie auch Sektoren der Klugheit, der Gerechtigkeit, der sozialen Pflichten, der Ökonomie und anderer Kontingenzen abdecken. Daher mußten die Autoren neue, vor allem

---

[8] Zur Anthropologie als Lehre vom Menschen im 18. Jahrhundert vgl. S. VETTER, Wissenschaftlicher Reduktionismus und die Rassentheorie von Christoph Meiners (1997), passim und den Artikel von H.E. Bödeker im LEXIKON DER AUFKLÄRUNG (1995), S. 38f.
[9] Vgl. dazu R. SPAEMANN, Genetisches zum Naturbegriff des 18. Jahrhunderts (1967), S. 67.
[10] Vgl. J. HABERMAS, Die klassische Lehre von der Politik (1961), S. 13ff.; F. WIEACKER, Privatrechtsgeschichte der Neuzeit (1967), S. 270f., 301ff.; W. RÖD, Geometrischer Geist und Naturrecht (1970), passim.

empirische Grundlagen enwickeln, zumal die alten Normen zunehmend ihre Gültigkeit verloren.[11]

Die obersten naturrechtlichen Prinzipien[12] blieben unter den europäischen Gelehrten seit Hugo Grotius dennoch mehr oder weniger gleich. In antiker, römischer, moralischer und christlicher Tradition war dies vor allem der Selbsterhaltungs- und Vervollkommnungstrieb sowie die Geselligkeit. Das ging einher mit einem sonstigen Pluralismus der Dogmen.[13]

Christian Thomasius trennte zu Beginn des 18. Jahrhunderts das Naturrecht von der theologischen und der philosophischen Fakultät und formte es zu einer juristischen Disziplin im weitesten Sinne.[14] Christian Wolff entwickelte nahezu gleichzeitig in einem monumentalem Entwurf ein neues philosophisches System samt Methode, das auch für das Naturrecht Schule machte.[15] Das Naturrecht sollte zunächst die systematischen Mängel des römisch-deutschen Mischrechts im Bereich des Privatrechts überwinden.[16] Weiterhin wünschten sich die Naturrechtsgelehrten, daß ihre Disziplin die Vorzüge der neuzeitlichen Philosophie nützen solle, um die positiven Rechte einschließlich des Staats- und Zivilrechts nach der Lehre der Vernunft zu bestätigen. Schließlich sollte es selbst geltendes Recht werden.[17] So waren sich die natürlichen Rechtsgelehrten zu Beginn des 18. Jahrhunderts einig, daß das ius naturale das wichtigste Fundament der positiven Jurisprudenz sein müsse. Die positiven Gesetze dürften jenem nicht widersprechen.[18]

---

[11] Vgl. H. DREITZEL, Vom Verfall und Wiederaufstieg der Praktischen Philosophie (1973), S. 44f.

[12] Die Naturrechtsgelehrten des 18. Jahrhunderts verwendeten die juristischen und aristotelischen Kunstwörter widersprüchlich und zum Teil synonym. Dennoch galt die communis opinio, daß die Fundamente des Naturrechts seine universalen Prinzipien (propositiones iustae, enunciationes perfectae, iura naturalia oder facultates agendi bonae) sind (J.F. BUDDEUS, Elementa philosophiae instrumentalis, Bd. 1 (1717), S. 140; J.G. DARIES, Observationes iuris naturalis, socialis et gentium, Bd. 1 (1751), S. 12; E. TOPITSCH, Das Problem des Naturrechtes (1972), S. 167; H. COING, Europäisches Privatrecht (1985), S. 19f.).

[13] Vgl. R. TUCK, The ‚modern' theory of natural law (1987), S. 117.

[14] Vgl. P. SCHRÖDER, Naturrecht und absolutistisches Staatsrecht (2001), S. 11, 136.

[15] Vgl. H.M. BACHMANN, Zur Wolffschen Naturrechtslehre (1983), S. 161.

[16] Vgl. K. LUIG, Die Anfänge der Wissenschaft vom deutschen Privatrecht (1967), S. 206.

[17] „Souveräne Staaten lassen sich nicht nach den Justinianischen Gesetzen richten, sondern wollen die zwischen ihnen sich hervorthuenden Irrungen nach den Lehren der Vernunfft beurtheilet wissen [...]; daß diejenigen Gelehrten zum Gelächter [ge]worden, welche in solchen wichtigen Sachen mit dem Bartolo oder Baldo aufgezogen kommen" (A.F. GLAFEY, Geschichte des Rechts der Vernunfft (1739), S. 4f.). Vgl. dazu auch E. WOLF, Große Rechtsdenker (1939), S. 374, 426; H. COING, Europäisches Privatrecht (1985), S. 76; C. LINK, Rechtswissenschaften (1985), S. 120.

[18] Vgl. zum Beispiel die Reformvorschläge des Pufendorfschülers J. GRÖNING, wie die Unklarheiten und Fehler im Verhältnis des Natur- und Völkerrechts zum Zivil-

Die Legisten reagierten schnell. Sie schränkten das Corpus Iuris materiell auf jene Prinzipien ein, die dem Naturrecht nicht widersprachen und näherten sich zum Beispiel durch die Rechtsphrase Natur der Sache formell dem Naturrecht an.[19] Noch vor der Jahrhundertmitte war jedem deutschen Rechtsgelehrten bewußt, wie Gottlieb Stolle, jenaischer Professor für Moral und Politik, zusammenfaßte, daß das Naturrecht in seiner traditionellen Form nicht ausreichen würde, den Usus modernus beziehungsweise das römisch-deutsche Privatrecht zu verdrängen.[20] Dennoch kannte die Vielfalt der Rechtsquellen in der Frühen Neuzeit Privatrechtsprozesse, in denen sich die Parteien auf das Natur- oder Völkerrecht beriefen. So verwiesen zum Beispiel Lübecker Gewandmacher 1610 in einem Zunftprozeß mit Gewandschneidern auf das Völkerrecht. Sie hätten sich das Recht, Stoff selbst zuzuschneiden, durch jahrzehntelangen Brauch erworben. Jede andere Meinung sei gegen das ius gentium gerichtet.[21]

Dennoch mußten die naturrechtlichen Autoren neue Bestimmungen mit ihrer Disziplin erfüllen, um das ius naturale gegenüber seiner gefährlichsten Nachbardisziplin unersetzlich zu machen. Weitreichende Aufgaben fanden sie in allen politischen und sozialen Fragen ihrer Zeit, so daß sie das Naturrecht funktional als Sozialphilosophie beziehungsweise als Grundlagenfach im weitesten Sinne gebrauchten. Diese Fähigkeit hatte das Naturrecht bereits bewiesen, indem es die Revolution in den Naturwissenschaften, die Konfessionalisierung und den Aufstieg des Absolutismus absorbiert hatte. Die Antwort der Naturrechtsgelehrten stellte ein überkonfessionelles und mit dem Souverän vertraglich konstruiertes Rechtssystem dar.[22] Zu Achenwalls Lebzeiten standen neue Probleme auf der Tagesordnung. Als Folge der sukzessiven Politisierung war dies der Umgang mit

---

recht beseitigt werden könnten (Bibliotheca juris gentium europaea (1703), S. 360ff.). Vgl. dazu auch K. LUIG, Das Privatrecht von Christian Thomasius (1989), S. 235*.

[19] Vgl. zum Beispiel J.B. WERNHER, De genuina leges naturales & gentium investigandi methodo (1698), S. *1559; DERS., De auctoritate juris civilis circa obligationes naturales (1701), S. 2. Vgl. dazu auch N. HAMMERSTEIN, Jus und Historie (1972), S. 34; R. VOPPEL, Der Einfluß des Naturrechts auf den Usus modernus (1996), S. 43f., 221.

[20] Vgl. G. STOLLE, der sich dabei auf die Disputation *De Insufficientia Iuris Naturalis* (1681) von T.S. Ring berief (Anleitung zur Historie der juristischen Gelahrheit (1745), S. 10). Vgl. dazu auch J. SCHRÖDER, „Naturrecht bricht positives Recht" (1989), S. 430ff.

[21] Vgl. P. OESTMANN, Rechtsvielfalt vor Gericht (2002), S. 135f.

[22] Vgl. E. WOLF, Große Rechtsdenker (1939), S. 252ff.; H. WELZEL, Naturrecht und materiale Gerechtigkeit (1951), S. 7f.; F. WIEACKER, Privatrechtsgeschichte der Neuzeit (1967), S. 249ff.; N. HAMMERSTEIN, Jus und Historie (1972), S. 32, 76, 214f.; M. STOLLEIS, Geschichte des öffentlichen Rechts (1988), S. 271.

jenen ursprünglichen natürlichen Rechten, die später Grundrechte genannt wurden. Als Voraussetzung dazu mußte das Naturrecht erst einmal als Grundlagendisziplin aller Staatswissenschaften anerkannt werden.

a. Der Nutzen des Naturrechts

Für den natürlichen Rechtsgelehrten Achenwall lag der Sinn des Naturrechts zunächst darin, die Fundamente zum Studium des Rechts zu liefern. Darüber hinaus sollte das Naturrecht grundlegend für alle Staatswissenschaften wirken, womit Achenwall zugleich eine hierarchische Regelung zwischen diesen Disziplinen festlegte. Der zum Beispiel in der Politik und im Selbstverständnis des römischen Rechts enthaltene Bezug zum Naturrecht hat Achenwall nicht mehr ausgereicht, diese Basis zu vermitteln: „I[us] Rom[anum] sagt selbst: d[as] I[us] Civ[ile] entst[an]d ex p[r]op[osi]tis na[tur]alibus e[t] addito." Das Naturrecht sei „nicht bloß p[rae]paratorium ad Institutiones; s[on]d[ern] ad omnes reliquis Iuris Polit[icis] partes".[23] Ähnlich dachte auch Achenwalls Lehrer Heineccius in Halle, weniger dagegen reine Privatrechtsautoren.[24]

Nichtsdestoweniger hat auch Achenwall von der römischen Tradition einige der obersten Prinzipien des reinen Naturrechts übernommen — die ethischen Bedingungen deum colere (D 24.1) und honeste vivere (Inst I.1.3) sowie die klassischen juristischen Grundsätze suum cuique tribuere (Inst I.1.3), pacta servanda sunt (D 2.14) und vor allem das neminem laede (Inst I.1.3).[25] Allerdings wurde diese römische Rechtstradition im Naturrecht als philosophische Wahrheit und nicht als materielle Rechtsdogmatik benützt.[26]

Die Verwendung des Naturrechts als Fundament aller Staatswissenschaften ist als Symptom für die Politisierung Achenwalls zu sehen. Dies verdeutlicht ein von ihm unternommener Vergleich des Eigentums aus der Perspektive des Naturrechts und aus der der Politik. Aus naturrechtlichem Blickwinkel hätten die Untertanen das Recht, jede ungerechte Aneignung von Eigentum „mit Gewalt zu hemmen".[27] Dieses Zwangsrecht erlaubte so etwas wie die Eigentumsgarantie bereits im hypothetischen Naturzu-

---

[23] COD. MS. ACHENWALL 156/49.
[24] Vgl. J.G. HEINECCIUS (Grundlagen des Natur- und Völkerrechts (1738), S. 10f.). Zum Umgang der Privatrechtsautoren mit dem Naturrecht vgl. zum Beispiel G.A. STRUVE, Jurisprudentia romano-germanico-forensis (1760), S. 4f.
[25] Vgl. zum Beispiel COD. MS. ACHENWALL 164/299.
[26] Vgl. D. NETTELBLADT, Gedanken von dem heutigen Zustand der Rechtsgelahrtheit (1749), S. 9. Rechtsformeln wie suum cuique finden sich schon bei CICERO, De officiis (l. 1, 5 (15)), De legibus (l. 1, (19)).
[27] COD. MS. ACHENWALL 159/120f.

stand. Als politicus war für ihn Eigentum zwar wie im Naturrecht eine moralisch neutrale Kategorie. Es spiele keine Rolle, wenn dadurch die soziale Ungleichheit verstärkt werde. Allerdings müsse eine Justizreform Sorge tragen, daß die uneingeschränkte Garantie des Eigentums gesichert werde.[28] Von einem Zwangsrecht auf Widerstand gegen die unrechtmäßige Aneignung von Eigentum war hier nicht die Rede.

Was die Prinzipien oder grundlegenden Hypothesen des Naturrechts Achenwalls betrifft, entsteht bei einer Analyse des Nachlasses manchmal ein anderes Bild als aus den Kompendien und Vorlesungsmanuskripten.[29] Gottesfurcht und Eudämonia sind — weil die pädagogische Funktion entfiel — für die fachlichen Überlegungen des forschenden Naturrechtsgelehrten Achenwall nicht zentral gewesen. Dennoch läßt sich feststellen, daß er Naturrecht durchgehend als die Lehre der moralischen, vollkommenen, menschlichen und natürlichen Gesetze begriffen hat.[30] Der Zweck seiner Disziplin war für ihn, die Prinzipien des Naturrechts im Hinblick auf die einzelnen status hominum und die menschlichen freien Handlungen zu überprüfen. Dieser sozialphilosophische Zweck umfaßte sämtliche menschlichen Daseinsformen zwischen reinem Naturzustand und allen staatlich verfaßten Gesellschaften. Voraussetzung war, daß das Naturrecht alle Staatswissenschaften an Bedeutung überragte. Alle anderen Fächer wurden zu Subsidienfächer. Achenwalls hierarchischer Primat des Naturrechts zu allen Staatswissenschaften einschließlich des Privatrechts erklärt auch, warum er Werke von Pütter oder des älteren Mosers kaum gebrauchen konnte. Als Staats- und Zivilrechtexperten degradierten diese das Naturrecht zu einer der „Nebenquellen" (Moser) ihrer Disziplin und besaßen damit ganz andere Fundamente als der Naturrechtsautor Achenwall.[31]

Für das Naturrecht kamen für Achenwall sowohl in Leibnizischer als auch in Wolffscher Tradition die empirische Psychologie und die allgemeine praktische Philosophie als subsidiaria specialia in Frage. Die Verwendung von Wolffs Psychologie als Erfahrungswissenschaft im Sinne einer cognitio historica unterstützte den Anspruch des Naturrechts als empirische und rationale Disziplin. Nachweislich zitiert oder gelesen hat Achenwall das mehrere hundert Seiten dicke Werk Wolffs nicht.[32] Außerdem

---

[28] Vgl. dazu auch unten E. IV. a.
[29] Vgl. COD. MS. ACHENWALL 137/23f., 143/289, 156/101 (Oktober 1758), 156/107, 160/229, 162/12, 183/49 (1766), 183/31 (Sommer 1770), 188/121 (auch im folgenden).
[30] Vgl. EBD., 145/55.
[31] Vgl. J.J. MOSER, Einleitung in das Teutsche Staats-Recht (1760), S. 12.
[32] Wolffs *Psychologia empirica* war 1732 in lateinischer Sprache erschienen. Vgl. dazu auch E. CASSIRER, Die Philosophie der Aufklärung (1932), S. 307; N. HINSKE,

waren noch andere Hilfsmittel — wie die (natürliche) Theologie — für Achenwall notwendig, zum Beispiel, um herauszufinden, daß die Goldene Regel ein biblischer Spruch ist.[33] Ungleich wichtigere Hilfswissenschaften des ius naturale waren für ihn die Historie, die Kenntnis der wichtigsten Naturrechtsautoren und die positiven Gesetze. Letztere lieferten dem Naturrecht alle wesentlichen Termini:

> Das ius naturale hat eine Sprache, woher: aus den iuribus positivis. Es ist ein ius universale. Exemplum: hat es 1.000 Sätze, die aus den iuribus positivis abstrahirt worden sind. Die iura positiva sind auf Erfahrungen gebaut. Die meisten Gesetze entstehen aus bösen Sitten, i.e. Exempeln in contrarium.[34]

Achenwalls Naturrecht stand an der Spitze aller Staatswissenschaften im weitesten Sinne: Während zum Beispiel das positive Recht dem ius naturale Beispiele über „böse Sitten" ermögliche, zeige die Historie durch unzählige „unredliche casus speciales von illustren Streitigkeiten über meum et tuum" ihren Nutzen. Diese „Ränke und Ausflüchte" der Hilfswissenschaft Geschichte verschafften dem Naturrecht „einen vollständigen und hellen Begriff" davon, „was civitas und gens" betreffe. Werde von den Exempeln der Geschichte abstrahiert, erhalte man „die herrlichsten Sätze" für wichtige Teile des Naturrechts, vor allem für das ius publicum universale und für das ius gentium. Deswegen ist es für Achenwall nicht verwunderlich gewesen, daß die beiden größten und berühmtesten Naturrechtsgelehrten, Grotius und Pufendorf, zugleich Historiker waren: „Wer ohne diese Fackeln sich ins ius naturale begibt als Docent, der tappet im Finstern."[35]

Als vierte wichtige Hilfswissenschaft benützte Achenwall traditionell die cognitio litteraria, die über die verschiedenen Naturrechtssysteme der einzelnen Autoren informierte.[36] Dieser Einblick in die propositiones anderer Autoren gebe „Anlaß zu neuen Meditationen. M[an] lernt, [...] Wahrheit[en] von verschieden[en] Seit[en] ansehen. E[ffekt]: dad[urch] in Stande g[e]setzt, die beste zu wählen."[37] Eine ungewöhnlich eklektische Bemerkung für Achenwall! Vor seinen Studenten war er in dieser Sache anscheinend zu Kompromissen willens.

Wolffs empirische Psychologie und Kants pragmatische Anthropologie (1996), S. 97, 99.

[33] Vgl. dazu auch N. HEMMINGIUS, De lege naturae (1562), o.S.; J. HRUSCHKA, Die Konkurrenz von Goldener Regel und Prinzip der Verallgemeinerung (1987), S. 941f.

[34] COD. MS. ACHENWALL 156/77 (auch im folgenden).

[35] EBD.

[36] Vgl. dazu auch D. NETTELBLADT, der ebenfalls diese vier Fächer als Subsidienfächer des Naturrechts nannte (Systema elementare universae iurisprudentiae naturalis (1749), S. 10).

[37] COD. MS. ACHENWALL 156/77.

Achenwall hat seinen Zuhörern nicht einfach die Fundamente seines Naturrechts erklärt, wie sie etwa in seinen Handbüchern zu finden sind. Vielmehr hat er eine universale Rechtfertigung seiner Disziplin vorgetragen. So wies er in einem Vorlesungsmanuskript über die „Behutsamkeit in stabiliendis propositis iuris naturalis wegen seiner Importance" zunächst auf das naturrechtliche Fundament des ius naturale cogens hin: „Alles ius bey erlittener Laesion läuft endlich darauf hinaus, den laedentem auf Leib und Leben angreifen zu dürfen."[38] Dieses Grundrecht könne in casu gentis dazu führen, „ein ganzes Volk mit Feuer und Schwerdt anzufallen" und Millionen unbekannte Menschen „unglücklich zu machen".

Daher hätten die propositiones des ius naturale cogens „unendlichen Einfluß in das Glück nicht nur einzelner Menschen, sondern ganzer Staaten", gar „des ganzen menschlichen Geschlechts". Jeder müsse einsehen, daß das Naturrecht keine „metaphysischen Spitzfindigkeiten" und „Seifenblasen" enthalte, die alle paar Jahre anders ausgelegt werden könnten. Ausdrücklich ermahnte Achenwall seine Zuhörer, sich dieser Verantwortung bewußt zu werden und keine Angst vor der Wahrheit der natürlichen Schlußfolgerungen zu haben: „Wir müssen mit Furchtsamkeit unserer Sätze Wahrheit untersuchen. Wir dürfen keine Definition willkührlich annehmen. Wir müssen strenger überzeugen."[39] Das legitime Recht der Waffen könne sich auf „göttlichen Beystand und Vorsehung" verlassen, auch wenn der Angegriffene militärisch unterlegen sei. Als Beispiel für den göttlichen Einfluß auf denjenigen, der das ius cogendi nicht mehr besäße und somit nicht mehr von Gott privilegiert werde, nannte Achenwall den Schlachtentod Gustav II. Adolfs 1632 bei Lützen.[40]

Gegenüber seinen Studenten ist Achenwall nie müde geworden, vor allem den universalen Nutzen des Naturrechts zu erläutern. 1764 verkündete er zum Beispiel, daß es als Fundament allen positiven Rechts eine überaus wichtige Aufgabe habe: „Durch das ius naturale soll nämlich aller Streit in der Welt entfernt, verbannt, abgehalten oder theils getilgt werden."[41] Als das „einzige Gesetzbuch aller Souveräns" habe es den Zweck, „Sicherheit und Ruhestand" der einzelnen Menschen zu garantieren. Ohne Frieden sei darüber hinaus keine Glückseligkeit möglich. Somit umspannte Achenwalls Naturrecht eine Palette, die von der Friedenssicherung, Rechtssicherheit bis hin zum Fürstenspiegel reichte.

---

[38] Vgl. EBD., 144/213 (auch im folgenden).
[39] EBD., 144/213.
[40] EBD.
[41] EBD., 156/22 (auch im folgenden).

Dem „Pöbel" seien die natürlichen Rechte in ihrer Bedeutung nicht immer bekannt. Deswegen müsse der Landesherr das Naturrecht in Form der positiven Gesetze wiederholen. Die Beispiele allerdings, die Achenwall einige Zettelnummern weiter nannte — daß man nicht morden, nicht ehebrechen und keinen Meineid leisten soll — sind ihrer Herkunft nach nicht nur mit dem Naturrecht in Einklang zu bringen. Mindestens genauso stark schien hier der Dekalog durch.[42] Achenwalls pädagogische Bemühungen waren auch in diesem Fall augenscheinlich, die anscheinend nur als deontologische Forderungen bei seinen Zuhörern ankamen.

Jenseits seiner Vorlesungen polemisierte Achenwall gegen zeitgenössische Autoren, die die Wichtigkeit der naturrechtlichen Disziplin in irgendeiner Weise nicht wahrhaben wollten. Gegen diejenigen, die abstreiten würden, daß das ius publicum universale, das ius sociale und das ius gentium zum Naturrecht gehören, ist zum Beispiel das Manuskript „Eintheilung des ius naturalis" gerichtet.[43] Zu diesem Ergebnis kämen Autoren, die das Naturrecht lediglich „in sensu latiori" nähmen. Das war einerseits gegen die alte Tradition der aristotelischen Politik gerichtet, andererseits exemplarisch gegen Mosers Positivismus, der die Tendenz der Stoffanhäufung zu einem ungeahnten Höhepunkt gebracht hatte.

Der Positivismus, den Moser vertrat, war mehr der Kanzlei- und Gerichtspraxis verhaftet, so daß er lediglich die verfassungsrechtlichen Quellen des Reiches berücksichtigte. Für die rechtsphilosophische Abstraktion im Naturrecht hatte er wenig übrig.[44] Achenwall erschien dieses Verständnis „räthselhaft", weil das ius publicum universale per definitionem ausschließlich auf die zivilen beziehungsweise staatlich verfaßten Gesellschaften beschränkt sei. In seiner vorstaatlichen Fassung sei das ius publicum universale nun einmal das reine Naturrecht. Demnach könne man beide Systeme nicht voneinander trennen. Er sah im Naturrecht mehr als nur ein Propädeutikum für angehende Juristen. Für ihn war es das eigentliche Grundlagenfach des Rechts, das die zentralen politischen und sozialen Fragen zu beantworten habe.

b.   Verhältnis zum ius commune

In der Frühen Neuzeit war das Verhältnis zwischen dem Naturrecht und dem ius commune gerade im Gebiet des Reichs beson-

---

[42] Vgl. EBD., 156/51.
[43] Vgl. EBD., 144/131 (auch im folgenden).
[44] Vgl. M. STOLLEIS, Geschichte des öffentlichen Rechts (1988), S. 265ff.

ders konkurrierend.⁴⁵ Das ius commune konnte nicht en passant zu den subsidiaria specialia des Naturrechts gezählt werden. In seiner Ausprägung als Usus modernus wetteiferte das ius commune mit dem Naturrecht um den hierarchischen Primat innerhalb der juristischen Fakultät. Erst die historische Schule trennte beide Gebiete endgültig voneinander. Im Bewußtsein der meisten Rechtsgelehrten des 18. Jahrhunderts war der Einfluß des römischen Rechts allerdings nur noch auf das Privatrecht begrenzt — das ius publicum etwa wähnte sich gänzlich frei davon, außer in den Privatstreitigkeiten der Reichsstände. Der tatsächliche Einfluß der römischen Tradition in das gesamte staatswissenschaftliche Denken ist aber nicht hoch genug einzuschätzen.⁴⁶

Solchermaßen ununterscheidbar strukturiert, überrascht es nicht, daß Achenwall nur selten in seinen Kompendien wenigstens kurz die Gemeinsamkeiten beider Systeme explizit erwähnt hat,⁴⁷ die er als klare Abhängigkeit seiner Diziplin vom ius commune nicht gelten lassen wollte. Er versuchte daher, der von ihm in der Juristenausbildung als unterlegen empfundenen Stellung des Naturrechts gegenüber dem Privatrecht entgegenzutreten. Mit großem Selbstbewußtsein hat er vor „denen Herren", die „hoc Semester den 2ten Theil des ius naturale, scio ius publicum universale et ius gentium bey mir zu hören", die Bedeutung seiner Disziplin für die Ziviljurisprudenz unterstrichen: „Jedoch kann und wird es auch anders nützlich seyn, daß wir das ius naturale entweder als partem philosophiae oder als ein Fundamentum ad studium iurium positivarum betrachten und durchdenken wollen."⁴⁸ Daß Achenwall dabei das Wort „Fundamentum" unterstrich, beweist: Er plädierte vor allem für die letztere Perspektive.

Viel Zeit blieb Achenwall allerdings nicht — diese Rechtsstudenten hatten vorher noch nie eine öffentliche oder private Naturrechtsveranstaltung besucht. Das damalige Ideal eines Jurastudiums war der hallische, zwei- bis dreijährige cursus iuris, der in Göttingen übernommen worden war.⁴⁹ Dazu hörten die Studenten im ersten Semester die juristische Enzyklopädie und Methodologie, im zweiten Semester die Institutionen sowie die juristische Auslegungskunst und im dritten Semester das

---

45 Vgl. dazu auch Inst 1.2.11: „Iura naturalia quae apud omnes gentes peraeque observantur, divina quadam providentia constituta, semper firma atque immutabilia permanent". Vgl. ferner P. KOSCHAKER, Europa und das Römische Recht (1947), S. 139ff
46 Vgl. J.J. SCHMAUSS, Compendium Iuris Publici (1766), S. 13f.; H. COING, Europäisches Privatrecht (1985), S. 74.
47 Vgl. G. ACHENWALL, Observationes iuris naturalis, Spec. III (1754), S. 3ff.
48 COD. MS. ACHENWALL 156/37.
49 Vgl. N. HAMMERSTEIN, Jus und Historie (1972), S. 326.

erste Mal die Pandekten und das Lehnrecht. Vorher und nebenher sollten sie ein umfangreiches Programm (Naturrecht, Mathematik, Philosophie, Staatengeschichte, Reichsgeschichte und Diplomatik) absolvieren. Im vierten Semester sollten sie das Kirchenrecht, das ius publicum, das ius privatum, das Kriegs-, See- und Wechselrecht, und als staatswissenschaftliche Zugabe die Statistik hören. Im fünften Semester wären zum zweiten Mal die Pandekten Thema gewesen, ebenso das peinliche Recht und das Völkerrecht, aber auch die Cameral- und Policeywissenschaften. Im sechsten und letzten Semester wäre schließlich neben den obligatorischen Disputationsübungen und der juristischen Praxis die Geschichte der Rechtsgelehrsamkeit ebenso auf der Tagesordnung gestanden wie die Rechtsliteratur und schließlich die Landesrechte.[50]

In diesem Fall mußte Achenwall das ganze Pensum in einem Semester mit zwei Stunden pro Woche durchnehmen: „Ein schweres Unternehmen, aber ich hoffe zuversichtlich — Deo volente — es auszuführen."[51] Er meinte, eine adäquate Methode gefunden zu haben, dieses Vorhaben erfolgreich bewerkstelligen zu können: durch Abstraktion, durch Abgrenzung von den anderen Disziplinen, insbesondere von der Metaphysik, von der Psychologie und von der allgemeinen praktischen Philosophie, schließlich überhaupt durch Straffung des Naturrechts. Nur das ius naturale cogens der *Prolegomena iuris naturalis* wolle er durchnehmen, allenfalls noch ein paar Streitfragen und Zweifel aus dem „ius naturale polemicum" erwähnen.

Konkret beinhaltete dieses Programm damit die *Prolegomena iuris naturalis* und die Einleitungskapitel der *Elementa iuris naturae*, die parallel zu lesen waren, ohne daß dabei Paragraph für Paragraph durchgenommen wurde. In der Vorlesung kamen kurze Diktate und Tabellen dazu. Mit einer „Bitte um Attention, sonderlich in [den] ersten Stunden", da er dort die Fundamente des Naturrechts durchnehmen wolle, schloß Achenwall diese öffentliche Vorlesung mit einer Einschätzung seiner eigenen Befähigung für dieses Unternehmen: „Erwarten Sie von mir eben den Fleiß und Treue, als in privaten Stunden; ich darf mir etwas in dieser Sphaere zutrauen, da ich für 16–17 Jahre darin gearbeitet [habe], Lectüre und Meditationes beständig verkürzt und Compendia-Approbation gefunden [habe]. Dies dann docirt."[52]

---

[50] Vgl. J.C.F. MATTHAEI, Betrachtungen über das Studium der Rechtsgelehrsamkeit (1771), S. 160ff. Zu diesen hohen Anforderungen an den damaligen Rechtsgelehrten vgl. D. NETTELBLADT, Politische Vorschläge zu der Verbesserung der juristischen Vorlesungen (1750), S. 77f.; J.F. VON TROELTSCH, Anmerkungen und Abhandlungen in verschiedenen Theilen der Rechtsgelarheit (1775), S. 41f.
[51] COD. MS. ACHENWALL 156/37 (auch im folgenden).
[52] EBD.

Die latenten Bedenken, daß das Naturrecht gegenüber dem Privatrecht an Bedeutung verliere, beeinflußten das „Dictata ad § 800", das zu den *Elementa iuris naturae* führen sollte.[53] Zunächst erklärte er seinem Auditorium kurz in deutscher Sprache den Aufbau und Nutzen des ius civile privatum.[54] An dieser Stelle muß nochmal darauf hingewiesen werden, daß das Naturrecht von den Studenten am Anfang ihres Studiums und damit vor dem Zivilrecht gehört worden ist. So führte Achenwall aus, daß das ius civile wie das Naturrecht zunächst als objektives Universalsystem vorzustellen sei, in dem sich die positiven Gesetzessammlungen erwidert fänden oder doch erwidert finden sollten. Im Vergleich zum Naturrecht sei das Privatrecht aber „ad salutatem publicam" orientiert und müsse somit dem Aufbau der Politik folgen: „concipiendum ex politica". Damit stellte er das ius commune faktisch in ein Abhängigkeitsverhältnis zu einer unvollkommenen Wissenschaft und sprach ihm die Befähigung ab, über seinen eigentlichen Zweck — die Beurteilung gerechter und ungerechter Handlungen — zu verfügen.[55]

Anschließend diktierte Achenwall zwölf Paragraphen über das ius civile privatum, nun wie üblich in lateinischer Sprache. Im Grunde genommen faßte dieses Diktat nur die Ausführungen der *Elementa iuris naturae* zusammen, diese allerdings in deutlich einfacheren und leichter verständlichen Sätzen. Wichtig war für ihn wieder das suum cuique, das wie im Naturrecht ein zentrales Prinzip des Privatrechts sei. Das gemeinsame Fundament beider Rechtssysteme ergebe sich in erster Linie daraus, daß das gesamte positive wie auch das zivile Recht nichts anderes als Naturrecht sei, das auf einen Staat bezogen werde: „Totum ius civitatis est ius naturale ad civitatem applicatum. [.] Et ius civile privatum est ius naturale ad statum subditos civilem adplicatum".[56]

So würden Zivil- und Naturrecht nicht miteinander kollidieren, sondern sich im Staat ergänzen. Mit Bezug auf die *Elementa iuris naturae* verwies Achenwall darauf, daß die Untertanen durch den naturrechtlichen Vereinigungsvertrag zunächst zu der Beförderung der salus publica vollkommen verbunden seien. Erst der Unterwerfungsvertrag überlasse die inhaltliche Ausführung dem Souverän. Da fortan nur der Souverän über die Politik und deren „Magd", das Privatrecht, zu entscheiden habe, rücke das Naturrecht wieder in den Mittelpunkt aller Untertanen. Ansonsten hätte der pactum subiectionis den Souverän dazu ermächtigt,

---

[53] Vgl. EBD. 165/442 (auch im folgenden).
[54] Vgl. EBD., 145/215.
[55] Vgl. dazu unten S. 236.
[56] Vgl. EBD., 165/442.

einen schrankenlosen Absolutismus zu seinen Gunsten zu legitimieren.[57] Das Naturrecht verwandelte sich auf diese Weise in das einzige Recht der Untertanen, das von der Bestimmung der salus publica ausgeschlossen war. Ihnen blieb nur die Garantie des suum cuique — und das ius cogendi gegen den Souverän, wenn er seine vollkommenen Verbindlichkeiten nicht mehr einhielt.

Dennoch erweckt vor allem die Lektüre der *Elementa iuris naturae* den Verdacht, daß im Falle Achenwalls stillschweigend ein zivilrechtliches Propädeutikum die wahre Absicht dargestellt hat — was in der Tradition vieler Naturrechtskompendien vor allem der Schüler Thomasius' stand.[58] Pütters knapper Beitrag zu den *Elementa iuris naturae* erzeugt dagegen die Vermutung, sein innerer Antrieb sei eine akademische Fleißaufgabe in Gestalt einer Einführung in das ius publicum universale gewesen.[59] Große Teile von Pütters allgemeinem Zivil- und Öffentlichen Recht hatten eine sehr geläufig gehaltene Einteilung der einzelnen Regierungsformen, vor allem der europäischen eingeschränkten Monarchien, zum Thema. Dabei bezog Pütter weder die politische Diskussion in irgendeiner Weise mit ein, noch analysierte er das soziale Machtsystem näher. Er beschrieb den Absolutismus allgemein aus einer verkürzten Perspektive der alten aristotelischen Politik. Dieser Verfassungsrelativismus galt auf den ersten Blick als monarchiefreundlich, weil er irgendwo zwischen der absoluten Souveränität Jean Bodins und dem Republikanismus der Monarchomachen anzusiedeln war und nicht einmal klar bestimmen mußte, ob er eher die res publica mixta oder die monarchia limitata favorisierte.[60]

Achenwall hatte sich in den *Elementa iuris naturae* mit dem ius commune auseinanderzusetzen. Sein Naturrecht behandelte hauptsächlich die wichtigsten juristischen Termini. Er stellte, wie zum Beispiel im Fall der Schuld und der Zurechnung, diese Relation allerdings selten her.[61] Während das absolute Naturrecht in den *Elementa iuris naturae* kaum eine Rolle spielte, nahm das hypothetische natürliche Recht mit über 270 Paragraphen einen

---

[57] Vgl. dazu H. HOFMANN, Zur Lehre vom Naturzustand in der Rechtsphilosophie der Aufklärung (1982), S. 94f.
[58] Vgl. zum Beispiel G. BEYER, Delineatio iuris divini, naturalis et positivi universalis (1726), passim.
[59] Vgl. dazu aber M. STOLLEIS' Urteil: „In knappen, formschönen Sätzen bietet dieses Ius naturae den gedanklichen Grundriß aufgeklärter Staats- und Gesellschaftslehre" (Geschichte des öffentlichen Rechts (1988), S. 315).
[60] Vgl. G. ACHENWALL/J.S. PÜTTER, Elementa iuris naturae (1750), S. 210–263 (auch im folgenden). Vgl. dazu auch H. DREITZEL, Monarchiebegriffe in der Fürstengesellschaft (1991), S. 40f., 58ff., 81ff.; DERS., Absolutismus und ständische Verfassung (1992), S. 33ff.
[61] Vgl. G. ACHENWALL/J.S. PÜTTER, Elementa iuris naturae (1750), S. 48–61.

deutlich größeren Raum ein.[62] In dieser besonderen Form des einerseits vorsozialen, andererseits gemeinschaftlich angeordneten natürlichen Rechts erfuhren vor allem Eigentum, Vertrag und Klage eingehende Behandlung. Damit befand sich dieser Bereich des — vor allem deutschen — Naturrechts nolens volens in direkter Konkurrenz zu dem ius commune, das in ähnlicher Weise die wohlerworbenen Rechte der Untertanen, die iura quaesita, thematisierte.[63]

Nach der ausführlichen Schilderung der iura quaesita wurde ein weiteres Fundament des römischen Rechts — das Vertragsdenken — gleichsam historisch von Achenwall eingeläutet. Die Menschen, die zu Eigentümern geworden waren, konnten ihre Bedürfnisse nur noch mit Hilfe des erklärten Willens der anderen Eigentümer regulieren. Sehr ausführlich legte Achenwall Vertrag und — von der Veräußerung, dem Widerruf, dem Schwur, der Übergabe, der Bedingung, der Schenkung, dem Tausch und dem Erbe bis zur laesio ultra dimidium[64] sowie dem ius in re[65] — weitere zentrale Begriffe des Vertragsrechts im ius commune dar. Diese vertragsmäßigen Erwerbsarten galten im hypothetischreinen Naturrecht (§§ 415, 423) und fanden über vierhundert Paragaphen später ihre Existenz im allgemeinen Privatrecht (§§ 831f.) bestätigt. Insgesamt verwischte Achenwall damit erneut die Unterschiede zwischen dem hypothetischen und dem gesellschaftlich verfaßten Naturrecht.

Am Beispiel der klassisch-römischrechtlichen Unterscheidung zwischen dem personell bezogenen ius ad rem und dem unmittelbar dinglichen ius in re läßt sich bei Achenwall eine Entwicklung verfolgen, die nur über die Betrachtung seines Nachlasses möglich ist.[66] Während die Vertragssystematik in den *Elementa iuris naturae* ausschließlich das Recht auf die Sache kannte und das

---

[62] Vgl. EBD., S. 90–171 (auch im folgenden).
[63] Vgl. H. DREITZEL, Vom Verfall und Wiederaufstieg der Praktischen Philosophie (1973), S. 37; H. COING, Europäisches Privatrecht (1985), S. 164; K.W. NÖRR, Eher Hegel als Kant (1991), S. 12ff.
[64] Bei der laesio ultra dimidium, bei der der Käufer über das Doppelte des eigentlichen Werts bezahlt, wies ACHENWALL in den Elementa iuris naturae (1750) wie bei den Quasikontrakten und der vermuteten Dereliktion auf die Unvereinbarkeit einer rein römischrechtlichen Rechtsformel (C 2, de resc. vendit.) mit dem hypothetischen Naturrecht hin. Das Naturrecht kenne nur Arglist und unüberwindlichen Irrtum als Vertragsauflösung; somit bedeute der Vertragsschluß eine unumkehrbare Gleichwertigkeitsanerkennung der zu übertragenden Sache (§§ 392, 399f., 416f.). Vgl. dazu auch J. HERMANN, Allgemeines Teutsch-Juristisches Lexicon (1739), S. 604f.
[65] Allerdings war das ius commune nicht nur in diesem Fall weitaus differenzierter als Achenwalls Naturrecht: G.A. STRUVE unterschied zum Beispiel drei verschiedene Arten des ius in re, während Achenwall bei einer allgemeinen Definition verblieb (Jurisprudentia romano-germanico-forensis (1760), S. 298).
[66] Vgl. dazu auch den Artikel „jus ad rem" (1978) im HRG, Sp. 490f.

Recht an der Sache den positiven Gesetzen überließ, schränkte Achenwall diesen Unterschied in seinen Notata noch weiter ein. „Überflüssig!" hat er später an den Rand eines Konvoluts über diese Vertragsform geschrieben.[67] Allerdings hat sich der Gelehrte Achenwall weiterhin mit dieser Materie beschäftigen müssen. In seinem Nachlaß befindet sich ein Torso der zivilrechtlichen Dissertation *De divisione iuris in re & ad rem ex mente ICtorum Romanum*, die Achenwall mit Randbemerkungen versehen hat.[68]

Traditionelle Termini aus dem philosophischen oder politischen Kontext, wie zum Beispiel officium, favor necessitatis, ius belli oder civitas gerieten in den *Elementa iuris naturae* ins Hintertreffen. Nicht immer ist allerdings eine klare Zuweisung zum jeweiligen traditionellen Bezug möglich. Überwiegt bei der Verbindlichkeit nun die Konnotation als vinculum iuris des römischen Rechts oder drückt sie — wie Achenwall ausnahmslos suggerierte — lediglich ein moralisches oder natürliches Gesetz aus?[69] Mit keinem Wort führte Achenwall die zumindest erwähnenswerte römische Traditionsstiftung der obligatio an, die die natürliche Verbindlichkeit nur als „obligatio minus plena" kannte.[70] Diesen Bezug umging er auch im zweiten Band der *Observationes iuris naturalis* (1754), der anfangs ebenfalls der Verbindlichkeit gewidmet war. In gleicher Weise sprach er dort in moralphilosophischer Tradition umständlich von einem voluntaristischen motivum, das habituell mit einer freien Handlung verbunden ist.[71]

Die traditionellen Begriffe des ius commune wurden in den *Observationes iuris naturalis* nur sporadisch erwähnt. Nicht einmal die alte Unterscheidung zwischen der vorsätzlich-voluntaristischen dolus und der bloß verstandesgemäßen culpa wurde römischrechtlich definiert. Vielmehr bestimmte Achenwall

---

[67] Bemerkung auf dem Konvolut „Pactum. Von iure in re und iure ad rem" in COD. MS. ACHENWALL 160. Vgl. dazu auch G. ACHENWALL/J.S. PÜTTER, Elementa iuris naturae (1750), S. 276–279.
[68] Vgl. COD. MS. ACHENWALL 160/26.
[69] Vgl. G. ACHENWALL/J.S. PÜTTER, Elementa iuris naturae (1750), S. 38–49 (auch im folgenden). Die klassische römischrechtliche Definition der Verbindlichkeit findet sich zum Beispiel bei G.A. STRUVE, der sich auf die Institutionen (3.14) berief (Jurisprudentia romano-germanico-forensis (1760), S. 313). Die weit verbreitete Mischform dieser Perspektiven findet sich bei J.F. BUDDEUS, der die obligatio als vinculum morale auffaßte, allerdings ebenfalls ohne Bezug auf das ius commune (De comparatione obligationum quae ex diversis hominum statibus oriuntur (1703), S. 6). Vgl. dazu auch G. HARTUNG, Die Naturrechtsdebatte (1999), S. 17ff.
[70] Vgl. G.A. STRUVE, Jurisprudentia romano-germanico-forensis (1760), S. 315.
[71] Damit sprang ACHENWALL schon im zweiten Teilband der Observationes iuris naturalis wieder zur Sphäre der praktischen Philosophie zurück, die er im ersten Teilband zugunsten der Rechtssphäre verlassen hatte (Observationes iuris naturalis, Spec. II (1754), S. 3f.). Zum traditionellen Vokabular der Moralphilosophie vgl. wiederum die „Tabula tabularum ethicarum" bei D. RINGMACHER, Lexicon philosophiae moralis, ethicae & politicae (1694).

sie durch ein Zitat Ciceros, dem die psychologische Erklärung von Wolff folgte.[72] Die rein universal-naturrechtlich geprägte Anschauung hatte Achenwall befähigt, sich weitgehend vom ius commune zu emanzipieren.

Zum ius commune hat Achenwall wegen seiner starken Akzentuierung Gottes in den *Prolegomena iuris naturalis* (1767) nicht mehr zurückgefunden.[73] Es hat sogar den Anschein, daß er selbst den grundlegenden römischrechtlichen Terminus societas nur zögerlich verwendete, weil er zunächst mit der sowohl altdeutsch-genossenschaftlichen als auch im lutherischen Naturrechtsdenken verwendeten consociatio operierte (§ 82). Die eudämonistische Gewinnmaximierung ist mit diesen Fundamenten kaum zu vereinbaren gewesen. Achenwall wollte in den *Prolegomena iuris naturalis* eher die Verbindung nach dem Willen Gottes betonen, als die Vereinigung von Menschen unter utilitaristischen Aspekten.[74]

Ausgangspunkt war daher nicht ein gängiger Topos wie das Gemeinschafts- und Sicherheitsbedürfnis in einem fiktiven historischen Naturzustand, sondern das entnaturalisierte deontologische Prinzip des ius naturale divinum: „Ergo iunge vires tuas cum viribus reliquorum hominum, seu iunge te reliquis, ad explendam voluntatem Dei tamquam ad finem perdurantem (circa negotium non-transitorium) omnibus hominibus communem" (§ 82). Solchermaßen entsprach die Gesellschaft nur einem universalen göttlichen Gebot, zu dem alle Menschen durch ihre Natur obligiert seien.

Die klassischen politischen Begriffe wie civitas oder favor necessitas erwähnte Achenwall in den *Prolegomena iuris naturalis* ebenfalls kaum mehr. Die moralphilosophischen Bezüge standen eindeutig im Vordergrund oder überwogen bei ursprünglich

---

[72] G. ACHENWALL, Observationes iuris naturalis, Spec. II (1754), S. 11–13. Vgl. dagegen G.A. STRUVES römischrechtliche Unterscheidung, der culpa als „Fahrlässigkeit, Unachtsamkeit, Nachläßigkeit" von dolus — „sciens & volens quis alterum fallit" — abgrenzte (Jurisprudentia romano-germanico-forensis (1760), S. 322).

[73] Vgl. G. ACHENWALL, Prolegomena iuris naturalis (1767), S. 76–78.

[74] Vgl. dazu E. WOLF, Große Rechtsdenker (1939), S. 187f., 383. Das römische Recht hat die Gesellschaft im allgemeinen als „contractus de re aut opera conferanda, ut lucrum & damnum" aufgefaßt (G.A. STRUVE, Jurisprudentia romano-germanico-forensis (1760), S. 371). Dieser rationalen Zweckauffassung ist erst Thomasius' Verständnis von Gesellschaft nahe gekommen und auch Achenwall war ihr anfänglich in den Elementa iuris naturae (1750) deutlich gefolgt. Dahinter standen einerseits die Trennung Thomasius' zwischen Recht und Moral, andererseits der soziale Individualismus, die Achenwall in den *Prolegomena iuris naturalis* beide aufzuheben gedachte — deswegen mußte er nach einem anderen Terminus suchen.

zivilrechtlichen Traditionen — wie societas, lex, actio oder obligatio — in ihrer Konnotation zur praktischen Philosophie.[75] Das ius commune tauchte in den *Prolegomena iuris naturalis* nur in einer entfernten Hinsicht auf. In einer Fußnote wies Achenwall darauf hin, daß er immer danach gestrebt habe, den Ziviljuristen den reichen Nutzen des natürlichen Rechts zu zeigen, da es durch seine logische Abstraktion und sein ius naturale divinum in jeder Hinsicht beispielhaft sein müsse. Schließlich sei jeder Ziviljurist dazu aufgefordert, alle „consilia communi" vom Naturrecht zu überzeugen.[76] Im Nachlaß hat Achenwall eine weitaus nüchternere Meinung von Ziviljuristen hinterlassen, die verdeutlicht, daß es ihm wirklich bedeutsam erschienen sein muß, die zukünftigen Juristen unter seinen Studenten noch einmal zum Guten zu bekehren. Unter der Überschrift „Böse Advocaten" vermerkte er ein sehr kritisches Bild: „Gegeneinander sind sie ein Verderben der Partheyen, ohne sich einander Schaden zu thun. Wie die zwey Arme einer Schere zerschneiden sie alles, was zwischen sie kommt, ohne sich einander selbst zu laedieren."[77] Die Frage ist, wieviel Einfluß ein Naturrechtsprofessor im 18. Jahrhundert auf angehende Ziviljuristen haben konnte.

Zu Achenwalls Lebzeiten haben die Rechtsstudenten, wie bereits beschrieben, in der Regel ein oder zwei Semester Naturrecht als Propädeutikum an der philosophischen oder juristischen Fakultät gehört.[78] Achenwall begründete dies damit, daß das Zivilrecht „en détail zu schwer" sei und für die Studenten in dieser Form „allzu unzulänglich" bliebe.[79] Er selbst hat nie eine zivilrechtliche Darstellung geschrieben, obwohl er sich als Heinecciusschüler sowohl in der kanonischen wie auch in der

---

75 Vgl. G. ACHENWALL, Prolegomena iuris naturalis (1767), S. 80, 86–88, 106–113. Vgl. dazu auch J.J. BURLAMAQUI, der in ähnlicher Weise zum Beispiel die Imputation nicht durch die römische Tradition erklärte: „pris de l'Arithmétique" (Principes du Droit Naturel, Bd. 1 (1747), S. 30f.). Im juristischen Kontext bedeutete die actio eine Klage mit über hundert Möglichkeiten und die societas einen Gesellschaftsvertrag zur gemeinsamen Schadensabwendung (J. HERMANN, Allgemeines Teutsch-Juristisches Lexicon (1739), S. 26f.; J. KAHL, Lexicon juridicum iuris (1664), S. 844f.).
76 Vgl. G. ACHENWALL, Prolegomena iuris naturalis (1767), S. 56f.
77 COD. MS. ACHENWALL 192/568. Zu diesem alten lutherischen Vorurteil aus der Reformationszeit gegen die römischen und kanonischen Juristen vgl. J.G. ESTOR, Bürgerliche Rechtsgelehrsamkeit der Teutschen (1757), S. 21; E. WOLF, Große Rechtsdenker (1939), S. 171; P.G. STEIN, Römisches Recht und Europa (1996), S. 142f.
78 Vgl. COD. MS. ACHENWALL 145/215, 156/49, 160/26, 164/58 (auch im folgenden). Vgl. dazu auch A.F. SCHOTT, Entwurf einer juristischen Encyclopädie und Methodologie (1772), S. 254ff.
79 Vgl. COD. MS. ACHENWALL 145/215.

zivilrechtlichen Rechtsliteratur gut auskannte.[80] Nur zu dem Bindeglied zwischen dem ius commune und dem Naturrecht, dem ius publicum universale, mußte Achenwall universalprivatrechtliche Dissertationen korrigieren oder autorisieren.[81]

In den Vorlesungen blieb Achenwalls Beziehung zum ius commune nicht frei von Abgrenzungsbedürfnissen. So zögerte er nicht, vor seinen Studenten immer wieder die geringere Bedeutung des Privatrechts im Vergleich zum Naturrecht hervorzuheben. Auf keinen Fall dürfe für das Verhältnis beider Rechtssysteme gelten, unterstrich Achenwall, daß das naturrechtliche Propädeutikum „bloß p[rae]parationem ad Institutiones" sei — vielmehr stelle es die Vorbereitung „ad omnes reliquis iuris posit[ivi]s partes" dar.[82] Außerdem sei das ius commune aus dem Naturrecht entstanden und stünde somit hierarchisch höher als etwa die Politik.

Trotzdem solle nicht nur das natürliche und das ius commune in „harmoniam zu zeigen" die Aufgabe dieser Veranstaltungen sein. Auf keinen Fall dürfe man die leges naturales „so lange" drehen, „bis sie dergl[eichen] passen" — gerade „pugnam et discordiam" zwischen beiden Systemen müßten erwähnt werden. Der vor Publikum nie geäußerte Vorwurf Achenwalls an Wolff, allzu schnell „die schönste Uebereinstimmung" (Wolff)[83] zwischen beiden Rechtssystemen nachgewiesen zu haben, liegt hier unausgesprochen in der Luft. Der Naturrechtsgelehrte habe, so Achenwall, eine deutliche Distanz zum römischen und positiven Recht zu schaffen: „Der Naturalist" müsse sowohl vom „ius romanum und unsere[n] heutigen positiven Rechte[n]", als auch von den „angenommenen a) Begriffe[n], b) Abtheilungen, c) principiis abgehen". Er habe einen „ganz andren point de vue. Exemplum: qualitas einer Definition nicht mit Details der Definitionen, sondern ex sensu communi mit simplen Worten".[84] Auf diese Weise beschrieb Achenwall Naturrecht als Grundlagendisziplin aller positiven Rechte.

---

[80] Vgl. dazu auch Achenwalls Vermerke über verschiedene privatrechtliche Darstellungen, zum Beispiel von J.H. Boehmer, J.G. Heineccius, J.L. von Mosheim und C.F. Walch (COD. MS. ACHENWALL 162/290, 164/98, 159/346, 164/115, 164/351). Vgl. ferner das Konvolut über die „Praecognita iuris canonici" und „De iure ecclesiastico universali" (EBD., 182/95-97).

[81] Vgl. dazu die von Achenwall korrigierte Einleitung zu der Dissertation *De dominio mundi* von Heinrich Sigismund Plesmann (COD. MS. ACHENWALL 159/154; vgl. dazu auch oben S. 42).

[82] Vgl. EBD., 156/49.

[83] C. WOLFF, Grundsätze des Natur- und Völkerrechts (1754), Vorrede, o.S. (Zitat). D. NETTELBLADT, Von dem rechten Gebrauch der Wolffischen Philosophie in der Theorie der positiven Rechtsgelahrtheit (1750), S. 122.

[84] COD. MS. ACHENWALL 180/20.

Das ius commune hat für Achenwalls Naturrecht dennoch eine große und vor allem praktische Bedeutung gehabt. Dies gilt gerade in den genuin zivilrechtlichen Bereichen.[85] Der Vertrag zum Beispiel ist ohne Vorkenntnis des ius commune im Naturrecht nicht vorstellbar, auch wenn Achenwall in seinen Kompendien die vernunftrechtliche Phrase Natur der Sache bemüht hat, um nachträglich eine scheinbare Unabhängigkeit zu suggerieren. Tatsächlich aber notierte er zum pactum onerosum nur kurz die naturrechtliche Einteilung Wolffs, der sich hierbei auf Grotius berufen hatte. Weitaus ausführlicher widmete sich Achenwall der zivilrechtlichen Unterteilung des pactum onerosum, die danach fragt, ob nur einer oder beide Vertragsschließenden Profit aus dem Vertrag schließen können. Daraufhin versuchte Achenwall zu beweisen, daß diese Unterscheidung auf das Naturrecht nicht applizierbar sei, weil sich dort „keine comparationem, keine inaequalitatem definieren" lasse. Vor dem Publikum seiner Kompendien verschwieg er allerdings diese Bemühungen, das Naturrecht vom Zivilrecht unabhängig zu machen.

Die Unabhängigkeit des Naturrechts vom ius commune thematisierte Achenwall auch in dem Manuskript „Einrichtung des natürlichen Rechts, um seine Fruchtbarkeit einzusehen". Hier verglich er verschiedene Rechtssysteme nach den Quellen.[86] Dabei überprüfte Achenwall einzelne naturrechtliche Termini – deren ausschließlich zivilrechtliche Herkunft er an dieser Stelle wohlweislich verschwieg – nacheinander auf die wichtigsten Rechtssysteme. Mit dieser „applicatio" entsprach er einem zentralen Kriterium seines Wissenschaftsverständnisses: der universalen Gültigkeit des natürlichen Rechts.[87] Konkret meinte er mit diesen Rechtssystemen die unterschiedlichen status naturales des Naturrechts, ferner das ius publicum universale, das ius sociale (hier: ius civile universale), die christlichen Zivilrechte, schließlich das Völkerrecht und das Reichsrecht.

Diese verschiedenen „Zustände"[88] der Rechtssysteme gingen nach Achenwall jeweils von einer bestimmten Hypothese aus und korrespondierten mit einem eigenen, von den anderen Rechtssystemen verschiedenen „allgemeinen Grundsatz". Interessant sei, meinte Achenwall, einen juristischen Begriff nach dem anderen mit diesen Rechtszuständen zu verbinden, da die so entstehenden Rechtsschlüsse allzu oft „divers" und „contrair" erscheinen würden. Genau prüfte Achenwall dies an res nullius und den entsprechenden juristischen Termini wie etwa occupare oder

---

[85] Vgl. EBD., 160/260 (auch im folgenden).
[86] Vgl. EBD., 145/62 (auch im folgenden).
[87] Vgl. dazu auch EBD., 145/215.
[88] Vgl. EBD., 145/62 (auch im folgenden).

adquiere. Für alle Rechtssysteme gelte im wesentlichen der Grundsatz „qui occupat rem nullius, sit dominus". Es gebe aber Einschränkungen und Abweichungen.

Fazit für Achenwall war, daß es „ungemein vortheilhaft" sei, diese Abweichungen und Übereinstimmungen der unterschiedlichen status zu untersuchen und deren Ursache herauszufinden. Vor allem die Differenzen zwischen dem Naturrecht und dem Zivilrecht interessierten Achenwall. Diese Unterschiede hätten immer eine bestimmte Ursache, die herauszufinden ungemein wichtig sei. Dadurch könnten „Chicanen" verhindert werden. Nur das Naturrecht sei aber in der Lage, durch seinen universal gültigen Blickwinkel ein Urteil darüber zu fällen, was „in jedem Zustand rechtens"[89] ist: „Bey allen Sätzen gedenkt man sich die Sachen per se, nicht unter besonderen Hypothesen und in statu naturali; vel originario, vel hypothetico. Das heißt naturaliter."[90]

Um schließlich die universale Bedeutung des Naturrecht in der Rechtspraxis zu beweisen, konnte Achenwall zum Beispiel das handschriftliche Promemoria Johann Philipp Conrad Falckes vom Mai 1766 anführen. Achenwalls Einfluß ist hier beachtlich.[91] Der Kanzleydirektor und Konsulent des Geheimen Ministeriums in Hannover befaßte sich in aller Ausführlichkeit mit den Rechtsfolgen einer Enteignung im Kriegsfalle und dem daraus resultierenden Anspruch auf Entschädigung. Bei der Erweiterung der Festungswerke hatten fünf hannoverische Bürger 1760 ihre Gärten abtreten müssen, wogegen sie später bei der königlichen Justizkanzlei um Entschädigung klagten. Hierbei wurden Achenwalls *Elementa iuris naturae* von Falcke auffällig bedeutsam erachtet, was für eine frühneuzeitliche Leistungsklage verwundert. Falcke zitierte häufiger Tacitus als Struve und Grotius, wahrscheinlich, weil das ius commune eher die entschädigungslose Enteignung im Kriegsfall kannte. Das nur Einzelfragen abhandelnde Privatrecht der braunschweig-lüneburgischen Gebiete konnte ihm in dieser Sache ohnehin nicht zur Seite stehen.[92]

„Am gründlichsten, deutlichsten und genauesten" fände er, so Falcke, bei Achenwall „alle vorstehende[n] Lehrsätze des allgemeinen Staats-Rechts zusammengefaßt und bestimmt". Damit meinte er ein Naturrechtskompendium, das sich gerade einmal mit zwei Paragraphen — §§ 146f. der fünften Auflage der *Elementa*

---

[89] EBD., 180/20.
[90] EDD., 180/*59.
[91] Vgl. COD. MS. ACHENWALL 70a/99 (auch im folgenden). Zur Spruchtätigkeit der Göttinger Juristenfakultät vgl. W. EBEL, Memorabilia Gottingensia (1969), S. 36ff.; W. SELLERT, Die Juristische Fakultät der Georgia-Augusta in historischer Perspektive (1994), S. 62.
[92] Vgl. H. COING, Europäisches Privatrecht (1985), S. 116, 161ff.

iuris naturae von 1763 — der Problematik des ius eminens widmete. Zudem beschrieben diese beiden Paragraphen in knapper, seit Grotius üblicher Art und Weise, daß dieses außerordentliche Majestätsrecht beziehungsweise Obereigentum des Staats nur im Kriegsnotstand Gebrauch finden dürfe. Der Herrscher habe das Recht, für die betroffenen Bürger Linderung von ihren Mitbürgern zu verlangen. Nach der communis opinio hatte allerdings niemand das Recht, diesen Ersatz persönlich einzuklagen.[93] Daher wurde die Klage abgewiesen; trotzdem wurden die Kläger aus der königlichen Festungsbaukasse entschädigt. Achenwalls Naturrecht hatte dennoch seine Anwendungsmöglichkeiten in foro bewiesen.

II. DIE GRUNDLAGENDISZIPLIN IN DER LEHRE

Das Naturrecht der Frühen Neuzeit war in erster Linie „schoolbook stuff", seit Samuel Pufendorf 1661 in Heidelberg die erste Professur für Natur- und Völkerrecht bekommen hatte.[94] Im April 1758 bekannte Achenwall, daß er täglich zwei bis drei Stunden vorlese und sich eine weitere Stunde auf die nächste Veranstaltung vorbereite. Diese Tätigkeit mache den größten Teil seines „Broderwerbs" aus.[95] Insgesamt kamen Göttinger Profesoren im 18. Jahrhundert auf bis zu 140 Stunden pro Semester, in denen sie Lehrveranstaltungen abhielten. Es gab öffentliche und private Vorlesungen (collegia privatissima). Unentgeltlich waren nur die öffentlichen Vorlesungen, von denen vier wöchentlich abgehalten werden mußten.[96] In Achenwalls Nachlaß finden sich daher eine Menge Schuldscheine von Studenten beziehungsweise Quittungen für seine Kollegien.[97]

Als Universitätsprofessor hat Achenwall zunächst an der philosophischen, ab dem Wintersemester 1754 auch an der juristischen Fakultät Veranstaltungen zum Naturrecht abgehalten. Neben den pflichtmäßigen öffentlichen Vorlesungen gab er auch privatissima. Zur Planung machte er sich regelmäßig zu Anfang

---

[93] Vgl. G. ACHENWALL, Elementa iuris naturae (1763), pars posterior, S. 137–140. Vgl. dazu auch J. KAHL, Lexicon juridicum iuris (1664), S. 331; P.R. VITRIARIUS, Institutiones juris naturae et gentium (1692), S. 7, 76f.; E. WOLF, Große Rechtsdenker (1939), S. 283.
[94] K. HAAKONSSEN, Natural law and moral philosophy (1996), S. 312 (Zitat). Vgl. dazu auch G. HARTUNG, Die Naturrechtsdebatte (1999), S. 30.
[95] COD. MS. ACHENWALL 145/212.
[96] Vgl. U. JOOST, Vorlesungsmanuskript und Vorlesungsnachschrift als editorisches Problem (2000), S. 34, 41.
[97] Vgl. 2°COD. MS. PHILOS. 133II/126ff.

des Semesters Notizen.[98] Die privaten Veranstaltungen wurden bereits vor Achenwalls Lehrtätigkeiten in Göttingen vor allem von den Rechtsprofessoren abgehalten. Geübt wurde dort — zum Teil bis zu sechs Stunden pro Woche — das Examinieren beziehungsweise die Vorbereitung zu einer Disputation (collegia disputatoria), ferner Prozeßlehre und Aktenstudium. Zu Beginn eines solchen Privatissimum wurde gewöhnlich eine enzyklopädische Vorlesung als Einleitung gehalten.[99]

Achenwalls pädagogische und didaktische Bemühungen als Naturrechtsgelehrter sind in diesen Manuskripten ebenso konserviert wie die praktische Umsetzung der Prinzipien, die aus seinen Lehrbüchern geläufig sind. Dieses Bestreben zeigte sich bereits bei dem von Johann Jacob Moser Ende der vierziger Jahre geplanten Projekt einer Staatsakademie in Göttingen, das anfänglich Achenwall und Pütter fest miteinbeziehen sollte.[100] Die Promemoriae Mosers an Münchhausen aus dieser Zeit enthalten immer wieder konkrete Vorschläge, wie die beiden in das ausschließlich auf adlige Studenten orientierte Vorhaben zu integrieren seien.[101] Zwar scheiterte dieser Plan letztlich — aber es finden sich im Nachlaß Pütters einige Briefe von ihm und Achenwall über deren Vorschläge und Bedenken zu dieser Akademie.[102] Achenwall explizierte damals detailliert seine persönlichen Vorstellungen anläßlich seiner beginnenden Dozententätigkeit in Göttingen.

Er wies vor allem darauf hin, den Studenten einen gegenwartsbezogenen und praxisnahen Unterricht zu bieten. In der europäischen Staatsgeschichte versprach er Münchhausen den „Zusammenhange der vornehmsten Begebenheiten, sonderlich diejenigen Staatsveränderungen ausführlich zu erklären, woraus das heutige ius publicum und die jetzige Macht oder Schwäche

---

[98] Vgl. COD. MS. ACHENWALL 180/77 (April 1757), 145/212 (April 1758), 145/211, 156/35 (beide Oktober 1758), 156/39, 169/521, 180/35 (Januar 1760), 183/49 (1766), 136/61 (3. November 1766), 180/26 (April 1768), 180/28f., 182/10, 183/44 (Sommer 1769), 183/45 (Winter 1769 — alle auch im folgenden). Diese Notizen machte Achenwall sich auch zu seinen anderen Vorlesungen, vor allem zur Statistik (zum Beispiel EBD., 18/5, 8). Vgl. dazu auch A.F. SCHOTT, Entwurf einer juristischen Encyclopädie und Methodologie (1772), S. 197ff.

[99] Vgl. J.C. CLAPROTH, Der gegenwärtige Zustand der Göttingischen Universität (1748), S. 38f., J.S. PÜTTER, Gelehrten-Geschichte (1765), S. 276ff.; W. EBEL, Zur Geschichte der Juristenfakultät (1960), S. 20f.

[100] Zu Münchhausens Projekt, die Moser 1749 für einige Jahre als Kanzleiakademie in Hanau ins Leben rief wurde, vgl. H.H. SOLF, Gottfried Achenwall (1938), S. 8f.; K. ECKSTEIN, Friedrich Carl von Moser (1973), S. 4ff.; W. EBEL, Der Göttinger Professor Johann Stephan Pütter (1975), S. 26ff.; W. SELLERT, Rechtswissenschaft und Hochschulpolitik (1988), S. 70ff.; C. LINK, Johann Stephan Pütter (1995), S. 312f.

[101] Vgl. Moser an Münchhausen (COD. MS. PÜTTER 37/28).

[102] Vgl. die beiden Promemoriae Achenwalls und Pütters an Münchhausen vom 27. März und 28. April 1749 (EBD., 37/46, 65).

eines Staates bekannt werden" könne.[103] Der Statistik, deren Kompendium sich zu dieser Zeit im Druck befand, erklärte Achenwall weiterhin, werde er „unter dem Namen eines Zeitungs-Colegii" die entscheidende Praxisnähe verschaffen. Diese Formulierungen ähnelten stark den alten hallischen Anweisungen Thomasius', denen die Göttinger von Anfang an bereitwillig folgten.[104]

Darüber hinaus gedachte Achenwall zu Beginn des Sommersemesters 1749 auch das Naturrecht unter diesem Anspruch zu lehren: „Ich fange auch mit Ostern, wenn Gott will, das ius naturae et gentium an, und will, so viel möglich ist, die Hauptsätze mit den Exempla der neuesten Historie sonderlich des jetzigen Saeculi zu erläutern, auch einige casus illustres von meinen Auditoribus ausarbeiten lassen."[105] Diesen praktischen und historischen Bezug des Naturrechts hat Achenwall bis zu seinem Tode beibehalten. Vor allem aber bedeutet dies, daß er seine Studenten in den Naturrechtsveranstaltungen wiederholt auf die große Bedeutung des Naturrechts „in totu sphaera iurid[ica]" hingewiesen hat.[106]

In seinem Nachlaß befinden sich daher viele — allen Befürwortern der lateinischen und griechischen Sprache im Rechtsstudium zum Trotz[107] — in deutscher Sprache geschriebene Manuskripte, die Achenwall für den universitären Betrieb angefertigt hat. Diese erzeugen neben dem Bemühen um Alltäglichkeitsbezug eine deutlich andere Gewichtung innerhalb des Naturrechts, als durch die bloße Lektüre seiner Kompendien bemerkt werden kann. Drastisch geschriebene Plädoyers für die Verantwortung der Naturrechtsgelehrten vor den Menschen lassen sich dort ebenso aufstöbern wie didaktisch wohlformulierte Vorlesungsmanuskripte, naturrechtliche Prüfungen und ‚Bauchschmerzen' eines Professors.

a. Kompendien

Mit dem bescheidenen Anspruch, weniger Irrtümern zu erliegen und nicht, um neue Wahrheiten an das Licht zu bringen, haben

---

[103] An Münchhausen (EBD., 37/51).
[104] Vgl. N. HAMMERSTEIN, Jus und Historie (1972), S. 330f.; „Juristenausbildung" (HRG), Sp. 486. Zu der älteren Tradition der Zeitungskollegien vgl. H. BOSSE, Die gelehrte Republik (1997), S. 60.
[105] COD. MS. PÜTTER 37/51.
[106] Vgl. COD. MS. ACHENWALL 145/211.
[107] Vgl. zum Beispiel J.C.F. MATTHAEI, der die alten Rechtssprachen zuungunsten des englischen, französischen und italienischen befürwortete, was allerdings — wie unten noch deutlich gezeigt werden kann — bei dem allgemeinen Kenntnisstand der damaligen Studenten nicht mehr möglich war (Betrachtungen über das Studium der Rechtsgelehrsamkeit (1771), S. 25ff.).

Achenwall und Pütter in ihrer kurzen Vorrede die 1750 erstmals erschienenen *Elementa iuris naturae* eingeleitet.[108] Pütters kurzer Beitrag umfaßte nur das sehr allgemein gehaltene ius civile universale sowie das ius publicum universale, kurz: das ius sociale universale. Alles andere, darunter auch das allgemeine Privatrecht, stammte aus Achenwalls Feder. Damit verfaßte Pütter nur 146 von insgesamt 976 Paragraphen.[109] Trotzdem priesen Achenwall und Pütter dieses umfangreiche Kompendium in ihrer Vorrede als gemeinsame Bemühung zweier Freunde an. Rückblickend urteilte Pütter, daß ihre damalige Zusammenarbeit so weit gegangen sei, daß sie sogar in ihren ersten Vorlesungen über die *Elementa iuris naturae* den Vortrag entsprechend ihrer Autorschaft abgewechselt hätten.[110] Dennoch verlor Pütter bald das Interesse am Naturrecht: Ab der dritten Auflage 1755/56 erschienen die inzwischen auf zwei Bände ausgedehnten *Elementa iuris naturae* ausschließlich aus Achenwalls Hand.

Eine kurze Übersicht soll die ersten methodischen Positionen Achenwalls in den *Elementa iuris naturae* verdeutlichen.[111] Allein durch Erfahrung sei festzustellen, daß es in der Welt um Handlungen und um diese zu leitende Gesetze beziehungsweise principia cognoscendi gehe. So argumentierten vor allem die Wolffianer.[112] Außerdem deutete Achenwall damit den universalen Anspruch des Naturrechts an, den er bis zuletzt in seinen Publikationen und Autorisationen[113] vertreten hat. Des weiteren wiesen experientia[114] und die jede Handlung kausal erklärende ratio sufficiens auf ein entfernt aristotelisches Methodenverständnis

---

[108] Vgl. G. ACHENWALL/J.S. PÜTTER, Elementa iuris naturae (1750), S. 14f. Benützt wurde die von J. Schröder 1995 mit einer Übersetzung in deutscher Sprache herausgegebene Erstauflage.

[109] Vgl. J. SCHRÖDER, der Pütters Beitrag als „gering" einschätzte und den Erfolg dieses Lehrbuchs „allein Achenwall" zugestand (Nachwort zu den Elementa iuris naturae (1750), S. 334f.).

[110] Vgl. J.S. PÜTTER, Selbstbiographie (1798), S. 230ff.

[111] Vgl. G. ACHENWALL/J.S. PÜTTER, Elementa iuris naturae (1750), S. 16–38, 72f. (auch im folgenden).

[112] Vgl. zum Beispiel D. NETTELBLADT, Systema elementare universae iurisprudentiae naturalis (1749), S. 8f.

[113] Vgl. G. ACHENWALL, De differentia societatis aequalis et inaequalis (1767), S. 6.

[114] Die Verwendung von experientia implizierte zunächst einen sowohl sensualistischen als auch auf Erfahrung beruhenden Zugriff, der damit nachträglich nicht mehr demonstriert werden konnte, sondern nur durch Induktion und daraus resultierenden Syllogismen zum Singularienwissen gelangen vermochte. Allerdings ist diese Methode nicht mit der modernen und theorielosen Empirie gleichzusetzen, denn die gewonnenen Prinzipien der experientia setzten die bereits a priori demonstrierten Prinzipien als wahr voraus beziehungsweise hätten diese weiterzuentwickeln (J.G. DARIES, Observationes iuris naturalis, socialis et gentium, Bd. 1 (1751), S. 49. Vgl. dazu auch H. CONRINGS Verweis auf Aristsoteles' Metaphysik: „cognitio sensualis dicitur experientia" (De natura ac optimis auctoribus civilis prudentiae (1639), S. 6). Vgl. ferner M. HERBERGER, Dogmatik (1981), S. 230.

hin, wie es trotz Wolff und demonstrativer Methode immer noch verwendet werden konnte. Erst später bekannte sich Achenwall zur geometrischen Methode (§ 211).[115]

Mit ihren fast tausend Paragraphen müssen die *Elementa iuris naturae* bereits in ihrer 1750 erstmals veröffentlichten Version die kaum älter als vierzehn Jahre alten Studenten[116] geradezu erschlagen haben. Noch 1783 meinte August Friedrich Schott in einer Rezension über Ludwig Julius Friedrich Höpfner, daß dessen *Naturrecht des einzelnen Menschen, der Gesellschaften und der Völker* (1780) zwar „bekanntermassen eigentlich nur ein deutscher Auszug aus dem Achenwallischen lateinischen Lehrbuche" sei. Höpfner habe sich aber durch seine Kürze und Deutlichkeit gegenüber Achenwalls Kompendium hervorgetan, woran es Höpfners Vorgänger „bey einem schwerfälligen Vortrage freylich stark [ge]fehlt" habe.[117]

Es ist kaum vorstellbar, daß Achenwall sein umfangreiches Kompendium innerhalb eines Semesters mit seinen Zuhörern durcharbeitete. Dem muß erneut hinzugefügt werden, daß das gesamte Rechtsstudium im 18. Jahrhundert im Idealfall ohnehin nur auf zwei bis drei Jahre ausgelegt gewesen ist.[118] So verwundert es nicht, daß Achenwall in der Vorrede der deutlich kürzeren *Prolegomena iuris naturalis* auf den besonderen Vorteil hingewiesen hat, daß dieses opusculum innerhalb eines Semesters abgehandelt werden könne. Es ist also undenkbar, daß Achenwall gerade die *Elementa iuris naturae* mehr oder weniger Paragraph für Paragraph vorgetragen hat. Vielmehr mußte er zusammenfassen, stark vereinfachen und zusätzlich in deutscher Sprache ausgewählte Naturrechtsprinzipien pointieren.

So hat Achenwall einige Mühen darauf verwendet, seinen Studenten jenseits der in lateinischer Sprache verfaßten Handbücher erste Einführungen zum Naturrecht mit deutschen Fachbegriffen zu ermöglichen. Ein Beispiel ist das Einleitungskapitel zu den *Elementa iuris naturae,* das in deutscher Sprache geschrieben ist.[119] Es ist streng systematisch und einfach aufgebaut. Achen-

---

[115] Vgl. dazu auch J. SCHRÖDER, Wissenschaftstheorie und Lehre der „praktischen Jurisprudenz" (1979), S. 86ff. Vgl. ferner D. NETTELBLADTS Definition der geometrischen Methode aus juristischer Perspektive, nach der es neben den philosophischen, logischen und historischen Gründen vor allem um den notwendig-*universalen* Grund ging (Gedanken von dem heutigen Zustand der Rechtsgelahrtheit (1749), S. 32f., 58ff.).
[116] Vgl. K. HAAKONSSEN, Natural law and moral philosophy (1996), S. 312.
[117] Vgl. A.F. SCHOTT, Bibliothek der neuesten Juristischen Litteratur (1783), S. 8. Vgl. dazu auch M. PLOHMANN, Ludwig Julius Friedrich Höpfner (1992), S. 25ff.
[118] Vgl. H.C. VON SENCKENBERG, Vorläufige Einleitung zu der Rechtsgelehrsamkeit (1764), S. 16ff.; J.C.F. MATTHAEI, Betrachtungen über das Studium der Rechtsgelehrsamkeit (1771), S. 157.
[119] Vgl. COD. MS. ACHENWALL 156/95 („Introductio elementorum iuris naturalis").

wall machte zunächst darauf aufmerksam, daß alles, was er in dieser introductio vorzutragen gedenke, sich auf „Hauptbegriffe" und „Grundsätze" des Naturrechts beziehe. Überhaupt wolle er alle termini technici mit „simplen Worten" erklären, die aus dem täglichen Leben bekannt seien. Dazu definierte Achenwall Naturrecht als die Wissenschaft jener Gesetze, die die Menschen „aus bloßer Vernunft" erkennen könnten und die Gott von ihnen fordere. Darüber hinaus dürfe auch von den anderen Menschen zu ihrer Einhaltung Zwang ausgeübt werden. Damit kam Achenwall schon auf die ersten beiden Grundsätze des Naturrechts zu sprechen, auf das suum cuique und die eng mit dem Selbsterhaltungsrecht zusammenhängende facultas cogendi, welche er allerdings auch in deutscher Sprache erklärte.[120]

In dem folgenden Abschnitt erläuterte Achenwall diese beiden Hauptfundamente des ius naturale cogens. Erstens sei der Mensch fähig, seine freien Handlungen nach gewissen Regeln oder Vorschriften auszuführen. Zweitens müßten diese Gesetze der Vernunft gemäß sein, sonst könne er später seinen eudämonistischen Endzweck nicht erreichen. Daraus folgerte Achenwall, daß das erste, allgemeinste und höchste Naturgesetz überhaupt laute, „dem göttlichen Wesen, so viel Dir möglich, gemäß zu leben". Dann wiederum lasse sich zunächst die Nächstenliebe und als zweites das ‚kränke niemanden' in seinen synonymen und gleichbedeutenden Ausdrücken deduzieren. Nun schloß sich der naturrechtliche Zirkel bei Achenwall wieder: Da Gott nicht wolle, daß die Menschen das neminem laede übertreten, habe er „einem jeden Menschen die Befugnis ertheilet, sich der Beleidigung, die ihm jemand zufügt, allenfalls mit Gewalt zu widersetzen". Dieses Zwangsrecht gelte nur für ein einziges natürliches Recht: das suum cuique.

Diese Aussagen erinnern mehr an die Thesen der *Prolegomena iuris naturalis* als an die der *Elementa iuris naturae*.[121] Vor seinen Studenten hat Achenwall damit Gott einen wichtigen Platz in den Fundamenten des Naturrechts zugestanden. Da er diese Gewichtung als forschender Gelehrter weniger praktiziert hat, kann angenommen werden, daß er dies genuin aus pädagogischen Gründen in dieser Weise akzentuierte.

---

[120] „Grundsatz I. Jedermann hat eine natürliche Schuldigkeit, einem jeden andern (Menschen) das Seinige zu lassen, i.e. dasjenige zu lassen, was ihm eigenthümlich zugehört. [...] Grundsatz II. Dieser Haupt-Grund-Satz wird aus folgendem Obersatz begriffen: Jedermann hat ein natürliches Recht, zu seiner Selbsterhaltung allenfalls Zwangsmittel zu gebrauchen" (EBD.).
[121] Vgl. dazu unten D. III. b.

b. Vorlesungen

Achenwalls Vorlesungen fanden meistens wöchentlich beziehungsweise alle vierzehn Tage und mitunter samstags statt. Er wünschte sich nicht mehr als ein Dutzend Teilnehmer. Als Aufwandszeit nannte er seinen Zuhörern „alle Abende ½–1 Stunde zur Praeparation".[122] Inhaltlich ging es aus Zeit- und Verständnisgründen nur um die Fundamente des Naturrechts, wozu sich das ius publicum, das Privatrecht in naturrechtlicher Perspektive und manchmal das natürliche und das praktische Völkerrecht hinzugesellten. Dazu waren regelmäßig die Neuauflagen seiner Kompendien bei Bossiegel in Göttingen zu kaufen.[123]

Zwar überlegte sich Achenwall, zum Beispiel am 3. November 1766, ob es wegen einer geplanten Neuauflage seiner Naturrechtswerke nötig wäre, die alten Auflagen „ganz umzuschmelzen". Da er schon zu Ostern im darauf folgenden Jahr damit das neue Semester anfangen wollte, verzichtete er auch dieses Mal darauf und begnügte sich „zu corrigieren, was ich en passant finde".[124] Mehr verspreche er sich von sinnvollen Kürzungen, um seine meist erst vierzehn- oder fünfzehnjährigen Studenten nicht zu überfordern. Zusätzlich bot Achenwall Hausaufgaben („themata elaborata") oder schriftliche Fragen („dubia") an, die er für ein zusätzliches Honorar zu den etwa vier Reichstalern Grundgebühr pro Kollegium korrigierte. Unter sechzig, später achtzig Talern Gesamtverdienst wollte Achenwall keine Naturrechtsvorlesung mehr abhalten.[125] Das entsprach einem Monatsgehalt eines damaligen Göttinger Professors.[126]

Sowohl methodisch als auch didaktisch nannte er nahezu alle halbe Jahre nur einen „letzten Zweck": „brevius", „exactius"[127] beziehungsweise „deutlich, gründlich, ordentlich"[128] wollte er seine Vorlesungen oder Kollegien gestalten. Seine angestrebten Ziele als Dozent waren deshalb „Klarheit, Wahrheit, Fruchtbarkeit", ohne

---

[122] COD. MS. ACHENWALL 183/44.
[123] Zu den Preisen, die im 18. Jahrhundert ein solches Kompendium kostete, vgl. zum Beispiel den UNIVERSAL-CATALOGUS ALLER BÜCHER BEY JOHANN JACOB LOTTERS (1757), S. 2: Achenwalls Statistikkompendium kostete in Augsburg einen Gulden, während für J.H.G. VON JUSTIS Staatswirthschaft (1755) über drei Gulden zu bezahlen waren und C. WOLFFS achtbändiges Jus naturae (1740–1749) im Quartformat vierundzwanzig Gulden wert war.
[124] COD. MS. ACHENWALL 136/61.
[125] Vgl. EBD., 145/211 (Oktober 1758), 183/49 (1766).
[126] Zu den Göttinger Preisen im 18. Jahrhundert vgl. J.S. PÜTTER, Gelehrten-Geschichte (1765), S. 318ff.; U. JOOST, Vorlesungsmanuskript und Vorlesungsnachschrift als editorisches Problem (2000), S. 40.
[127] COD. MS. ACHENWALL 136/61 (3. November 1766).
[128] EBD., 183/44 (Sommer 1769).

dabei „zu abstract und zu trocken" zu wirken.[129] Im April 1768 überlegte Achenwall zum Beispiel, ob er in den einzelnen Kapiteln alles auf wenige Fundamentalsätze reduzieren solle, um die Verständlichkeit weiter zu erhöhen. Schon vorher, im Januar 1760, hatte er mit dem Gedanken gespielt, „ein ius nat[urale] in pur[en] thesibus sine demonstratione" zu schreiben.[130] Eine äußerste Straffung eigne sich gut für die Repetition in Vorbereitung auf ein naturrechtliches Examen. Wenn Achenwall dieses Unternehmen — wie dies zum Beispiel von den Kantianern tatsächlich realisiert worden ist[131] — niemals bewerkstelligt hat, ist doch sein Vortrag vor den Studenten im Naturrecht immer auf diesen „nucleus iuris naturalis" der Fundamente beschränkt gewesen.

Diese naturrechtlichen Fundamentalhypothesen oder propositiones wollte er dann „so simple als möglich" gemeinsam mit den dazugehörigen termini technici erklären.[132] Schließlich bewies er diese durch universale Hypothesen oder durch die Realität („observantia"). Dazu erläuterte er sie mit Beispielen aus dem ius commune oder aus der Geschichte. So lehnte Achenwall die „längere, mühsamere und allen Zweifeln vorbeugende" Methode Wolffs, naturrechtliche Wahrheiten mit dem habitus demonstrandi vorzutragen, vor den Studenten ab. Angenehmer und vor allem kürzer erschien ihm die jedermann dienliche Methode, vornehmlich mit Hilfe des „bon sens" zu argumentieren.[133] Gemeint war damit ein empirisch-historisches Vorgehen.

Eigens für seine Antrittsvorlesungen hat sich Achenwall immer wieder Aufzeichnungen gemacht. Er wollte seinen Studenten zu Beginn ihres Studiums die richtigen Ratschläge geben, womit er den Bemühungen seiner Kollegen kaum nachstand — bei Adam Ferguson finden sich zum Beispiel ähnliche Formulierungen.[134] Achenwalls Ton schwankte zwischen pädagogischem Oberlehrer und unsicherem Rhetoriker, der sich jede Kleinigkeit gemäß ihrer Betonung vorher unterstreichen mußte: „Ich rathe an, 1) keine Stunde zu versäumen [...] 2) Feder, Tinte oder einen Bleistift bei [der] Hand zu haben; *[ein Papier]* mitzubringen; ich gebe bisweilen Tabellen und notire die medios terminos der schwere-

---

[129] Vgl. EBD., 180/29.
[130] Vgl. EBD., 180/35 (auch im folgenden).
[131] Vgl. das opusculum iuris naturalis des Kantianers T. SCHMALZ (Das natürliche Staatsrecht (1794)).
[132] COD. MS. ACHENWALL 183/44.
[133] Vgl. EBD., 180/28.
[134] „If I present Objects, if I arouse Curiosity, if I excite any just Degree of Ardour, a great Point is gained" (zit. n. R.B. SHER, The social history of the Edinburgh moral philosophy chair (1990), S. 116f.).

sten Demonstrationen. Aber ebenso sehr rathe ich ab, den Discours nachzuschreiben."[135]

Den letzten Ratschlag begründete Achenwall damit, daß die Begriffe bereits gedruckt seien, und das Nachschreiben nur ablenke, weil „dabey mehr die Hand als der Kopf beschäfftiget wird". Viel wichtiger sei ihm die uneingeschränkte Aufmerksamkeit der Studenten, die ihm „beständig" in seinen „vorgebrachten Meditationen Fuß für Fuß" folgen sollten. Außerdem hielt er es für nötig, daß sich die Studenten zu Hause nochmals das Handbuch vornähmen, um sich selbst im „meditiren" zu üben und um die soeben gehörten Hypothesen gleichsam selbst neu zu erfinden. Ein Vorteil der philosophischen Wissenschaften sei, daß die entscheidenden Prinzipien nur im Kopf verstanden sein müßten, während im Vergleich dazu die Prinzipien der Historie und Jurisprudenz auswendig zu lernen seien. Solche Formulierungen finden sich auch bei Wolff, der diesen habitus meditandi allerdings in der Mathematik zu finden glaubte.[136]

Neben diesen allgemeinen Ratschlägen hat Achenwall auch inhaltliche Lektüreratschläge für Neuhörer des Naturrechts fixiert. Weil es für die Kenntnis des Naturrechts wichtig sei, das gesamte System des ius naturale erst einmal im Kopf begriffen zu haben, warnte Achenwall gerade für die Anfangszeit vor ablenkenden und sich widersprechenden Meinungen anderer Autoren:

> Wer es zum ersten Mal hört, soll nicht alios auctores nachlesen; es ist ohne Vortheil u[nd] oft schädlich. Um zu profitiren: nöthig, daß man Systema im Kopf hat: so kann man besser verstehen, besser beurtheilen. Schädlich: sie haben andere principia: gegentheilige Sätze: ohne System kann man d[ie] Wahrheit oder Falschheit ō [nicht] einsehen. Ist man geneigt sie anzunehmen, so wird m[an] sich von einem jeden Munde hereintreiben lassen. Zweifelt m[an] daran, so wird man confuse, man quält sich, das dubium zu heben vor unnöthiger Weise und unmögl[ich].[137]

Allenfalls sollten die Studenten, fuhr Achenwall fort, am Anfang leicht zu verstehende Autoren wie Pufendorf oder Grotius lesen. Hätten sie das naturrechtliche System schließlich im Kopf, sollten sie trotzdem weiterhin Vorsicht bei der Fachlektüre walten lassen. Ratsamer seien vor allem Autoren, die „mehr specielle determinirte Sätze vortragen", während die universalen Ansätze erst einmal zu vernachlässigen wären. Je weniger universal ein Autor schreibe, desto leichter könne über ihn geurteilt werden, da nicht erst mühsam sein System verstanden werden müsse.

---

[135] COD. MS. ACHENWALL 156/29 (auch im folgenden).
[136] Vgl. M. WUNDT, Die deutsche Schulphilosophie im Zeitalter der Aufklärung (1945), S. 137.
[137] COD. MS. ACHENWALL 157/259.

Bald darauf wurden Achenwalls Studenten die zentralen Begriffe des Naturrechts mit Hilfe seiner Handbücher vermittelt. Aus dem Jahre 1755 ist zum Beispiel ein Vorlesungsmanuskript datiert, das zu der obligatio hinführen sollte. Achenwall versuchte erst einmal, die necessitas moralis anschaulich zu erklären, die bei Wolff in Anlehnung an Aristoteles das Movens der moralischen Verbindlichkeit gewesen ist. Von dem römischen Erklärungsmuster des vinculum iuris war auch hier nicht die Rede.[138] Die theoretischen Grundlagen stellten die ersten Paragraphen der *Prolegomena iuris naturalis* dar.[139]

Doch angefangen wurde dieses Unternehmen nicht durch die lateinischen Eingangssentenzen seines Kompendiums, sondern durch ein alltägliches Beispiel: „Wenn jemand bey mir ist und ich sage: Ich muß ins Collegium, weil es 10 Uhr geschlagen hat; so gedenke ich mir eine gewisse Nothwendigkeit, eine freye Handlung vorzunehmen. Nothwendigkeit aus einem gewissen Bewegungsgrund heißt necessitas moralis."[140] Anschließend gab Achenwall seinen Zuhörern weitere Beispiele für moralische Notwendigkeiten: „Ich muß nach Hause, Briefe schreiben, Posterey; *[Kind ist krank]*, ich habe jemanden bestellt; ich muß zu Tische, weil es 12 Uhr ist. Ich fühle in mir eine Unruhe in meiner Seele, etwas zu thun; oft zeigt es sich durch heftige Bewegungen des Geblüths, motus corporis."[141]

Daraufhin stellte Achenwall seinen Studenten die Frage, ob eine necessitas moralis die prinzipielle Handlungsfreiheit der menschlichen beziehungsweise moralischen Handlungen aufhebe. Nein, meinte Achenwall, denn weiterhin bleibe jede Vollziehung oder Unterlassung einer Handlung physisch möglich. Schmerz dagegen sei eine physische Notwendigkeit, bei der keine alternative Handlungsmöglichkeit bestehe. Somit sei eine necessitas physica das Gegenteil einer necessitas moralis.

Der Beweggrund einer moralischen Notwendigkeit, dozierte Achenwall weiter, sei eine causa impulsiva, die gut oder böse sein könne. In der Tat käme es bisweilen vor, daß eine causa impulsiva irrtümlich für gut gehalten werde, obwohl sie in Wahrheit schlecht sei. Als Beispiel hierfür nannte Achenwall ein Duell seines auch in den Kompendien oft benützten Fallbeispiels Caius:

---

[138] Vgl. dazu J.G. DARIES, Observationes iuris naturalis, socialis et gentium, Bd. 1 (1751), S. 135; E. TOPITSCH, Das Problem des Naturrechtes (1972), S. 163.
[139] Vgl. COD. MS. ACHENWALL 143/178 (auch im folgenden). Die obligatio selbst hat ACHENWALL unspektakulär durch bloßes Dozieren der lateinischen Thesen, wie sie in den Prolegomena iuris naturalis (1758) oder Elementa iuris naturae (1750) vertreten sind, erläutert (COD. MS. ACHENWALL 145/3).
[140] COD. MS. ACHENWALL 143/178.
[141] EBD.

Caius wird geschimpft: Er duelliert sich: weil er davor hält, er könne die Schimpf auf keine andre Art auslöschen, als durch den Degen. Er glaubt also, seine Ehre erfordere nothwendig, sich zu duellieren. Er wehret sich: Er beleidiget durch das Duell Gott, sein Gewissen, seinen Landesherren. Er hält es vor gut, es ist aber böse.[142]

Am Rand hat sich Achenwall eine kurios klingende Möglichkeit notiert, wie Caius sein Verhängnis hätte verhindern können: „In der Folge kaltes Bad genommen, kalten Trunk thun."[143] Dabei darf nicht vergessen werden, daß Duelle und Rencontres durch königliche Edikte und die akademischen Gesetze der Georgia Augusta zu dieser Zeit auf das schärfste unter Strafe gestellt worden sind.[144] Achenwall schloß diese Vorlesung mit der zur Verbindlichkeit überleitenden Erkenntnis, daß wohl nur der Bezug auf eine obligatio oder ein Gesetz vor falsch wahrgenommenen causae impulsivae schütze. Die Diskussion, die sich seit der Spätscholastik hinter dieser Frage verbarg — inwiefern Gott wolle, daß der Mensch selbst zwischen Gut und Böse unterscheiden könne –, wurde vor diesem Plenum nicht erörtert.[145]

Vom Oktober 1758 datiert ist ein stichwortartig aufgebautes Manuskript Achenwalls, das eine unter ungünstigen Umständen nahende Prüfung im Naturrecht zum Thema hatte.[146] Zunächst zog Achenwall ein Resümee dieses Semesters, das von einigen Hindernissen gekennzeichnet gewesen zu sein scheint. Zum einen seien neue Auflagen der Kompendien nicht rechtzeitig zur Verfügung gestanden, zum anderen behinderten nicht näher erläuterte „öffentliche Troublen" den reibungslosen Ablauf dieses Kollegiums. Vermutlich handelt es sich bei diesen „Troublen" um Begleiterscheinungen der ersten französischen Besetzung Göttingens während des Siebenjährigen Kriegs zwischen Juli 1757 und Februar 1758.[147] Diese Widrigkeiten hätten einiges an „Aufmerk-

---

[142] EBD.
[143] EBD. Vgl. dazu auch C. BARKS: „Kaltes Wasser ist bei Wutausbrüchen und Nervenzusammenbrüchen immer recht erfolgreich" (Die Macht der Töne (1950), S. 14).
[144] Ein Rencontre ist ein Duell ohne vorherige Abrede und nach freier Waffenwahl (G.C. LIST, Beyträge zur Statistik von Göttingen (1785), S. 172). Vgl. dazu auch die ACADEMISCHEN GESETZE FÜR DIE STUDIOSOS AUF DER GEORG-AUGUSTUS-UNIVERSITÄT (1763), S. 10f., 29ff.: Selbst für ein nicht zustande gekommenes Duell drohten beiden Duellanten zwei Jahre Gefängnis bei Wasser und Brot. Allerdings kam es zu dieser Zeit in Göttingen nicht häufig zu Duellen — als es nach fast zwanzig Jahren Aufenthalt wieder zu einem solchen mit tödlichem Ausgang kam, traf diese Nachricht J.S. PÜTTER so sehr, daß er deswegen „von einem kalten Fieber befallen" wurde (Selbstbiographie (1798), S. 469). Zu studentischen Unruhen in Göttingen vor allem 1736 und 1748 vgl. J.M. GESNER, Kleine Deutsche Schriften (1756), S. 25–51.
[145] Vgl. K. HAAKONSSEN, Natural law and moral philosophy (1996), S. 22, 35.
[146] Vgl. COD. MS. ACHENWALL 145/211 (auch im folgenden).
[147] Vgl. dazu aber J.D. MICHAELIS, der rückblickend diese Besatzer als „die besten Feinde, welche man nur haben kann, und die sehr artig, ja freundschaftlich mit

samkeit geraubt". „Kurz, ich bin zweifelhaft und unruhig", fuhr Achenwall fort, ob die Studenten genügend vorbereitet wären.

Erst einmal wies Achenwall seine Zuhörer darauf hin, daß das Naturrecht „in totu sphaera iuri[dica] zu ihrem künftigen Leben ein sehr practisches Werk seyn" werde. Dann bot er „Ihnen zu liebe und Ihrem Nutzen" an, ein „kurzgefaßtes" Repetitorium zu veranstalten. Konkret wolle er wöchentlich „ein paar Stunden zusammenkommen", um „jedesmal einen hypothetischen extraordinären Titel gesprächsweise durchzugehen". Vorteil dieser Zusatzveranstaltung sei, daß sich die Studenten ein paar Tage darauf vorbereiten könnten, und sich durch das Frage-Antwort-Prinzip jeder die Dinge viel besser merken könne: „Ich frage, Sie antworten: Das drückt sich dreyfach so gut ein; ganz was anderes, als durch docieren alles Reden lassen; ich frage nach der Reihe: jeder non quaesitus denkt bei sich selbst auf Antwort."[148] So könnten die Studenten ihn alles fragen, was ihnen „dubieuse" oder dunkel vorkomme. Achenwall versprach: „Meine Antwort gibt Ihnen das Licht". Das Ganze würde jeden zwei Taler kosten, und er wünsche sich mindestens zehn Teilnehmer. Dieses Kollegium sollte auch sehr praxisorientiert aufgebaut sein. Achenwall kündigte an, den Studenten zeitgenössische „Staatsschriften" und Manifeste aller Art vorzulegen, die die Teilnehmer zu prüfen hätten. So könnten sie lernen, später „als Richter, Advocat, nützlicher Rathgeber, als Beamter" Mißbräuche zu verhindern. Damit, schloß Achenwall, habe das Naturrecht „weit mehr Nutzen als sie glauben".

c. *Naturrecht in der Praxis*

Achenwall hat, wie mehrfach angedeutet, großen Wert auf den Praxisbezug gelegt. Er hat damit keinesfalls immer nur aktuelle „Staatsschriften" oder Artikel zum praktischen Völkerrecht im Sinn gehabt.[149] Ein besonders drastisches Beispiel für das Bemühen Achenwalls um Praxisnähe in seinen Vorlesungen war die Veranschaulichung des für das Freiheitsverständnis Achenwalls wichtigen ius in se ipsum[150] durch einen Artikel aus den „Berlinischen Nachrichten von Staats- und Gelehrten Sachen" aus dem

---

uns umgingen", beschrieb (Lebensbeschreibung (1793), S. 44f.). Ähnlich resümierte später auch J.S. PÜTTER (Selbstbiographie (1798), S. 345ff.). Vgl. dazu auch allgemein A.F. BÜSCHING, Eigene Lebensgeschichte (1789), S. 320f.; A.B. MICHAELIS, Einleitung zu einer vol[l]ständigen Geschichte der Chur- und Fürstlichen Häuser (1759), S. 156f.
[148] COD. MS. ACHENWALL 145/211 (auch im folgenden).
[149] Vgl. dazu auch EBD., 171, in dem viele Artikel über völkerrechtliche Angelegenheiten enthalten sind, vor allem die „Gazette D Utrecht" aus den fünfziger Jahren. Vgl. ferner die Artikel und Notata EBD., 172 und 176.
[150] Vgl. dazu unten S. 247.

Jahre 1761. Das ius in se ipsum beinhaltete bereits bei Wolff wichtige natürliche Pflichten gegen sich selbst. Diese Grundnormen dienten vornehmlich der Selbsterhaltung und eigenen Vervollkommnung.[151] In praxi las sich das folgendermaßen: Ein Hallischer Zimmermann ließ auf eigenen Wunsch seinen in einem brennenden Haus eingeklemmten Arm durch eine „Müller-Axt" abhacken. Achenwall vermerkte dazu lakonisch am Rand: „ius in se ipsum".[152]

Dramatisch verlief die Schilderung des favor necessitatis für die Kinder eines portugiesischen Renegaten, da deren patriotischer Vater einen hohen Preis für die Rettung seiner Landsleute zahlte:

> Machiado, ein portugiesischer Canonengießer und Renegat, der seinen Landsleuten vielen Tort in Indien thut, geht in sich, und nimmt sich vor, nach Goa, so damals von den Indianern belagert wurde, 1511 zurück zu fliehen. Nun hatte er 2. Kinder, beyde hatte er im Geheimen taufen lassen. Er kann solche nicht mitflüchten [lassen]. Aus Furcht, sie würden als Mahomitaner verdammt werden, bringt er sie beyde mit eigener Hand um und kommt glücklich in Goa an; erhielt auch dadurch diese Stadt.[153]

Andere praktische Beispiele Achenwalls gingen glimpflicher aus. Der bei allen Menschen triebhaft vorhandene stimulus naturalis aequalitatis wurde durch ein harmloses Beispiel aus der Kinderwelt gleichsam einzelpädagogisch verbildlicht. Kinder würden eifersüchtig, wenn eines von ihnen ohne vernünftigen Grund vorgezogen werde: „Papa streck' Dich, wir auch. Ich bin ebenso viel wert als Du".[154] Der Naturrechtsgelehrte Achenwall ging hier ebenso vom ‚natürlichen' Verhalten des Kindes aus wie der Pädagoge Rousseau.[155] Unter den Erwachsenen existiere diese natürliche „freye Empfindung" weiterhin, und alle Menschen, die sich nicht näher kennen würden, handeln naturgemäß und auch rechtmäßig nach diesem Stimulus. So stellte für Achenwall ein Spaziergang ein völkerrechtliches Ereignis dar. „In statu civili Bürger von und eben derselben Reichsstadt: in Allee spatzieren inter gentes — ich so gut ein Bürger wie du."[156]

Alltagstauglich wurde auf diese Weise selbst das Rechtsprinzip tempore priore, iure potiore bei der occupatio durch „ein Frauenzimmer" illustriert, das man als erster „zum Tanz" auffordere. Anschließend wies Achenwall darauf hin, daß diese Rechtsregel

---

[151] Vgl. G. HARTUNG, Die Naturrechtsdebatte (1999), S. 136.
[152] Vgl. COD. MS. ACHENWALL 158/37 („Berlinische Nachrichten von Staats- und Gelehrten Sachen" 118 (1761), S. 488).
[153] EBD., 157/77.
[154] EBD., 158/125.
[155] Vgl. M. RANG, Jean Jacques Rousseau (1991), S. 129.
[156] COD. MS. ACHENWALL 158/125.

vor allem bei Konkursverfahren anzutreffen sei.[157] Das in seinen Kompendien immer wieder genannte Rechtsprinzip ultra posse nemo obligari wurde ähnlich anschaulich belegt. Nebukadnezar etwa hatte nicht das Recht, jemanden für die falsche Deutung seines Traumes zu bestrafen, weil diese von Menschen Hand nicht möglich war.[158] In Prüfungen oder Hausaufgaben war selbstverständlich diese Beweisführung nicht erlaubt. Dort mußten die Studenten nach wie vor den Beweis streng demonstrativ in lateinischer Sprache erbringen.[159]

Die unspektakuläre Regel war ein einzelner Paragraph. § 557 aus den *Elementa iuris naturae* sollte zum Beispiel die probatio mit Hilfe einer kleinen Geschichte erläutern, die allerdings im 18. Jahrhundert scheinbar ein klassischer Fall war.[160] Einige Nummern später in diesem Konvolut gab Achenwall seinen Zuhörern eine eindringliche, aber durchaus zutreffende Schilderung über die damalige Bedeutung der Beweispflicht im Gerichtsprozeß:

> Ist wichtige Materie. Es kommt sehr viel darauf an, wer die Schuldigkeit hat, den Beweis zu führen. Daher spielen die Advocaten allerhand Ränke, um den Beweis von ihren Clienten abzulehnen, und dem Gegentheil auf den Hals zu schieben. Die Materie ist selbst in iure politico so intricat [sc. heikel, verwickelt], daß es öfters ab arbitrio iudicis dependirt, wem er den Beweis zuerkennen will, und der Richter sich in keinem Punkt des Processes geschwinder versehen, öfters ins strauchen [kommen] kann, als eine Auferlegung des Beweises ab auctori oder reo.[161]

---

[157] Vgl. EBD., 159/120f. Vgl. dazu auch S. PUFENDORF, Über die Pflicht des Menschen (1673), S. 95; J. HERMANN, Allgemeines Teutsch-Juristisches Lexicon (1739), S. 690ff.

[158] Vgl. COD. MS. ACHENWALL 159/199, 163/276.

[159] Vgl. dazu die beiden exercitationes „Sub qua hypothesi vera sit regula iuris: priore tempore potior iure", die von Achenwall korrigiert worden sind (EBD., 159/200).

[160] „Ein Kaufmann in Halle hat aus der Erbschaft seiner auch noch lebenden Frau von einem Kaufmann in Quedlinburg zu fordern ein Capital von 2000 rh. Er schickt einen Bothen an ihn mit einem Briefe, diesem das Geld zu überliefern: solches in das ihm zugleich gehörige Kleid wohl einzupacken, doch dem Bothen vom Gelde nichts zu sagen. Der Quedlinburger versiegelt das Geld in Gegenwart einiger Zeugen: läßt es durch seinen Laden-Diener einpacken und dem Bothen übergeben. Dieser bringt das in Leinwand eingenähte Paquet nach Halle: Eine Stunde nach der Ablieferung läßt ihn der Kaufmann wieder rufen. Das Geld fehle. Der Hallenser wird Kläger gegen den Quedlinburger. Die Sache ist schon auf 6 Universitaeten gewesen. Die Rinteler haben gesprochen: Beklagter soll erweisen, daß er das Geld eingepackt und fortgeschickt; das thut dieser: darüber geht die Sentenz in rem iudicatam zu beklagtem Tort. Denn man hat Zeugen Artikel § 113. aufgesetzt. NB.: Der Bothe hat zwischen beyden oft Geld ab und zu getragen. NB. 2): Der Hallenser hat eine böse Frau. [Von] Durschen, die bey ihm logirten, wenn sie ihm das Geld bezahlten, hat es die Frau noch einmal gefordert, etc." (EBD., 161/151; der Zettel Nr. 162 aus dem gleichen Konvolut wiederholt die Geschichte noch einmal).

[161] Nach der kurzen Wiederholung des Falls aus Halle (vgl. oben) veranschaulichte Achenwall, wie bedeutsam die Beweispflicht sein könne: Solle nun der Hallenser

Wenn Achenwall eine komprimierte Fassung einiger Paragraphen seiner *Elementa iuris naturae* für die Vorlesungen oder Kollegien niederschrieb, war ihm deutlich das Bestreben um möglichst einfache Beispiele anzumerken. Die verschiedenen Formen des Eigentums an einem Hause reihte er stichpunktartig nacheinander auf:

> 1) Ich veräußere Haus; verkaufe; verschenke; tausche. 2) Ich überlasse ihm das Recht, solange er lebt, Haus zu bewohnen; [...] auch für seine Erben, daß er mit diesem Recht schalten und walten kann, nach Belieben. 3) Ich erlaube ihm, zum gewissen Nutzen ad certam utilitatem [...] große actiones cum aedes vorzunehmen. Z.E. solange er studirt, bis er Doktor wird.[162]

Allerdings finden sich bei Achenwall auch gestraffte Fassungen ganzer Naturzustände, zum Beispiel die dichte Schilderung des reinen Naturzustandes, die vielleicht als Diktat gedacht gewesen war, da sie in lateinischer Sprache geschrieben wurde. Diese stellen jedoch die Ausnahme dar.[163]

---

beweisen, daß das Geld nicht im Paket gewesen ist, oder der Quedlinburger, daß er es abgeschickt habe (EBD., 161/162)? In der Praxis waren den Richtern durch hunderte von Präsumtionen die Hände bei der Beweisaufnahme gebunden (H. COING, Europäisches Privatrecht (1985), S. 134f.). Heutzutage spielt die Beweislastverteilung bei Zivilprozessen eine nicht minder wichtige Rolle. Allerdings gilt hier folgendes Grundprinzip: Jede Partei hat jeweils die Tatsachen darzulegen, die für sie von Vorteil sind. Der Kläger hat danach die anspruchsbegründenden Tatsachen darzulegen, der Beklagte die Tatsachen, die zur Begründung seiner Einreden dienen. Nur ausnahmsweise kann es zur Beweislastumkehr kommen, wie zum Beispiel bei der Produkthaftung.

[162] COD. MS. ACHENWALL 159/54 („§ 160–16... im kurzen").

[163] „Liber I. Ius mere Naturale. Sectio I. Ius Naturale Absolutum. § 1. Vi legis et perfectae homini competit ius corpus vitamque conservandi, et vi legis et externae simul ius agendi, quaecumque naturaliter non sunt iniusta. Et a natura cuiqu[e] competit ius proprium in se ipsum et in quaelibet actionem suam, quae conservationi alterius non repugnat. § 2. Et a natura quilibet liber est, et libertus natus; cuique competit respectu cuisuis in omnibus actionibus naturaliter non iniustis. § 3. Vi huius libertatis naturalis cuique competit ius 1) faciendi omnia officia naturalia; 2) statumque suum perficiendi; 3) adquirendi, 4) utendi eo quod suum est; 5) retinendi suum; et haec omnia per agendi pro habitu suo: quod fieri potest. § 4. Porro vi libertatis tuae et nemini datur ius affirmativum et, nulla actio omissiva in hoc statu est laesio, et omnis commissiva, quae est iusta, est simul res facultatis. § 5. A natura homines sunt aequales, omnes omnibus in omnibus. § 6. Vi huius aequalitatis naturalis nemini alia, plura maiora competunt, obligationes incumbunt quam ceteris. Quod iure tuo tibi non vis fieri ab altero, id nec alteri est faciendum. § 7. Cuilibet competit ius animi sui sensu ex ferendi et mentem declarandi pro habitu quod fieri potest, nemini vero ius est, exigendi ab altero mentis suae declarationem, nec declarationem suaeram. § 8. Falsiloquium vero, quod sit animo laedendi, hoc est mandacium, immo omnes simulatio hoc sien tueta, i.e. fraus, lege naturali prohibentur. § 9. Cuilibet ius est in existimationem sui tamquam iusti viri. § 10" (EBD., 183/30).

d. Examinationes iuris naturalis

Im Nachlaß befinden sich, wie oben angedeutet, einige Aufgaben über das Naturrecht und über das damit zusammen abgehandelte ius publicum universale, ferner über das ius sociale universale und schließlich über das praktische Völkerrecht. Diese Aufgaben wurden von den Studenten ausgearbeitet und zum Teil nachträglich von Achenwall korrigiert.[164] Die Themen waren inhaltlich einfacher Art und mußten kurz, aber ausschließlich in lateinischer Sprache beantwortet werden.[165] Auch Diktate,[166] Nachschriften[167] und Tabellen[168] zu einzelnen Paragraphen von Achenwalls Naturrechtswerken oder Fragebögen zu examinationes iuris naturalis sind erhalten.

Eine von Achenwall korrigierte Prüfung hat sich mit der brisanten naturrechtlichen Grundfrage nach dem Widerstandsrecht befaßt.[169] Diese Frage ist von dem Studenten als Kritik „ex principio Hobbesiano" zu erörtern gewesen. Grundsätzlich gelte für Hobbes, wie der Student ausführte, daß ein Souverän nach dem Unterwerfungsvertrag niemals vom Volk zu irgend etwas gezwungen werden könne, egal ob er gerecht oder ungerecht handle. Widersprüchlich bei Hobbes sei aber, daß er zunächst davon

---

[164] Vgl. zum Beispiel eine Prüfungsfrage aus dem ius publicum universale: „An princeps subditis ius quaesitum auferre possit"? Achenwall hat sich dabei von einer Abhandlung eines nicht genannten Autors über den englisch-schottischen Vertrag von 1706 inspirieren lassen, der dem schottischem Adel die Erbgerichtsbarkeit zusicherte (EBD., 164/489). EBD., 181/50, liegt eine ebenfalls unbeantwortete Aufgabe aus dem ius sociale universale in genere, die zunächst von der Prämisse ausgeht, daß potestas und imperium nur in einer societas inaequalis existieren. Daraufhin fragt Achenwall: „Pone societatem aequalem. Quidquid finis communis caussa fieri debet a sociis societatis aequalis, communi ipsorem consensu determinandum est. Ergo iura et obligationes societatis aequalis dimituenda sunt ex statutis et conclusis societatis." Ferner befinden sich zwei von Studenten ausgearbeitete Prüfungen über res legatorum im Konvolut über Gesandte im Völkerrecht (EBD., 166/153, 163). EBD., 177/119, liegt schließlich Achenwalls Frage an seine Studenten: „Ob der Gebrauch des Pulvers nach dem Völkerrecht verbothen"?

[165] Vgl. dazu die von Achenwall korrigierten kurzen Abhandlung zweier Studenten zu der Frage, ob ein „officium perfectum in statu extraordinario non mutatuo in imperfectum"? (EBD., 144/286f.).

[166] Vgl. dazu das kurze lateinische „Dictata ad § 73" zum Verlust der natürlichen Gleichheit vom Dezember 1763 (EBD., 158/85). Grundsätzlich war Achenwall davon überzeugt, daß die Hauptthesen des Naturrechts in deutscher Sprache vorgestellt werden sollten (EBD., 180/25). D. NETTELBLADT lehnte dagegen Diktate ausdrücklich ab und beschränkte sich auf Drucksachen (Gedanken von dem heutigen Zustand der Rechtsgelahrtheit (1749), S. 102).

[167] Vgl. dazu die kurze Nachschrift in lateinischer Sprache eines Studenten zum Naturrecht (COD. MS. ACHENWALL 183/37).

[168] Vgl. dazu die Tabellen Achenwalls der philosophia practica (EBD., 144/125, 145/120, 137, 175).

[169] Vgl. EBD., 165/373 (auch im folgenden). Vgl. dazu auch unten E. V. b.

ausgehe, jede Herrschaft entstehe nur ex pacto, gleichzeitig aber die damit erfolgende Geburtsstunde des öffentlichen Rechts leugne. Diese Leugnung des ius publicum mache das Verhältnis zwischen dem Herrscher und seinen Untertanen prekär. Ansonsten sei ein Dissens zwischen Souverän und Untertanen undenkbar, es sei denn, der Herrscher entwickle sich zum Vertragsbrecher. Obwohl auch dann der Vertrag zwischen Souverän und Volk verbindlich sei, wie der Student meinte, könne das Volk sehr wohl seinen Souverän „ad pactum servandum cogere", wenn dieser nicht aufhöre, den Unterwerfungsvertrag zu brechen. Sei der Souverän gar ein Despot, hätten die Untertanen nach dem Unterwerfungsvertrag nur mehr das Heilmittel der Rückkehr in den reinen Naturzustand, um ihr natürliches Recht als laedenti einzufordern. Achenwall hat diesen Ausführungen zugestimmt: Das Volk könne entweder einen vertragsbrüchigen Souverän zwingen, sich gemäß dem öffentlichen Recht zu verhalten, oder den Unterwerfungsvertrag wieder auflösen. Im letzteren Fall verliere der Despot seine Macht und befinde sich zusammen mit dem Volk wieder im reinen Naturzustand, wobei das Volk das ius in hostem auf ihn anwenden müsse.

Eine zweite Naturrechtsaufgabe bezog sich auf einen Paragraphen der *Elementa iuris naturae*. In § 193 stellte Achenwall die propositio auf, daß das moralische Gesetz, dafür zu sorgen, daß andere einen vervollkommnen, selbst nicht vollkommen sei.[170] Dies läge an dem entscheidenden Kriterium eines vollkommenen moralischen Gesetzes: der Zwangsmöglichkeit. Eine facultas cogendi bei diesem Gesetz würde automatisch dem ebenfalls mit dieser facultas versehenen, aber ungleich gewichtigeren neminem laede widersprechen. Genau diesen Sachverhalt sollte der Student beweisen: daß die propositio, „ut alii te perficiant", mit dem Konjunkt der Zwangsmöglichkeit „absurda" sei.

Der Student brauchte zu diesem Beweis, wie er in den *Elementa iuris naturae* kurz ausgeführt ist, ebenfalls nur wenige Sätze. Nur konnte er seine Unsicherheit dabei kaum kaschieren: „Unde sequitur, impossibile esse unum idemque concludere *[velle]* ex legi[bus]: cura ut alii te perficiant et ex legibus *[legibus]*: *[conserva te contra alium et]*: ne turbes alterum."[171] Achenwall ist das offenbar zu wenig gewesen. In seiner Randbemerkung meinte er, daß der verlangte Beweis nicht erbracht worden sei. Leider hat

---

[170] Vgl. EBD., 144/286 (auch im folgenden). Vgl. dazu auch G. ACHENWALL/J.S. PÜTTER, Elementa iuris naturae (1750), S. 65.
[171] Ästhetisch ist den häufigen Durchstreichungen des Studenten hinzuzufügen, daß die Handschrift noch sehr ungelenk gewesen ist (COD. MS. ACHENWALL 144/286). Ähnliches gilt für die Schrift eines anderen Studenten (EBD., 144/287).

er in diesem Fall nicht schriftlich fixiert, was er sich stattdessen gewünscht hat.

Sogar für ein juristisches Examen hat Achenwall sich einige Fragen überlegt und zum Teil selbst beantwortet.[172] Diese Fragen an den Respondenten erreichten nicht den Anspruch und die Ausführlichkeit, den solchen exercitationes traditionell eigen gewesen ist, was schon an der ungewohnten Verwendung der deutschen Sprache zu beobachten ist. Diese Befragung darf nicht als ein von staatlicher Seite fest institutionalisiertes Eintrittsexamen zum Beispiel für den Justiz- oder Verwaltungsdienst angesehen werden, wie seit 1736 an der Universität Kopenhagen und seit 1755/1770 in Preußen. Diese Fragen stellte nur eine Überprüfung innerhalb der juristischen Fakultät dar.[173]

So lautete die erste Frage samt Antwort: „Was ist d[er] Zweck alles studii iurid[ici?]" − „Pr[üfen] zu lassen, was recht und unrecht ist". Die dritte Frage suchte in äußerst einfacher Weise analog nach dem Naturrecht zu ermitteln: „Was ist also ius nat[urale?]" − „Sc[ientia] eius, quod nat[uraliter] iust[um] et ini[ustum] est". Immerhin hat Achenwall hier die Antwort des Respondenten in lateinischer Sprache erwartet. Die fünfte und letzte Frage ist dagegen ausführlicher gewesen. Nach einfachen Fragen nach der Definition von lex und scientia erkundigte sich Achenwall allgemein nach dem Nutzen der Gesetze. Als Antwort wünschte er sich offenbar, daß der Prüfling auf die Bewertung der menschlichen Handlungen hinwies, beziehungsweise Möglichkeiten nannte, was im Falle einer ungerechten Handlung zu unternehmen sei. Anschließend bezog Achenwall diese Frage auf seine Disziplin: „Wozu hülft d[ie] Kenntnis d[es] iur[is] natur[alis] üb[er]h[au]pt" − erwünschte Antwort: „Eb[en] dazu: auch [zu] d[er] b[e]s[on]d[e]r[en] G[e]setz[gebu]ng". Wiederum stand nach Achenwalls Verständnis das Naturrecht als Grundlagendisziplin dem positiven und öffentlichen Recht hilfreich zur Seite. Es sollte durch seine universale Gültigkeit die positiven Gesetze überprüfen helfen.

---

[172] Vgl. EBD., 183/48 (auch im folgenden).
[173] Vgl. E. HELLMUTH, Naturrechtsphilosophie und bürokratischer Werthorizont (1985), S. 20, 111ff.; D. TAMM, Patriotische Rechtsgeschichte und nationale Identität (1991), S. 514; W. FRIJHOFF, Der Lebensweg der Studenten (1996), S. 301. Vgl. dazu auch das vom Münchhausen unterzeichnete Mandat vom 28. Mai 1767, eine „Examine und Prüfung" für Kandidaten der juristischen Fakultät abzuhalten, die danach Ämter übernehmen wollen (COD. MS. ACHENWALL 205/47). Vgl. ferner die ähnlichen Fragen bei J.G. VON KULPIS, Collegium Grotianum super jure belli ac pacis anno 1682 in academia Giessensi (1686), passim.

III. NATURRECHT, MORAL UND GOTT

In der Frühen Neuzeit begann die endgültige Trennung zwischen dem gesellschaftlichen Sein und dem Sollen, die kein gemeinsamer geschichtlicher und normativer Ort mehr verband. Die Natur des Menschen kam nicht mehr zu ihrer wesenhaften, empirisch nachweisbaren und universal gültigen Verwirklichung, wie dies in der antiken Polis und später in der res publica christiana der Fall gewesen war. David Hume wies exemplarisch darauf hin, daß die im Aristotelismus angelegte Teleologie des Seins zu einer nun als unhaltbar empfundenen Identität mit dem Sollen geführt hatte.[174]

Die wissenschaftlichen Revolutionen der Frühen Neuzeit höhlten die göttliche Herrschaft über den Menschen aus. Verstärkt wurde dies durch das Bestreben der Naturrechtsgelehrten, eine universale, nicht konfessionell gebundene Ordnung zu schaffen. Der menschliche Voluntarismus nahm das Naturrecht zunehmend zu seinen Gunsten ein. Dennoch spielten verschiedene Auslegungen der göttlichen Prädestination gerade im innerreformatorischen Lager lange Zeit eine zumindest mittelbare Rolle.[175]

Im Hochabsolutismus, als die Religionsfrage weitgehend geklärt war, stand der innerstaatliche Umgang mit dem Gewaltmonopol und den damit zusammenhängenden bürgerlichen Rechten auf der politischen Tagesordnung.[176] Die daran geknüpfte Exklusion Gottes — von ihren Befürwortern als individualistische Wendung zur Religion als Privatsache verstanden — wurde im 18. Jahrhundert selbst von protestantischen Naturrechtsautoren als eine Reduktion auf den in den menschlichen Handlungen liegenden Schaden und Vorteil empfunden.[177] Die voluntaristische Emanzipation des Menschen von Gott wollten viele Autoren des 18. Jahrhunderts noch nicht hinnehmen. Erst Kant, Feuerbach und Nietzsche vollendeten den Sieg des menschlichen Voluntarismus.[178]

---

[174] Vgl. H. WELZEL, Naturrecht und materiale Gerechtigkeit (1951), S. 45f.; W. RÖD, Rationalistisches Naturrecht und praktische Philosophie (1972), S. 269ff.; A. SÜSTERHENN, Das Naturrecht (1972), S. 11ff.; K. ENGISCH, Begriffseinteilung und Klassifikation in der Jurisprudenz (1973), S. 127.
[175] Vgl. R. SPAEMANN, Genetisches zum Naturbegriff des 18. Jahrhunderts (1967), S. 59ff.; P. KONDYLIS, Die Aufklärung (1986), S. 86.
[176] Vgl. M. STOLLEIS, Geschichte des öffentlichen Rechts (1988), S. 269.
[177] Vgl. A.F. GLAFEY, Vollständige Geschichte des Rechts der Vernunfft (1739), S. 257ff.
[178] Vgl. G. HARTUNG, Die Naturrechtsdebatte (1999), S. 208.

Selbst die enzyklopädische Schulphilosophie Wolffs, der ein examinierter Theologe war, blieb die Antwort schuldig, welche Rolle Gott im protestantischen Naturrecht spielen sollte. Sein Auftrag nach ‚Vervollkommnung' konnte zwar auch an biblische Quellen anknüpfen: „Darum sollt ihr vollkommen sein, gleichwie euer Vater im Himmel vollkommen ist" (Mt 5.48). Gemeint war aber eine deistische Ordnung, die formell von einem unveränderlichen, natürlichen Zustand der Welt ausging. Materiell sollte diese vollkommene Ordnung durch das natürliche Streben der Menschen aufrechterhalten werden. Dieses Streben hatte Wolff zufolge Gott den Menschen eingepflanzt.[179] Es blieb aber nicht nur bei Wolff unklar, inwiefern diese natürlichen Verbindlichkeiten neben der äußeren auch eine innere beziehungsweise eine subjektive Moralität besäßen. Anders ausgedrückt: Welches Verhältnis besaßen Gott und Mensch zueinander, und welche Rolle spielten dabei Moral und Naturrecht? Dahinter verbarg sich die aporetische Hoffnung auf ein natürliches Rechtssystem mit theologisch-apriorischen Inhalten, ohne wie Wolff die Rechtsverhältnisse als solche zu moralisieren.[180]

a. Das Dilemma der perfectio

Achenwall unterschied die drei Disziplinen der praktischen Philosophie (Ethik, Politik, Naturrecht) vor allem hinsichtlich ihres genauen Verhältnisses zum Vervollkommnungs-Auftrag. Die Klugheit richtete ihre Handlungen danach aus, daß das perfice te ihr unmittelbares Ziel war, während es bei der Ethik und der Rechtssphäre nur das Mittel darstellte. Recht und Ethik standen sich wiederum in der Hinsicht entgegen, daß das Recht Gerechtigkeit als Ziel hatte, die Ethik dagegen gute Handlungen. Damit wurde das perfice te bei der Ethik positiv mittelbar („voluntatem divinae explendo"),[181] im ius naturale dagegen mit dem der Billigkeit beziehungsweise Gerechtigkeit entsprechenden neminem laede negativ formuliert.[182] Bei einer Verletzung erfolgte seit Aristoteles in allen drei Disziplinen eine imputatio, das heißt, eine Zurechnung.[183] Im Naturrecht hatte dies in jedem Fall ein ius cogendi der anderen Menschen und vielleicht auch eine Gottes-

---

[179] Vgl. E. WOLF, Große Rechtsdenker (1939), S. 253ff., 372ff.; W. RÖD, Geometrischer Geist und Naturrecht (1970), S. 130ff.; H.M. BACHMANN, Die naturrechtliche Staatslehre Christian Wolffs (1977), S. 36; DERS., Zur Wolffschen Naturrechtslehre (1983), S. 161f.; J. RACHOLD, Die aufklärerische Vernunft (1999), S. 146ff.
[180] Vgl. G. HARTUNG, Die Naturrechtsdebatte (1999), S. 146.
[181] COD. MS. ACHENWALL 145/173.
[182] Vgl. dazu auch E. WOLF, Große Rechtsdenker (1939), S. 149.
[183] Vgl. H. WELZEL, Naturrecht und materiale Gerechtigkeit (1951), S. 35.

strafe, in der Ethik nur eine poena divina und in der Klugheit nur eine Unvollkommenheit gegenüber sich selbst zur Folge:

> Das ius naturale zu beobachten, erfordert allezeit auch die Ethic und die Klugheit, aber diese beyden nicht bloß allein, sondern auch das ius naturale selbst. Die moralischen Gesetze zu beobachten, erfordert sowohl die Moral als die Klugheit. Nur das ius naturale erfordert solche nicht. Die Klugheitsregeln zu beobachten, erfordert weder die Moral noch das ius naturale; darüber straft Gott niemand; kein Mensch ist berechtiget, Gewalt zu gebrauchen. Aber der Mensch leidet sonst Nachtheil.[184]

Die relative Unabhängigkeit der Klugheit in bezug auf Ethik und Naturrecht währte allerdings nicht lange. Einige Zeilen weiter unten fügte Achenwall hinzu, daß die Klugheit zwar nicht durch beide Disziplinen bestimmt werde; sie dürfe diesen andererseits auch nicht „contradiciren". Kluger Vorteil könne nur verschafft werden, wenn Ethik und Naturrecht es durch indifferente Gesetze freistellten.

Über den genauen Ort der Ethik innerhalb der praktischen Philosophie, die je nach Befolgung von Gottes Willen darüber entscheidet, ob die Handlungen der Menschen gut oder schlecht sind, ist sich Achenwall wie viele andere Naturrechtsautoren nicht sicher gewesen. Dieses Problem hatte seine Ursache in der seit der Reformation andauernden Diskussion, ob bestimmte äußere beziehungsweise rechtliche Handlungen eine innere Moralität gegenüber Gott besäßen, oder ob hier der menschliche Voluntarismus weitgehend freie Hand habe.[185] Während die Spätscholastik, Leibniz und Wolff die Moralität vor Gott grundsätzlich bejahten, hatten Hobbes, Locke, Pufendorf und dessen Epigonen wie Cocceji und Buddeus diese Vermutung cum grano salis abgelehnt.[186] Pufendorf gelang als erstem eine schlüssige Lösung dieses Problems, die allerdings von Achenwall nie näher beachtet wurde: durch den sittlich verpflichtenden Wert eines Rechtsgebots, der sich von der obligatio darin unterschied, indem er nicht auf einer Zwangandrohung basierte, sondern auf der Kraft der Gesinnung.[187]

---

[184] COD. MS. ACHENWALL 145/173.
[185] Vgl. E. WOLF, Große Rechtsdenker (1939), S. 222; W. RÖD, Geometrischer Geist und Naturrecht (1970), S. 92; K. HAAKONSSEN, Natural law and moral philosophy (1996), S. 38ff.
[186] Vgl. zum Beispiel S. PUFENDORF: „Daraus folgt auch, daß das Naturrecht sich zum großen Teil auf die Ordnung der äußeren Handlungen des Menschen bezieht (Über die Pflicht des Menschen (1673), S. 15). Vgl. dazu auch E.F. KLEIN, Grundsätze der natürlichen Rechtswissenschaft (1797), S. 358f.; H. WELZEL, Naturrecht und materiale Gerechtigkeit (1951), S. 163.
[187] Vgl. S. PUFENDORF, Über die Pflicht des Menschen (1673), S. 43. In COD. MS. ACHENWALL 181/188 vermerkte Achenwall, daß Pufendorf nicht ganz ausgeschlossen habe, daß bestimmte „actus interni" in das Naturrecht gehören. Vgl. dazu auch G. HARTUNG, Die Naturrechtsdebatte (1999), S. 49.

Sicher konnte sich Achenwall angesichts der widersprüchlichen Richtungen nur insoweit sein, daß die Ethik innerhalb der praktischen Philosophie zwischen dem natürlichen beziehungsweise vollkommenen Recht und der unvollkommenen Klugheit ihren Platz haben müsse. Manchmal ordnete er sie — wie die um ihrer selbst existierende prudentia — den unvollkommenen Gesetzen zu, ein anderes Mal dem vollkommenen Bereich.[188] Trotz dieser disziplinären Unsicherheit bei der Moral wendete sich Achenwall jedoch dezidiert gegen eine Vermischung von Ethik und Naturrecht, weil letzteres nur vollkommene Gesetze kenne. Mit Berechtigung warf er Wolff diese Vermengung vor.[189] Ferner hätten auch Grotius und Pufendorf Moral, Politik und Naturrecht nicht gründlich genug voneinander separiert. Dahinter verbarg sich wiederum der Konflikt, der noch behandelt werden muß: Welcher Stellenwert kam Gott nach der Trennung der Moraltheologie vom Naturrecht in den natürlichen Verbindlichkeiten zu?

Prämisse eines jeden Gesetzes sei, so Achenwall, daß eine Verbindlichkeit und eine freie Handlung vorhanden seien. Letztere habe ihren Ursprung in der „Gemüthsfreyheit" oder Handlungsfreiheit der menschlichen Natur.[190] Damit knüpfte er eher nolens als volens an der Tradition des Voluntarismus an, wie Leibniz und die Wolffschule ihn vertraten. Der Mensch habe das „Vermögen zu denken und zu empfinden". Allein seine vernünftige Seele grenze ihn deutlich von den Tieren ab. Sie sei es, die darüber entscheide, ob Handlungen vorgenommen oder unterlassen würden.[191] Diese Wendung war gegen die stoische Tradition gerichtet, die seiner Meinung nach die Annahme vertreten habe, daß die Natur ihr Recht allen Wesen auf gleiche Weise lehre. Die Gemütsfreiheit sei aber „der Hauptvorzug des Menschen vor dem Vieh und sein größtes vorzügliches Kleinod", weil somit der Weg zur Vollkommenheit erst möglich werde. Tiere seien allenfalls zu

---

[188] Vgl. das von einem Studenten gezeichnete und von Achenwall nachträglich verbesserte Diagramm (COD. MS. ACHENWALL 144/125) und das Diagramm EBD., 145/175, wo die Ethik jeweils wie die Ökonomie und die Politik zu dem unvollkommenen Bereich der praktischen Philosophie gehörten. EBD., 145/172 und 174, wurde die Moralphilosophie hingegen zu den natürlichen und vollkommenen Gesetzen gerechnet. Vgl. dazu auch EBD., 145/173, wo die Ethik in Anlehnung an Pufendorfs Pflichtenlehre nicht nur gegenüber Gott, sondern auch gegenüber sich selbst und den Menschen verpflichtete (S. PUFENDORF, De officiis hominis et civis (1728), S. 81ff.; F. BUDDEUS, Selecta iuris naturae et gentium (1717), S. 7.). Ein an Thomasius angelehntes Diagramm verpflichtete die Moral dagegen nur gegenüber Gott (COD. MS. ACHENWALL 145/120). Vgl. ferner J.G. DARIES, Observationes iuris naturalis, socialis et gentium, Dd. 1 (1751), S. 108; E.F. KLEIN, Grundsätze der natürlichen Rechtswissenschaft (1797), S. 358f.
[189] Vgl. dazu D.M. MEYRING, Politische Weltweisheit (1965), S. 45.
[190] COD. MS. ACHENWALL 156/101 (auch im folgenden).
[191] Vgl. EBD., 137/23f. (auch im folgenden). Vgl. dazu auch J.J. BURLAMAQUI, Principes du Droit Naturel, Bd. 1 (1747), S. 25.

„physisch nothwendigen" beziehungsweise „bloß natürlichen Handlungen" fähig. Die menschliche Handlungsfreiheit äußere sich hauptsächlich in den Willenshandlungen, während andere freie Handlungen der menschlichen Seele in der praktischen Philosophie und „in allen Gattungen der Rechtsgelehrsamkeit" im allgemeinen nicht behandelt würden.

Die freien Handlungen des Menschen würden durch Verbindlichkeiten eingeschränkt werden. Diese habe man „schon längst", nämlich seit Wolff,[192] wie Achenwall betonte, mit „moralischer Notwendigkeit" gleichgesetzt. Der „Grundtrieb nach Vollkommenheit" im Menschen dränge danach — zwar nicht physisch, aber doch psychologisch-moralisch –, zu handeln, ohne seine freie Natur zu verlieren:

> Da dem Menschen der Grundtrieb nach seiner Vollkommenheit eingepflanzet ist: So fühlet ein jeder, daß wenn er sich etwas als ein Gut vorstellet, dessen Erlangung zu seiner Absicht dienlich ist; mit einem Wort, wenn er einen Bewegungs-Grund zu einer gewissen Handlung bekennt, er gedrungen oder genöthiget wird, seinen Grundtrieben gemäß zu handeln; jedoch dergestalt, daß er auch das Gegentheil zu thun in seiner Gewalt hat. Demnach bleibt eine solche Handlung, wozu man durch einen Bewegungs-Grund genöthiget wird, eine freye Handlung, ist also keine physisch nothwendige, und daher heißt sie eine moralisch nothwendige Handlung, und also kann man sich eine moralische Nothwendigkeit gedenken. Sie besteht also darinnen: Es ist eine Nothwendigkeit, eine freye Handlung, einem gegebenen Bewegungsgrund gemäß zu bestimmen.[193]

Jeder, der die „Seelenlehre" kenne, so Achenwall weiter, erkenne, daß dieser Vervollkommnungstrieb „befriediget werden" müsse: „So ist es nothwendig, eine Handlung so und nicht anders vorzunehmen; so muß man so und nicht anders handeln."[194] Dieser Umgang mit der perfectio war im Grunde genommen eine Variante des leibnizisch-wolffschen Ansatzes.[195] Wolff hatte das gesamte Wohl- oder Fehlverhalten im sozialen Kontext in der empirischen Psychologie abgehandelt. Zu dem von Gott zugebilligten Maß an Freiheit gehörte bei ihm die Willensfreiheit, so daß der Mensch aktiv moralisch gute oder schlechte Handlungen unternehmen konnte. Passiv war der Mensch aber bei Wolff durch die von Gott eingepflanzte natürliche Verfaßtheit dazu angehalten, die naturrechtlichen Grundnormen einzuhalten.

Problematisch an dieser Argumentation sei — und das war von Achenwall gegen Wolff gerichtet –, daß die Gefahr für den motus corporis bestünde, einem „Scheingut" zu folgen. Es sei auch nicht

---

[192] Vgl. G. HARTUNG, Die Naturrechtsdebatte (1999), S. 132.
[193] COD. MS. ACHENWALL 137/23f.
[194] EBD.
[195] Vgl. G. HARTUNG, Die Naturrechtsdebatte (1999), S. 127ff.

gänzlich auszuschließen, daß die Vervollkommnung aus purem Eigennutz betrieben werde. In beiden Fällen gehe man keiner Verbindlichkeit nach, die einem wahren Gut oder einem vernünftigen Zweck entspringe. Offensichtlich aus dieser Unsicherheit heraus schloß Achenwall, daß jede moralische Verbindlichkeit nur einen „gewissen vernünftigen" Zweck enthalte. Die Frage nach Gott war damit noch nicht geklärt.

b. Gott und Naturrecht

Achenwall überzeugte keiner der Ansätze, Gott in ein mehr oder weniger moralisch fundiertes Naturrechtskonzept zu integrieren: nicht Pufendorfs Voluntarismus, nicht Thomasius' Affektenlehre, nicht Wolffs Verankerung des Naturrechts per göttlichen Willen in der Natur des Menschen. Nur die Methode Süßmilchs fand seinen Gefallen — doch dieser Ansatz war allenfalls in der Statistik und kaum im Naturrecht zu gebrauchen.[196]

Es verstieß gegen die innere Logik des aufgeklärten und modernen Denkens, Empirie und Moral auf eine Weise zu vereinen, in der die Empirie göttlich durchdrungen und die menschliche Freiheit moralisch autonom vorzustellen war. Kants spätere Kritik sowohl gegen die demonstrative Methode als auch gegen jedes historisierend-räsonierende Vorgehen verdeutlicht dies: „Alles scheinbare Vernünfteln a priori ist hier im Grunde nichts als durch Induktion zur Allgemeinheit erhobene Erfahrung, welche Allgemeinheit [...] noch dazu so kümmerlich ist, daß man einem jedem unendlich viele Ausnahmen erlauben muß."[197] Damit sprach Kant beiden Methoden gerade das entscheidende Kriterium ab, dem sie am meisten zu entsprechen hofften: die universale Gültigkeit.

Dennoch gibt es eine einflußreiche Tradition, die das Naturrecht unter moralischen Gesichtspunkten kohärent erneuern wollte. Sie reichte von Pufendorf bis zur schottischen Aufklärung. Es war die alte Frage, ob das Naturrecht nur deswegen moralische Qualitäten besitzt, weil es von Gott stammt. Dabei war weniger von Bedeutung, ob es von Gott kommt, sondern eher, ob es Bereiche im Naturrecht gibt, die moralisch sind, unabhängig davon, ob im Naturrecht an Gott geglaubt wird oder nicht.[198]

Achenwall kannte die Werke zum Beispiel von Francis Hutcheson, dessen Voluntarismus den Menschen zunächst unabhängig

---

[196] Vgl. oben C. II. a.
[197] I. KANT, Metaphysik der Sitten (1797), S. 17. Vgl. dazu auch T. SCHMALZ, Das reine Naturrecht (1792), S. 6f.; E. FORSTHOFF, Zur Problematik der Rechtserneuerung (1972), S. 79; M. STOLLEIS, Geschichte des öffentlichen Rechts (1988), S. 275.
[198] Vgl. K. HAAKONSSEN, Natural law and moral philosophy (1996), S. 6.

von Gottes moralischen Kriterien sah.[199] Doch Hutcheson verband mit der common-sense-Philosophie die menschliche Psychologie mit den moralischen Intentionen Gottes. Das Bindeglied zwischen Naturrecht und Moral stellte bei ihm die natürliche Religion dar.[200] Achenwall blieben aber zu viele Zweifel, wie Hutcheson dies bewerkstelligte: „Er dediciert s[ein] ganzes Werk [au]s d[em] sensu interno benevolentiae: moral[isches] Gefühl. Ist treffl[ich] in Ausführ[un]g dieses Grundsatzes, wenn gl[eich] noch dubia übrig bleiben. In applica[tion]e ad negotia iuridica sehr dunkel u[nd] wirkl[ich] gezwungen."[201]

Eines aber verband Achenwall und Hutcheson: Das Bestreben, das Naturrecht gleich der Moral auf innere, psychologische Impulse zurückzuführen. So galt die empirische Psychologie seit Wolff ebenfalls als rationale Lehre. Die ausschließliche Fixierung auf empirische Beobachtungen, die einer observatio oder einem experimentum eigen sind,[202] schien Achenwall nicht restlos zu überzeugen. Er vertrat die Meinung, daß „Vernunftschlüsse",[203] die aus den universalen propositiones maiores gewonnen werden, der bessere Weg zum Naturrecht seien. Die erste Hypothese dieses rationalen Ansatzes war das natürliche Selbsterhaltungsrecht des Menschen, das als ius naturale mixtum sowohl innerlich (vor Gott) als auch äußerlich (vollkommene Handlungen) galt. Die damit korrespondierende Verbindlichkeit des conserva te war sowohl vor Gott als auch vor den Menschen gültig.

Die zweite Hypothese stellte das ius agendi dar, sofern damit keine ungerechte beziehungsweise unvollkommene Handlung verbunden war. Nur unter diesem Vorbehalt — dem neminem laede — blieb das Recht der äußerlichen (Handlungs-) Freiheit ein vollkommenes Recht. Damit war es allerdings auf die äußerliche Sphäre der Menschen untereinander begrenzt. Beide Rechte — das „ius securitatis personalis" und die „libertas externa"[204] —, behielten in den dem reinen Naturrecht folgenden hypothetischen Zuständen ihre Gültigkeit. Weiterhin läßt sich aus beiden Fundamenten für Achenwall ein drittes natürliches Recht erschließen: das Gleichheitsrecht, das wie schon die (Handlungs-) Freiheit auf die Sphäre in foro humano begrenzt war.

---

[199] Vgl. EBD., S. 66, 79, 85.
[200] Vgl. R. PORTER, The Creation of the Modern World (2000), S. 170.
[201] Vgl. COD. MS. ACHENWALL 157/249; gemeint war F. Hutchesons *Philosophiae moralis institutio compendiaria* (1742), das Achenwall in der zweiten Auflage von 1745 vorlag.
[202] Vgl. N. HINSKE, Wolffs empirische Psychologie und Kants pragmatische Anthropologie (1996), S. 103.
[203] Vgl. COD. MS. ACHENWALL 183/31 (Sommer 1771).
[204] EBD. (auch im folgenden).

Das Naturrecht Achenwalls in den Kompendien war, wie bereits festgestellt wurde, traditionellen und pädagogischen Gesichtspunkten unterworfen. In den *Elementa iuris naturae* war das Fundament des Naturrechts noch in der leibnizisch-wolffschen Tradition aufgebaut.[205] Die Termini könnten auch aus einer Ethik stammen:[206] Der Mensch besitzt sowohl einen vornehmlich sensualistischen Körper, dessen Möglichkeiten kaum eine Rolle spielen, als auch eine Seele, die der traditionelle Ort vor allem der facultates rationales et sensitivae ist. Besonders Verstand und Willen lassen die rationalen Möglichkeiten der Seele des Menschen und damit seine freien beziehungsweise moralischen Handlungen nach dem Wahren und Guten streben.

Um nicht im platonischen Objektivismus des apriorisch Guten oder in der Teleologie des Aristoteles zu versinken, bauten die deutschen Naturrechtsgelehrten, wie oben erwähnt, seit Leibniz ein sensualistisches Korrektiv ein:[207] Seelische Lust unterstützt dieses Streben. Damit führte Achenwall schon früh in seinen *Elementa iuris naturae* das ethische perfice te als allgemeinstes Gesetz des Menschen ein und bekannte sich auf diese Weise zur Naturrechtsphilosophie Wolffs (§ 9). Mit § 17 wurde gewohnheitsmäßig der Zusammenhang zwischen dem Vervollkommnungstrieb und der natürlichen Selbsterhaltung hergestellt. Damit waren die beiden zentralen Argumente der Naturrechtslehre Wolffs genannt.[208] Das Naturrecht begriff Achenwall schließlich auf traditionelle Weise in seinen drei Zuständen, dem reinen Naturzustand, dem Zustand gesellschaftlicher Verfaßtheit und dem Zustand zwischen einzelnen Völkern.[209]

In den *Elementa iuris naturae* war die Sphäre des Naturrechts noch nicht eindeutig auf die äußeren Handlungen der Menschen begrenzt.[210] Diese Frage nach einer genauen Grenzziehung zwischen dem moralischen und dem juristischen Bereich stellte sich für Achenwall deswegen nicht, weil er das Naturrecht zwar auf die vollkommenen natürlichen Pflichten begrenzte, aber nicht auf den

---

[205] Vgl. G. ACHENWALL/J.S. PÜTTER, Elementa iuris naturae (1750), S. 16ff.
[206] Zum traditionellen Vokabular der Moralphilosophie vgl. zum Beispiel die „Tabula tabularum ethicarum" D. RINGMACHERS im Lexicon philosophiae moralis, ethicae & politicae (1694). Aber schon N. HEMMINGIUS' Naturrecht war in ähnlicher Weise zwischen der cognitio sensitiva et intellectiva aufgebaut (De lege naturae (1562), o.S.). Vgl. dazu auch S. VETTER, Wissenschaftlicher Reduktionismus und die Rassentheorie von Christoph Meiners (1997), S. 57.
[207] Vgl. H. WELZEL, Naturrecht und materiale Gerechtigkeit (1951), S. 25ff.; K. LUIG, Die Wurzeln des aufgeklärten Naturrechts bei Leibniz (1995), S. 213*.
[208] Vgl. H.M. BACHMANN, Die naturrechtliche Staatslehre Christian Wolffs (1977), 69f.; J. RACHOLD, Die aufklärerische Vernunft (1999), S. 144ff.
[209] Vgl. dazu auch H. MEDICK, Naturzustand und Naturgeschichte der bürgerlichen Gesellschaft (1973), S. 49.
[210] Vgl. G. ACHENWALL/J.S. PÜTTER, Elementa iuris naturae (1750), S. 43, 69, 72–77, 86–89, 306f. (auch im folgenden).

Gegensatz der innerlich-moralischen und äußerlich-rechtlichen Sphäre zuspitzte. Er bemerkte zwar, daß Gerechtigkeit — im Gegensatz zu Aristoteles — nicht als Tugend angesehen werden dürfe, schloß aber moralisches Verhalten trotzdem nicht völlig aus. Präziser vermochte Achenwall dies nicht zu beschreiben. Selbst Kant versuchte später dieses Dilemma aufs Neue zu lösen, weil anscheinend Pufendorfs Lösungsvorschlag in dieser Sache — durch die alle Rechtsgebote sittlich verpflichtende Kraft des Wertes, die eine innige Zusammengehörigkeit zwischen Recht und Moral herstellt — niemandem mehr bekannt war.[211]

Im Mai 1754 erschienen die ersten Bögen der *Observationes iuris naturalis*, die im Vergleich zu den *Elementa iuris naturae* nur einen schmalen Band von siebzig Seiten füllten.[212] Eine Geschichte des Naturrechts oder ein Methodenbekenntnis mußte wegen des knappen Platzes ausbleiben. Das anthropologische Fundament war in den *Observationes iuris naturalis* wie in den *Elementa iuris naturae* die libertas mentis des Menschen, die spontane beziehungsweise freie Handlungen erst ermöglicht.[213] Die voluntaristische Freiheit lenkte den Verstand, während die sensualistischen und vor allem die triebhaften Fähigkeiten völlig in den Hintergrund traten.

Die innerlich-moralische Sphäre trennte Achenwall in den *Observationes iuris naturalis* erstmals von der äußeren Sphäre des Rechts: „In sphaera iuris *[humani]* <externi> actiones liberae simpliciter <s[ive] mere, s[ive] nude> internae exulant".[214] Ihn beschäftigte in Anlehnung an Pufendorf und Thomasius nicht der Blick auf den inneren Willen des Handelnden, sondern die Beurteilung der Handlungsumsetzung durch die Tat.[215] Diese erfolgte allerdings aus nicht juristischer Perspektive: Waren gute oder schlechte Folgen grundsätzlich voraussehbar, drehte es sich um moralische Handlungen. In letzter Konsequenz ist Achenwall damit — wie schon in den *Elementa iuris naturae* — nicht in der Lage gewesen, Moral und Recht klar voneinander zu trennen.

Allerdings ging es ihm in den *Observationes iuris naturalis* mehr um das systematische juristische Denken als um disziplinä-

---

[211] Vgl. H. WELZEL, Naturrecht und materiale Gerechtigkeit (1951), S. 34, 163ff.
[212] Benützt wurde das mit einigen Korrekturen und Nachträgen versehene Handexemplar Achenwalls aus COD. MS. ACHENWALL 184. Die vier Teilbände haben folgende Titel: Specimen I. De libertate mentis. Specimen II. De obligatione et imputatione. Specimen III. De lege perfecta seu de iurisprudentia in genere. Specimen IV. De iure naturae in genere et iure nat[urae] absoluto in specie. Vgl. dazu auch die Meldung in den GGA 5 (1754), S. 42.
[213] Vgl. G. ACHENWALL, Observationes iuris naturalis, Spec. I (1754), S. 3–16; Spec. II, S. 15f.; Spec. III, S. 6f. (auch im folgenden).
[214] EBD., Spec. I (1754), S. 13.
[215] Vgl. H. WELZEL, Naturrecht und materiale Gerechtigkeit (1951), S. 163; H. DREITZEL, Monarchiebegriffe in der Fürstengesellschaft (1991), S. 615.

re Grenzen. Detailliert legte er dar, daß es keine Handlungen ohne Verbindlichkeit, ohne Zurechnung und ohne Gesetz gebe.[216] Am Beispiel eines Mordes erklärte Achenwall im häufig gebrauchten Pone-Caium-Stil, daß zwischen der Tat und der Strafe die juristischen Teilschritte der Zurechnung stünden, die schließlich von dem Gesetz subsumiert werden müßten. Somit sei das Urteil der Zurechnung die „applicatio legis ad factum" (§ III), und der Strafprozeß zerfalle in das Erkenntnisverfahren und das Vollstreckungsverfahren.[217]

Zusätzlich bezog Achenwall das hinter den Gesetzen stehende ius in zunehmender Weise auf einen universalen Zugriff, der als „complexus legum perfectarum" vorzustellen war und der in letzter Konsequenz nicht mehr zwischen natürlicher, göttlicher oder positiver Legitimation unterschied.[218] Diese Verwischung alter Grenzen unternahm er schon durch die bewußte Ausklammerung der praktischen Philosophie. Diese konnte durch die in ihr enthaltenen unvollkommenen Gesetze seinem rein vollkommen gedachten Konzept von Recht nicht entsprechen. Anschließend teilte Achenwall das Naturrecht durchaus traditionell in vier Konzepte auf – als ius naturale universalis, ius naturale divina, ius naturale humana und ius naturale absolutum –, von denen für ihn tatsächlich nur das universale Naturrecht von Belang war. Denn in sensu generalissimo fiel es mit dem positiven Recht zusammen.

In den 1758 erstmals veröffentlichten *Prolegomena iuris naturalis* bekannte sich Achenwall bereits in seiner Vorrede ausdrücklich zu einem auf den Fundamenten einer iurisprudentia universalis ruhenden Naturrecht.[219] Ohne den eigentlich zu erwartenden Bezug zum positiven Recht herzustellen, war damit der „animus" dieses opusculum, wie er es nannte, auf einen die positiven wie auch die natürlichen Rechte integrierenden Ansatz

---

[216] Vgl. G. ACHENWALL, Observationes iuris naturalis, Spec. II, S. 9–16 (auch im folgenden). Diese nulla-facta-sine-obligatione-, nulla-facta-sine-imputatione- und nulla-facta-sine-lege-Wendungen hat J. HRUSCHKA erstmals bei Achenwall zu entdecken geglaubt (Strafe und Strafrecht bei Achenwall (1987), S. 161ff; vgl. dazu auch oben S. 16f.). Materiell sind diese Wendungen allerdings schon bei J.F. BUDDEUS – „nulla lex est sine obligatione" – (Elementa philosophiae practicae (1717), S. 207) und bei J.H. BOEHMER zu finden: „Omnem poenam praesupponere crimen" (De poena sine crimine (1736), S. 11). Vgl. dazu auch K. HÄRTER, Kontinuität und Reform der Strafjustiz (1998), S. 250.
[217] Vgl. dazu auch K. ENGISCH, Begriffseinteilung und Klassifikation in der Jurisprudenz (1973), S. 127.
[218] Vgl. G. ACHENWALL, Observationes iuris naturalis, Spec. IV (1754), S. 1–5 (auch im folgenden). Vgl. dazu dazu auch K. HAAKONSSEN, Natural law and moral philosophy (1996), S. 46.
[219] Vgl. dazu G. ACHENWALL, Prolegomena iuris naturalis (1767), Vorrede, o.S. Im folgenden wird die dritte Auflage von 1767 benützt. Vgl. auch die ausführlichere Rezension in den GGA 148 (1758), S. 1393–1399.

vorbestimmt. Die Anfänge der *Prolegomena iuris naturalis* erinnern an eine verkürzte Darstellung des Naturrechts aus der traditionellen psychologisch-anthropologischen Perspektive.[220] Ungewöhnlich war dagegen, daß das Ideal der Universalität weniger durch die Natürlichkeit erklärt wurde — weitaus wichtiger erschien hier der universale Zugriff Gottes.

Diese göttliche Durchdringung des Naturrechts war in manchen anderen, meist älteren Darstellungen noch enthalten gewesen, ohne daß diese dem theologischen Naturrecht zugerechnet werden dürfen. Manche Autoren begnügten sich nicht damit, Gott als Schöpfer oder gar als cartesianischen Mechaniker dieser Welt kurz zu erwähnen. Stattdessen dehnten sie seinen Einfluß aus, indem sie zum Beispiel ausdrücklich die natürliche Verbindlichkeit mit der göttlichen Verbindlichkeit vermischten.[221] So fielen gleichwohl wieder alle spätscholastischen und lutherischen Grenzen zwischen Moral und Recht zusammen, da Gott in diesem Fall ebenso äußerlich wie auch innerlich strafte, obwohl Gottesstrafen strenggenommen nicht Teil des Naturrechts sein konnten.[222] Da dies die Wiedereinführung des moralischen Gefühls in die Rechtssphäre erforderte, reichte selbst der klassische Habitus nicht mehr aus. Achenwall stellte diesem in den *Prolegomena iuris naturalis* zunächst eine „conscientia moralis" zur Seite (§ 70).

Die Moralisierung des Naturrechts entfaltete sich in der schon in den *Elementa iuris naturae* vorgegebenen Kategorie des einfachen guten Ansehens.[223] In den *Prolegomena iuris naturalis* sorgte sie vollends für eine zwischen allen Menschen agierende Sphäre, die entfremdet oder verbindet. In Thomasius' Tradition des decorum (des „Anständigen") drang Gott strafend und belohnend in diesen moralischen Bereich vor, der sowohl von den Menschen als auch vom Staat nicht mehr zugerechnet werden konnte. Zwar war das Ansehen in alter Tradition auch eine Möglichkeit, mit der Ehre und existimatio publica im vorbürgerlichen Zusammenhang geschaffen wurden[224] — aber Achenwall kam es weitaus mehr auf ihre Fähigkeit an, Schamgefühl und Verbundenheit auf der psychologischen Ebene und damit vor Gott zu erzeugen.

---

[220] Vgl. G. ACHENWALL, Prolegomena iuris naturalis (1767), S. 1–9 (auch im folgenden).
[221] Vgl. zum Beispiel G. BEYER, Delineatio iuris divini, naturalis et positivi universalis (1726), passim; J.L. HAUSCHILD, Opusculum historico-juridicum (1738), passim; J.G. DARIES, Insitutiones iurisprudentiae universalis (1745), S. 53.
[222] Vgl. K. HAAKONSSEN, Natural law and moral philosophy (1996), S. 23.
[223] Vgl. G. ACHENWALL/J.S. PÜTTER, Elementa iuris naturae (1750), S. 306f. und im folgenden G. ACHENWALL, Prolegomena iuris naturalis (1767), S. 68–73, 88–124.
[224] Vgl. zum Beispiel S. PUFENDORF, Über die Pflicht des Menschen (1673), S. 196ff. Erst die Kantianer haben dann diese Kategorie vehement abgelehnt (T. SCHMALZ, Das reine Naturrecht (1792), S. 32).

Anschließend erwähnte Achenwall in den *Prolegomena iuris naturalis* das ewige Leben nach dem Tod (§ 73). Die irdischen Strafen und Belohnungen seines universalen Naturrechts hätten durchaus einen großen Einfluß auf die Gestaltung des zukünftigen Lebens. Damit erfolgte die endgültige Zurechnung nach dem Tod, was den Umfang des Naturrechts ins Eschaton ausdehnte. Dies waren exakt jene Argumente, die Leibniz hundert Jahre zuvor gegenüber Pufendorf ins Spiel brachte, da jener die Frage nach dem ewigen Heil aus dem Naturrecht ausgeschlossen hatte. Leibniz vertrat dagegen wie Achenwall die Meinung, daß göttliche Strafen und Belohnungen einen integralen Bestandteil des Naturrechts ausmachen sollten.[225]

Diese Gewichtung Gottes im Naturrecht der *Prolegomena iuris naturalis* wurde von Achenwall konsequent dadurch weiter geführt, daß das geläufige Motiv, eine Handlung zu begehen, nun restlos ohne die klassischen natürlichen Prinzipien auskam. Nicht das perfice te oder das neminem laede wurden zum „motivum fortissimum", sondern das nur deontologisch zu verstehende „faciendum, quod Deo placet" (§ 75). Zutiefst unjuristisch war dabei die Forderung Achenwalls, daß davon nicht einmal Atheisten und Deisten mit ihren vorgeblich leicht überwindbaren theologischen Irrtümern ausgenommen seien.[226] „Handle soviel Du kannst in Übereinstimmung mit Gott" war hier Achenwalls zentrales Ansinnen, und es diente ihm auch der Befriedigung der anderen alten Bedürfnisse des Naturrechts, der Vervollkommnung und der Glückseligkeit.[227]

Wenn Achenwall dazu seine alten Fundamente, wie vor allem die an Aristoteles, Grotius, Wolff und Gundling anknüpfende facultas moralis ad cogendem wieder erwähnte,[228] so dienten sie ihm in den *Prolegomena iuris naturalis* nur anfänglich der Legitimierung des äußerlichen und damit präventiv wirkenden Zwangs.[229] Gewalt war im Naturrecht als Mittel nur erlaubt, um die Lädierenden einer natürlich-vollkommenen Verbindlichkeit

---

[225] Vgl. S. ZURBRUCHEN, Naturrecht und natürliche Religion (1991), S. 139.
[226] Nicht einmal J.L. HAUSCHILD, der ansonsten ebenso wie Achenwall das Naturrecht explizit mit dem göttlichen Recht gleichsetzte und in einem ähnlich zentralen Sinne von Gott im Naturrecht sprach, dehnte das ius naturale divinum derart weit aus. Für ihn galten diese theologischen Fundamente des Naturrechts nur für denjenigen, der Gott nicht leugnete (Opusculum historico-juridicum (1738), S. 155).
[227] G. ACHENWALL, Prolegomena iuris naturalis (1767), S. 72.
[228] Vgl. dazu E.F. KLEIN, Grundsätze der natürlichen Rechtswissenschaft (1797), S. 347; K. HAAKONSSEN, Natural law and moral philosophy (1996), S. 26; G. HARTUNG, Die Naturrechtsdebatte (1999), S. 150.
[229] Vgl. dazu K. SEELMANN, Vertragsmetaphern zur Legitimation des Strafens (1991), S. 434ff.

zurückzuweisen.[230] Achenwall verengte hier das Naturrecht vollends zum ius naturale cogens, das heißt, zu jenem Teil, der sich ausschließlich mit den vollkommenen Widerstandsrechten beschäftigt, die dem Lädierten zustehen (§§ 99, 108ff.).[231] Die größere Nähe zu einer Definition der Jurisprudenz als zu der eines moralischen Fachs war unübersehbar.[232]

Gleichwohl setzte Achenwall sein Naturrecht in den *Prolegomena iuris naturalis* einfach der Moral im alten Sinne gleich: „Ergo lex naturalis est lex moralis seu divina" (§ 50). Damit erreichte er für den Preis der Unkenntlichkeit dieser disziplinären und systematischen Grenzen einen Begriff von Moral, der in ähnlich universaler Weise ansetzte, wie zuvor die universaljuristische Perspektive in den *Observationes iuris naturalis* (s.o.).

Diese Extension der Moral ist bereits im Kern des traditionellen Naturrechts angelegt gewesen, weil alle äußerlichen oder innerlichen Handlungen, die eine gute oder schlechte Folge haben, moralisch bezeichnet wurden.[233] Bisher hatte gerade Achenwall immer versucht, diese Ausdehnung der Moral innerhalb der praktischen Philosophie zu verhindern. In den *Prolegomena iuris naturalis* zeigte er sich jedoch nur willens, die Moraltheologie von der philosophia practica zu trennen, nicht aber die Moral vom Naturrecht.

Weit wichtiger als die Extension der Moral erschien Achenwall in den *Prolegomena iuris naturalis* die Bedeutung Gottes.[234] Als ens sapientissimum, einen Begriff, den Achenwall direkt von Leibniz übernahm, waren letztlich seine Strafen oder Belohnungen entscheidend. Gott konnte nach diesem Verständnis nur die beste Welt auswählen. Damit folgten die natürlichen Gesetze im besonderen Maße Gottes Willen.[235] Gott als die aristotelisch-scholastische causa efficiens[236] war auf diese Weise zwar nicht in der Lage, das von ihm geschaffene Naturrecht in einzelnen Fällen zu brechen. Aber Achenwall ließ die Möglichkeit des Wunders

---

[230] Vgl. W. BENJAMIN, Zur Kritik der Gewalt (1920/21), S. 810f.; K. HAAKONSSEN, Natural law and moral philosophy (1996), S. 26.
[231] Ähnlich argumentierte ACHENWALL auch in der von ihm autorisierten Dissertation De differentia societatis aequalis et inaequalis (1767), S. 7.
[232] Vgl. die Definition von Jurisprudenz als Wissenschaft der aus Gesetzen entspringenden menschlichen Zwangsrechte und -pflichten bei A.F. SCHOTT (Entwurf einer juristischen Encyclopädie und Methodologie (1772), S. 1). Vgl. dazu auch J. SCHRÖDER, Wissenschaftstheorie und Lehre der „praktischen Jurisprudenz" (1979), S. 115.
[233] Vgl. G. ACHENWALL/J.S. PÜTTER, Elementa iuris naturae (1750), S. 32f., 42f.
[234] Vgl. G. ACHENWALL, Prolegomena iuris naturalis (1767), S. 44–67, 74–80 (auch im folgenden).
[235] Vgl. L.C. MADONNA, Theorie und Kritik der Vernunft bei Gottfried Wilhelm Leibniz (2001), S. 70.
[236] Vgl. J. FILO, Jus naturae (1781), S. 33; L.G. WERNHER, Theoria generalis de natura philosophiae (1623), S. 7.

offen, womit Gott eine voluntaristische Option gelassen wurde, das Naturrecht zu dispensieren (§ 67f.). Das Prinzip jeder moralischen beziehungsweise natürlichen Verbindlichkeit — unterscheidbar waren beide Bereiche hier nicht mehr — stellte allein Gottes Wille dar. Das allgemeine erste Prinzip des Erkennens lautete „ad voluntatem divinam actiones tuas liberas compone" (§ 58). Diese Forderung als solche war noch nicht besonders spektakulär — auch andere Autoren sprachen in ähnlicher Weise davon[237] –, aber in den *Prolegomena iuris naturalis* blieb dieses erste Prinzip des Naturrechts das wichtigste Prinzip.

Dieses principium divinum diente Achenwall, ein universales Naturrecht gleichsam neu zu begründen. Es durchbrach den traditionellen Rahmen dadurch, indem es Gott explizit in einer überhöhten Weise wieder seinen ursprünglichen Platz als Quelle des Naturrechts zuwies. Theologische Spekulationen spielten keine Rolle. Dies war schon bei älteren, deutschen und protestantischen Naturrechtsautoren der Fall gewesen.[238] Erst von diesen Prämissen ausgehend wurden weitere natürliche Prinzipien wie „vervollkommne Dich" und sogar das „vervollkommne andere" deduziert (§ 60), die der Forscher Achenwall eigentlich ablehnte.[239]

Jetzt erschienen auch die traditionellen Prinzipien des Naturrechts in einem anderen Licht (§§ 84f.). Neben der Vervollkommnung waren fortan Selbsterhaltung, Goldene Regel und vor allem die salus societatis im gesellschaftlichen Naturrecht durch ihre explizite Konnotierung mit Gott anders aufzufassen als in gewöhnlicher Weise bei Achenwall. Gerade die salus societatis sollte vornehmlich durch Gottes Willen ihre Umsetzung in den Gesellschaften erfahren. Sehr deutlich wurde in der Folge immer wieder von Achenwall unterstrichen, daß Gott der alleinige Gesetzgeber der gesamten praktischen Philosophie sei, der seine Untertanen sub metu poenae verpflichte. Pointierte Formulierungen dieser Art waren im 18. Jahrhundert selbst unter Ziviljuristen selten.[240] Alle natürlichen Verbindlichkeiten waren auf diese Weise eine direkte Konsequenz des Willen Gottes und ließen dem menschlichen Voluntarismus kaum noch Spielraum. Das war exakt die Kritik gewesen, die Leibniz ein halbes Jahrhundert eher gegenüber Coccejji geäußert hatte. Manche Thomasiusschüler wie Gundling hatten dies aufgegriffen, indem sie Gott als Furcht

---

[237] Vgl. S. PUFENDORF, Über die Pflicht des Menschen (1673), S. 18; J.J. BURLAMAQUI, Principes du Droit Naturel, Bd. 1 (1747), S. 136.
[238] Vgl. zum Beispiel S. von Coccejis *De principio iuris naturalis* von 1699 (G. HARTUNG, Die Naturrechtsdebatte (1999), S. 100).
[239] Vgl. oben S. 197.
[240] Vgl. zum Beispiel J. HERMANN (Allgemeines Teutsch-Juristisches Lexicon (1739), S. 578f.).

erzeugenden Strafrichter systematisch in ihr Konzept einbauten.[241]

Achenwall benützte hier ius naturale synonym mit ius divinum, ohne zu bedenken, daß beide Begriffe auf diese Weise in ihren Inhalten aufgeweicht wurden. Solchen Prinzipien hätten in der zweiten Hälfte des 18. Jahrhunderts auch die katholischen Iuris Consulti und die Jesuiten Thaddaeus Werenkus und Jean Filo zustimmen können, die ausdrücklich betonten, daß das Naturrecht „nec citra impietatem" nicht von Gott getrennt werden könne.[242] Was Achenwall von den katholischen Autoren unterschied, war sein protestantisch-naturrechtliches Vokabular und sein nach wie vor wolffianisches Methodenbewußtsein. Bibelzitate und theologische Prinzipien kamen bei ihm nicht vor, ebenso wie er nie als Hauptziel des Naturrechts formulierte, die Frömmigkeit zu stärken.[243] Sein Hauptziel war die Integration Gottes in das Naturrecht — an dieser Stelle allerdings eher aus pädagogischen als aus philosophischen Gründen.

Die Rehabilitierung Gottes in den *Prolegomena iuris naturalis* versuchte Achenwall didaktisch zu verarbeiten, indem er seinen Studenten neu formulierte Naturrechtsprinzipien zu überdenken gab. Das neue Hauptprinzip — „ad voluntatem divinam actiones tuas liberas compone" (§ 58) — hatten diese im Jargon einer Hausaufgabe nachzuprüfen: „Probe tamen observandum, plures leges naturales, quae e prima lege naturali derivantur."[244]

Unter diesen Äußerungen, die Achenwall über Naturrecht und Religion niedergeschrieben hat, ragen die unvollständig gebliebenen „Gesetz[es]tafeln des natürlichen Rechts" in besonderer Weise hervor.[245] Sie artikulierten seine ungewöhnliche Beschäftigung mit einem theonomen Naturrecht, wie es in den *Prolegomena iuris naturalis* (1758) in Ansätzen zu finden ist. Seit Hugo Grotius war das thomistische Ansinnen, die Zehn Gebote aus naturrechtlich

---

[241] Vgl. G. HARTUNG, Die Naturrechtsdebatte (1999), S. 102, 112.
[242] Vgl. T. WERENKUS, Jus naturae et gentium (1763), S. 258 (Zitat); J. FILO, Jus naturae (1781), S. 33. Auch C. WOLFF (Der Vernünfftigen Gedanken von Gott (1740), S. 590), J. BURLAMAQUI (Principes du Droit Naturel, Bd. 1 (1754), S. 1) und H.C. VON SENCKENBERG (Vorläufige Einleitung zu der Rechtsgelehrsamkeit (1764), S. 1ff., 21) betonten zwar ausdrücklich die Rolle Gottes im Naturrecht, räumten ihm aber nicht diesen derart zentralen Platz ein. Vgl. dazu auch R. BRUCH, Ethik und Naturrecht im deutschen Katholizismus des 18. Jahrhunderts (1997), S. 126f.
[243] Vgl. dazu U. HUHNDORFF, Jus naturae (1755), passim; J.B. BOSSUET, Die Staatskunst, aus den eigenen Worten der heiligen Schrift gezogen (1774), S. LXXXVIII, 1ff., 40f. — Dennoch ist es nicht verwunderlich, daß der pfalzbayerische Hofrat und Professor für Naturrecht und römisches Recht in Ingolstadt, K. KANDLER, später ausdrücklich an Achenwalls Naturrecht anknüpfte (Naturrecht (1784), Vorrede, o.S.).
[244] G. ACHENWALL, Prolegomena iuris naturalis (1767), S. 62.
[245] Vgl. COD. MS. ACHENWALL 180/323 (auch im folgenden).

inspirierter Perspektive neu zu formulieren, von den protestantischen Naturrechtsgelehrten abgelehnt worden. Nur selten wurde seither darauf hingewiesen, daß Naturrecht und Dekalog ein und dasselbe seien.[246]

1. Ich bin d[er] Herr Dein Gott, der Dich liebt, wie e[in] Vater seinen Sohn liebt. <Ich habe Dich in d[ie] Welt gesetzt u[nd] dir Vernunft, Trieb, Glückseel[igkeit] u[nd] Freyh[ei]t verliehen, damit Du m[einen] Willen erkennen u[nd] befolgen kannst.>
2. Du sollst meinen Willen thun u[nd] m[ein]e Gesetze beobachten, auf daß es Dir wohlgehe: Denn ich thue Barmherzigkeit an denen, [die] mich lieben und meine Gebothe halten; wirst Du aber meine Befehle übertreten und nicht gehorchen, so bin ich e[in] <gewaltiger> [.] eifriger Gott, der d[ie] Mißethat heimsuchet an dem Übertreter und dem Sünder, der den nicht ungestraft lassen wird, der seinem Willen zuwider handelt und ihn hasset. D[enn] Du sollst m[eine] Gebothe halten, so weit Du kannst. [...]
3. Du sollst keine andren Götter neben mir haben, sondern mich allein anbeten und mir dienen <und meinen Namen verherrlichen>.
4. Du sollst deinen Nebenmenschen lieben als dich selbst; was du nicht willst, d[a]s d[ir] andre thun, sollst du ihnen auch nicht thun, und was du willst, das thue die[sen] auch.
5. Du sollst dich deiner Kräfte z[u] meiner Gabe ein[e] Ehe u[nd] deinen nächsten Besten gebrauchen.
6. Du sollst nicht tödten, und noch Jemanden/Niemanden an s[einem] Leibe Nachtheil und Schmerzen zufügen: Wer das gegen dich unternimmt, gegen den darfst du dich bestens vertheidigen, den darfst du allenfalls mit Gewalt abtreiben, so viel nöthig. Sey glückseelig, sorge vor dein Leben und suche dich zu erhalten. Stöhre Niemand[en], in usu iuris sui neminem vi impedito.[247]

Achenwall knüpfte an dieser Stelle direkt an Spätscholastiker wie Thomas von Aquin und Franciscus Suárez an. In der ohnehin ursprünglich biblischen Goldenen Regel,[248] in dem ius cogendi und in dem neminem laede meinte er religiöse Entsprechungen im Dekalog zu finden. Allerdings hob Achenwall diese Stellung Gottes im Naturrecht hauptsächlich aus pädagogischen Gründen hervor.

---

[246] Vgl. H. WELZEL, Naturrecht und materiale Gerechtigkeit (1951), S. 61ff.; K. HAAKONSSEN, Natural law and moral philosophy (1996), S. 29; M SCATTOLA, Das Naturrecht vor dem Naturrecht (1999), S. 73f.
[247] COD. MS. ACHENWALL 180/323.
[248] Vgl. H. REINER, Die Goldene Regel und das Naturrecht (1977), S. 231ff.; J. HRUSCHKA, Die Konkurrenz von Goldener Regel und Prinzip der Verallgemeinerung (1987), S. 941ff.

E. THEMENFELDER DER POLITISIERUNG

In diesem Kapitel soll Achenwalls Willensbildung im Umgang mit zentralen Fragen der Aufklärung analysiert werden. Er erkannte die dringende Reformbedürftigkeit mancher Gebiete des politischen und sozialen Lebens. Dennoch dachte er immer systemimmanent. Auf diese Weise wird exemplarisch deutlich, wie Versuche der Restabilisierung Impulse auslösen können, die letztlich doch auf eine komplette Veränderung des politischen und gesellschaftlichen Systems hinauslaufen.[1] Es gehört dabei zu der Vorstellung von Prozessen, daß sie sich mehr oder weniger stringent in eine Richtung bewegen.[2] Dies gilt für Achenwalls Äußerungen nur bedingt, weil er sie einerseits systematisch nicht aufeinander abstimmte, andererseits sich zwischen der Perspektive des politicus und des Iuris Consultus naturalis bewegte.

I. ENGLAND ALS VORBILD

Durch die Personalunion von Hannover mit der britischen Krone besaßen die Göttinger Gelehrten eine hohe Affinität zu der dortigen politischen Kultur. Am Beispiel Englands ließen sich die Zustände im Reich lange reformieren, ohne die ständische Grundordnung in Frage stellen zu müssen.[3] Seit 1688 galt es als „the land of free",[4] in dem Presse- und Redefreiheit sowie Rechtssicherheit und Parlamentarismus zunehmend als vorbildlich galten. Die Göttinger Gelehrten schätzten die geistigen Einflüsse sowie die außerordentliche Wirtschaftskraft Englands, die dem vorwiegend agrarischen Kurhannover einen kosmopolitischen Glanz verlieh. Nicht nur Göttinger Professoren wie Lichtenberg,

---

[1] Vgl. R. VIERHAUS, Handlungsspielräume (1983), S. 297.
[2] Vgl. C. MEIER, Fragen und Thesen zu einer Theorie historischer Prozesse (1978), S. 12f.
[3] Vgl. P.H. REILL, The German Enlightenment and the Rise of Historicism (1975), S. 4.
[4] R. PORTER, The Creation of the Modern World (2000), S. 191.

Gatterer, Schlözer und Spittler, sondern auch hannoverische Beamte wurden von der englischen Kultur beeinflußt.[5]

Wirklich enge Beziehungen zu England kristallisierten sich in Göttingen erst nach dem Ende des Siebenjährigen Kriegs heraus, nachdem auch die Sprachhürden überwunden waren. Die politische Kultur Englands habe, so der Duktus, seit der Glorious Revolution zu einem Klima der Liberalität geführt. Bestes Beispiel englischer Liberalität blieb die faktische Pressefreiheit, die dort seit 1695 herrschte. Pressefreiheit und Parlamentarismus wurden von fast allen deutschen Aufklärern als Sieg der gemischten Verfassung wahrgenommen.[6]

Die alten verfassungsrechtlichen Verdikte, mit denen Pufendorf früher das Ideal der gemischten Verfassung im Reichsgebiet belegt hatte, wurden von Wolff mit Rückgriff auf Aristoteles aufgelöst. Die monarchia mixta galt in der Mitte des 18. Jahrhunderts wieder als empfehlenswert. Auch Montesquieu nannte die Trennung zwischen Legislative und Exekutive in England vorbildlich. Erst Justi radikalisierte dieses Modell, indem er vorschlug, die Verfassung zwischen Vertretern des Volkes und dem Fürsten zu mischen und den Adel außen vor zu lassen.[7]

a. *Englischer Geist und soziale Mobilität*

Achenwalls Interesse an England ist seit Franz Uhle-Wettler[8] und Fania Oz-Salzberger bekannt.[9] Widersprüchlich vor der gesamten Forschungsliteratur erscheint die von Uwe Wilhelm geäußerte Überzeugung, daß Achenwall als anglophiler Frühliberaler zu betrachten sei. Wilhelm kam zu diesem Ergebnis, weil Achenwall „wie wohl kaum ein zweiter die konstitutionelle Staatslehre in Deutschland bekannt gemacht" habe.[10] Eine solche Leistung lediglich über ein Politikkompendium zu erreichen, in dem vorsichtig die Garantie des Eigentums gefordert wurde,[11] erscheint ein wenig unrealistisch.

Achenwalls Notizen über England zeugen von einer erstaunlichen Detailkenntnis — und von fest verankerten Vorurteilen.[12] Die

---

[5] Vgl. L. MARINO, Praeceptores Germaniae (1995), S. 14–17.
[6] Vgl. H.J. MÜLLENBROCK, Aufklärung im Zeichen der Freiheit — das Vorbild England (1988), S. 144–150.
[7] Vgl. H. DREITZEL, Monarchiebegriffe in der Fürstengesellschaft (1991), S. 789–793.
[8] Vgl. F. UHLE-WETTLER, Staatsdenken und Englandverehrung bei den frühen Göttinger Historikern (1956), S. 31.
[9] Vgl. F. OZ-SALZBERGER, Translating the Enlightenment (1995), S. 130f., 235ff.
[10] Vgl. U. WILHELM, Der deutsche Frühliberalismus (1995), S. 15, 42ff., 94ff., 112ff., 117 (Zitat).
[11] Vgl. oben S. 148.
[12] Vgl. COD. MS. ACHENWALL 34/45, 35/263, 37/50, 123, 40/13, 70, 114 (auch im folgenden).

Probleme dies- und jenseits des Kanals waren mitunter die gleichen — auch in England sei das Dilemma der Selbstmörder bekannt, urteilte er (was daran lag, daß nur dort darüber öffentlich berichtet wurde).[13] Selbst vor dem Risiko einer englischen Landmiliz, das heißt „den unbändigen Händen des Abschaumes und Auswurfes der Nation"[14] Waffen anzuvertrauen, warnte Achenwall aus seiner Kenntnis der englischen Geschichte. In den Konvoluten über England verbergen sich noch weitere Detailkenntnisse. Die Anforderungen an englische Matrosen wurden ebenso im Vorübergehen verzeichnet, wie die Feststellung, daß die Stamp Act (1765) über dreihundert verschiedene Objekte umfasse. Ferner wurden die Fehler und Mißbräuche der englischen Kirchenverfassung aufgelistet. Ihm entgehe nicht, daß die englischen Kapläne „arme Schlucker" seien.[15]

Bei Erwähnung dieser paradoxerweise erstaunlich genauen wie gleichzeitig unzusammenhängenden Daten, die Achenwalls Kenntnis vom damaligen England auszeichneten, war seine feuilletonistisch geschriebene Abhandlung „Wissenschaften in Engelland" auffallend systematisch verfaßt.[16] In dieser Hommage würdigte Achenwall die neuzeitlichen englischen Philosophen und Mathematiker. Deren Erfolge schienen ihm letztlich nur auf dem besonderen Fundament der englischen Verfassung möglich, auch wenn er in England ein bestimmten Menschenschlag vorzufinden glaubte:

> Das melanchol[ische] u[nd] tiefsinnige Genie der Engell[änder] macht sie vorzügl[ich] geschickt, die subtilest[en] Wahrheiten zu begreifen, und die allerabstractesten Ideen zu approfondiren <(ergründen)>, und die Staatsfreyheit erlaubt ihm, alle seine Gedanken public machen zu dürfen. Daher gibt es so große Philosophen und Mathematicos in dieser Nation, Algebraisten, Astronomos [et] c[etera]. <Unter ihr[en] groß[en] Gelehrt[en] gehört e.E.> ex. Francis Bacon, von Verulam Groß-Canzler unter Jacobo I. Sah in der Philosophie weiter als zu seiner Zeit jemand in der Welt.[17]

Exemplarisch beschäftigte sich Achenwall in volksaufklärererischer Weise mit Newton, der 1687 die abgeplattete Massenverteilung theoretisch errechnet hatte. Dies sei erst siebzig Jahre später experimentell nachgewiesen worden:

> Newton vielleicht der größte unter den gelehrten Geistern, den die Erde getragen. Er spintisirte <calculirte> durch die Theorie figuram telluris aus und die Ausmessungen der französisch[en] Astronomen in

---

[13] Vgl. W. SCHULZE, Nationales Denken und nationale Vorurteile (1997), S. 50.
[14] COD. MS. ACHENWALL 40/13.
[15] Vgl. EBD., 37/50.
[16] Vgl. EBD., 37/83f. (auch im folgenden).
[17] EBD.

Lappland u[nd] Perou haben seine Hypothese durch die Erfahrung richtig gefunden, daß nehml[ich] die Erdkugel g[e]g[en] die Polos eingedrückt sey, wie ein Käse, und nicht erhöhet wie eben eine Citrone [...]; i.e. d[a]ß sie der Figur des Käses ähnlicher sey, als der Figur einer Citrone. Das weiß m[an] [au]s astronom[ischen] Observ[ati]on[es] seit c[ir]ca 1741.[18]

Achenwall beließ es nicht bei dieser pathetischen Würdigung, sondern er analysierte die Ursachen dieses Reichtums an Gelehrten, die seiner Meinung nach eine englische Besonderheit ausmachten. Es läge vor allem an den hohen Zuwendungen und Belohnungen, die seinen englischen Kollegen eigen seien. An dieser Stelle sticht das unverhohlene Plädoyer der sozialen Mobilität für Gelehrte heraus:

Vorschub und Belohnung der Gelehrsamkeit in Engelland.

1. Viele 100. Personen werd[en] durch weise Stiftungen nicht nur im Studiren frey unterhalten, NB. auch als Gelehrte zeitlebens.
2. Bey einer so éclaircirten Nation macht nicht leicht jemand sein Glück ohne Gelehrsamkeit, weder bey Hofe noch in Civil-Bedingungen, noch selbst in Kriegs- und Seechargen.
3. Fast alle Arten der Gelehrsamkeit haben große Belohnungen zu erwarten, a) Theologi, können zu einträglichen Canonicaten kommen; u[nd] der ärmste Bürgersohn kann Bischof und Erzbischof und Primas regni mit Rang über Königsbruder werden: u[nd] Lord in d[em] hohen Adel; b) Juristen dienen sonderlich als Advocaten mit ansehnlichen Revenuen und der Jurist kann der erste weltliche Lord in Engelland, Groß-Canzler werden; c) Die Medici stehen in den reichen Handelsstädten fett; d) Die Philosophen selbst außer den Professionen auf den reich dotirten Universitaeten haben Gelegenheit, einträgliche Praebenden zu erlangen; Bücherschreiben vor die Reputation ist sehr lucratif.[19]

Marktwirtschaft und soziale Mobilität hätten, so Achenwall weiter, ihre Entsprechung in der „Freyheit des engl[ischen] Bürgers". Ihr hat er sich mit einem ganzen Konvolut gewidmet.[20]

b. Die englische Freiheit

Die englische Freiheit, so Achenwall, sei nahezu identisch mit der Pressefreiheit, die seit 1695 durch den Licensing Act faktisch herrsche. Dabei berief er sich sich explizit auf Hume. Englands civil liberty, so Achenwall weiter, kenne aber noch weitere Formen und Fundamente: „Dies sind die beyden großen Stützen der Glückseeligkeit der Englischen Nation: Liberté u[nd] Proprieté,

---

[18] EDD. Vgl. dazu auch F. WAGNER, Isaac Newton im Zwielicht zwischen Mythos und Forschung (1976); J. TEICHMANN, Wandel des Weltbildes (1996), S. 130ff.
[19] COD. MS. ACHENWALL 37/83f.
[20] Vgl. dazu EBD., 36 (Konvolut „f" und im folgenden daraus die Nummern 99, 101f., 104–107, 182, 252).

Liberty u[nd] Property. Freyheit in d[en] Handlungen, Sicherheit seines Vermögens".[21] Anschließend zählte Achenwall ältere und neuere englischen Zivilrechte auf: die Magna Charta, die Habeaskorpusakte, die Bill of Rights, schließlich die Ministerverantwortlichkeit und das Petitionsrecht ab einer Mindestzahl von zwanzig Personen.

Ihren Ursprung hätten die civil rights in den alten angelsächsischen Gesetzen, die bereits nach dem Tode von Johann I. Ohneland im 13. Jahrhundert wieder in Gebrauch gekommen seien: „Gesetze, welche mit der Freyheit dieser Nationen gebohren waren, und welche sie in Engell[and] sowohl zu etabliren wußten, daß solche das natürl[iche] Gesetz von Engell[and] wurden."[22] Durch diesen Verweis auf die Geschichte der englischen Zivilrechte hatte Achenwall den Bezug zwischen (hypothetischen) Naturrecht und (englischer) Freiheit hergestellt. Das hypothetische Naturrecht — und damit die englische Freiheit — seien noch in den älteren angelsächsischen Gesetzen enthalten gewesen. Erst die Magna Charta habe beide 1215 wieder aktivieren können.

Diese Argumentation hatte Thomasius exemplarisch für den deutschen Bereich verfolgt. Nach Thomasius' Meinung hatte das Naturrecht im Reich seit jeher Geltung gehabt. Damit konnte er gegenüber der römischen und kanonischen Tradition nur das gelten lassen, was mit dem Naturrecht übereinstimmte. Thomasius' Argumentation wird als Geburtsstunde des deutschen Privatrechts angesehen.[23] Achenwall hat diese Beweisführung nicht für den deutschen Raum oder für sein Naturrecht weitergeführt. Ihm ging es mehr um universale Hypothesen, die durch ‚Wilde' im vorstaatlichen Zustand vorgegeben wurden. Das Sachsenrecht oder andere Quellen des späteren ius germanicum paßten nicht in sein rechtsphilosophisches Konzept. Als politicus bewunderte jedoch das ähnlich aufgebaute englische Modell.

II. PATRIOTISMUS

In der internationalen Debatte wird mittlerweile jede auf Staaten bezogene Theorie, die die Integration größerer Gruppen zum Zweck besitzt, in wertfreier Weise als Nationalismus bezeichnet.[24]

---

[21] EBD., 36/182.
[22] EBD., 106/138.
[23] Vgl. K. LUIG, Die Anfänge der Wissenschaft vom deutschen Privatrecht (1967), S. 206ff.
[24] Vgl. H. SCHULTZ, Mythos und Aufklärung (1996), S. 31; E. HELLMUTH, Nationalismus vor dem Nationalismus? (1998), S. 3ff.

So wird zum Beispiel von Wolfgang Hardtwig behauptet, daß der frühmoderne Nationalismus — wiederum als vorgedachter, wertneutraler Faktor der Integration betrachtet — den Auftakt zur Moderne bildet.[25] Dieser Nationalismus sei als elitäre Antwort frustrierter Schichten auf Spannungen innerhalb der sich auflösenden ständischen Gesellschaft vorzustellen. Dies sei zum Beispiel innerhalb der humanistischen, standesübergreifenden Bildungsreformbewegung um 1500 zu beobachten gewesen, die in ihren Bruderschaften bereits einen Volks- und Kulturnationalismus vertreten habe. Kulturelle Werte wie Familie, Stand, Konfession, Dynastie und Territorium, die früher als prägend für den frühneuzeitlichen Horizont erachtet wurden, seien dadurch in den Hintergrund gerückt.

Teile der deutschen Forschung trennen dagegen den Patriotismus der Frühen Neuzeit von dem Nationalismus, der dem 18. Jahrhundert unbekannt gewesen sein soll. Patriotismus beziehungsweise Vaterlandsliebe und Nationalgefühl werden als eine moralisch-politische Haltung angesehen, die von den Gelehrten, Geheimen Räten und Fürsten einen individuellen Beitrag zur salus publica eines bestimmten Gemeinwesens einforderten. Den einzelnen Spielarten des deutschen Patriotentums zwischen Reichspatriotismus, Territorialpatriotismus und reichsstädtischem Republikanismus kann dabei zunächst eine kosmopolitische Einstellung zugeschrieben werden. Nach 1750 hatte der Patriotismus zunehmend eine kritische und freiheitliche Komponente, die sich von dem späteren Nationalismus erheblich unterscheidet. Er wurde zu einer politischen Vision, die ein besseres gesellschaftliches Zusammenleben und die Integration jenseits der ständischen Ordnung erstrebte.[26]

a. Abbt, Hirzel, Lavater

Seit der Mitte der sechziger Jahren beschäftigte Achenwall sich immer häufiger mit dem Thema Patriotismus. Anstöße zu diesem Thema bekam Achenwall aus der Lektüre seiner Journale.[27] Ein großer Einfluß ging durch Thomas Abbts *Vom Tode für das Vaterland* (1761) aus, das er — was äußerst selten war — nach-

---

[25] Vgl. W. HARDTWIG, Vom Elitebewußtsein zur Massenbewegung (1994), S. 34ff.
[26] Vgl. R. VIERHAUS, „Patriotismus" — Begriff und Realität einer moralisch-politischen Haltung (1980), S. 9ff.; C. PRIGNITZ, Vaterlandsliebe und Freiheit (1981), S. 21ff.; G. BIRTSCH, Erscheinungsformen des Patriotismus (1989), S. 3; K.O. VON ARETIN, Reichspatriotismus (1989), S. 28.
[27] Vgl. zum Beispiel den Zeitschriftenartikel „Die Vaterlandsliebe der Unterthanen ist die beste Stütze der Policey und der Wohlfahrt des Staats" in den „Gelehrten Beyträgen zu den Braunschweigischen Anzeigen" 41 (1766), Sp. 321ff. (COD. MS. ACHENWALL 209/167–169).

weislich dreimal las und jeweils kommentierte. *Vom Tode für das Vaterland*, das auch Herder, Nicolai, Mendelssohn, Schiller und andere beeinflußte, kann als ein früher Versuch gelten, über das Thema Patriotismus eine aufgeklärte Öffentlichkeit erzeugen zu wollen. Dafür benützte Abbt als einer der ersten konsequent den Terminus „Publikum".[28]

Seine Bemerkungen über Abbt hat Achenwall unter der Rubrik „P[r]euß[i]sche R[e]form" und nicht unter Patriotismus verfaßt.[29] Für ihn hatte Abbts Werk einen Teil zu dem Sinneswandel innerhalb Preußens während des Siebenjährigen Kriegs beigetragen. Zunächst hat Achenwall den „hohe[n] Reichthum an großen Gedanken u[nd] Sentiments" dieses „patriot[ischen] Predigers" festgestellt. Dessen „artige Anm[er]k[un]g[en] üb[er] d[ie] Stärke des Patriotismi" würden sowohl für Republiken als auch für Monarchien gelten. Abbts Verdienst läge nun darin, den Patriotismus „beste[n]s f[ür] d[ie] Preußen"[30] nutzbar gemacht zu haben. Damit spielte er auf den Bedeutungswandel an, den *Vom Tode für das Vaterland* ermöglicht hatte. Der Siebenjährige Krieg wurde nicht mehr als gewöhnlicher Kabinettskrieg wahrgenommen. Abbt sah in ihm einen vaterländischen Krieg, der alle Untertanen zum freiwilligen Opfertod auffordert.[31]

Achenwall hätte beim dritten Durchlesen auffallen können, daß *Vom Tode für das Vaterland* durchaus bürgerliche, wenn nicht gar republikanische Tendenzen enthielt.[32] Vaterlandsliebe sei in Republiken prinzipiell größer, argumentierte Abbt, da die Stände durch die Aufspaltung der salus publica in Monarchien jede Leidenschaft verhinderten. Wahrer Patriotismus könne nur entstehen, wo ständische Unterschiede nivelliert wären. Diese Forderungen zielten einerseits auf eine Stärkung der friderizianischen Monarchie ab, enthielten andererseits aber eine freiheitliche Komponente: „Die Stimme des Vaterlands kann nicht mehr erschallen, wenn einmal die Luft der Freyheit entzogen ist."[33]

Im Idealfall sei jeder Untertan ein patriotischer Bürger, der nur den Gesetzen unterworfen ist. Niemand habe mehr ständische Privilegien. Dieser Gesetzesstaat erschien Abbt am genehmsten als Vaterland.[34] Doch Achenwall las Abbt nur als Autor, der den moralischen Patriotismus eines seine Macht freiwillig einschrän-

---

28 Vgl. B.W. REDEKOP, Thomas Abbt and the Formation of an Enlightened German „Public" (1997), S. 82, 125f., 138ff.
29 Vgl. COD. MS. ACHENWALL 191/256 (auch im folgenden).
30 EBD., 191/258.
31 Vgl. C. PRIGNITZ, Vaterlandsliebe und Freiheit (1981), S. 21f.
32 Vgl. T. ABBT, Vom Tode für das Vaterland (1761), S. 14ff.
33 EBD., S. 11.
34 Vgl. EBD., S. 16ff. Vgl. dazu auch H.E. BÖDEKER, Thomas Abbt (1989), S. 103ff.

kenden Absolutisten idealisierte. Ihm entgingen auch Abbts Ambitionen, das Ideal eines am überständischen Gemeinwohl arbeitenden Schriftsteller nach französischem Vorbild populär zu machen. Darin unterschied sich Abbt deutlich von dem alten Ideal des traditionellen Gelehrten, der letztlich Fürstendiener geblieben war. Anscheinend stellte sich für Achenwall dieses Problem nicht, da er sich keine Gedanken darüber machte, wie die Unabhängigkeit der aufgeklärten, bürgerlichen Gelehrten gegenüber der höfischen Welt gewahrt bleiben sollte.[35]

Hans Caspar Hirzels patriotisch geschriebene Biographie über *Hans Blaarers von Wartensee* (1767) wünschte sich Achenwall gleich dem Willen des Autors zum Handbuch für die Jugend. Dieses Buch erhebe „das Bild dieses wahren Patriot[i]s" zu einem „Denkmaal".[36] Der Patriot, den Hirzel in seiner als Sittenlehre verstandenen Hagiographie beschrieb, war geradezu ein Prototyp der Volksaufklärung: Ein Bauer, dessen Sitten dem reinen Naturzustand zu entspringen scheinen, sollte allen Ständen ein moralisches Vorbild sein.[37] Dieser moralische Patriotismus war weit entfernt von Abbts politischen Intentionen. Hirzel konnte allenfalls dazu dienen, den „gelehrten Jünglingen"[38] durch sein Handeln ein tugendhaftes Beispiel zu geben. Eine solche Argumentationsstrategie machte sich Achenwall für seinen eigenen Patriotismus zu eigen, wenn er diesen auch niemals wie Hirzel oder andere Autoren zu einem natürlichen Trieb erklärte.[39] Bei Achenwall sollte der Fürst lediglich mit gutem Beispiel vorangehen.

In Zürich versuchte im gleichen Jahr wie Hirzel der Theologe Johann Caspar Lavater mit seinen *Schweizerliedern* (1767) auf literarische Weise, den Patriotismus „rege zu machen".[40] Zwar schreibe dieses Mitglied der Helvetischen Gesellschaft zu Schinznach, wie Achenwall bemerkte, wegen seines Schweizer Dialekts nicht so „rein" wie etwa Johann Wilhelm Ludwig Gleim.[41] Aber für den Zweck, den Lavater verfolge, seien diese Lieder „vortreffl[ich]". Diese Art zu schreiben hinterlasse im „Volk weit tieferen Eindruck", das heißt „Stachel u[nd] Spore". Die Tugenden, die dieser „zärtl[iche]" Patriotismus — die *Schweizerlieder* bestanden haupt-

---

[35] Vgl. H.E. BÖDEKER, Prozesse und Strukturen politischer Bewußtseinsbildung der deutschen Aufklärung (1987), S. 16f., 24.
[36] Vgl. COD. MS. ACHENWALL 202/314.
[37] Vgl. H.C. HIRZEL, Das Bild eines wahren Patrioten (1767), S. 3ff., 18ff., 103. Vgl. dazu auch W. RUPPERT, Volksaufklärung im späten 18. Jahrhundert (1984), S. 348.
[38] H.C. HIRZEL, Das Bild eines wahren Patrioten (1767), S. 21.
[39] Vgl. zum Beispiel E. DE VATTEL, Völkerrecht (1758), S. 173f.
[40] Vgl. COD. MS. ACHENWALL 191/260 (auch im folgenden).
[41] Vgl. dazu U. IM HOF, Isaak Iselin und die Spätaufklärung (1967), S. 33ff.

sächlich aus Kriegs- und Siegesliedern![42] — erwecken wolle, seien Mäßigung, Bescheidenheit und Standhaftigkeit. Abschließend urteilte Achenwall allerdings hintersinnig über den Zürcher Theologen Lavater: „Ich habe noch k[einen] Jüngling g[e]sehen, der ô [nicht] höchstwahrscheinl[ich] viel besser wäre, wenn er Paris nie gesehen hätte."[43]

Es ist trotz seines Schweigens gut vorstellbar, daß Achenwall weitere Darstellungen aus dem Kreise der Helvetischen Gesellschaft in dieser aufmerksamen Weise gelesen hat. Es verwundert aber, daß er zum Beispiel den *Herrn und den Diener* (1761) oder *Von dem Deutschen National-Geist* (1765) und die *Patriotischen Briefe* (1767) seines Frankfurter Schwagers Friedrich Carl von Moser nicht einmal notiert hat. Vielleicht konnte er mit diesen sowohl landständisch orientierten als auch an Fürstenspiegel erinnernden patriotischen und kritischen Werken nicht viel anfangen.[44] Schließlich wurde zu jener Zeit alles nur Erdenkliche patriotisch genannt werden, so daß Achenwall bereits sehr genau zwischen einem zeitgenössischen Modejargon und patriotischen Texten unterscheiden mußte.[45] Diese Vermutung bezieht sich auf beide Mosers, da auch der ältere Moser die intermediären Gewalten im Staatsrecht weitaus stärker beachtet sehen wollte, als die Göttinger dies lehrten.[46]

b. Achenwalls moralischer Patriotismus

Mit dem anti-preußischen und anti-absolutistischen Reichspatriotismus der Mosers hatte Achenwalls Vaterlandsliebe wenig gemein — er war von Berufs wegen kein Publizist, sondern ein

---

[42] Vgl. J.C. LAVATER, Schweizerlieder (1767), S. 1–108 (Historische Lieder), S. 109–176 (Patriotische Lieder).
[43] COD. MS. ACHENWALL 191/260. Zu dem damaligen schlechten Ruf von Paris als „Ort mephistophelischer Dünste" vgl. M. VOVELLE, Der Mensch der Aufklärung (1996), S. 19.
[44] Vgl. K. ECKSTEIN, Friedrich Carl von Moser (1973), S. 11ff.; H. SCHULTZ, Frühformen des Nationalismus in Deutschland (1996), S. 36; U. BECHER, Zum politischen Diskurs der deutschen Aufklärung (1996), S. 192ff.
[45] Vgl. zum Beispiel DOKTOR BALTZIUS, der unter anderem patriotisch genannte Vorschläge machte, wie „die Erfrornen leichtlich wieder zum Leben und Gesundheit zu bringen sind" (Der Teutsche Patriot in etlichen Physicalischen Vorschlägen (1762), S. 73). Vgl. dazu auch das Urteil J.T. SATTLERS: „Jede Sache kann gemißbraucht werden; also auch die Vaterlandsliebe. Woher kömmt es z.E., daß eine Nation die andere verachtet? Ist die Ursache nicht die, weil man die Vaterlandsliebe nach und nach so sehr übertreibt" (Philosophische Bibliothek, Bd. 2 (1772), S. 74).
[46] Vgl. F.C. VON MOSER, Der Herr und der Diener (1761), S. 23; DERS., Von dem Deutschen National-Geist (1765), S. 106f.; DERS., Patriotische Briefe (1767), S. 207f.; J.J. MOSER, Neueste Geschichte der Teutschen Staats-Rechts-Lehre (1779), S. 28. Vgl. dazu auch E. STURM, Zum Werk Friedrich Carl von Moser (1990), S. 229ff.; W. BURGDORF, Reichskonstitution und Nation (1998), S. 186ff.

Naturrechtsautor, der in Kategorien von ethischen Pflichten dachte. Ebensowenig identifizierte er sich mit dem die ständischen Grenzen überspringenden staatsbürgerlichen Patriotismus Abbts. Dies verwundert nicht, da gerade der Adel in Kurhannover eine genealogische und soziale Abgeschlossenheit besaß, die ihn „fast zu einer Kaste"[47] machte. Achenwalls privater Patriotismus war im höchsten Maße moralisiert, das heißt individualethisch und auf der freiwilligen rechtlichen Selbsteinschränkung des Fürsten aufgebaut, dem die Gelehrten öffentlich ein Beispiel zu geben hatten. Dennoch machte sich Achenwall sehr wenig Gedanken um die Trägerschicht seines Vaterlandsbegriffs, die aufgeklärte Wissenselite und die Fürsten.[48] Das wäre zu dem Zeitpunkt auch ungewöhnlich gewesen — selbst für Thomas Abbt stellte sich die Frage nicht, daß die Zielgruppe seines Patriotismus nur „the middling and higher orders"[49] waren.

Achenwalls genuin politische Forderungen waren die nach Pressefreiheit,[50] nach sozialer Mobilität zumindest für die Gebildeten,[51] nach Justiz- und Rechtsreformen,[52] ohne daß er dies systematisch aufeinander abgestimmt hätte. Schließlich schrieb er an keiner für die Veröffentlichung gedachten to-do-Liste der Reformen im Reich. Diesem wenig zusammenhängenden politischen Programm stellte er seinen moralischen Patriotismus zur Seite. Den Patriotismus hat Achenwall nicht als geschichtsmächtige Kategorie angesehen, die diese Änderungen selbst herstellen werde.[53]

Diese Tendenz wird nur in seiner Abneigung gegen aristokratische Staatsformen deutlich beziehungsweise in dem Vorwurf, daß adlige Gesellschaften den Patriotismus nicht wecken könnten. Ein solches Verdikt sprach Achenwall sogar in einer Vorlesung aus: Eine Aristokratie mache jegliche soziale Mobilität von vornherein unmöglich.[54] Das war gegen Kurhannover formuliert, wo Stolz und soziale Exklusivität des Staatspatriziats und regierenden Adels derart immens waren — selbst die Position der nichtadligen Juristenschaft blieb im 18. Jahrhundert schwach -, daß

---

[47] J. LAMPE, Aristokratie, Hofadel und Staatspatriziat in Kurhannover (1963), S. 4.
[48] Vgl. T. SCHIEDER, Zur Theorie der Führungsschichten (1980), S. 16; R. VIERHAUS, Bemerkungen zur politischen Kultur in Deutschland (1996), S. 451; W. SCHULZE, Nationales Denken und nationale Vorurteile (1997), S. 36f.
[49] B.W. REDEKOP, Thomas Abbt and the Formation of an Enlightened German „Public" (1997), S. 82.
[50] Vgl. unten S. 238ff.
[51] Vgl. oben S. 215ff.
[52] Vgl. unten S. 226ff.
[53] Vgl. R. VIERHAUS, Politisches Bewußtsein in Deutschland vor 1789 (1967), S. 181ff.
[54] Vgl. COD. MS. ACHENWALL 191/29 (auch im folgenden).

Bürgerlichen nur die Karriere über die Gelehrten- oder Kaufmannsschiene beziehungsweise über die richterlichen und verwaltenden Behörden blieb. Eine Karriere im Ministerium, in den Ratsstellungen der Kammer oder der Kriegskanzlei blieb Beamten ohne Ritterbürtigkeit verwehrt.⁵⁵ Solche konkreten Beobachtungen erwähnte Achenwall selbstverständlich nicht in seinen Kompendien. In seinen Kollegien kritisierte er die sozial abgeschirmte herrschende Schicht in einer Aristokratie dennoch sehr scharf:

> Wo die Reg[ierungs]form in d[en] Händen gewisser Familien ist, da wird eine ewige Jalousie zwischen d[en] Regierungsfamilien und d[en] übrigen durch Verstand oder Reichthum oder Verdienste ansehnl[ichen] Personen seyn. Ich halte mich dem andern gleich, folglich ebenso würdig zu Ehrenstellen als er, folgl[ich] entw[eder] ich habe Hofnung zu reussiren u[nd] daraus entstehen Revolutionen; oder ich desperire, das Mißvergnügen und die innerl[iche] Noblesse zu denken treibt mich aus dem Staat fort.⁵⁶

So sei nicht verwunderlich, daß Aristokratien niemals langen Bestand hätten. Die herausragenden „Geister" unter den Untertanen würden ihrem Vaterland sehr schnell den Rücken kehren. Ohnehin seien die meisten Aristokratien nur „durch Gewalt und Blut errichtet worden". Über diese These wurde im 18. Jahrhundert heftig diskutiert.⁵⁷ Damit war Achenwalls Urteil über diese Staatsform bereits an seinem patriotischen Kern gelangt: „Betrübte Einrichtung, welche d[en] Kern der Nation nöthiget, seinem Vaterl[and] seine Dienste zu versagen".⁵⁸

Was Achenwall an dieser Stelle verschwieg, war die Tatsache, daß alle Gesellschaften der Frühen Neuzeit adlige Herrschaftseliten besaßen und daß diese im 18. Jahrhundert in Maßen durchlässig waren — allein in Frankreich wurden zwischen 1710 und 1790 50.000 Personen in den Adelsstand erhoben. Im Reich sorgte eine konsequente Nobilitierungstätigkeit bei Beamten und Nichtadligen ebenfalls dafür, daß der Adel nicht ausblutete.⁵⁹ Achenwall genügte jedoch diese Durchlässigkeit nicht mehr, da sie zu wenig Patrioten beziehungsweise gebildete Aufklärer berücksichtigte. Als Vertreter des Gelehrtenadels berief er sich auf den Patriotismus, um den Geburtsadel an Ehre zu übertrumpfen.

---

55 Vgl. J. LAMPE, Aristokratie, Hofadel und Staatspatriziat in Kurhannover (1963), S. 3ff., 226ff.; R. ENDRES, Adel in der Frühen Neuzeit (1993), S. 54f.
56 COD. MS. ACHENWALL 191/29 (auch im folgenden).
57 Vgl. P. SERNA, Der Adlige (1996), S. 47f.
58 COD. MS. ACHENWALL 191/29.
59 Vgl. W. DEMEL, Der europäische Adel vor der Revolution (2001), S. 417f.

Die anderen beiden klassischen Staatsformen hätten, so Achenwall weiter, nicht diese Schwierigkeiten, die Liebe der Gelehrten zum Vaterland zu mobilisieren.[60] Der Patriotismus nehme einen wichtigen Platz innerhalb der Politik ein, weil er die „Gesinnungen der Unterthanen" stark präge. Bei einer nur „beständiges Mißvergnügen" erzeugenden Regierungsform wie der Aristokratie habe allenfalls eine sehr gütige und sehr gerechte Oberschicht die Möglichkeit, ihren Untergang zu verhindern. Meistens aber mutiere sie zu Monarchien oder Demokratien.

Achenwalls inoffizielles Ideal eines Patrioten läßt sich abschließend an zwei Eckpunkten festmachen. Einerseits an dem exklusiven Gelehrtenpatriotismus, dem es durch die Presse- und Druckfreiheit gestattet ist, öffentlich zu kritisieren.[61] Andererseits war diese Vaterlandsliebe stark auf die freiwillige Selbstbeschränkung des Trägers der staatlichen Souveränität bezogen. Liberaler hat später selbst Kant seinen Patriotismus nicht formuliert: „Die monarchische Souveränität, die sich selbst einschränkt, ist [eine] patriotische Regi[e]rung."[62] Achenwall war damit weit entfernt von dem restriktiven Umgang der Wolffschule mit dem moralischen Bereich, die selbst diesen am liebsten in der Obhut des Staates sahen.[63] Er blieb aber paradoxerweise ein Naturrechtsgelehrter, der einen moralischen Patriotismus und einen utilitaristischen Gesetzesstaat mit Presse- und Redefreiheit forderte — ohne dies naturrechtlich zu legitimieren.

III. JUSTIZ- UND RECHTSREFORMEN

Nicht nur der Patriotismus, sondern auch die europäische Diskussion um das Justiz- und das Strafrechtwesen fand ab den sechziger Jahren große Aufmerksamkeit bei Achenwall. Über Justiz und Strafrecht haben seine deutschen Zeitgenossen — wenn auch nicht vornehmlich die Göttinger — in ähnlicher Weise viel geschrieben.[64] Die justizpolitische Diskussion vermengte sich sowohl bei Achenwall als auch bei Pütter und Moser mit dem Patriotismus, so daß sich Achenwall mit beiden einig sein konnte:

---

60 Vgl. COD. MS. ACHENWALL 191/29.
61 Vgl. dazu auch F. SCHNEIDER, Pressefreiheit und politische Öffentlichkeit (1966), S. 108f.
62 I. KANT, Handschriftlicher Nachlaß (1934), S. 585.
63 Vgl. E. HELLMUTH, Naturrechtsphilosophie und bürokratischer Werthorizont (1985), S. 77.
64 Vgl. D. NETTELBLADT, Gedanken von dem heutigen Zustand der Rechtsgelahrtheit (1749), S. 2; F. SCHAFFSTEIN, Anfänge der Strafrechtswissenschaft in Göttingen (1987), S. 18f.; K. HÄRTER, Kontinuität und Reform der Strafjustiz (1998), S. 219ff.

„Rechtschaffenen Patrioten" mußte, so Pütter, der Verfall des deutschen Justizwesens ein Greuel sein.[65] Drastischer formulierte dies 1769 August Friedrich Schott: „Kein Theil der Rechtsgelahrheit hat wohl eine Reformation nöthiger, als das peinliche Recht".[66]

In Deutschland bestand die besondere Situation, daß die aufgeklärten Rechtsgelehrten davon ausgingen, die gesetzgebende Gewalt habe seit dem frühen Mittelalter nicht allein in der Hand der Herrscher gelegen. Stattdessen hätte der Staat diese Funktion innegehabt, womit in der Realität des 18. Jahrhunderts ausschließlich die Staatsbeamten — und damit die Iuris Consulti[67] — gemeint sein konnten.[68] Diesen Einfluß der Staatsbeamten mußte daher eine Reform in jedem Falle berücksichtigen, so daß es nicht verwundert, daß gerade aus diesen Reihen Vorschläge gemacht wurden.

a. Über Beccaria und andere Rechtsreformer

Über Cesare Beccarias rechtspolitische Ideen aus Italien, die in dem epochemachenden Werk *Über Verbrechen und Strafen* (1764) veröffentlicht wurden, hat Achenwall einige Zeitungsartikel und Vermerke über Neuauflagen aufbewahrt. Anfänglich hat dazu keine Stellung bezogen.[69] Später hat Achenwall *Über Verbrechen und Strafen* eher distanziert gelesen, weil Beccaria die Situation in Deutschland zu unkritisch betrachtet habe: „Spricht v[on] vielen abusibus, die in T[eu]tschl[an]d g[an]z unbekannt seyn[d], daher [au]f uns[e]re Form wenig applicable; uns[e]re Strafen u[nd] Process[e] [sind aber] weit wilder."[70] Mit diesen Mißständen meinte Achenwall zum Beispiel die kaum vorhandenen Verteidigungsmöglichkeiten des Angeklagten, wie auch die Unterbindung von Appellationen und nicht zuletzt die häufig durch die Policeygesetzgebung verhängten inhumanen Strafarten.[71] Dennoch resü-

---

[65] J.S. PÜTTER, Patriotische Abbildung des heutigen Zustandes beyder höchsten Reichsgerichte (1770), S. 1. Vgl. dazu auch F.C. VON MOSER, Patriotische Briefe (1767), S. 257ff.
[66] A.F. SCHOTT, Unpartheyische Critik über die neuesten juristischen Schriften (1769), S. 507.
[67] „Niemand aber hat mehr mit dem Staat zu thun, als ein Rechtsgelehrter" (G. STOLLE, Kurzgefaßte Lehre der allgemeinen Klugheit (1748), S. 5). Ähnlich argumentierte zuvor C. THOMASIUS (Kurtzer Entwurff der Politischen Klugheit (1710), S. 68). Vgl. dazu auch H.J. BERMAN, Recht und Revolution (1983), S. 24f.
[68] Vgl. J.H.C. VON SELCHOW, Geschichte der in Teutschland geltenden fremden und einheimischen Rechte (1767), S. 180f. Vgl. dazu auch F. KOPITZSCH, Die Sozialgeschichte der deutschen Aufklärung (1976), S. 36.
[69] Vgl. COD. MS. ACHENWALL 192/385, 398, 703, 216/231 (auch im folgenden).
[70] EBD., 179/346 (1771).
[71] Vgl. E. WEIS, Cesare Beccaria und seine Wirkung auf Deutschland (1991), S. 537f.; K. HÄRTER, Kontinuität und Reform der Strafjustiz (1998), S. 224ff.

mierte er über Beccaria, daß dieser „v[on] scharfsinnige[r] Einsicht u[nd] freyem Muthe" sei. Er habe sich über die gewöhnliche Weise hinaus den nötigen Rechtsreformen gewidmet.[72]

Viel Lob ließ Achenwall auch Wigulaeus Xaver Aloysius Freiherr von Kreittmayr angedeihen, der sich als Rechtsreformer im Pütterschen Stile empfohlen habe: „E[in] sehr habiler, practischer, erfahrener, behutsamer, bescheidener Jurist."[73] Der *Codex triplex*, die Anmerkungen Kreittmayrs zu dem Codex Maximilianeus Bavaricus Civile (1756), enthalte „würkl[ich] mehr vom usu communi in T[eu]tschl[and], als kein einziges andres Corp[us] Iuris: Landrecht nach Systema Iuris Privati Positivi Pütter[i]".

Hoffnung versprach sich Achenwall für Deutschland ebenfalls von dem im Entstehen begriffenen Codex Theresianus iuris civilis, der „vortreffl[ich]" sein werde.[74] Damit meinte Achenwall nicht die Peinliche Gerichtsordnung, die 1769 unter der Bezeichnung Constitutio Criminalis Theresiana in Kraft trat, sondern das allgemeine Privatrecht der österreichischen Erbländer, das zur gleichen Zeit in einem ersten Entwurf abgehandelt worden war. Daraus ging 1811 das Allgemeine Bürgerliche Gesetzbuch für die deutschen Erblande (ABGB) hervor.[75] Das bereits vor der Jahrhundertmitte begonnene preußische Corpus Iuris Fridericianum veranlaßte Achenwall im November 1766 ebenfalls zu positiven Äußerungen, obwohl es nie vollendet wurde.[76]

Großen Gefallen fand Achenwall daran, daß dieses materielle Recht die preußischen Juristen, wie er es sah, in einer den Soldaten ähnlichen Weise disziplinere. Die Tatsache, daß die Stadtgerichte abgeschafft seien, veranlasse die Advokaten, sich „actif"[77] um ihre Klienten zu kümmern. Eine weitere Verbesserung garantiere die geplante Abkürzung der Prozesse, die Preußens „großer Reformator"[78], Samuel von Cocceji, anzustrengen versucht habe. Durch diese Neuerungen beginne eine Entwicklung, die in der Zukunft noch zu positiven Überraschungen führen könne. Der preußische „Tribonianum" Cocceji verspreche, Nachfolger zu

---

72 Vgl. COD. MS. ACHENWALL 192/703.
73 EBD., 192/690 (auch im folgenden). Vgl. dazu auch K. LUIG, Die Grundsätze des Vertragsrechts in Kreittmayrs Codex Maximilianeus Bavaricus Civilis (1991), S. 437*ff.
74 Vgl. COD. MS. ACHENWALL 179/346 (Zitat), 192/654, 657, 670 (auch im folgenden).
75 Vgl. A.F. SCHOTT, Unpartheyische Critik über die neuesten juristischen Schriften (1769), S. 507; F. WIEACKER, Privatrechtsgeschichte der Neuzeit (1967), S. 335f.
76 Vgl. F. WIEACKER, Privatrechtsgeschichte der Neuzeit (1967), S. 322ff.; ALLGEMEINES LANDRECHT FÜR DIE PREUSSISCHEN STAATEN (1994), S. 9; G. BIRTSCH, Reformabsolutismus und Gesetzesstaat (1998), S. 53ff.
77 COD. MS. ACHENWALL 192/670.
78 EBD., 192/657 (auch im folgenden).

bekommen: „Er wird ganz gewiß künftig noch mehr Proselyten in Verbesserung des Justizwesens machen." Mit dieser gegen die Juristen gerichteten Haltung befand sich Achenwall im Einklang mit Friedrich II., wie das „Rescript wegen eines gesuchten Advocaten Patents in Cleve" verdeutlicht, das Achenwall zweimal in seinen Notata aufbewahrt hat.[79] Aufmerksam verfolgte Achenwall auch ausländische Nachrichten, die gegen den Mißbrauch durch Juristen gerichtet waren, wie zum Beispiel aus England: „Nirgends hat d[ie] Chicane eine so mächtige Herrschaft errichtet, als hier; ihre Gewalt ist unumschränkt."[80]

b. Gedanken zum Justizwesen

Darüber hinaus hat Achenwall weitere Anstrengungen unternommen, sich den Problemen des Justizwesens im weitesten Sinne zu widmen. Im Nachlaß findet sich ein Manuskript, das sich der Rechtsgeschichte zwischen dem ausgehenden Mittelalter und dem 17. Jahrhundert widmet. Es zeugt von gelegentlichem Unverständnis, was schon in seiner Geschichte des Naturrechts zu beobachten war.[81] Im zwölften Jahrhundert sei das römische Recht aus seiner Versunkenheit wieder emporgelangt und habe „statim fast universelle Gültigkeit" erreicht. Die erfolgreiche Gründung der Universität Bologna spreche an dieser Stelle für sich. Die damaligen Juristen legten Kaiser Friedrich Barbarossa im Jahre 1158 auf die Frage nach seiner potestas imperatoris die römischen Kaiserrechte vor. Daraufhin hatte dieser die Legitimation zum „dominus mundi" gefunden. Als Antwort ließ der Papst — allerdings schon seit 1140, wie Achenwall übersah[82] — mit den Dekretalen (Papstbriefen) Gratians „hurtig" ein geistliches Gesetzbuch „schmieden", um seine Interessen in ähnlicher Weise verfolgen zu können. Damit hätte es zwei „Sekten" gegeben, die

---

[79] „Ich will weder hier noch in Preußen, Pommern und Magdeburg mehr Advocaten wissen, denen Clevern und Westphälingern aber, die von Gott und der Vernunft entfernet und zum Zanck gebohren sind, muß man um ihres Hertzens Härtigkeit willen so viel Advocaten geben als sie haben wollen, wo für 200 rth in die Recrouten Casse erleget werden müssen. Berlin, d[en] 6. April 1746" (COD. MS. ACHENWALL 192/585, 655 — jeweils nicht die Handschrift Achenwalls).
[80] EBD., 37/138. Vgl. dazu auch den Zeitschriftenartikel „Von dem Advokaten" in den „Gelehrten Beyträgen zu den Braunschweigischen Anzeigen" 48f. (1765), Sp. 369–384 (EBD., 210/11).
[81] Vgl. EBD., 189/211 (auch im folgenden). Ähnlich argumentierte R.F. TELGMANN, Historie der römischen Rechtsgelehrsamkeit (1736), S. 408ff. Vgl. dazu auch H. COING, Europäisches Privatrecht (1985), S. 9ff.
[82] Abgeschlossen wurde das Corpus Iuris Canonici allerdings erst 1317 (F. WIEACKER, Privatrechtsgeschichte der Neuzeit (1967), S. 73; P.G. STEIN, Römisches Recht und Europa (1996), S. 103).

Legisten und die Kanonisten, die sich in den folgenden Jahrhunderten „heftig" bekämpften. Obwohl später auch in Deutschland Universitäten mit juristischen Fakultäten gegründet wurden, habe „dieser elende Zustand" vom Ende des 14. Jahrhunderts bis ungefähr 1650 angedauert. Damals erst habe Conring die deutsche Jurisprudenz mit seinem 1643 erstmals erschienenen historischen Kommentar *De Origine Iuris Germanici* aus ihrer Starre erlöst. Endlich „dräng[te] das Licht durch".[83] Die methodischen und quellenkritischen Innovationen Conrings hat Achenwall ebenso wie dessen Kritik am römischen Recht und vor allem dessen ausführliches Plädoyer für eine Rechtsreform mit keinem Wort erwähnt.[84] Mit Conring als Rechtsreformator beschäftigte sich Achenwall wie schon im Falle der Statistik nur sporadisch.

Dem Justizwesen speziell in Deutschland widmete Achenwall weitere Reflexionen.[85] Insgesamt sei zu beobachten, notierte er, daß einerseits seit zweihundert Jahren „ungem[ein] wichtige H[au]ptv[er]besser[un]g[en] in all[en] Zweigen d[er] innerl[ichen] Staatsang[e]l[e]g[en]h[eiten] glückl[ich] [au]sg[e]führt" worden seien: im Nahrungs-, im Kommerzienwesen, in den Policey-, Cameral-, Kriegs- und Finanzsachen. Selbst in den Religionsfragen hätten die größten Mißstände überwunden werden können. Nur die Verbesserung des Justizwesens sei bisher nicht in Angriff genommen worden. Zwar strich Achenwall die folgende Beobachtung nachträglich durch — daß diese „Gebrechen" offenbar und allgemein bekannt wären. Aber eine dringende Reform schien ihm trotzdem unumgänglich. Diese könne nur von einem Iuris Consultus naturalis geschehen, der zugleich auch ein politicus und ein statisticus im Achenwallschen Sinne sei:

> Er muß a) vollkomm[ener] Iuris Consult[us] seyn. 1) in theoria omnium part[ibus] iur[is] v[el] natural[is] bis [au]f i[us] publ[icum] s[eines] St[aates]. 2) in praxi: [...] Sonst kann er d[ie] Gebrechen d[er] leg[um] iudiciar[ium] advocator[um] nicht genau genug einsehe[n]. [...] b) e[in] politicus: e[in] staatsklug[er] Man[n] 1) s[eine] Landesverfass[ung] erst eins[e]hen als Stat[i]stik.[86]

---

[83] Fast wörtlich wiederholte dies später J.F. RUNDE: Mit Conring „brach der Tag an" (Grundsätze des allgemeinen deutschen Privatrechts (1791), S. 72).
[84] Vgl. H. CONRING, Der Ursprung des deutschen Rechts (1643), S. 16, 236, 238–249. Die anderen großen deutschen Rechtsgelehrten des 17. Jahrhunderts — zum Beispiel Besold, Struve, Stryck — berücksichtigte Achenwall nicht. Vgl. dazu F.C.J. FISCHER, der diesen Gelehrten und Conring die „Revolution für das teutsche Recht" dankte (Entwurf einer Geschichte des teutschen Rechts (1781), S. 94f.).
[85] Vgl. COD. MS. ACHENWALL 192/617 (auch im folgenden).
[86] EBD., 192/632.

Achenwall ließ keinen Zweifel daran, daß diese Reform nur mit Hilfe von Patrioten und Gelehrten bewerkstelligt werden könne. Einen Beitrag dazu meinte er in Jean-Henri-Samuel Formeys *Exposition abrégée du plan du Roi pour la reformation de la justice* (1748) gesehen zu haben. Dieser Sekretär an der Akademie in Berlin hatte in diesem Traktat die Verbesserung des preußischen Justizwesens thematisiert:

> Er als e[in] Patriot hat dessen Antheil genomm[en] u[nd] gesucht, e[inen] deutl[ichen] Begriff dav[on] zu erlang[en], dazu recours genom[men] an 2. Freunde[n], Philosophes et Jurisconsultes, die zu d[ie]ser Justizbesserung g[e]braucht wurd[en] u[nd] noch werden. Denen hat er die Materalien d[ie]ses Tractätchen alle zu danken. Er hat solchen nur Ordnung u[nd] Form gegeben; dem Publico zu Liebe macht er solche bekannt. Excellent geschrieben conoise, aus general[en] Grundsätzen, sehr faßlich.[87]

Achenwall hat sich — wie oben bereits beschrieben — den Reformbestrebungen in Form des geplanten preußischen Landrechts und der preußischen Prozeßordnung ausführlich gewidmet und die Veröffentlichungen darüber aufmerksam verfolgt. Für Preußen war das zum Beispiel der königliche Befehl, daß Staatsminster Cocceji „ein deutsches allgemeines LandRecht, welches sich bloß auf die Vernunft und LandesVerfaßungen gründet, zu verfertigen, und zu unserer Approbation vorzulegen" habe.[88] Die ersten Erfolge der Bemühungen in Preußen ließen nicht auf sich warten: „Rex ipse hat den Plan von Abkürzung des Processes erfunden, daß in 1. Jahr alle Processe durch alle mögliche[n], d.i. aber nur 3. Instanzen absolviret werden können. So [.] z.E. in Pommern 1748. 2400. alte Processe abgethan worden."[89]

Selbst vor seinen Studenten hat er einzelne Punkte in den Politikvorlesungen angesprochen.[90] Seiner Meinung nach erkannte „die ganze Welt" diese „Staatsfehler" der Justiz in ganz Europa — nur habe sich bisher noch keiner dazu berufen gefühlt, diese zu beseitigen.[91] Welches waren nun die einzelnen Punkte einer Justizreform bei Achenwall? Das erste Ziel dieser Reform sollte die Promulgation der Gesetze in deutscher Sprache und in zusammenhängender Form sein. Gesetze etwa den Bauern gegenüber in lateinischer Sprache zu verfassen, weil es ursprünglich

---

[87] EBD., 192/677.
[88] Vgl. EBD., 192/662 — nicht die Handschrift Achenwalls.
[89] EBD., 192/657.
[90] Vgl. EBD., 164/81, 165/283, 192/376, 617, 632, 657, 731, 197/323f., 396. Vgl. dazu auch die Notata über preußische und französische Reformpläne des Justizwesens (EBD., 192/678) und die Abschrift eines Manuskripts über die „Beantw[ortung] d[er] Frage: Wie ist e[in] allgem[eines] Gesetzbuch [...] od[er] Landrecht einzurichten u[nd] festzuschreiben" (EBD., 204ᵇ/90).
[91] Vgl. EBD., 192/657 (auch im folgenden).

römische Gesetze gewesen seien, wäre eine „große Ungerechtigkeit" und zudem ein „unverantwortl[icher] Fehler". So argumentierten zu dieser Zeit bereits Beccaria und später die Verfechter des ius germanicum.[92] Achenwall spielte hier weitaus mehr auf den politischen Hintergrund dieser Reform an, als auf die Abgrenzung zu unaufklärerischen Rechtspraktiken oder zum ius commune. Sein inhaltlicher Hauptzweck einer Justizreform sollte vielmehr die uneingeschränkte Garantie des Eigentums sein. Dieser Topos wird im Kontext zu Freiheit und Gleichheit noch genauer untersucht werden. An dieser Stelle soll nur darauf hingewiesen werden, daß Achenwall den Schutz des Eigentums auch aus justizpolitischen Gründen forderte. Wenn diese Garantie nicht mehr gegeben sei, zerfalle nicht nur die Justiz, sondern auch der gesamte Staat:

> Die Sicherheit unsres Eigenthums ist eine der vornehmsten Grundursachen zu Errichtung der Bürgerlichen Gesellschaften gewesen. Daher ist die potestas iudiciaria eines der wesentlichsten Rechte der Majestät, d[a]s mit dem Anfange des Staats gleichen Ursprung hat. Wenn das Justizwesen verfällt, geräth der Staat in Unordnung u[nd] Zerrüttung; und wenn der Landesh[err] sich die oberste Gerichtsbarkeit aus den Händen bringen läßt, ist es um se[ine] Macht und Majestät gethan.[93]

Die neuere Forschung hat herausgearbeitet, daß gerade in den ländlichen Gebieten Deutschlands, aber auch in Flächenstaaten wie Preußen, Eigentumstreitigkeiten im 18. Jahrhundert zu den Hauptursachen von Gewalt zählten. Gleichzeitig sank die Zahl der Raubüberfälle.[94] Damit stieg auch die Bedeutung der Gerichte, die diese Streitigkeiten vermehrt in den Griff bekommen mußten.

c. Strafrechtsreform und Strafmaß

Dieser effektiven Umsetzung speziell der Strafrechtsreform widmete Achenwall in seinen Manuskripten einige Gedanken. Zunächst müsse die Bestrafung so schnell wie möglich erfolgen.[95] Eine zu lange aufgeschobene Strafe sei „so gut als keine". Sitze der Sünder lange Zeit in Untersuchungshaft, fange er selbst an zu glauben, er säße zu Unrecht im Zucht- oder Arbeitshaus und

---

[92] Vgl. C. BECCARIA, Über Verbrechen und Strafe (1764), S. 66; J.F. RUNDE, Grundsätze des allgemeinen deutschen Privatrechts (1791), S. XIII.
[93] COD. MS. ACHENWALL 192/657.
[94] Vgl. E. LACOUR, Faces of violence revisited (2001), S. 660ff.; T. NUTZ, Strafanstalt als Besserungsmaschine (2001), S. 103.
[95] Vgl. COD. MS. ACHENWALL 192/731 (auch im folgenden). Vielleicht fand Achenwall eine frühe Anregung zu dieser Notiz in dem anonym erschienenen „Artikel, das Entweichen der Gefangenen beschwerlich zu machen" aus den HGA 61 (1751), S. 601f.

hege mitunter Fluchtgedanken. Eine Strafe müsse auch wegen des Volkes schnell ausgesprochen und ausgeführt werden — dort werde der „nexum inter delict[um] et poenam" deutlich gefühlt. In Jena saß nach Achenwalls Zeugnis ein Untersuchungshäftling über dreißig Jahre ohne Prozeß ein. Am liebsten wünschte er sich deswegen Zustände wie vor einem Kriegsgericht, wo stante pede innerhalb von einer halben Stunde alles erledigt sei. Solche Formulierungen waren auch bei Beccaria zu finden, selbst wenn dieser sich mehr Gedanken um das Wohl der Häftlinge vor und während des Prozesses machte, als um das Rechtsempfinden des Volks.[96]

Zucht- oder Arbeitshäuser kosten den Staat zu viel Geld, lautete eine weiterführende Überlegung Achenwalls. Deswegen war Zwangsarbeit bereits seit dem 17. Jahrhundert zumindest in Preußen an der Tagesordnung. Sie hatte bis zum Ende des 18. Jahrhundert eher merkantilistische als sozialpolitische oder erzieherische Gründe.[97] Die Zwangsarbeit dieser Delinquenten, so Achenwall, müsse sich wirklich lohnen. Dazu müssten diese in den Status von Leibeigenen überführt werden, die in gleicher Weise auf die Freizügigkeit verzichten müßten. Daß es ohne Profit diese Knechtschaft der Unfreien nicht gebe, war damals durchaus bekannt.[98] Damit würden diese Straftäter ihren Unterhalt selbst finanzieren:

> M[an] tractire solche Maleficant[en] nur auf den Fuß von Servis, L[ei]beigenen. D[ie] Leibeig[en]schaft bringt domino hervor e[inen] Profit; sonst würde es ke[ine] Leibeigenschaft] in d[er] Welt geb[en]. E[s] kann e[in] handfester Mlf. [Maleficant] m[e]hr d[urch] Arbeit verdienen, als er z[um] Unt[er]halt kostet. Viell[eicht] könnte m[an] d[er]gl[eichen] an singulos verkaufen. D[ie]s[e] einzige Sclaverey könnte erlaubt seyn.[99]

Ein weiteres Problem im strafrechtlichen Sinne würden gefährliche „Maximen" von solcher Gestalt darstellen, einen Mord zu begehen, um anschließend „durchs Schwerdt von der Welt zu kommen". Phänomene wie Selbstmord und Wahn wurden im Prozeß der Aufklärung nicht mehr übernatürlich erklärt, sondern säkularisiert betrachtet. Zunehmend trat die Frage nach dem sozialen Kontext, der hinter solchen Schicksalen verborgen war, in den Vordergrund. In England gab es sogar eine literarische Diskussion um das Thema, an der sich prominente Autoren wie

---

96 Vgl. C. BECCARIA, Über Verbrechen und Strafe (1764), S. 104f.
97 Vgl. T. NUTZ, Strafanstalt als Besserungsmaschine (2001), S. 101f., 140.
98 Vgl. J. HERMANN, Allgemeines Teutsch-Juristisches Lexicon (1739), S. 625.
99 COD. MS. ACHENWALL 197/324.

David Hume und Alexander Pope beteiligten.[100] Achenwall widmete sich diesem Problem im Stile einer kurzen Disputation:

> Qu[aestio]: Ob man die Todesstrafe an solchen Übelthätern exsequiren soll. Wenn dergl[eichen] Maximen sich häufig ausbreiten sollten. Nein. Besser, vom Landesh[errn] unmittelbaren Befehl zu erhalten. Festungsbau, Karrenschieben [et]c. Die Todesstrafe soll Motivum der Unterlassung eines solchen Verbrechens seyn. Hoc casu wird es aber Motiv, solches zu vollstrecken. Ist contra legis rationem.[101]

Viel Kopfzerbrechen bereitete ihm die Irrationalität dieser mordenden Selbstmörder nicht. Ihr Vorhaben könne auf einfache Weise durch andere Strafen verhindert werden. In der Praxis strafe man meistens noch mit der Dekapitation. Grundsätzlich falsch wäre es aber, notierte er 1764, Selbstmörder medizinisch kurieren zu wollen. Unsinnig sei dieses Unterfangen deswegen, weil der Täter verzweifelt und nicht krank sei und sich solchermaßen nur in einem „corrupten" Zustand befände.[102] Diese Einstellung zum Leben schalte die natürliche Empfindung durch negative Affekte aus, die wiederum in Schwermut oder Vorurteilen ihre tieferen Gründe besäßen. Beispiele dafür wären körperlich nachteilige Umstände oder Ehrverlust.

Die Lektüre von verschiedenen Journalen veranlaßte Achenwall ein Jahr später, zusätzlich einige Gedanken über die Problematik des Kindsmordes anzustellen.[103] Grundsätzlich kämen solche Fälle sehr häufig in einigen deutschen Provinzen vor. Allein in Göttingen habe die juristische Fakultät in zwölf Jahren wenigstens hundert Fälle dieser Art zu bearbeiten gehabt.[104] Anschließend befaßte er sich mit dem Strafmaß bei solchen Vorfällen, das deutlich von dem allgemeinen Wohlfahrtsprinzip gelenkt gewesen ist: „Allerdings [mi]t krasser Strenge zu bestraf[en], [wei]l es d[en] g[an]z[en] Bau d[e]s Staats erschüttert, un[d] ihn völlig umwerf[en] wird, w[enn] es üb[er]hand nehme."[105] Die Obrigkeit habe gerade in dieser Sache die Pflicht, daß „leichtsinnig[en] Leute[n] ke[ine] Veranlassung zu d[ie]s[er] abscheul[ichen] That g[e]g[e]b[en] w[ir]d".

Trotz dieser weitverbreiteten Haltung entwickelte Achenwall Verständnis für die Motive einer solchen Tat, die oft im Bereich

---

[100] Vgl. R. PORTER, The Creation of the Modern World (2000), S. 207, 218.
[101] COD. MS. ACHENWALL 165/283.
[102] Vgl. EBD., 197/396.
[103] Vgl. EBD., 197/323 (auch im folgenden). Vgl. dazu auch W. WÄCHTERSHÄUSER, Das Verbrechen des Kindsmordes im Zeitalter der Aufklärung (1973), passim.
[104] Diese Angabe Achenwalls klingt plausibel: In Preußen waren zu dieser Zeit die Hälfte aller registrierten Tötungsdelikte Kindstötungen (S. TOPPE, Polizey und Geschlecht (1999), S. 146).
[105] COD. MS. ACHENWALL 197/323. Vgl. dazu auch E. HELLMUTH, Naturrechtsphilosophie und bürokratischer Werthorizont (1985), S. 131.

von „Schmach u[nd] Schande" lägen. Um diesem Verbrechen gewachsen zu sein, fuhr Achenwall fort, seien Findelhäuser von staatlicher Seite zu bauen. Zudem müsse über die Errichtung von „Accouchir"-Häusern nachgedacht werden, in denen diese „unglückl[ichen] Mütter" vorübergehend „ihre Wochen unentgeltl[ich] halt[en] könnten". Solche Forderungen fanden sich zu dieser Zeit auch in Justis *Grundfeste zu der Macht und Glückseeligkeit der Staaten* (1760). Zudem war die Politik zu dieser Zeit nicht untätig geblieben. Maria Theresia hatte 1760 in Florenz eine Gebäranstalt errichten lassen und in England gab es nicht nur Hospitale für Findelkinder, sondern auch für Prostituierte.[106]

An diesen Gedanken Achenwalls zeigt sich, daß er als politisierter Gelehrte bereits in der Lage war, seine Fächer — in diesem Fall die Policey — sozialregulierend zu gebrauchen. Es ging ihm nicht mehr einfach darum, solche Phänomene mit einem restriktiven Justiz- und Policeystaat in den Griff zu bekommen, sondern er bemühte sich, die sozialen Ursachen zu analysieren und zu verändern. Sogar der Weg zum Naturrecht als Sozialphilosophie wäre von dieser Stelle aus nicht mehr weit gewesen. Warum er in diesem Fall nicht naturrechtlich argumentierte, liegt auf der Hand. Zu leicht hätte das ungeborene Leben zu der sua oder zu dem ius propria in se ipsa der Schwangeren erklärt werden können, über die sie in einer Notlage verfügen dürfe. In anderen Fällen argumentierte Achenwall auf diese Weise, die bereits von Pufendorf vorgegeben war.[107]

Die Weigerung, in manchen Dingen naturrechtlich zu vorzugehen, zeigt schließlich Achenwalls Kritik an der Folter. Mit dem spätestens seit Thomasius und Wolff gebräuchlichen Argument behauptete er, daß dadurch nicht der Lügner zwingend überführt werde, sondern derjenige, der zuerst zusammenbreche. So gesehen erreiche die Tortur ihren Zweck nicht.[108] Als Naturrechtsexperte war ihm dagegen bewußt, daß das ius cogendi des Lädierten nicht vor der Folter hätte haltmachen müssen, um sein subjektives Recht zu bekommen. Im Fall der Folter mußte der Iuris Consultus naturalis zugunsten der Humanität und der effizienten Wahrheitsfindung zurücktreten.

---

[106] Vgl. S. TOPPE, Polizey und Geschlecht (1999), S. 147, 154ff. (Belege für Justi); R. PORTER, The Creation of the Modern World (2000), S. 207.
[107] Vgl. S. PUFENDORF, Über die Pflicht des Menschen (1673), S. 68.
[108] COD. MS. ACHENWALL 192/376. Vgl. dazu auch das zeitgenössische Urteil in dem anonym herausgegebenen KRITISCHEN WÖRTERBUCH ÜBER JURISTISCHE SACHEN (1768/69): „Die Herren Richter hat Thomasius besieget und nicht die Folter" (S. 46). Vgl. ferner C. WOLFF, Grundsätze des Natur- und Völkerrechts (1754), S. 745.

Das Naturrecht konnte Achenwall in dogmatischen Fragen trotzdem zur Seite stehen, wenn es um Reformen im Justizbereich ging. Mit einem an Thomasius' strikten Legalismus erinnernden Verständnis von iustitia ließ Achenwall als Naturrechtsgelehrter Teile der communis opinio hinter sich.[109] Gerechtigkeit sei der Zweck allen Rechts und ihre Mittel seien jene Gesetze, die sich bloß auf äußere Handlungen beziehen könnten.[110] Das forderte Pütter in seinen juristischen Vorlesungen über die juristische Enzyklopädie in gleicher Weise.[111] So modern diese Formulierungen bei Achenwall klingen mögen; er beschränkte Gerechtigkeit — mit Aristoteles und Grotius gesprochen — traditionell auf den rechtlich-unvollkommenen Teil der iustitia expletrix und ließ den universalen und ethisch-vollkommenen Anspruch der iustitia attributrix außer acht. Nur die iustitia expletrix konnte als iustitia particularis vor Gericht eingeklagt werden. Die ebenfalls unter die unvollkommenen Gesetze fallenden allgemein-distributiven oder austeilenden und persönlich-kommutativen beziehungsweise ausgleichenden Teile von Gerechtigkeit ließ er außen vor.[112]

Das Verständnis der Rechtsdogmatik von Gerechtigkeit sei aber, so Achenwall weiter, universal und habituell aufgebaut gewesen: „Aristoteles, alle Moralisten, die ICti Romani und Grotius, kurz: ad unum omnes, gehen hier anders zu Werk: Iustitia, sagen sie, est habitus sive virtus erga alios leges observandi".[113] Widersinnig wäre daran, daß im positiven Recht von einem habitus oder einem virtus nicht die Rede sei. Mittel, die Leute tugendhaft zu machen, gehörten in die Policey und nicht in die Politik oder in das Recht. Diese Mittel könnten nicht auf Recht und Politik appliziert werden, weil es unerheblich sei, ob die Menschen „die Gesetze virtutes amore erfüllen"[114] oder nicht. Gerichtshöfe dürften keinen universalen Anspruch erheben und die innerlichen Motive der Menschen beurteilen, was allein Aufgabe der Ethik sei.

Zusätzlich monierte Achenwall an der gesamten Rechtsdogmatik, daß sie sich nicht einmal über die genaue Definition und weitere Unterteilung der iustitia expletrix einig sei. Die iustitia

---

[109] Vgl. H. SCHIEDERMAIR, Das Phänomen der Macht und die Idee des Rechts bei Gottfried Wilhelm Leibniz (1970), S. 90f.
[110] Vgl. COD. MS. ACHENWALL 145/102f., 181/111 (auch im folgenden).
[111] Vgl. D. WYDUCKEL, Ius Publicum (1984), S. 207.
[112] Vgl. dazu auch H. CUNRING, De morali prudentia (1629), S. 336f.; S. PUFENDORF, Über die Pflicht des Menschen (1673), S. 43; E. WOLF, Große Rechtsdenker (1939), S. 158; H. WELZEL, Naturrecht und materiale Gerechtigkeit (1951), S. 34f.
[113] COD. MS. ACHENWALL 145/102.
[114] EBD., 145/103.

iuridica seines Göttinger Kollegen Georg Christian Gebauers zum Beispiel könne nicht in einen universalen und einen partikularen Bereich unterteilt werden, und sei damit nicht in der menschlichen Rechtssphäre der iustitia expletrix anzuwenden. Außerdem gebe es in dieser Sache ohnehin keine verbindliche communis opinio: „Grotius, Pufendorf, Daries, Würfel sind im Begriff nicht einig; andre verwerfen sie gar. Kurz, ist zu wissen unnöthig".[115] So blieb der forschende Gelehrte Achenwall bei seinem partikularen Verständnis von Gerechtigkeit, das auf die unvollkommenen und äußeren Gesetze beschränkt war und keinen universalhabituellen Anspruch mehr kannte. Das Recht, schloß Achenwall, kenne bloß gerechte und ungerechte Handlungen.

IV. FREIHEIT, EIGENTUM, GLEICHHEIT

Der für die späte Aufklärung wichtige Topos der bürgerlichen Presse- und Redefreiheit beschäftigte Achenwall kontinuierlich. Diese Freiheiten hatten bei ihm noch nicht den Charakter eines unveräußerlichen Menschenrechts.[116] Achenwall plädierte völlig ohne naturrechtliche Konnotierung für die Freiheit von Rede und Presse. Er argumentierte rein utilitaristisch. Damit stand er zu dieser Zeit nicht allein da. Hume hatte die Pressefreiheit mit dem ebenfalls rein utilitaristischen Argument angepriesen, daß sie einen stabilisierenden Faktor darstelle.[117] Aus dieser Perspektive ist Achenwall dem späten oder liberalen Naturrecht zuzurechnen, das diese Forderungen allerdings aus dem naturrechtlichen Kontext stellte.[118]

Den Gleichheitstopos behandelte Achenwall dagegen aus naturrechtlicher Perspektive. Zu den Fundamenten des frühneuzeitlichen Naturrechts gehörte die Vorstellung, daß es materiell dem allgemeinen Recht aus der Natur der menschlichen Seele entspricht. Es galt seit Cicero und Thomas von Aquin in seinen obersten Prinzipien als allen Menschen qua ratione bekannt und mußte daher nicht veröffentlicht werden. Außerdem wurde es als

---

[115] EBD., 145/102.
[116] Vgl. dazu E. HELLMUTH, Aufklärung und Pressefreiheit (1982), S. 326; H.E. BÖDEKER, Prozesse und Strukturen politischer Bewußtseinsbildung der deutschen Aufklärung (1987), S. 24ff.
[117] Vgl. dazu R. PORTER, The Creation of the Modern World (2000), S. 192f.
[118] Vgl. F. SCHNEIDER, Pressefreiheit und politische Öffentlichkeit (1966), S. 67ff.; D. KLIPPEL, Politische Freiheit und Freiheitsrechte (1976), S. 178ff.; H.J. MÜLLENBROCK, Aufklärung im Zeichen der Freiheit – das Vorbild England (1988), S. 144ff.

unabdingbar gültig angesehen.[119] So verbreitet die Denkfigur eines natürlichen Zustands der Gleichheit war, um die daraus entstehende bürgerliche Gesellschaft von einer Metaebene aus zu betrachten, so schwierig war diese Frage nach der Entstehung der ersten Gesellschaftsverträge zu beantworten.[120] Darüber hinaus bestand für Achenwall ein enges Verhältnis zwischen dem Gleichheitsgrundsatz, der natürlichen Freiheit und der Verteilung des Eigentums im Stande staatlicher Verfaßtheit. Dieser Zusammenhang soll im folgenden analysiert werden.

a.   Pressefreiheit und Eigentumsgarantie

Nur als Torso ist ein ausdrucksvolles Plädoyer Achenwalls erhalten, das das Ansinnen stellte, Regeln der Policey und der Politik vor dem bürgerlichen Publikum erarbeiten zu dürfen.[121] In diesem Manuskript über „Gelehrte und geschickte Patrioten" finden sich znächst Formulierungen, die nochmal das Bild von Achenwall als patriotischem Gelehrten illustrieren: etwa die Lehr- und Pressefreiheit, deren Gemeinnützigkeit er ausdrücklich forderte:

> Man vergönne einem jed[en] vernünftigen Bürger die Freyheit, über Staatsangelegenheiten schreiben zu dürfen, die Gebrechen gewisser, auch öffentlicher Anstalten anzuzeig[en], Vorschläge zu derer Verbesserung öffentlich bekannt zu machen. [...] Der Staat hat keinen Nachtheil davon, daß diese besten Sachen, die doch allen, die davon Gebrauch machen könn[en], nicht unbekannt sind, dem Publico vorgelegt werden; aber der Staat kann viele Vortheile davon ziehen, daß solche, angezeigt aus all[er]ersten Vorschläge[n], z[u] verbess[ern] gem[acht] werd[en]. Die Landesobr[igkeit] und d[i]e sonst[igen], d[enen] die] Verwalt[ung] des gem[einen] Best[en] anvertraut ist, können dadurch in ihr[er] guten Absicht z[u] beförder[n] [sein].[122]

Die Pressefreiheit, so Achenwall weiter, würde Unwissenheit und Vorurteile wirksam bekämpfen. Dadurch werde „der Patriotismus angesaumt und der Weg z[um] Flor des Staats offenbar gebahnet". Diese Beobachtung spreche gegen die irrgläubige Vorstellung vieler Kabinette, daß die „Freyheit, über politische Sach[en] zu schreiben", zwangsläufig zu Mißbrauch führen müsse. In England — wo seit 1695 faktisch Pressefreiheit herrschte[123] — sei bewiesen worden, wie dies verhindert werden könne. Die dänische Regierung habe sich 1770 selbst zur Gewährung dieser Freiheit

---

[119] Vgl. N. HEMMINGIUS: Ius naturale „est commune omni nationi" (De lege naturae (1562), o.S.). Vgl. dazu auch H. WELZEL, Naturrecht und materiale Gerechtigkeit (1951), S. 64.
[120] Vgl. II. MEDICK, Naturzustand und Naturgeschichte der bürgerlichen Gesellschaft (1973), S. 23.
[121] Vgl. COD. MS. ACHENWALL 188/79-83 (nach 1769 — auch im folgenden).
[122] EBD. (auch im folgenden).
[123] Vgl. F. SCHNEIDER, Pressefreiheit und politische Öffentlichkeit (1966), S. 153, 164ff.

entschlossen. Sie habe ihren „Unterthanen nicht nur diese Freyheit erleichtert", sondern auch dazu „öffentlich ermuntert".[124] Damit hätten zwei absolutistisch regierte Monarchien willentlich dazu beigetragen, durch bewußte Vernachlässigung der Zensur die Pressefreiheit vorbildlich zu handhaben. In Frankreich habe Montesquieu diesen politischen Geist immerhin „rege gemacht".[125]

Im November 1770 faßte er noch einmal knapp zusammen.[126] Freiheit sei „trefflich", wenn sie ihre „Schranken" habe. Damit seien jene Gesetze gemeint, die dafür zu sorgen hätten, daß Presse und Rede nicht der Ehrbeleidigung Platz ließen. In solchermaßen gesetzmäßige Formen gegossen, werde die Rede- und Pressefreiheit den Bürgern „so l[ie]b als Eig[en]thum" — was implizit die Eigentumsgarantie voraussetzt, die, wie oben dargelegt wurde, der Hauptzweck einer Achenwallschen Justizreform sein sollte. Überhaupt war Achenwall spätestens 1770 zu der Meinung gelangt, daß die „National-Freyheit" nur auf Gesetzen gegründet sein könne. Freiheit sei nur so lange gesichert, wie Gesetze Gültigkeit besäßen. Über den Charakter dieser Gesetze machte er sich keine Gedanken. Daher ist es unmöglich zu sagen, ob diese zum Beispiel als vertraglich geregelte Fundamentalgesetze zwischen Souverän und Untertanen vorzustellen waren. Er notierte lediglich, daß sie „in facta g[e]gründet"[127] sein müßten. Wichtiger erschien ihm, sich diesem Problem von einer anderen Seite zu nähern — indem er die Schattenseiten der unbeschränkten Fürstensouveränität beschrieb.

Auf einem Vorlesungsmanuskript skizzierte Achenwall „einige Data Despotismus". In einer Despotie würden Eide nur Gott und nicht dem Volk geleistet und Urteile ohne Recht gefällt werden. Der Oberherr herrsche uneingeschränkt. Gerade in punkto Eigentum entzünde sich die Frage, ob eine unbeschränkte Monarchie despotisch sei:

1) Wo Unterthan, *[Ehre]*, Güter, Freyheit, *[Leib]*, Ehre, Leib u[nd] Leben genommen wird, ohne gerichtliche Untersuchung — [ohne] Urtheil u[nd] Recht [...] — a[us] Haß, Rache, d[urch] Machtspruch.
2) Wo er z[u] s[einem] bloß[em] Plaisir — [au]f bloß[em] Lettre de Cachet — ihre **Güter** wegn[eh]men kann, ihr Eig[en]th[um].
3) Wo er mit Verletz[un]g d[er] Tugend s[ich] majest[ätisches] Recht anmaßt. E[xemplum]: Den Eltern d[ie] schöne Tochter wegnimmt, s[ie] zur Unzucht zu gebrauchen. D[em] Mann d[ie] Frau entreißt u[nd] z[ur] Maitresse nimmt.
4) Wo statuiert wird: nulla obligam externa subditis teneri. Er leist[et] Eyd nicht populo, nur Deo.

---

[124] In Dänemark wurde 1770 die Zensur völlig aufgehoben (EBD.).
[125] COD. MS. ACHENWALL 188/79–83 (nach 1769).
[126] Vgl. EBD., 179/275. Vgl. dazu auch EBD., 179/335 (1771).
[127] EBD., 179/275.

5) Wo p[rinci]p: subditus hat nichts Eigenes. Subditus ist Sclave des Fürsten.
6) Wo er Leute wid[er] Willen [au]shebt, um solche an Freund zu verschenken [oder zu] verkaufen.[128]

Punkt 4) dieser Aufzählung hat Achenwall noch an einer anderen Stelle beschäftigt. In einem mit „Französischer Königs-Eyd" betitelten und auffallend essayhaft geschriebenen Manuskript „stutzt[e]" der patriotische Gelehrte Achenwall über eine Formulierung in einem deutschen Journal.[129] Anlaß waren die latenten Spannungen zwischen Ludwig XV. und einigen Provinzialparlamenten in den sechziger Jahren,[130] die den König zu dem Ausruf hingerissen hatten, daß er seinen Eid „nicht der Nation", sondern „vor dem höchsten Gott allein abgeleget" habe. Wenn es sich dabei vielleicht nur um einen Übersetzungsfehler der deutschen Zeitung handle, verrate eine solche Bemerkung trotzdem „den krassesten Despotismus":

> Über diesen Ausdruck stutzte ich, und da ich ihn zuerst in einer teutschen Zeitung [N.B.] fand, so glaubte ich, daß entweder der Ueberse[t]zer die Grundsätze nicht recht verstanden [hatte], oder daß diese Rede des Königs eine Erdichtung eines satyrischen Parlamentisten sey, die aus einer privat[en] Correspondenz unbedachtsam in eine öffentliche Nachricht geflossen sey. Denn meines Ermessens war es unmöglich, daß ein so erlauchtetes Ministerium als das französische, seinem Könige solche Worte sollte in den Mund legen können, die allerwenig[stens] eine grobe Unwissenheit, wo nicht gar eine Unbesonnheit oder gar dem kras[s]esten Despotismum verrathen.[131]

Dieser Text bediente sich im folgenden noch weiterer rhetorischer Mittel, um der moralischen Entrüstung Ausdruck zu verleihen. Indem der französische König mit dem unchristlichen türkischen Großsultan verglichen wurde, desavouierte er den angeblichen Fauxpas des Franzosen in noch deutlicherer Art und Weise:

> Wenn der Großsultan den Thron besteigt, so schwört er beym Muhammed, mit Gerechtigkeit zu regieren, und es ist ein Grundsatz des türkischen Staatsrechts: daß er sich durch diesen Eyd nicht gegen sein Volk, sondern nur gegen Gott verbinde. Das türkische Volk darf diesen Eyd nicht als ein an selbiges gethane[ne]s Versprechen und Zusage, die es anzunehmen berechtiget sey, ansehen; denn der Despot kann sich keine Schuldigkeit und Rechtsverbindlichkeit auflegen gegen Sclaven, die alles, was er ihnen Gutes thut, als eine lautere

---

[128] EBD., 163/284.
[129] Vgl. EBD., 201/285 (auch im folgenden).
[130] Vgl. dazu das Konvolut „i" (EBD., 31), das französische Zeitungsartikel über die Konflikte zwischen dem französischen König und einzelnen Parlamenten enthält — hauptsächlich von 1765/66. Vgl. dazu auch J. SWANN, Politics and the Parlement of Paris under Louis XV (1995), S. 125ff., 268ff.; G. TREFFER, Geschichte Frankreichs (1998), S. 152f.
[131] COD. MS. ACHENWALL 201/285.

Gnade anzusehen haben und die kein Uebel, so er ihnen zufügt, als ein Unrecht vers[t]ehen können. Das ist die Sprache des unmenschlichen Despotism: welche von den heiligen Thronen christlicher Monarchen so weit als die Hölle von dem Himmel entfernet ist. Wenngleich der Geist der blinden und boshaften Leidenschaften sich hie u[nd] da in [der] ein und andere[n] Handlung äußert, so spricht er doch nirgends laut davon: die Sprache ist noch nicht unverschämt: man versteckt doch nach despotischen Unternehmungen unter einem Herren von landesväterlichen oder wenigstens zum besten d[es] Volks nothwendig erforderlichen Absichten.[132]

Dieser Versprecher des französischen Königs erlaubte es dem Autoren dieses Textes, Ludwig XV. einen Despoten zu nennen. Damit entsprach er einem bekannten Reflex der aufgeklärten Kritiker: Hielt der absolute Fürst sich nicht mehr an das Gebot der moralischen Neutralität — die er als Preis für die souveräne Macht zu zahlen hatte — konnte es passieren, daß der politische Konsens mit der entstehenden Gesellschaft der bürgerlichen Öffentlichkeit aufbrach. Damit wäre der Fait accompli für eine Kritik an der gesamten Verfassung gegeben gewesen.[133] Diesen letzten Schritt vollzog Achenwall selbst nicht. Der loyale Staatsdiener in ihm blieb stärker als der vor einem kritischen Publikum räsonierende Kommentator.[134]

Trotzdem lassen sich Achenwalls Thesen über bürgerliche Freiheit so zusammenfassen, daß er als politicus der Aushöhlung der natürlichen Freiheit nur zustimmen konnte, wenn die bürgerlichen Rechte — vor allem die Garantie des Eigentums und die Pressefreiheit — gesichert würden. Rousseaus Szenario, daß das Eigentum für moralische Irrwege verantwortlich sei, lehnte er ohnehin dezidiert ab.[135] Für ihn war Eigentum eine moralisch neutrale Kategorie, auch wenn die soziale Ungleichheit damit verstärkt werde. Deshalb forderte er von einer Justizreform, daß sie die uneingeschränkte Garantie des Eigentums sichere. Diese Meinung vertrat er in abgeschwächter Form auch in seinem Politikhandbuch.[136] Andernfalls drohe der Zerfall einer Gesellschaft. Sein politisches Vorbild war in dieser Hinsicht Englands, wie oben detailliert gezeigt wurde.

Im Umgang mit Eigentum stellte sich für Achenwall die Frage, ob eine Gesellschaft despotisch regiert werde oder nicht. Es schien Achenwall nicht wichtig zu sein, ob das Recht auf Eigen-

---

[132] EBD.
[133] Vgl. R. KOSELLECK, Kritik und Krise (1959), S. 85; D. GRIMM, Staat und Gesellschaft (1990), S. 15; J. KUNISCH, Absolutismus und Öffentlichkeit (1997), S. 42.
[134] Vgl. dazu allgemein H.E. BÖDEKER, Zeitschriften und politische Öffentlichkeit (1996), S. 227.
[135] Vgl. oben S. 109.
[136] Vgl. G. ACHENWALL, Staatsklugheit (1761), S. 76.

tum durch die Mitwirkung von Ständen oder durch einen Beamtenapparat garantiert werde. Zu diesen Ergebnissen konnte nur der politicus Achenwall gelangen. Als deutscher Naturrechtsautor ging er davon aus, daß das reine Naturrecht kein Eigentum kenne, sondern nur das hypothetische Naturrecht, das wiederum leichter eingeschränkt werden konnte.

Eigentum entstand für ihn als Iuris Consultus naturalis erst in der communio primaevae des hypothetischen Naturrechts. Dort floß es aus der natürlichen Freiheit der Menschen, die in späteren Gesellschaften problemlos eingeschränkt werden konnte.[137] Ausgangspunkt war dabei das suum proprium, das er auf Körper, Seele und vollkommene Gesetze bezog. Ein Legist hätte daraus sein System der verschiedenen Eigentumsvarianten aufbauen können. Für die römische Tradition war das suum proprium das „bloße Eigentum", weil das römische Recht kein gestuftes Eigentum kannte.[138] Achenwall negierte dagegen diesen Bezug völlig, obwohl er die Klagen römischrechtlich auf personae, res und actiones bezog.[139]

Obwohl Achenwall mit einem Konstrukt einer vorstaatlichen, aber bereits gemeinschaftlich gebildeten Welt argumentierte, unterließ er die an dieser Stelle einsetzende Historisierung nicht. Allerdings mußte diese aus philosophischen Gründen schnell zu den Unzuträglichkeiten dieses Zustands kommen. Die communio primaevae des hypothetischen Naturzustands hatte bald an dem Mangel der natürlichen Güter, den schlechten menschlichen Trieben und vor allem an dem aufkommenden Eigentum zugrunde zu gehen – zumal die Exklusion der anderen Menschen von den natürlichen und künstlichen Gütern den vollkommenen Gesetzen nicht entgegenstand. Damit war die Legitimation für den Staat und seiner die natürlichen Rechte endgültig zerstörenden Forderung nach Unterwerfung im Namen der Souveränität geboren.

Nach diesem historischen Umweg war der Weg zu den verschiedenen Formen der Aneignung von Besitz und Eigentum frei, die das ius commune in sehr detaillierter Weise vorgegeben hat. Ob occupatio, possessio, res nullius, dominium, adquisitio, accessoria, Dereliktion, Nießbrauch, Lehen, Erbpacht – das hypothetische Naturrecht Achenwalls behandelte im Grunde

---

[137] Vgl. G. ACHENWALL/J.S. PÜTTER, Elementa iuris naturae (1750), S. 90–171.
[138] Vgl. T. HAYMEN, Allgemeines teutsches juristisches Lexicon (1738), S. 118.
[139] Vgl. dazu auch H. COING, Europäisches Privatrecht (1985), S. 139; D 1.5.1, Inst 1.2.12.

genommen ausschließlich die eigentumsrechtlichen Grundtermini des ius commune.[140]

Die uneingeschränkte Eigentumsgarantie konnte Achenwall dennoch eher als politicus und weniger als Naturrechtsautor vertreten. Die unterschiedlichen Perspektiven dieses Problems waren Achenwall bekannt. Sein Briefwechsel führt zum Beispiel die Gravamina eines Hamburger Buchhändlers über Raubdrucke auf, die sowohl das Terrain des Naturrechts als auch der Politik beziehungsweise der Policey betreten. Johann Ulrich Pauli trug in einem auf den 25. November 1766 datierten Brief „im Namen einiger Hamburgischer und auswärtiger Buchhändler" eine Angelegenheit bei Achenwall vor, die „für die ganze gelehrte Welt von der äußersten Wichtigkeit" sei:

> Es betrif[f]t dieselbige die Buchhandlung, diese Grundsäule der Wissenschaften. [...] Die böse und räuberische Gewohnheit, fremde Schriften ungeschaut vor den Augen des Publicums oder auch heimlich nachzudrucken und den erlaubten Gewinn den rechtmäßigen Verlegern und den Verfassern auf eine ungerechte Art zu entreißen, als welche bey den Nationen so sehr überhand nimmt, ist die Ursache dieses traurigen Verfalls. [...] Selbst die Deutschen erröthen nicht mehr, durch diese Art von Ungerechtigkeit öffentlich zu beweisen, wie weit sie sich von ihrer alten Ehrlichkeit entfernet haben. Soll aber diese Anarchie beständig fortgehen, und immer mehr um sich greifen, welche traurige Folgen für die ganze Gelehrsamkeit![141]

Achenwall hätte diese Vorgänge[142] — was Pütter später Mißachtung des geistigen Eigentums bezeichnete[143] — eine Verletzung des suum cuique naturale nennen können. Dies beweist sein Kommentar zu einem Zeitungsartikel von 1769, in dem von dem Komponisten und Bachschüler Johann Gottfried Müthel berichtet wurde, der sich über Raubdrucke einer von ihm komponierten Fuge beklagte: „Druck ohne autoris Wissen und Willen; suum cuique".[144] John Lockes Argumentation, daß der Mensch Eigentümer seiner Erzeugnisse sei, ist zumindest Achenwall nicht bekannt gewesen.[145] Es war auch nicht herauszufinden, ob

---

[140] Vgl. dazu J. KAHL, Lexicon juridicum iuris (1664), passim; G.A. STRUVE, Jurisprudentia romano-germanico-forensis (1760), S. 82ff.; H. COING, Um die Erneuerung des Naturrechts (1972), S. 108.
[141] COD. MS. ACHENWALL 89/277.
[142] Zur weitgehend schutzlosen Lage des Buchhandels in Deutschland bis 1835 vgl. W. VON UNGERN-STERNBERG, Schriftsteller und literarischer Markt (1984), S. 150ff.
[143] Pütter begründete in seiner Schrift über den Büchernachdruck (1774) die Lehre vom geistigen Eigentum durch das Naturrecht und das Gewohnheitsrecht und lehnte den ausschließlich durch Privilegien geschützten Nachdruck ab (H. COING, Europäisches Privatrecht (1985), S. 222; B.W. REDEKOP, Enlightenment and Community (2000), S. 46).
[144] COD. MS. ACHENWALL 180/173.
[145] Zur Lage in England vgl. R. CHARTIER, Der Gelehrte (1996), S. 156ff.

Achenwall sich diesem Thema weiter gewidmet hat. Trotzdem ist festzustellen, daß er sich der Eigentumsproblematik selten aus naturrechtlicher Perspektive genähert hat. Dagegen kann Achenwalls Umgang mit Freiheit und Gleichheit aus naturrechtlicher Perspektive nachgegangen werden.

b. Gedanken zur natürlichen Gleichheit

Es ist schwierig, die Bezüge Achenwalls für einen Gleichheitsbegriff jenseits der naturrechtlichen Sphäre — „im Stande der Natur war weder Thron noch Reich, die Menschheit lebte frey und war einander gleich"[146] — zu analysieren. Allenfalls an eine Verkoppelung mit der Politik ist an dieser Stelle zu denken, auch wenn die politischen Allgemeinplätze der „Sattel-Zeit" (Koselleck) über Demokratie nicht das Ziel sein sollen.[147] In dieser Hinsicht hat sich Achenwall über soziale Gleichheit geäußert, wobei er seine aufgeklärten Vorurteile nicht verhehlen konnte. Darüber hinaus urteilte er falsch:

> Gleichheit d[er] M[en]sch[en] allgem[ein] hodie nicht mögl[ich], obgl[eich] d[ie] Ungleichheit ihre Mäng[e]l und Gebrechen hat. Der fameuse Wiedertäufer Thom[as] Mün[t]zer war e[in] solcher R[e]g[iments]türmer; u[nd] hat desw[e]g[en] s[eine] Strafe verdient, w[eil] er d[en] Stand d[er] Obrigk[ei]t [au]fheb[en] wollte.[148]

Zunächst ist Müntzer niemals Wiedertäufer gewesen.[149] Ferner zeigen sich in der Weise, in der Achenwall fortfuhr, einmal mehr die Vorurteile des aufgeklärten Gelehrten, der für die theologischen Hintergründe und die tragische Ernsthaftigkeit des Vorgehens einiger Reformatoren kein Verständnis mehr aufbringen konnte und der bei Müntzer nur das Gespenst der sozialen Gleichheit witterte.[150]

Innerhalb der naturrechtlichen Debatte gehörten zur Gleichheit jene iura connata, die seit Wolff als vollgültige und vollkommene Gesetze ausschließlich im reinen, vorgesellschaftlichen Naturzustand zu finden waren.[151] Diese angeborenen Rechte

---

[146] M.G. LICHTWER, Das Recht der Vernunft (1758), S. 25.
[147] Vgl. R. KOSELLECK, Richtlinien für das Lexikon politisch-sozialer Begriffe der Neuzeit (1967), S. 82, 91; H. Maier, „Demokratie", in: GG (1972), Bd. 1, S. 839–847; H. Fenske, Demokratie, in: LEXIKON DER AUFKLÄRUNG (1995), S. 82f.
[148] COD. MS. ACHENWALL 163/161.
[149] Vgl. E. KOCH, Das Sakramentsverständnis Thomas Müntzers (1989), S. 129.
[150] Ähnlich urteilte auch J.F. VON BIELFELD: „Die vollkommene Gleichheit der Menschen wäre ebenso schädlich, als sie in der Ausübung unmöglich ist" (Lehrbegriff der Staatskunst (1761), S. 92f.). Vgl dazu auch J.D. KÖHLER, der Müntzer einen Schwärmer nannte, weil er die Menschen „verführte" (Kurzgefaßte und gründliche Reichs-Historie (1767), S. 393).
[151] Vgl. N.H. GUNDLING, Ius naturae ac gentium (1751), S. 16; D. KLIPPEL, Politische Freiheit und Freiheitsrechte (1976), S. 75ff.

wurden von Wolff aus philosophischen Gründen benützt, um alle Rechte erst einmal universal erfassen zu können.[152] Sie verloren im hypothetischen Naturrecht schnell an Gewicht und boten wenig Schutz vor vertraglichen Eingriffen. Ohnehin war das Naturrecht der Frühen Neuzeit nicht auf der modernen Vorstellung von individuellen oder subjektiven Abwehrrechten aufgebaut. Es reflektierte vielmehr die Pflichtethiken des Luthertums.[153] Daher konnten problemlos erst einmal ungeahnte Formen von Freiheit und Gleichheit formuliert werden — ihre positive Gültigkeit jenseits des reinen Naturrechts war per contractum gering.[154] Zwei Traditionen halfen Achenwall, diese ursprünglichen Rechte innerhalb des Naturrechts wieder zu stärken. Einmal durch das ius naturale cogens, das die subjektiven Zwangrechte des Einzelnen im hypothetischen Zustand vermehrte. Zum anderen bestand die Chance einer Historisierung des Naturrechts, durch die die iura connata und vor allem die natürliche Freiheit wieder aufgewertet wurden.

Die natürliche Gleichheit konnte Achenwall lange Zeit — schon bevor er Rousseau als Iuris Consultus naturalis las — aus der als gleich angenommenen Natur des Menschen demonstrieren. Gleichheit, Freiheit und Selbsterhaltung seien angeborene Rechte, die, kausal miteinander verbunden, einander bestärkten. Aus diesem Blickwinkel faßte Achenwall Freiheit als „ius cuique proprium" auf:

> Iura [...] a natura s[ive] connata: ius sec[uritatis] perf[ectum], libertas s[ive] i[us] lib[ertatis], i[us] aequalit[atis] — nicht zu trenn[en]; eines fließt [au]s d[em] andr[en], es b[e]stärkt d[ie] and[eren], erläutert d[a]s andere; in sp[ecialiori] b[e]gr[eif]e ich ex aequal[itate]. [.] Die lib[ertas] sey e[in] ius cuiq[ue] propr[ium].[155]

Diese enge Verbundenheit mit dem Gleichheitsgrundsatz und dem Selbsterhaltungsprinzip determinierte Freiheit so wie das Eigentum, das es paradoxerweise zu diesem Zeitpunkt — dem reinen Naturzustand — noch nicht gab. Entsprechend unspektakulär tauchten die iura connata bei Achenwall in seinen *Elementa iuris naturae* am Rande auf. Das reine Naturrecht umfaßte dort

---

[152] Vgl. C. WOLFF, Grundsätze des Natur- und Völkerrechts (1754), S. 46. Vgl. dazu auch E. WOLF, Große Rechtsdenker (1939), S. 384; E. HELLMUTH, Naturrechtsphilosophie und bürokratischer Werthorizont (1985), S. 62ff.
[153] Vgl. C. LINK, Rechtswissenschaften (1985), S. 132; K. HAAKONSSEN, Natural law and moral philosophy (1996), S. 5, 26, 65.
[154] Vgl. C. LINK, Naturrechtliche Grundlagen des Grundrechtsdenkens in der deutschen Staatsrechtslehre (1983), S. 81f.; H. COING, Europäisches Privatrecht (1985), S. 221; D. KLIPPEL, Der liberale Interventionsstaat (1998), S. 79.
[155] COD. MS. ACHENWALL 183/31 (Sommer 1770).

nicht einmal dreißig Paragraphen.[156] In diesem vorgesellschaftlichen Naturzustand galten nur negative Rechte, da es kein Recht auf die Handlungen oder die moralische Lenkung des Willens anderer gab. Damit blieb das suum connatum, das mit der Existenz jedes Menschen entstanden war, unbeschadet: Gleichheit der Rechte, die volle natürliche Freiheit und das in den moralischen Bereich hineinragende, allgemeine gute Ansehen.

Prinzipiell unbeschadet verblieben diese Rechte des reinen Naturrechts in den ersten kleineren Gesellschaften des darauffolgenden hypothetischen Naturzustands (status adventitius oder communio primaevae). Da indessen diese Gesellschaften verbindliche Zwecke verfolgten, mußten die natürlichen Rechte um deretwillen erste Abstriche hinnehmen. Diese sukzessive Unterminierung der iura connata ist als Prozeß vorzustellen, der mit Entstehung etwa des allgemeinen Zivilrechts keinesfalls abgeschlossen war.[157] Bereits die Geburt der salus communis in den ersten kleineren Gesellschaften krönte diese sogleich zum höchsten Gesetz. Dem reinen Naturrecht wurde von nun an der Rang als Subsidiarrecht neben dem jeweils existierenden ius sociale zugestanden.

Zu dieser Tradition gesellte sich ein Konflikt, den Achenwall mit dem Wolffianismus ausgetragen hatte. Wolffs Grundprinzip a natura homines sunt aequales et liberi fand Achenwalls Mißfallen,[158] ebenso wie die Verbindlichkeit zur Vervollkommnung der anderen Menschen.[159] Damit zielte Achenwall — wohl nach der Lektüre Rousseaus — auf ein zentrales Dogma vieler Naturrechtsdenker: Die Vorstellung, daß der natürliche Zustand ein status aequalitatis et libertatis ist.[160]

Zwar war Achenwall in Anlehnung an Wolff ebenfalls der Meinung, daß die natürliche Freiheit im Vergleich zur bürgerlichen Freiheit eine „libertas plena", das heißt, eine „vollständige" sei.[161] Die Voraussetzung zu diesem Prinzip, die natürliche Gleichheit, die Wolff angeblich als eine Gleichheit der menschlichen Physis aufgefaßt hatte, stritt Achenwall ab. Wolff habe, so Achenwall, die natürliche Gleichheit juristisch gesehen als eine materielle

---

[156] Vgl. G. ACHENWALL/J.S. PÜTTER, Elementa iuris naturae (1750), S. 88f., 138f. (auch im folgenden).
[157] Vgl. EBD., S. 175–189, 266f., 272f. (auch im folgenden).
[158] COD. MS. ACHENWALL 158/85. Vgl. dazu auch D. KLIPPEL, Politische Freiheit und Freiheitsrechte (1976), S. 31ff.; H.M. BACHMANN, Zur Wolffschen Naturrechtslehre (1983), S. 162.
[159] Vgl. COD. MS. ACHENWALL 158/47 (nach 1770), 158/55, 74, 80, 82, 95f., 125f., 162/59 (14. August 1765), 181/330 (auch im folgenden).
[160] Vgl. zum Beispiel J.J. BURLAMAQUI, Principes du Droit Naturel, Bd. 1 (1747), S. 34.
[161] COD. MS. ACHENWALL 158/55. Vgl. dazu auch EBD., 158/82. Vgl. ferner D. KLIPPEL, Politische Freiheit und Freiheitsrechte (1976), S. 58ff.

aufgefaßt. Damit saß Achenwall einem Irrtum auf — die natürliche Gleichheit war immer nur als eine formelle betrachtet worden. In der Antike hatten nur die Sophisten und die Stoiker angenommen, daß die Natur ihr Recht allen Wesen auf gleiche Weise mit guten Trieben lehre. Achenwall hatte diesen Ansatz schon in seiner Geschichte des Naturrechts kritisiert.[162] Seine anti-stoische Argumentation[163] führte dazu, seine Vorstellungen von Gleichheit im Naturrecht zu explizieren.

Achenwalls Verständnis von Freiheit und Gleichheit im verfassungsrechtlichen Kontext knüpfte traditionell bei Grotius' potestas in se an, die auch zivilrechtliche Autoren beeinflußt hat.[164] Die ursprüngliche Freiheit fließt hierbei aus dem angeborenen ius (proprium) in se ipsum (s.o.) und ist daher mit dem Eigentum des hypothetischen Naturrechts zu vergleichen, das wiederum aus dem ebenfalls angeborenen ius proprium in rem abgeleitet wird.[165] Mit dem Eigentum verband diese natürliche Freiheit auch die prinzipiell nur physisch denkbare Verfügungsmöglichkeit ihres Besitzers über sie: „Libertas ist die facultas naturalis (physica) agendi quidquid libet".[166] Deswegen könne die handelnde Freiheit ähnlich dem Eigentum durch vertragliche Restriktion im hypothetischen Naturrecht zur „libertas minus plena" umgewandelt werden: „Man könnte sagen: a natura omnium est aequalis et liberis, absoluta et plena; in statu naturali hypothetico sit restrictior sive restringit in statu sub imperio sit minus plena."[167] Damit reflektierte Achenwall das weit verbreitete Spannungsverhältnis zwischen Freiheit und Vertrag, das im deutschen Naturrecht oft zum Nachteil der Freiheit ausgelegt wurde.[168]

Was Achenwall von der Tradition unterschieden hat, ist seine Kritik der natürlichen Gleichheit im Hinblick auf die moralisch-anthropologischen Voraussetzungen. Seine Perspektive war ausschließlich die formelle Gleichheit der Menschen, so daß für ihn die Menschen als gleich zu betrachten waren, ohne wirklich gleich sein zu müssen. Der Jurist Achenwall fragte nicht nach

---

[162] Vgl. oben S. 84f.
[163] Vgl. dazu auch V. EHRENBERG, Anfänge des griechischen Naturrechts (1965), S. 369; A. KAUFMANN, Analogie und „Natur der Sache" (1982), S. 29ff.
[164] Vgl. zum Beispiel J. KAHL, Lexicon juridicum iuris (1664), S. 330ff. Vgl. dazu auch K. HAAKONSSEN, Natural law and moral philosophy (1996), S. 27.
[165] Spätere Autoren wie E.F. KLEIN haben das Eigentum aus dem Selbsterhaltungstrieb abgeleitet und mit der persönlichen Freiheit gekoppelt (Freyheit und Eigenthum (1790), S. 115ff.). Die Kantianer knüpften ebenfalls an dem ius in se ipsum an (T. SCHMALZ, Das reine Naturrecht (1792), S. 29).
[166] COD. MS. ACHENWALL 158/47 (nach 1770). Vgl. dazu auch G. ACHENWALL, De differentia societatis aequalis et inaequalis (1767), S. 9.
[167] COD. MS. ACHENWALL 158/95.
[168] Vgl. D. KLIPPEL, Persönliche Freiheit und Vertrag (1999), S. 122f.

den unterschiedlichen natürlichen, triebhaften Voraussetzungen der einzelnen Menschen, sondern ging davon aus, natürliche Gleichheit bedeute, alle Menschen als gleich zu behandeln. Damit faßte er die natürliche Gleichheit der anderen Autoren als eine materielle auf, was ein Mißverständnis von seiten Achenwalls darstellte. Seit den Stoikern und den Sophisten hatte — wie oben dargestellt — kein Naturrechtsautor mehr von einer allgemeinen oder materiellen natürlichen Rechtsgleichheit gesprochen, die aus der Gemeinsamkeit der menschlichen Natur resultiere.[169]

Achenwall beanstandete an der Dogmatik — von Seneca und Cicero bis hin zu Glafey, Heineccius und fälschlicherweise auch Wolff[170] — ihr Konstrukt der natürlichen Gleichheit. Wenn es richtig sei, daß alle Menschen materiell den gleichen Leib und die gleiche Seele von Gott bekommen hätten, dann seien alle Menschen den gleichen Glücks- und Unglücksfällen unterworfen, und ein König wäre nicht glücklicher als ein Bauer. Gerade die letztgenannte Folgerung sei nachweislich falsch, da der „Arme/Geringe viel Vergnügen hat, da wo Reiche, Große, Vornehme keines hab[en]"[171] — und umgekehrt. Darüber hinaus müßte die Dogmatik, wenn sie ihrem Konstrukt der aequalitas naturalis konsequent folge, auch die Gleichheit der Rechte und der Verbindlichkeiten in statu civili ableiten. Gerade diese Konklusion sei vor allem durch Glafey und seinen Lehrer Heineccius verneint worden.

Achenwall ging damit, wie Hobbes und Rousseau, die allerdings nicht aus juristischer Perspektive dachten,[172] von der natürlichen Ungleichheit der Menschen aus. Sie sei aber in der Rechtssphäre nicht von Belang und folglich dürfe auf sie nicht geachtet werden. Deswegen müßten die eigentlich von Natur aus materiell nicht gleichen Menschen im gesamten Naturrecht formell als gleich betrachtet werden. Auf diese Weise ließen sich keine ständischen Vorrechte oder Befreiungen von der aequalitas iuris begründen. Damit hatte Achenwall in seinen Notizen die ständische Welt der Frühen Neuzeit überwunden. In seinen Kompendien hatten solche Formulierungen niemals eine Chance auf eine Veröffentlichung.

---

[169] Dies gilt auch für die Naturrechtstradition im Grundgesetz (H. WELZEL, Naturrecht und materiale Gerechtigkeit (1951), S. 16).
[170] Tatsächlich bezog Wolff die natürliche Gleichheit nur auf die Rechte und Pflichten (E. HELLMUTH, Naturrechtsphilosophie und bürokratischer Werthorizont (1985), S. 67).
[171] COD. MS. ACHENWALL 158/125.
[172] Vgl. W. RÖD, Geometrischer Geist und Naturrecht (1970), S. 35.

Seinen Studenten hat Achenwall diese Überlegungen mit einem einfachen Beispiel veranschaulicht.[173] Von Natur aus gebe es starke und schwache Esser — aber naturrechtlich gesehen hätten alle Menschen das gleiche Recht, sich satt zu essen, da die Nahrungsaufnahme zum angeborenen Recht der Selbsterhaltung gehöre. Allerdings sei die natürliche oder vollständige Freiheit in Hinsicht aller gerechten Handlungen nur eingeschränkt gültig. Bereits im reinen Naturzustand werde die Freiheit aller Menschen durch negative Verbindlichkeiten, Pflichten, Rechte und Gesetze eingeschränkt, die sich vom neminem laede oder vom ne turbes suum alteris connatum subsumieren ließen.

An anderer Stelle hat Achenwall im Kollegium einen der fundamentalsten Unterschiede zwischen dem Natur- und Gesellschaftszustand erörtert: Die natürliche Gleichheit der Rechte, die zu der gleichen Form von Freiheit aller im reinen Naturrecht führe. Die Gegenwart aber sehe ganz anders aus, legte Achenwall vor seinen Studenten dar. Der Grund dafür läge weniger in der Gleichheit und der Freiheit, sondern vor allem in der Eigentumsfrage, die die Gegenwart wie keine zweite bestimme:

> Nun sehen wir doch nach unsrer heutigen Verfassung eine gewaltige und totale Veränderung. [.] Er strotzt vor Reichthum, wenn tausend verschmachten in Armuth. Alle Dinge in der Welt haben ihren Eigenthümer, der die übrigen Menschen alle von allem Gebrauch alles dessen, an ein zeitloses Gutem besitzet, hartnäckig und immerdar ausschließet.[174]

Die gegenwärtige Armut hatte laut Achenwall ihren Ursprung in dem im reinen Naturzustand noch nicht existierenden Eigentum. Dessen Wesen zeigte sich darin, die Nichtbesitzer in zunehmender Weise von sich fernzuhalten.[175] Weil Achenwall im Gegensatz zu Locke davon ausging, daß das reine Naturrecht kein Eigentum kenne, fiel es ihm leicht, dessen negative Folgen im ius sociale aufzudecken.[176] Da sich nur wenige das Eigentum aneignen konnten, fuhr er fort, nahm auch die natürliche Gleichheit der anderen immer mehr ab:

> Ebenso die Gleichheit der Menschen verändert. Ungemein wenige leben noch in natürlicher Freyheit: Die allermeisten dependiren von den Befehlen eines andern. Unter 1 Million Menschen findet man nur 1 einzigen, der libertas naturalis besitzet; die übrigen 999.999 sind alle

---

[173] Vgl. COD. MS. ACHENWALL 158/96.
[174] EBD., 159/120f.
[175] Vgl. dazu auch J.G. HEINECCIUS, Grundlagen des Natur- und Völkerrechts (1738), S. 172ff.
[176] Vgl. dazu auch J. HABERMAS, Naturrecht und Revolution (1962), S. 63ff.; H. MEDICK, Naturzustand und Naturgeschichte der bürgerlichen Gesellschaft (1973), S. 36.

Unterthanen, ohne noch die verschiedenen subordinirten Grade der Unterwürfigkeit anzuführen. Es gibt sehr wenig Reiche. Die meisten sind arm. [...] Man sieht, der allergrößte Theil der Menschen hat das ihm angebohrne doppelte Kleinod, a) sich aller erschaffenen Dinge zu seinem Nutzen, Nothdurft, [...] bedienen zu dürfen und den ihm von Natur anerschaffenen Vorzug, b) sein eigener freyer Herr zu seyn, eingebüßet.[177]

Diesen Prozeß speziell aus juristischer — wie er es nannte —, beziehungsweise aus einer sozialphilosophischen Perspektive zu untersuchen, führe zu folgenden „importanten Fragen": zum Beispiel, ob dieser Vorgang Recht oder eine „frevelhafte unverantwortliche Ungerechtigkeit" gewesen sei. In letzterem Fall — als Beispiel gab Achenwall die englischen Levellers an[178] — hätten die Untertanen von Natur aus das Recht, „diese Kränkung ihrer angebohrnen Rechte mit Gewalt zu hemmen". Sei dieser Prozeß jedoch auf gerechte Art und Weise verlaufen, müsse trotzdem die Frage gestellt werden, auf welchem Fundament beziehungsweise aus welchem „natürlichen Grunde" sich dieses Ergebnis ableiten lasse. Es müsse geklärt werden, wie weit dieses mit dem Naturrecht in Einklang zu bringen sei. Hier endete Achenwall in seinem Manuskript. Vielleicht wollte er diese Überlegungen vor seinen Studenten nicht weiter vertiefen. Zumindest konnte er die Frage nicht mit Lockes Antwort beenden, der mit einer bürgerlich-liberalen Gesellschaft argumentiert hatte, die ihre Grundrechte direkt vom Naturzustand der Privateigentümer übernahm.

So gesehen hat Achenwall in seinem Nachlaß ein Naturrecht entwickelt, das nicht zwingend zur ständischen Welt überleiten mußte. Die weiteren traditionellen Möglichkeiten des älteren Naturrechts, die Untertanen in ihren Freiheiten einschränken, so zum Beispiel die Glückseligkeits- und Gemeinwohlprinzipien,[179] hatten aus philosophischen Gründen in Achenwalls vorstaatlichen Naturrecht keinen Platz. Die Geburt der salus publica erfolgte erst nach dem Vereinigungsvertrag. Ob es diesen in einem historisierend aufgefaßten Naturrechtkonzept — wie Achenwall es nach seiner Lektüre von Rousseau vertrat[180] — überhaupt gab, ließ er offen.

---

[177] COD. MS. ACHENWALL 159/120f.
[178] Zu den demokratischen Levellers, die in der Englischen Revolution für Volkssouveränität, Wahlrecht, Rechtsgleichheit und Glaubensfreiheit kämpften, vgl. H.C. SCHRÖDER, Die Revolutionen Englands (1986), S. 104ff., 288.
[179] Vgl. D. KLIPPEL, Politische Freiheit und Freiheitsrechte (1976), S. 63ff.
[180] Vgl. oben S. 107ff.

V. Vom Reichsstaatsrecht zum Widerstandsrecht

Die Geschichte des Reichsstaatsrechts, des ius publicum romano-germanicum, beginnt in den konfessionellen Wirren vor dem Dreißigjährigen Krieg. Von Beginn an Universitätsdisziplin, sollte es zwischen den Parteien von Reformation und Gegenreformation vermitteln. Es betonte die Eigenart des Reiches, die einzigartig in Europa zu sein schien: Zu einer herrschaftsständischen Monarchie gesellten sich Territorialstaaten, die teils unbeschränkt, teils ständisch beschränkt waren. Erst später setzten sich die Reichspublizisten mit jenen staatsrechtlichen Konzepten der Frühen Neuzeit auseinander, die im Westen früher diskutiert worden waren: den Theorien der Monarchomachen, Bodins, Machiavellis und Hobbes'.[181]

a. Ius publicum und Souveränität

100 Jahre nach Hobbes meinte Achenwall, daß es immer noch nicht leicht sei, sich über die staatsrechtlichen Gepflogenheiten anderer europäischer Staaten zu informieren.[182] Einerseits seien diese Systeme sehr ausführlich, schwer zu beziehen und zum Teil — wie etwa in Spanien[183] — nicht einmal gedruckt.[184] Dazu käme die in Europa immer noch oft vorzufindende Meinung, daß das ius publicum ein Teil der Staatsgeheimnisse sei, über den ohne landesherrlichen Befehl nicht geschrieben werden dürfe. Außerhalb Deutschlands sei daher kaum Bereitschaft vorhanden, das ius publicum an den Universitäten zu lehren. Allenfalls in Schweden geschehe solches privatissime, während in England allein William Blackstone seit einigen Jahren darüber doziere. Offenbar wußte Achenwall nicht, daß es in Oxford seit 1753 einen Lehrstuhl für Common Law gab.[185]

---

[181] Vgl. N. Hammerstein, Das Römische am Heiligen Römischen Reich Deutscher Nation in der Lehre der Reichs-Publicisten (1983), S. 119ff.; M. Stolleis, Geschichte des öffentlichen Rechts (1988), passim; H. Dreitzel, Absolutismus und ständische Verfassung (1992), S. 20, 44f.
[182] Vgl. Cod. Ms. Achenwall 18/71 (auch im folgenden).
[183] Erst nach 1770 wurden in Salamanca die ersten Vorlesungen über spanisches Recht abgehalten (L. Brockliss, Lehrpläne (1996), S. 483).
[184] Vgl. das librum manuscriptum „Jus publicum Poloniae et Prussiae" in Cod. Ms. Achenwall 79/191.
[185] Vgl. W. Blackstone, Commentaries on the Laws of England, 4 Bde. (1765–1769). Vgl. dazu auch H. Dreitzel, Monarchiebegriffe in der Fürstengesellschaft (1991), S. 596f.; K. Haakonssen, Natural law and moral philosophy (1996), S. 313, 321; L. Brockliss, Lehrpläne (1996), S. 482.

Richtig war aber seine Feststellung, daß außerhalb Deutschlands ein Professor iuris publici immer noch „unerhört" sei. Solchermaßen durch die deutschen Verhältnisse begünstigt, sah Achenwall in dieser Fortschrittlichkeit einen Nachteil:

> And[e]re Nationen haben den Vortheil, daß sie alle unser ius publ[icum] leicht erlernen können, mithin gegen uns selbst gebrauchen u[nd] mißbrauchen können. Hi[e]rgegen wir müssen alle[s] fremde ius publ[icum] mit großer Mühe zusammenklauben, ehe wir einige Systeme bekommen können.[186]

Die europäischen Nachbarn waren seiner Meinung nach nicht in der Lage, das ius publicum romano-germanicum wirklich zu erfassen.[187] Ihnen sei das „subtil-verworrene" deutsche Staatsrecht „unb[e]gr[e]ifl[ich]". So sähen sie in dem Reich ein Staatensystem. Tatsächlich sei Deutschland ein differenziertes Mittelding zwischen Staatenbund und kaiserlicher Monarchie, in der der Kaiser nicht Landesherr von Deutschland sei und die Reichsfürsten und Landstände keine Untertanen des Kaisers. Auf diese Weise entsprach Achenwall der Meinung der meisten Reichspublizisten, die dem Kaiser seine Majestät erst durch seine Wahl zugestehen wollten, die bereits durch die Kapitulation wieder eingeschränkt werde. Dort versprach der Kaiser, nach den Reichsgrundgesetzen zu regieren. Es ist der seit Althusius, Conring und Pufendorf oft diskutierte Topos der civitas composita, den Achenwall hier ebenso wie Schmauß, Pütter und andere Zeitgenossen benützt hat.[188] Die Vorstellung des Reichs als Staatenstaat, als systema civitatum, überging in eleganter Weise die Frage nach dem oder den Trägern der Souveränität.[189] Letztlich mündete dieses brisante Problem zudem in der Frage der Existenz eines Widerstandsrechts. Auf Dauer konnte Achenwall dieses Problem sowohl als politicus als auch als Iuris Consultus naturalis nicht ausklammern.

Zunächst beschäftigte sich Achenwall mit der Frage der Souveränität. Offensichtlich für eine Vorlesung verfaßt sind zwei weit auseinanderliegende Manuskripte Achenwalls, in denen er sich diesem klassischen Topos des ius publicum universale gewidmet hat.[190] Es handelt sich um die seit dem ausgehenden

---

[186] COD. MS. ACHENWALL 18/71.
[187] Vgl. EBD., 190/157 (auch im folgenden).
[188] Vgl. J.S. PÜTTER, Kurzer Begriff des Teutschen Staatsrechts (1764), S. 12ff.; J.J. SCHMAUSS, Compendium Iuris Publici (1766), S. 19f.
[189] Vgl. H. DREITZEL, Monarchiebegriffe in der Fürstengesellschaft (1991), S. 100; DERS., Absolutismus und ständische Verfassung (1992), S. 40; C. LINK, Johann Stephan Pütter (1995), S. 320.
[190] Vgl. COD. MS. ACHENWALL 18/73, 75, 190/237, 242 (auch im folgenden). Vgl. dazu auch H. DREITZEL, Monarchiebegriffe in der Fürstengesellschaft (1991), S. 31, 102ff., 486ff.; M. STOLLEIS, Geschichte des öffentlichen Rechts (1988), S. 170ff.

16. Jahrhundert eingehend unter pragmatischen Aspekten diskutierte Frage, ob eine eingeschränkte oder eine uneingeschränkte Monarchie besser sei und wie in einer eingeschränkten Einherrschaft die Souveränität ausgeübt werde. Achenwall operierte dabei mit der verfassungsrechtlichen Kategorie der monarchia limitata. Der seit Montesquieu offenen Frage nach der Gewaltenteilung ging Achenwall damit aus dem Weg — dazu hätte er mit dem Begriff der monarchia mixta operieren müssen.[191]

Bei dem älteren Modell der monarchia limitata wurde dem Monarchen zunächst die totale Staatsgewalt zugestanden, während die Rolle des Volkes und der Stände strittig waren. Manche Publizisten billigten den Ständen bei der Verwaltung der monarchischen oder fürstlichen Souveränität gewisse Mitwirkungsrechte zu. Der Schönheitsfehler dieser an Bodin und Pufendorf angelehnten Sichtweise war, daß sie mit den Wahlkapitulationen und Reichsgesetzen unvereinbar war, weil solche Grundgesetze dem Kaiser nicht die absolute Souveränität zusicherten. Zudem war die Rolle des Volkes unklar. Vor seinen Studenten konnte er prekäre staatsrechtliche Konzepte allerdings nicht diskutieren. Es ging um einfachere Zusammenhänge.

Gleich zu Anfang setzte Achenwall fest, daß die uneingeschränkte Gewalt die größere Sicherheit gegen auswärtige Nationen, die eingeschränkte mehr Sicherheit gegen den Landesherrn selbst biete. Damit sprach Achenwall das alte Dilemma zwischen der im höchsten Maße effizienten Aktionsmacht und der institutionell begrenzten Gewalt an, zwischen der seit der Antike jede politische Theorie zu vermitteln versucht.[192] Daß Montesquieu diese Problematik mit der intermediären Gewaltenteilung überzeugend gelöst hatte, überging er. Anschließend folgten Gemeinplätze, wie sie in Achenwalls *Staatsklugheit* (1761) und in vielen anderen Traktaten des 18. Jahrhunderts zu finden waren.[193]

Ein absolutes Reich sei innerlich ungleich stärker als eine eingeschränkte Monarchie. Dort herrsche „ein Geist u[nd] Verstand u[nd] Wille, der alle Theile des Körpers auf einmal belebet. Hier hat jedes Glied sozusagen seine besondere, öfters den übrigen [Gliedern] contradicirende Seele, seinen eigenen Willen".[194] Traditionell waren auch Achenwalls Vorstellungen von der höheren Wirksamkeit der monarchischen Staatseinrichtungen. Es könn-

---

[191] Vgl. N. HAMMERSTEIN, Jus und Historie (1972), S. 39; H. DREITZEL, Absolutismus und ständische Verfassung (1992), S. 44ff.; DERS., Vom reichspatriotischen Konstitutionalismus zum nationalen Liberalismus (1996), S. 413f.
[192] Vgl. H. POPITZ, Phänomene der Macht (1986), S. 68ff.
[193] Vgl. zum Beispiel J.H.G. VON JUSTI, Staatswirtschaft (1758), S. 41ff. Vgl. dazu auch B. STOLLBERG-RILINGER, Der Staat als Maschine (1986), S. 130f.
[194] COD. MS. ACHENWALL 190/242.

ten schneller Beschlüsse gefaßt werden, da keine Diskussionen notwendig seien. Sehr monarchisch gedacht war ferner Achenwalls Annahme, daß in der Einherrschaft wirkungsvoller gehandelt werden könnte, weil alle Macht in den Händen des Königs vereinigt sei. So besitze der Fürst „Willen, Kräfte, Kriegsmacht, Geld der gesamten Unterthan[en], des ganz[en] Reichs, alles allein in Händen, er winkt, und es geschieht".[195]

Anschließend kam Achenwall auf die Nachteile dieser Staatsform zu sprechen, die sich insbesondere darin erstreckten, daß der „absolute Herr" auch „ein weit größeres physical[isches] Vermögen" besäße, „seine Gewalt zu mis[s]brauchen, und der Nation seinen Wohllüsten, Ehr: und Geldgeitz und Caprice aufzuopfern". Daher könne ein absoluter Herrscher seinem Staat „mehr nutzen u[nd] auch mehr schaden". Ein eingeschränkter Souverän dagegen könne umgekehrt „weniger nutzen, aber auch weniger schaden".

Zu der weiteren Analyse der Monarchie gehörte bei Achenwall die praktische Frage, ob Wahl- oder Erbreiche glücklicher seien. Ein Blick durch Europa zeige ihm, daß gegenwärtig letztere günstiger dastünden. Die drei klassischen Wahlreiche — Polen, Deutschland und der päpstliche Stuhl — dagegen befänden sich im Verfall, während die Erbreiche[196] eher an Wachstum und Macht zunähmen. Die Gründe dafür sind in der politischen Literatur der Frühen Neuzeit oft genannt worden. Der Tod des Herrschers bringe sein Reich häufig zu zwiespältigen Wahlen und sogar zu inneren Kriegen. Ein Interregnum berge gar die Gefahr von Revolutionen: „Durch den Tod des P[rince]ps verliehrt der Staatskörper auf eine Zeitlang seine Seele u[nd] mit selbigem sein Leben. Im Interregno entsteht leicht die Fäulnis."[197] Dafür gäben vor allem Deutschland und Polen hinlängliche Beweise. Diese vereinfachte Sichtweise, die Probleme des Reichs auf die Tatsache zurückzuführen, daß es ein Wahlreich bildete, überrascht, auch wenn Achenwall nur vor seinem Politikkollegium zuspitzen wollte.

Erbreiche hätten den Vorteil, so Achenwall weiterhin grob vereinfachend, daß der Staatskörper ewig sei. Außerdem erscheine es wahrscheinlicher, daß ein Erbmonarch besser regiere, als ein Wahlmonarch, weil letzterer „nur als Administrator" fungiere. Als „Miethling" eines Reiches wären Nepotismus und Herrschsucht leichter einzuführen. Dagegen bestehe ein gewichtiger Vortheil

---

[195] EBD. (auch im folgenden).
[196] „Exceptiones u[nd] Irregularitaeten: 1) Rußland, non iure sanguinis et familiae, 2) Schweden, non ipso iure, sed accedente expresso ordinum consensu. 3) in Portugal, succediret die männl[iche] u[nd] auch die weibl[iche] Linie; erblich ipso iure; aber beyde nur bis auf einen bestimmten Grad" (EBD., 18/75).
[197] EBD., 190/237 (auch im folgenden).

„der Nation eines Wahlreichs" darin, daß sich hier die absolute Gewalt nicht leicht einführen lasse. Grundsätzlich habe ein Volk allenfalls mit dem Tod eines Tyrannen ein Mittel in den Händen, den Nachfolger besser einzuschränken. Deswegen tendierten Erbreiche eher zur absoluten Gewalt als Wahlmonarchien, wo nach jedem Tod eines Herrschers eine Wahlkapitulation erfolge. Damit sei schließlich ein weiterer Schwachpunkt einer Wahlmonarchie angesprochen, weil die Stände Mittel hätten, durch Gewährung der Kapitulationspunkte das Übergewicht zu erlangen. Beispiele nannte Achenwall ebenfalls: Deutschland und Polen.

Strenggenommen gehörten Achenwalls Überlegungen über den neuzeitlichen miles perpetuus zum hypothetischen Naturrecht, weil er sie unter der Rubrik „Ursprung d[er] Staaten" verzeichnet hat. Damit war aber gleichzeitig wiederum die Problematik des Trägers der Souveränität aufgeworfen.[198] Im hypothetischen Naturrecht entschied sich die Machtfrage zugunsten der Souveräne, wenn diese bezüglich der Stärke und Verwendung des Heeres nicht an die Zustimmung durch andere korporative Strukturen gebunden waren. Eine europäische Tradition, die von Pufendorf über Montesquieu zu Rousseau führte, hatte die stehenden Heere deswegen dezidiert abgelehnt. Achenwalls Schlußfolgerungen wiesen daher in die Sphäre der politischen Freiheit, die für ihn als Naturrechtsgelehrten das Residuum jener natürlichen Freiheit darstellte, die seit dem reinen Naturzustand noch gewährt werde.

Durch die stehenden Heere gebe es einerseits mehr Kriege in Europa, weil jeder Landesherr nun „se[ine] Force" spüre und die ständische Jurisdiktion unterdrücke. Damit sei für viele Staaten der Schritt zum Despotismus nur noch sehr klein. Andererseits habe diese Entwicklung auch für den Landadel viel Gutes gehabt, weil damit Mittel geschaffen wurden, diese „arme Noblesse" durch militärische Aufgaben zu ernähren. Ferner seien die weniger genehmen Teile der Gesellschaft durch den sozialdisziplinierenden Militärstaat beseitigt worden: „D[en] Staat gesäubert v[on] Dieb, Raub, Taugenichts, Faullenzer, d[urch] strenge Zucht d[er] Kriegsdiziplin."[199] Achenwall favorisierte eine durch den Adel

---

[198] Vgl. EBD., 189/241 (auch im folgenden). Ähnlich dachten zum Beispiel die beiden Mosers, die die Verantwortung für diese Entwicklung vor allem bei Ludwig XIV. von Frankreich und Friedrich Wilhelm I. von Preußen suchten — aber deren Werke zu diesem Thema hat Achenwall offensichtlich nie gelesen. Vgl. dazu auch E. STURM, Zum Werk Friedrich Carl von Moser (1990), S. 245; H. DREITZEL, Monarchiebegriffe in der Fürstengesellschaft (1991), S. 75, 786; W. BURGDORF, Reichskonstitution und Nation (1998), S. 71, 222.
[199] COD. MS. ACHENWALL 189/241. Vgl. dazu auch M. RASSEM, Bemerkungen zur „Sozialdisziplinierung" (1983), S. 217ff.; S. BREUER, Sozialdisziplinierung (1986), S. 62; M. ROBERTS, Die militärische Revolution (1986), S. 292f.

institutionell im Militärwesen beschränkte Monarchie, ohne daß damit die Souveränität wesentlich eingeschränkt werde. Dem Monarchen blieb immer noch der Oberbefehl.[200]

Diese Problematik führte Achenwall in seinem Manuskript „Pulver macht große Änderungen" aus.[201] Er wies nach, daß seit dem 14. Jahrhundert durch das Schießpulver „die uneingeschränkte Gewalt der Monarchen wieder in Europa eingedrungen" sei. Diese neuen Erfindungen „flo[e]ßten d[en] großen H[erren] d[en] conquéranten Geist ein; damit entstand [der] miles perpetuus, große Kosten, neue Abgaben". Diese Entwicklung habe auch ihre guten Seiten gehabt. Der Krieg sei nun „ein Metier de Genie" und biete deswegen den Europäern große Sicherheit, da er eine „Vormauer des politisch[en] Polster[s]" gegen Verheerungen der „Barbaren", beispielsweise der Türken, sei. Die Eroberung der restlichen Welt durch die Europäer sei nur auf diese Weise zu erklären. Anschließend entwickelte Achenwall mit wenigen Sätzen ein Panorama der damaligen Fortifikation und wie frühneuzeitliche Festungen bis auf die Stunde genau zur Eroberung zerbombt werden könnten.[202] Als Publizist vertrat Achenwall demnach Positionen, die auf den ersten Blick als traditionell und sehr monarchisch angesehen werden können. Der Frage nach dem wahren Träger der Souveränität beziehungsweise nach einem Recht auf Widerstand entkam er auf Dauer auch vor seinen Studenten nicht.

---

[200] Vgl. H. DREITZEL, Monarchiebegriffe in der Fürstengesellschaft (1991), S. 787.
[201] Vgl. COD. MS. ACHENWALL 189/211 (auch im folgenden).
[202] „Sonst waren die Städte durch die Anzahl ihrer Bürger u[nd] Stärke ihrer Mauern unüberwindlich. Durch d[ie] Canonen hat man mit leichter Mühe die Mauern zerschmettert, u[nd] durch die Mörser u[nd] Feuerkugeln die inwendige Stadt ruiniert. Nun konnte sich keine Stadt mehr widersetzen. [...] Neue Einrichtung des Kriegswesens. 1) Andere Ma[s]chinen: Canonen, Mörser, Bomben <statt Sturmdächer, Mauerbrecher> Flinten, Carabiner, Pistolen, Kartetschen [Munition]. 2) Neue Arten der Attaquen: durch Tranchéen [Aufwerfungen der Belagernden], Miniren [Untergrabung, die mit Pulver gesprengt wird], Sappiren [Durchgraben der oberen Brustwehr]. 3) Neue Defension: durch Wälle u[nd] Erde, Contrescarpes [äußere Böschung des Grabens], Glacis [obere Brustwehr], bedeckte Wege, [...]. Neue Namen: Mousquetirer, Carabinneres, Grenadiere, Artilleristen, Ingenieurs. Krieg zu führen verstand sonst jeder von Natur, jetzt ist [es] eine Kunst, u[nd] ein besonderer Stand daraus geword[en]. Diese Kunst so systematisch, so vollkommen gemacht, daß man bey grossen Festungen den Tag, bei kleinen beynahe die Stunde wissen kann, wann sie sich ergeben müssen. <Ehemals brauchte m[an] 1, 2, 4, 10. J[ahre], ei[n]e große Festung zu [erobern]>" (EBD., 189/211). — Zu diesen militärischen Begriffen der Kriegsbaukunst vgl. C. WOLFFS Mathematisches Lexicon (1716).

b. Ius resistendi und Staatsnotstand

Widerständige Untertanen gehörten von Beginn an zur Grundlage der neuzeitlichen europäischen Staatlichkeit.[203] Dieser ursprünglich staatskritischen Tradition verdankt Europa seine Grund- und Menschenrechte. Aus dieser Position heraus ist es nicht verwunderlich, daß Achenwall das Widerstandsrecht zu den schwierigsten Fragen des ius publicum zählte.[204] Prinzipiell müsse — so der Naturrechtsgelehrte Achenwall — ein solcher Fall möglich sein. Innerhalb des protestantischen Naturrechts hatten Philipp Melanchthon und sein Schüler Nicolaus Hemmingius ein natürliches Widerstandsrecht in antiker Tradition gegen eine tyrannische Obrigkeit revitalisiert. Manche Reichspublizisten wie Johannes Althusius und Benedikt Carpzov hatten das im 17. Jahrhundert ähnlich gesehen. Sie billigten zumindest den Ständen ein Widerstandsrecht zu, das bei Nichteinhaltung der leges fundamentales von seiten des Herrschers in Kraft trete.[205]

Deswegen erörterte Achenwall — nun aus politischer Perspektive — vor seinen Studenten, wie weit sich der Gehorsam der Stände gegenüber den Landesherren erstrecke. Ob es ferner ein Recht zur Emigration gebe, oder ob sich Selbsthilfe gegen den Landesherren verschafft werden dürfe. Dies gelte vor allem für Landstände: „Wie weit sie ius haben, die Auf[f]orderung des ungerecht[en] Landesh[erren] abzuschlagen, od[er] solche einzugehen, Gravamina vorzulegen oder gar zu vertuschen, auf Landtag[en] d[en] Mund aufzuthun od[er] zu schweig[en] hab[en]."[206] Stände seien in Europa eigentlich nur in eingeschränkten Monarchien gewöhnlich.[207] Als ordines wären sie diejenigen, welche „in pacto subiectionis der paciscens cum summo imperante" seien. Demnach finde der Gesellschaftsvertrag zwischen ihnen und dem Herrscher statt, während das Volk keine Rolle spiele. Nach der Konstituierung der Gesellschaft sei der durch Fundamentalgesetze eingeschränkte Souverän weiterhin auf einen vertraglich geregelten Konsens mit den Ständen angewiesen.

Die Frage sei, so Achenwall weiter, ob die Souveränität aufgeteilt werde, oder ob Stände und Fürst diese zusammen ausübten, wie zum Beispiel Kaiser und Reichstag die Gesetzgebung. In

---

[203] W. REINHARD, Was ist europäische politische Kultur? (2001), S. 606.
[204] Vgl. COD. MS. ACHENWALL 165/332f., 179/296 (ca. 1771 — auch im folgenden).
[205] Vgl. D. WYDUCKEL, Ius Publicum (1984), S. 164f.; H. DREITZEL, Absolutismus und ständische Verfassung (1992), S. 29; M. SCATTOLA, Das Naturrecht vor dem Naturrecht (1999), S. 55ff., 77ff.
[206] COD. MS. ACHENWALL 156/54.
[207] Vgl. EBD., 18/76f. (auch im folgenden). Vgl. dazu auch H. DREITZEL, Monarchiebegriffe in der Fürstengesellschaft (1991), S. 786ff.

Frankreich, Spanien und Portugal hätten die Stände dagegen nur bei Huldigungen, Krönungen und Begräbnissen eine Funktion, während sie alle iura regnandi verloren hätten. So folgte Achenwall den Vorstellungen Conrings, Justis und Montesquieus, die die ständischen Rechte als „depositarii von d[en] Grundgesetzen" aufgefaßt hatten.[208] Dort bewahrten die Stände die Fundamentalgesetze vor fürstlicher Willkür, indem ihnen ein Teil der Staatsgewalt übertragen wurde. Diese Aussagen Achenwalls wirkten allerdings unglaubwürdig, weil sie mit seinem an Justi erinnernden Mißtrauen gegen den Adel nur schwer zu vereinbaren waren.[209] Justi hatte als Konsequenz den Beamtenabsolutismus propagiert.[210] Achenwall kam als politicus zu einer anderen Lösung.

Die Stände spielten für ihn kaum eine Rolle. Es wäre zu bestimmen, räsonierte er, wie weit und mit welchen Mitteln das Volk beziehungsweise die Untertanen (wobei Achenwall den ersten Begriff anschließend durchstrich),[211] die Waffen ergreifen dürften. Damit stellte das Widerstandsrecht für ihn immer noch ein legitimes „We[rk]z[eu]g d[er] Gewalt" dar, sich selbst Recht zu verschaffen. So schwer die Antwort darauf nur sein könne, so wenig nützlich würden sich die deutschen Publizisten erweisen. Deren Meinungen in dieser Angelegenheit waren für Achenwall „in k[eine]r Weis[e]" hilfreich, weil sie sich so „unt[er]schied[lich] wie Feuer u[nd] Wasser" präsentierten. Wenn schon in der Theorie kein Konsens zu erzeugen sei, dann stifte die Praxis endgültig Verwirrung. An dieser Stelle hätte sich der Naturrechtsgelehrte Achenwall zu Wort melden können.

Jedoch besann sich Achenwall nochmals auf die deutschen Verhältnisse und argumentierte vorerst weiterhin als Reichspublizist. Das Widerstandsrecht aus naturrechtlicher Perspektive — die Verletzung einer obligatio perfecta, die nicht imputiert wird, sprengt die Gesellschaft — sei in Deutschland „nicht applicable". Was er nicht erwähnte, war die Tatsache, daß die Landstände dieses Recht seit dem Landfrieden von 1495 tatsächlich vertraglich verloren hatten.[212] Achenwalls Argumentation setzte deswegen wiederum bei der civitas composita an, jener staatsrechtlichen

---

[208] Vgl. dazu auch C.L. MONTESQUIEU, Werk vom Geist der Gesetze (1785), S. 124.; R. VIERHAUS, Montesquieu in Deutschland (1987), S. 26ff.
[209] Vgl. oben S. 224f.
[210] Vgl. H. DREITZEL, Monarchiebegriffe in der Fürstengesellschaft (1991), S. 792f.
[211] „Hier d[ie] schwereste u[nd] intrikateste Frage des g[an]ze[n] Iur[is] Publici: Gibt es casum, d[as] Volk Unterthanen erlaube, g[e]g[en] s[eine] L[an]d[e]sobrigk[eit] Waff[en] zu ergreifen. Wann? Wor[in] b[e]steht d[er] Fall? Zu beson[deren] Zweck; d[urch] beson[dere] gewaltsame Mittel? Wie weit?" (COD. MS. ACHENWALL 165/332 — auch im folgenden).
[212] Vgl. H. DREITZEL, Absolutismus und ständische Verfassung (1992), S. 47.

Figur, die die Frage nach dem Träger der Souveränität aussparte. Die deutschen Territorialherren seien nicht souverän und bildeten im Reich nur einen Staatenbund. Dem läsionierten Untertan verbleibe nur die Möglichkeit, sein Recht über den Oberherrn der Territorialfürsten — Kaiser und Reich — gerichtlich zu erwirken. Der politischen Analytiker Achenwall war sich bewußt, daß damit alle deutschen Untertanen auf das natürliche „ius d[er] Selbsthilfe" verzichtet hätten.[213] Der Naturrechtsgelehrte Achenwall hatte in auditorio vor dem deutschen Staatsrecht zurückweichen müssen.

In seinen Naturrechtskompendien betrachtete Achenwall diese Problematik aus einer anderen Perspektive. Im vorherigen Kapitel wurde darauf hingewiesen, daß die iura connata ausschließlich im reinen Naturzustand zu finden waren. Sie verloren rasch an Gewicht, als die ersten Herrschaftsverhältnisse im hypothetischen Naturrecht entstanden. Die ständische Gesellschaft tauchte in diesem status adventitius — wie schon bei Wolff[214] — in den ersten Umrissen auf. Von einer Despotie war Achenwalls ius sociale allenfalls noch einen Teilschritt entfernt. Nur der theoretische Fall, daß der Herrscher *alle* Handlungen einschränkte, trennte sein ius sociale von einer die iura connata unrechtmäßig einschränkenden Gesellschaft. In dieser Hinsicht entsprach Achenwall einer zentralen Eigenschaft des älteren Naturrechts: Die souveräne Position des Fürsten lange zuungunsten der Untertanen zu stärken.[215]

Formell betrachtet fragte das Naturrecht in diesen ersten Gesellschaften immer noch ausschließlich, ob eine Handlung gegen eine vollkommene Verbindlichkeit sei, und ob daraus — nach dem ius commune eigentlich tautologisch[216] — eine facultas cogendi entstehe. Anderenfalls dürfe sich ein läsionierter Gesellschafter aus der Gesellschaft zurückziehen, was für Achenwall zu ihrer sofortigen Aufhebung führen könnte. Damit wäre sofort das absolute Naturrecht wieder an die Stelle des hypothetischen Naturrechts getreten, und alle bisherigen kleinen Gesellschaften hätten als aufgelöst betrachtet werden müssen. In den *Elementa iuris naturae* waren diese zentralen Aussagen von Achenwall eher versteckt plaziert (§§ 221, 458ff., 592ff.).

---

[213] Vgl. COD. MS. ACHENWALL 179/296 (ca. 1771).
[214] Vgl. E. HELLMUTH, Naturrechtsphilosophie und bürokratischer Werthorizont (1985), S. 84f.
[215] Vgl. D. KLIPPEL, Naturrecht als politische Theorie (1987), S. 268ff.
[216] „Ius est facultas & autoritas agendi" (J. KAHL, Lexicon juridicum iuris (1664), S. 490f.). Das ius commune erblickte bereits in der obligatio die Möglichkeit des Zwangs (J. HERMANN, Allgemeines Teutsch-Juristisches Lexicon (1739), S. 687f.).

Hauptsächlicher Zweck des reinen Naturrechts war, die Untertanen vor Verletzungen zu schützen. Dieser Zweck konnte zweifellos auch als Schutz vor einem läsionierenden Herrscher ausgelegt werden, weil er im darauffolgenden ius sociale nicht zurückgenommen wurde. Andere Ziele wie Glückseligkeit kannte das reine Naturrecht dagegen nicht, da diese Normen erst durch die societas und den contractus eingeführt wurden,[217] auch wenn deren Reichweite zurück in die ursprünglichen Naturzustände in den *Elementa iuris naturae* nicht klar herausgearbeitet wurde.

Kurz widmete sich Achenwall in den *Elementa iuris naturae* dem Notstand, der als Konflikt einer vollkommenen Pflicht mit der Selbsterhaltung vorzustellen sei.[218] Diesem „status irregularis" — womit Achenwall sich einer Kategorie Bartolus' und Pufendorfs bediente, die Wolff abgelehnt hatte[219] — entsprach traditionell die Frage nach der Staatsräson beziehungsweise nach dem Widerstandsrecht. Für Achenwall harmonisierte der Notstand mit dem Vervollkommnungsgebot. Er erschien ihm sogar als eine gerechte Pflicht, weil die Selbsterhaltung wichtiger als jedes andere vollkommene Gesetz sei. Dieser Fall müsse die einzig denkbare Situation darstellen, in der eine actio licita einem anderen moralischen Gesetz widersprechen dürfe.

In den *Elementa iuris naturae* ist außerdem Pütters traditionelles Bekenntnis zum Prinzip Hoffnung im Falle einer Verletzung der natürlichen und Fundamentalgesetze von seiten des Herrschers erwähnenswert (§§ 797–799). Nur gegen einen Tyrannen dürfe das Naturrecht — etwa in Form des ius belli oder des ius cogendi — angewendet werden, was er allerdings mit der angedeuteten quis-iudicabit?-Frage Hobbes', Thomasius' und später Kants zugleich stark relativierte.[220] Wolff war in dieser Sache weiter gegangen und hatte das ius resistendi wenigstens gegenüber Tyrannen nicht völlig ausgeschlossen.[221] Dennoch hätte ein naturrechtlicher Verfechter der monarchia absoluta, wie es zum

---

[217] Es ist kein Zufall, daß Achenwall ausgerechnet hier vom contractus und nicht vom pactum sprach — denn im römischen Recht bildete nur der Kontrakt eine Gesellschaft und war auch im Vergleich zum Pakt einklagbar (R.F. TELGMANN, Historie der römischen Rechtsgelehrsamkeit (1736), S. 183ff.; H. COING, Europäisches Privatrecht (1985), S. 181).
[218] Vgl. G. ACHENWALL/J.S. PÜTTER, Elementa iuris naturae (1750), S. 66–69, 180f. (auch im folgenden).
[219] Vgl. E. WOLF, Große Rechtsdenker (1939), S. 332; H. DREITZEL, Monarchiebegriffe in der Fürstengesellschaft (1991), S. 44.
[220] Vgl. I. KANT, Über den Gemeinspruch (1793), S. 156f.; H. WELZEL, Naturrecht und materiale Gerechtigkeit (1951), S. 114ff.; C. RITTER, Der Rechtsgedanke Kants (1971), S. 240f.; R. SPAEMANN, Moral und Gewalt (1972), S. 223; C. RITTER, Immanuel Kant (1995), S. 344f.; P. SCHRÖDER, Naturrecht und absolutistisches Staatsrecht (2001), S. 152.
[221] Vgl. C. LINK, Die Staatstheorie Christian Wolffs (1983), S. 176.

Beispiel Achenwalls Lehrer Heineccius war, bereits diese Aussage Pütters abgelehnt. Für ihn konnte der absolute Herrscher „von niemandem außer von Gott gerichtet" werden.[222] Die Wolffianer hatten sich in ähnlicher Weise vehement gegen ein solches Recht ausgesprochen.[223]

Die eigentliche Pointe des Widerstandsrechts im naturrechtlichen Kontext übersahen sie damit alle — außer Achenwall. Entscheidend ist nicht die Frage, wer im Staatsnotstand über Souverän und Volk zu richten habe. Das war und ist immer eine Machtfrage. Von ungleich größerer Bedeutung war spätestens seit dem spätscholastischen Naturrecht, daß bereits der einseitige Vertragsbruch des Souveräns an einem einzelnen Untertan den gesamten status civilis beendete und alle wieder zurück in den Naturzustand katapultierte — ein Topos, der noch in den strafrechtlichen Präventionstheorien Fichtes und Kants zu beobachten ist.[224]

Achenwall hat die Position Pütters später geändert und dieses von Franciscus Suárez formulierte Prinzip wieder übernommen, allerdings ohne Bezüge zu nennen. So geschehen ab der dritten Auflage der *Elementa iuris naturae* von 1755/56. Fortan bestand die uneingeschränkte Möglichkeit, einen Tyrannen bis hin zum Thronverzicht in seiner Macht einzuschränken, weil das läsionierte Volk nun ebenfalls wieder im reinen Naturzustand agiere. Außerdem habe das Volk die von dem Vereinigungsvertrag abzuleitende „obligatio subditorum", gegen einen lädierenden Herrscher seine Rechte notfalls mit Gewalt einzufordern, wenn die Gefahr für das Gemeinwesen im Falle der fortgesetzten Herrschaft dies notwendig mache.[225] Achenwall hatte sich von Pütter emanzipiert.

In den *Prolegomena iuris naturalis* äußerte sich Achenwall noch einmal in einer ähnlichen Weise zum Notstand.[226] Zwar bestimmte er im Unterschied zu den *Elementa iuris naturae*, daß Handlungen im Notstand selbst ungerecht seien und gar zu den Verletzungen gezählt werden müßten. Aber er faßte diese nur als laesiones inculpabiles auf und gab dem Widerstandsrecht somit den Status nicht zurechnungsfähiger Handlungen. Zusammen mit dem

---

[222] Vgl. J.G. HEINECCIUS, Grundlagen des Natur- und Völkerrechts (1738), S. 418.
[223] Vgl. E. HELLMUTH, Naturrechtsphilosophie und bürokratischer Werthorizont (1985), S. 55ff.
[224] Vgl. K. SEELMANN, Vertragsmetaphern zur Legitimation des Strafens (1991), S. 456ff.; K. HAAKONSSEN, Natural law and moral philosophy (1996), S. 18.
[225] Vgl. G. ACHENWALL, Elementa iuris naturae, pars posterior (1763), S. 183–187, 185 [Zitat].
[226] Vgl. G. ACHENWALL, Prolegomena iuris naturalis (1767), S. 124–129 (auch im folgenden).

Zwangsrecht ergab der Notstand eine für jeden Souverän immer noch gefährliche Mischung, da bereits ein einziges läsioniertes Mitglied der Gesellschaft den Vertrag beenden und alle in den Zustand des absoluten Naturrechts zurückkatapultierten konnte.

F. ACHENWALL UND SEIN DILEMMA

Der moralische Patriotismus, die Rezeption der englischen Verhältnisse und vor allem die Schriften der englischen, schottischen und französischen Gelehrtenelite — schließlich auch die Werke Justis — beeinflußten Achenwall tiefgehend. Sie formten ihn in seinen nicht publizierten Materialien zu einem Aufklärer, der mit seinen Staatswissenschaften häufiger Reformen und spätere Grundrechte überdachte, als Staaten und ihre Macht analysierte. In seinen veröffentlichten Äußerungen hat er ein solches Potential kaum zu erkennen gegeben.

Inwieweit bei dem nicht öffentlichen Achenwall ein bis zur äußersten Konsequenz systemkritisches Potential zu erblicken ist, bleibt ungewiß. Achenwalls berühmter Nachfolger, August Ludwig von Schlözer,[1] hat in seinem Lehrer ein solches kritisches Potential zu sehen geglaubt. Zusammen mit Johann Jacob Schmauß und Johann David Michaelis habe sich Achenwall dem monarchischen Despotismus unter dem Schutz der englischen Krone entgegengestellt. Damit spielte Schlözer auf den kontinentaleuropäischen Absolutismus an, der erst — unter dem weiteren Zutun von Monarchen wie Friedrich II. und Joseph II. und Aufklärern wie Voltaire und Rousseau und schließlich aufgrund der Ereignisse in Amerika seit 1776 — zu dem geworden sei, was später von den Hegelianern aufgeklärter Absolutismus genannt wurde.[2]

Achenwall kann zweifellos als Kritiker des aufgeklärten Absolutismus betrachtet werden. Doch Schlözer meinte offenbar mehr mit seiner Panegyrik. Da Achenwall nach seinem Urteil der „Vater

---

[1] Schlözer hatte um 1760 in Göttingen Politik und Statistik bei Achenwall gehört, anscheinend aber nicht Naturrecht (C. VON SCHLÖZER, August Ludwig von Schlözers öffentliches und Privatleben, Bd. 1 (1828), S. 57). Vgl. dazu auch B. WARLICH, August Ludwig von Schlözer (1972), S. 46f., 57; U. BECHER, August Ludwig von Schlözer (1986), S. 344ff.

[2] Vgl. A.L. VON SCHLÖZER, Allgemeines StatsRecht und StatsVerfassungsLere (1793), S. 90ff. Vgl. dazu auch H. DREITZEL, Monarchiebegriffe in der Fürstengesellschaft (1991), S. 77f.; R. BLÄNKNER, „Absolutismus" und „frühmoderner Staat" (1992), S. 48ff.; DERS., „Der Absolutismus war ein Glück" (1993), S. 35ff.

der Statistik"[3] gewesen sei — weil er als erster die verstreute Materie in ein geschlossenes System gebracht habe — schuf er eine Disziplin, die geradezu der natürliche Feind jeder Despotie geworden sei.[4] Schlözers Aufgabenbeschreibung der Statistik war allerdings nicht zwingend auf den Umgang mit Despoten beschränkt — schließlich hatte es nach offizieller Göttinger Lesart ohnehin nie ein despotisches Regiment in Deutschland gegeben.[5] Schlözer faßte Statistik als aufklärerisches Instrument auf, das durch seine entlarvende Kritik die Regierungen in letzter Instanz vor dem allgemeinen bürgerlichen Publikum kontrollierte.[6] Zum „Barometer der bürgerlichen Freiheit"[7] erhob Schlözer die Disziplin seines Lehrers — daran haben sogar manche Kritiker aus dem 19. Jahrhundert noch geglaubt.[8] Nur die nicht publizierten Äußerungen des Iuris Consultus naturalis und politicus Achenwall können diese These wirklich untermauern.

Bemerkenswert ist die immense Flut von Nachrichten aller Art, die Achenwall als Göttinger Universitätsprofessor ständig empfangen hat. Da er sie ohne Unterlaß kommentiert hat, kommt zum Beispiel sein methodisches und inhaltliches Interesse als Statistiker an Johann Peter Süßmilch und der politischen Arithmetik erst zum Ausdruck. Allein aus seinen Kompendien wäre

---

[3] A.L. VON SCHLÖZER, Theorie der Statistik (1804), S. 2. Vgl. dazu auch Schlözers anonym erschienene eigene Rezension „Theorie der Statistik" in den GGA 14 (1808), S. 130–140 und 58 (1808), S. 569–577.

[4] „Statistik und Despotism vertragen sich nicht zusammen. Unzählige Gebrechen des Landes sind Feler der StatsVerwaltung: die Statistik zeigt sie an, controlirt dadurch die Regirung, wird gar ihr Ankläger: das nimmt der Despot ungnädig, der in solchen Angaben sein Sündenregister liest. [...] Ist die ehrliche Statistik von der RednerBüne geworfen: so schleicht sich ihre BastardSchwester, die Chronique scandaleuse, hinaus, ruft Wahrheit und Lüge durch einander, und züchtigt in jedem Falle den Tyrannen" (A.L. VON SCHLÖZER, Theorie der Statistik (1804), S. 51).

[5] Vgl. dazu J.H.C. VON SELCHOW, Geschichte der in Teutschland geltenden fremden und einheimischen Rechte (1767), S. 180. Selchow gab nach Achenwalls Tod die letzten beiden Ausgaben der Elementa iuris naturae (1774/1781) heraus.

[6] Gegen Ende des 18. Jahrhunderts wurde angesichts der Revolutionen in den von Achenwall abgehandelten Disziplinen ein enormes emanzipatorisches Potential gesehen: „Daß wir Geschichte, Staatsklugheit und Erdkunde zu den Gegenständen unsrer Sammlung machen, dazu veranlaßt uns das große Interesse, das sie je und je hatten, und ganz vorzüglich der hohe, neue und kühne Schwung, der in unserm Jahrhundert, besonders im letzten Jahrzehend desselben, in sie gebracht ward. Wo sonst öde Spekulation der Philosophen oder Kannengießerey der Stümper war, die hintern Ofen träumten, woran in keinem Kabinett gedacht wurde, das ist jetzt, und wird täglich mehr, allgemein praktische Wissenschaft des Menschen und des Bürgers" (D.E. POSSELT, Archiv für Teutsche Geschichte, Staatsklugheit und Erdkunde (1790), S. IIIf.). Vgl. dazu auch die rückblickende Aussage des Kantianers J.C.G. SCHAUMANN, daß die meisten der naturrechtlichen Prinzipien „offenbar bloß historisch und also emanzipatorisch" gewesen seien (Wissenschaftliches Naturrecht (1792), S. IV).

[7] A.L. VON SCHLÖZER, Theorie der Statistik (1804), S. 52.

[8] Vgl. den Artikel STAATSKUNDE, STATISTIK im Staats-Lexikon (1848), S. 348f.

dieses niemals ersichtlich gewesen. Speziell der Physikotheologie Süßmilchs ist Achenwall in beachtlicher Weise in seinen Vorlesungen gefolgt und konnte auch als Forscher darüber nur Lob äußern.

Ähnlich wie Süßmilch wollte Achenwall die Fundamente des Naturrechts und der anderen Staatswissenschaften universal beweisen: zwischen Gott, Empirie und demonstrativer Methode. Zwar ist es schwierig, die religiösen Äußerungen der aufgeklärten Gelehrten auf ihre eigentliche Bedeutung zu beziehen — auch die nicht physikotheologisch untermauerte Statistik Büschings diente vordergründig nur der „Erkenntniß Gottes".[9] Bei Achenwall war dieser Ansatz wissenschaftstheoretisch ernst gemeint. Er plante, die in den gesamten Staatswissenschaften durch den habitus demonstrandi bereits apriorisch bewiesenen Hypothesen empirisch zu belegen, ohne dabei Gott als die alte causa finalis aufgeben zu wollen. Es verstieß allerdings gegen die innere Logik des aufgeklärten und modernen Denkens, universal gültige Empirie und ewige Moral zu vereinen.[10] Hier fing Achenwalls Dilemma an.

Dazu kam, daß sich in dieser Zeit die traditionellen Wissenschaftsfundamente vollends auflösten. Achenwall sah zu Beginn seiner Göttinger Berufung kein Problem darin, daß Singularienfächer wie Geschichte, Politik und Statistik nur aposteriorische propositiones minores liefern konnten und keine apriorischen, universal gültigen principia maiores. In seinem Wissenschaftshorizont war bereits ein Empirieverständnis ausgeprägt, das zu Conrings Zeiten noch im Schatten des Universalienideals gestanden hatte. So gab Achenwall in seinen Werken stets die Quellen zu den einzelnen Kapiteln an, auf die er sich berief.[11] Einerseits übernahm er die Fächer Conrings, andererseits stülpte er ihnen ein neues Verständnis über, ohne daß diese drei Disziplinen, die er lehrte, den neuen Anforderungen gewachsen waren. Die wissenschaftstheoretischen Schwierigkeiten dieses Unterfangens sind sowohl in Achenwalls Kompendien als auch in seinem Nachlaß deutlich erkennbar.

Viele für die heutigen Historiker wichtigen Themen sind Achenwall entgangen. Mösers Idealisierung des Frühmittelalters oder die Zielsetzungen der Schriften seiner Kollegen Schlözer, Gatterer und selbst diejenigen von den Mosern und Pütter scheinen ihm nicht recht aufgefallen zu sein. Ob Achenwall sich in irgendeiner Weise zu den Vorlesungen oder Veröffentlichungen seiner Göttinger Kollegen geäußert hat, kann aus dem quellen-

---

[9] A.F. BÜSCHING, Neue Erdbeschreibung (1764), S. 21.
[10] Vgl. A. SCHMIDT, Zur Dialektik der Aufklärung (1997), S. 126.
[11] Vgl. die Rezensionen in den GGA 46 (1749), S. 362 und 58 (1754), S. 505.

mäßigen Schweigen nicht geklärt werden. Besonders wichtig waren sie ihm nicht.

Viel Anteilnahme Achenwalls fand dagegen die deutsche Debatte um den Patriotismus, die er zunächst über die „Hannoverischen Gelehrten Anzeigen" verfolgte. Sein öffentlicher Patriotismus entsprach dem eines loyalen und unkritischen hannoverischen Gelehrten. Nur in seinen Notizen schätzte er jene bürgerliche Freiheit, die die Garantie des Eigentums und der Pressefreiheit meinte, als unabdingbar ein. Der politicus Achenwall entsprach bereits den Forderungen des jüngeren oder liberalen Naturrechts.

Das Justizwesen, das Achenwall nicht im heutigen Sinne von Naturrecht, Politik, Policey und Strafrecht unterschied, war in ähnlicher Weise ein häufig angeschnittenes Thema. Es stellte für ihn als politisierten Gelehrten einen der Bereiche dar, der in Deutschland eine Reform am nötigsten hätte. Den Idealtypus eines solchen Reformators sah er in dem sowohl statistisch als auch naturrechtlich geschulten, patriotischen Iuris Consultus, den er selbst zu verkörpern glaubte. Dieser Reformator wäre nach Achenwalls Verständnis nicht nur für die äußere Sicherheit der Bürger verantwortlich gewesen, wie Wilhelm von Humboldt und Immanuel Kant dies später in klassisch liberaler Weise formulierten.[12] Der politicus Achenwall blieb in dieser Hinsicht dem absolutistischen Wohlfahrtsstaat verhaftet, der sich dem gesamten physischen und moralischen Wohl der Untertanen widmete. Zudem war Achenwalls Naturrecht durch die Betonung des präventiv wirkenden ius cogendi ohnehin auf — modern ausgedrückt — illiberalen Fundamenten aufgebaut.[13] Das eigentlich liberale oder protoliberale Potential im Denken Achenwalls, das in der Einleitung mit den Thesen Jan Schröders angesprochen worden ist, findet sich in seinen bisher unbekannten Äußerungen zu Patriotismus, Eigentum und Pressefreiheit.

Oft beschäftigte Achenwall sich mit Justi, Rousseau oder Ferguson. Allerdings kann nicht behauptet werden, daß er deren

---

[12] Vgl. W. VON HUMBOLDT, Ideen zu einem Versuch, die Grenzen der Wirksamkeit des Staats zu bestimmen (1792), S. 37; DERS., Staatskunst und die Freiheit des Menschen (1792): „Ich habe nämlich [...] der Sucht zu regieren entgegenzuarbeiten versucht und überall die Grenzen der Wirksamkeit enger geschlossen" (S. 221). Vgl. dazu auch I. KANTS liberale Definition des Staats als einer „Vereinigung einer Menge von Menschen unter Rechtsgesetzen" in der Metaphysik der Sitten (1797), S. 135, die an Cicero anknüpfte, was den Autoren des 18. Jahrhunderts bekannt war: „La définition que donne Cicero revient à peu près à la même chose. Multitudo juris consensu, & utilitatis communione sociata" (J.J. BURLAMAQUI, Principes du Droit Naturel, Bd. 2 (1747), S. 20).

[13] Zu dem heutigen liberalen Verfassungsverständnis vgl. R. WAHL, Staatsaufgaben im Verfassungsrecht (1990), S. 30; M. FROMMEL, Verbrechensbekämpfung im Nationalsozialismus (1991), S. 49f.

methodisches oder kritisches Potential richtig erkannt hat. So gesehen kann eine Hauptthese Diethelm Klippels modifiziert werden. Zwar war Achenwall als ein älterer, aufgeklärt-absolutistischer Naturrechtsautor sehr wohl willens, die liberale angelsächsische und französische Tradition zu rezipieren — aber es gelang ihm kaum, deren Methoden und Hypothesen auf seine Staatswissenschaften zu beziehen, weil er seinen deutschen Fundamenten zu sehr verhaftet blieb.

Daß zum Beispiel im Naturzustand von Hobbes und Locke das kapitalistische Verhältnis zwischen Arbeit und Eigentum herrschte, ist von ihm nicht bemerkt worden. Nicht nur in dieser Hinsicht blieb Achenwall dem im deutschen Raum häufig vertretenen urkommunistischen Zustand verpflichtet.[14] Daher überrascht es nicht, daß Achenwall sich den status civilis in dieser Tradition nur ständisch vorgestellt hat und Schwierigkeiten mit der Legitimation der Eigentumsrechte im ius sociale bekommen mußte. Hier fehlte ihm die Konsequenz eines Locke oder Rousseau.

Das Naturrecht war für Achenwall das disziplinäre und wissenschaftstheoretische Fundament aller Staatswissenschaften. So kritisierte er zum Beispiel die Universalgeschichte — nach außen hin aus methodischen Gründen — in Wahrheit nur deswegen, weil seiner Meinung nach das Naturrecht der Ort für Spekulationen dieser Art war. Der Kollektivsingular, um mit Reinhart Koselleck zu sprechen, war noch nicht für die Historie disziplinär bestimmt worden.[15] Letztlich ging jedoch die Historie als Siegerin unter den alten Singularienfächern hervor. Sie verdrängte zuerst die Statistik Achenwalls, indem sie diese mit Hilfe von Schlözers berühmter Definition als stillstehende Geschichte zum Sonderfall ihrer selbst degradierte.[16]

Das Naturrecht Achenwalls bekommt nach Durchsicht des Nachlasses einen anderen Stellenwert. Der ausschließliche Blick in die Kompendien bringt nur ein immer weiter gestrafftes Schulnaturrecht zutage. Wohin seine Emanzipation von Wolff geführt hat, kann hieraus nicht rekapituliert werden. Aus dem Nachlaß sind diese Prozesse viel präziser zu erkennen. Achenwalls Naturrecht war zunächst gegen den — wie er es sah — seit Grotius und Thomasius vertretenen methodischen und inhaltlichen Eklekti-

---

[14] Vgl. E. HELLMUTH, Naturrechtsphilosophie und bürokratischer Werthorizont (1985), S. 80ff.
[15] Vgl. L. BOEHM, Der wissenschaftstheoretische Ort der historia (1965), S. 665; R. KOSELLECK, Historia Magistra Vitae (1967), S. 196ff.; R. VIERHAUS, Historisches Interesse (1986), S. 272.
[16] Vgl. zum Beispiel C.T.G. SCHÖNEMANN, der Schlözers Diktum aufgriff und dazu benützte, die Statistik zu einem besonderen Teilzweck der Geschichte zu instrumentalisieren (Grundriß einer Encyclopädie der historischen Wissenschaften (1799), S. 5f.).

zismus im Naturrecht gerichtet, der ihm nach Wolffs Revolution überwindbar schien. Er wollte Wolffs methodischen Anspruch auf der Ebene der Prinzipien des Naturrechts umsetzen. Darüber hinaus plante er die zwischen Grotius, Pufendorf, Thomasius und Wolff vollzogene Exklusion Gottes aus dem Naturrecht wieder rückgängig zu machen, um die naturrechtliche und die transzendentale Wahrheit erneut zusammenzubringen. Dieses traditionelle Ansinnen, die Vermischung der göttlichen und der menschlichen Rechtsquellen, blieb nach heutigem oder kantianischem Urteil widersprüchlich.[17]

Deswegen konnte ihm die eigentlich modern zu nennende beabsichtigte Trennung des Naturrechts von der Moral ebenfalls nicht gelingen — Gott ist nur auf moralische Weise in das natürliche Recht zu integrieren.[18] So deutlich Achenwall die äußere Rechtssphäre zum Beispiel in einer von ihm autorisierten Dissertatio iuris naturalis von der moralischen Ebene trennte — so inkonsequent handhabte er diese Grenze innerhalb seiner eigenen Kompendien und Vorlesungen.[19] Daher ist es nicht verwunderlich, daß Achenwall das disziplinäre Dilemma des Naturrechts in Hinsicht auf das ius civile und die Ethik ebensowenig wie seine Zeitgenossen lösen konnte. Erst Kant bewältigte dieses Problem unter Berücksichtigung des kategorischen Imperativs und mit Hilfe einer subjektiv und nicht mehr deontologisch oder teleologisch aufgefaßten Moral.[20]

Gleichzeitig entwickelte Achenwall sich in den gesamten Staatswissenschaften methodisch zu einem — zugespitzt betrachtet — moralischen Empiriker, weil er den Staat durch Gott legitimierte und deswegen nicht zu apriorischen Kategorien gelangen konnte. Damit ging das große Dilemma des deutschen Naturrechts im 18. Jahrhundert mitten durch die von Zetteln überquellende Gelehrtenstube Achenwalls: Wie sollten die empirischen Daten der ‚Wilden' aus Übersee mit dem durch Wolffs Methode und Gottes Dogmen universal und überirdisch gültigen Naturrecht in Einklang gebracht werden?

Achenwalls Hauptimpuls, diesem Dilemma zu entgehen, war Rousseau, den er erst zögerlich rezipierte. Er erschien ihm an-

---

[17] Vgl. J. SCHRÖDER, Wissenschaftstheorie und Lehre der „praktischen Jurisprudenz" (1979), S. 85.
[18] Vgl. K. HAAKONSSEN, Natural law and moral philosophy (1996), S. 51.
[19] Vgl. G. ACHENWALL, De differentia societatis aequalis et inaequalis (1767), S. 2 (als Präses für Carl Gabriel Braemer). Allerdings haben sich Achenwalls Schüler bei der Separierung dieser Sphären auf ihn berufen (L.J.F. HÖPFNER, Naturrecht (1780), S. 28).
[20] Vgl. I. KANT, Handschriftlicher Nachlaß (1934), S. 180. Vgl. dazu auch E. GANS, Naturrecht und Universalrechtsgeschichte (1832/33), S. 46; J. HABERMAS, Die klassische Lehre von der Politik (1961), S. 14.

fänglich als zu radikal. Die Wiederentdeckung der monarchomachischen Lehre durch Rousseau im *Contract Social* (1762) bis hin zur direkten Demokratie blieb ihm immer fremd. Doch Rousseau hatte neben anderen methodisch radikalen Neuerungen im *Diskurs über die Ungleichheit* (1755) auch die Historisierung des hypothetischen Naturrechts eingeläutet.[21]

Dieses Vorgehen diente Achenwall ab Ende der sechziger Jahre, die universalen Hypothesen des traditionellen Naturrechts mit den empirischen Daten in Einklang zu bringen. Die göttliche Ordnung empirisch zu überprüfen war sein an diese Historisierung des Naturrechts geknüpftes Kriterium: Inwieweit der Eintritt der Menschen in den Staat an den ursprünglichen Rechten und Freiheiten etwas geändert habe und wieviel er ändern solle. Als historische Nabelschau diente ihm Rousseaus „jeunesse du Monde", die die idyllische Inkubationszeit der Zivilisation darstellte, vor der sich das zeitgenössische Europa zu besinnen habe. Achenwall wollte noch einmal mit den ‚Wilden' rekapitulieren, wie die natürliche beziehungsweise menschliche Freiheit eingeschränkt werden dürfe. Dieser ursprünglich-sensualistische Umgang mit der Freiheit hatte nach Achenwalls Meinung für jede Epoche universale Gültigkeit.

Achenwall lebte in einer geistesgeschichtlichen und politischen Übergangssituation.[22] Als Naturrechtsgelehrter waren die Menschen für ihn keine Bürger, sondern Untertanen — als politicus dagegen Staatsbürger. Andererseits war ihm als Iuris Consultus naturalis bewußt, daß es ein Widerstandsrecht geben müsse. Einer seiner Eleven, Ludwig Julius Friedrich Höpfner, folgte ihm in dieser Sache uneingeschränkt.[23] Als politicus und statisticus weigerte sich Achenwall, die deutschen Landesfürsten als souverän zu bezeichnen und verwies im Staatsnotstand auf die Reichsgerichte. Eine aufgeklärte Fürstenethik oder ein reformabsolutistisches Fürstenrecht war Achenwalls älteres Naturrecht deswegen nicht mehr.[24] Dafür war er zu kritisch, zu wenig traditionell und zu sehr politisiert.

---

[21] Vgl. H. DREITZEL, Monarchiebegriffe in der Fürstengesellschaft (1991), S. 545.
[22] Vgl. H.U. WEHLER, Deutsche Gesellschaftsgeschichte (1987), S. 209; C. LINK, Johann Stephan Pütter (1995), S. 328f.; L. MARINO, Praeceptores Germaniae (1995), S. 265f.
[23] Vgl. L.J.F. HÖPFNER, Naturrecht (1785), S. 182f. Das gleiche gilt für Schlözer, der sich aber nicht explizit auf Achenwall berief und auch nicht naturrechtlich argumentierte (L. MARINO, Praeceptores Germaniae (1995), S. 12, 249).
[24] Zu diesem Ansatz vgl. D. KLIPPEL, Politische Freiheit und Freiheitsrechte (1976), S. 94ff., 106.

LITERATURVERZEICHNIS

Abkürzungen und Zeichen

ADB	Allgemeine Deutsche Biographie;
AKG	Archiv für Kulturgeschichte;
ARSP	Archiv für Rechtsgeschichte und Sozialphilosophie;
AvH-Magazin	Alexander von Humboldt-Stiftung — Mitteilungen;
C	Codex Iustinianus;
D	Digesta Iustiniani;
DBA	Deutsches Biographisches Archiv;
DBI	Deutscher Biographischer Index;
e.g.	exempli gratia;
Ewr.	Ehrwürdiger;
FAS	Frankfurter Allgemeine Sonntagszeitung;
FAZ	Frankfurter Allgemeine Zeitung für Deutschland;
Ffm.	Frankfurt am Main;
Fs.	Festschrift;
GG	Geschichtliche Grundbegriffe. Historisches Lexikon der politisch-sozialen Sprache in Deutschland, Bd. 1–8 (1972–1993);
GGA	Göttingische Zeitungen von gelehrten Sachen (1739–1752), Göttingische Anzeigen von gelehrten Sachen (1753–1801), Göttingische gelehrte Anzeigen (1802–1944; 1953ff.);
GuG	Geschichte und Gesellschaft;
GWU	Geschichte in Wissenschaft und Unterricht;
HGA	Hannoverische Gelehrte Anzeigen (1750–1754), Nützliche Sammlungen (1754–1758), Hannoverische Beyträge zum Nutzen und Vergnügen (1759–1762), Hannoverisches Magazin (1763–1789);
HRG	Handwörterbuch zur deutschen Rechtsgeschichte;
HZ	Historische Zeitschrift;
ICtus, ICti	Iuris Consultus, Iuris Consulti;
Inst	Institutiones Iustiniani;
Jb.	Jahrbuch;
JHI	Journal of the History of Ideas;
JRE	Jahrbuch für Recht und Ethik;
JSH	Journal of Social History;
JZ	Juristenzeitung;
LL.	leges;
Masch.	Maschine(nschriftlich);

NB	Nota Bene;
ND	Neudruck;
NDB	Neue Deutsche Biographie;
NPL	Neue Politische Literatur;
rth	Reichstaler (90 Groschen);
sc.	scilicet;
TRG	Tijdschrift voor rechtsgeschiedenis;
VSWG	Vierteljahrschrift für Sozial- und Wirtschaftsgeschichte;
z.E.	zum Exempel;
ZfP	Zeitschrift für Politik (Neue Folge);
ZHF	Zeitschrift für historische Forschung;
ZNRG	Zeitschrift für neuere Rechtsgeschichte;
ZRG.GA	Zeitschrift der Savigny-Stiftung für Rechtsgeschichte, Germanistische Abteilung.

Es steht in

[ ]	ein Zusatz durch den Autor;
[ ]	ein von Achenwall getilgter Text;
< >	eine Textergänzung oder Auswahlvariante Achenwalls;
( )	ein von Achenwall durch Unterpungieren wiederhergestellter getilgter Text.

Es bedeutet

[.]	ein unlesbares Wort;
Sperrung	ein von Achenwall durch Unterstreichen, Kapitälchen oder Kursive hervorgehobener Text;
p̶	ein von Achenwall durchgestrichener Buchstabe;
*14	eine fingierte Zettel- oder Seitennummer durch den Autor.

Syntax, Orthographie und Interpunktion der Zitate wurden modernisiert, wo es das Verständnis unnötig erschwert hätte. Ebenso wurden offensichtliche Druckfehler und Inkonsequenzen berichtigt. Die Übersetzungen fremdsprachiger Stellen im Text und die Erläuterungen zu juristischen Begriffen stammen vom Autor.

Unveröffentlichte Quellen

Staats- und Universitätsbibliothek Göttingen (SUB)

— Bestand Cod. Ms. Achenw. 1–220 (220 Faszikel in Mappen und Kapseln). Vgl. dazu die Übersicht bei W. Meyer [Hg.], Verzeichniß der Handschriften im preußischen Staate, Bd. 1 (Hannover), 3 (Göttingen), Berlin 1894, S. 6–21.
— Bestand Cod. Ms. Bibliotheksarchiv (bis 1812). Manual 1773.
— Bestand Cod. Ms. Pütter 1–75. Nachlaß von Johann Stephan Pütter. Vgl. dazu die oben genannte Übersicht, S. 262–273.
— Bestand Universitätsarchiv. Universitätsgericht (DXLI, 94. EI 7).

Veröffentlichte Werke Gottfried Achenwalls

— Academiae Georgiae Augustae Prorector Gottfr. Achenwall D. cum senatu anniversaria inaugurationis sacra vicesima septima a.d. 17. Sept. 1764.– Göttingen 1764.

— Anmerkungen über die in dem 95ten Stücke des vergangenen Jahres dieser Anzeigen eingerückte[n] Gedanken über die Betrachtungen von der Zunahme des Goldes und Abnahme des Silbers in Europa.– In: HGA 11 (1752), Sp. 169–184.

— Anmerkungen von dem Verkauf der Aemter in Frankreich.– In: HGA 9 (1759), Sp. 129–140.

— Anzeige seiner neuen Vorlesungen über die grössere[n] europäische[n] Staatshändel des XVII. und XVIII. Jahrhunderts das ist über die Geschichte des europäischen Staats-Systems seit 1600. als den 2. Theil der europäischen Geschichte.– Göttingen 1755.

— De differentia societatis aequalis et inaequalis.– (Diss. iur. nat. als Präses für Carl Gabriel Braemer). Göttingen 1767.

— De iure in aemulum regni vulgo praetendentem.– (Diss. iur. gent. et publ. univ. als Präses für Johann Jacob Holland). Marburg 1747.

— De regnis mixtae sucessionis.– (Diss. inaug.). Göttingen 1762.

— De transitu et admissione legati ex pacto repetendis.– (Diss.). Göttingen 1748.

— De veterum germanorum armis ad Taciti German. c. VI. Commentatur simulque orationem inauguralem.– Göttingen 1755.

— Einige Anmerkungen über Nord-Amerika und über dasige grosbritannische Colonien. Aus mündlichen Nachrichten des Herren D. Franklins.– 1. Aufl. Frankfurt (u.a.) 1769. 2. Aufl. Helmstedt 1777. – Auch in: HGA 17–19 (1767), Sp. 257–296 und 31–32 (1767), Sp. 481–508. – Als englische Übersetzung: „Achenwall's observations on North America 1767", übersetzt und hg. v. J.G. Rosengarten, Philadelphia 1903.

— Elementa Iuris Naturae.— Anfänglich zusammen mit Johann Stephan Pütter. 1. bis 8. Aufl. Göttingen 1750, 1753, 1755/56 (ab dieser Auflage — nun ohne Pütter — zweiteilig u.d.T. „Ius Naturae in usum auditorum" und „Iuris Naturalis, Pars Posterior"), 1758/59, 1763, 1767/68, 1774 (ab dieser Auflage mit einem Vorwort von Johann Henrich Christian von Selchow), 1781. Übersetzt und hg. v. J. Schröder (= Bibliothek des deutschen Staatsdenkens, hg. v. H. Maier und M. Stolleis, Bd. 5). Ffm., Leipzig 1995.

— Entwurf einer politischen Betrachtung über die Zunahme des Goldes und Abnahme des Silbers in Europa.— In: Dreßdnische Gelehrte Anzeigen 11, 12 (1751), Sp. 81–96. — Auch in: HGA 17 (1751), S. 343–351. — Als ungedruckte französische Übersetzung in Cod. Ms. Achenw. 203ª/185.

— Französischer Finanz-Staat, aus dem königlichen Steuer-Edict vom November 1771. Erläutert, von dem seeligen D. Gottfried Achenwall.— Fortgesetzt und hg. v. Johann Conrad Spamer. Göttingen, Gotha 1774.

— Geschichte der allgemeineren europäischen Staatshändel des vorigen und jetzigen Jahrhunderts im Grundrisse. Als der europäischen Geschichte zweyter Theil.— 1. bis 4. Aufl. Göttingen 1756, 1761, 1767, 1779. — 1. Aufl. u.d.T.: „Entwurf der allgemeineren europäischen Staatshändel des 17ten und 18ten Jahrhunderts, als der europäischen Geschichte 2ter Theil".

— Geschichte der heutigen vornehmsten europäischen Staaten im Grundrisse.— (= Grundriß der Europäischen Geschichte, Bd. 1). 1. bis 5. Aufl. Göttingen 1754, 1759, 1764, 1773 (hg. v. Johann Philipp Murray), 1779. — 1. Aufl. u.d.T.: „Grundsätze der europäischen Geschichte zur politischen Kenntniß der heutigen vornehmsten Staaten".

— Iuris gentium europaearum practici primae lineae. Fragmentum libelli.— Göttingen 1775.

— Kurze Nachricht von dem Ritterorden vom Bade (order of the Bath) in Engelland.— Unter dem Pseudonym „R." veröffentlicht. In: HGA 6 (1762), Sp. 81–92, 12–13 (1762), Sp. 177–196.

— Notitiam rerum publicarum academiis vindicatam consentiente ordine philosophorum amplissimo. Praeses Gottfried Achenwall pro loco in facultate philosophica obtinendo ad diem VII. Septembris A.C.N. 1748. Disputatione publica defendet respondente Ioanne Iusto Henne.— Göttingen 1748.

— Observationes iuris naturalis.— Specimen I–IV. Göttingen 1754.

— Prolegomena iuris naturalis.— 1. bis 5. Aufl. Göttingen 1758, 1763, 1767, 1774 und 1781.

— Die Staatsklugheit nach ihren ersten Grundsätzen entworfen.— 1. bis 5. Aufl. Göttingen 1761, 1763, 1774, 1779 und 1781.

— Statsverfassung der heutigen vornehmsten europäischen Reiche und Völker im Grundrisse.— 1. bis 7. Aufl. Göttingen 1749, 1752, 1756, 1762, 1768, 1781/85 (zweiteilig, hg. v. August Ludwig Schlözer und Matthias Christian Sprengel), 1790/1798 (zweiteilig, hg. v. M.C. Sprengel). — 1. Aufl. u.d.T.: „Abriß der neuesten Staatswissenschaft der vornehmsten europäischen Reiche und Republiken".

— Von Staatsgesetzen. (Aus Adam Ferguson's Institutes of moral Philosophy (Edinburgh. 1769. 8.) part VII. ch. 3. p. 282.)— [Unter dem Pseudonym

„A." aus „Göttingen" veröffentlicht]. In: HGA 93-94 (1771), Sp. 1473-1500.

— Vorbereitung zur Staatswissenschaft der heutigen fürnehmsten europäischen Reiche und Staaten worinnen derselben eigentlichen Begriff und Umfang in einer bequemen Ordnung entwirft und seine Vorlesungen darüber ankündiget M. Gottfried Achenwall.— Göttingen 1748.

Veröffentlichte Quellen

Sinn dieses Verzeichnisses ist die eindeutige Identifizierung der benützten Texte. Die teilweise barocke Länge mancher Titel macht daher Kürzungen unumgänglich, die durch eckige Klammern gekennzeichnet sind. In den Fußnoten werden Kurztitel zitiert.

Abbt, Thomas: Vom Tode für das Vaterland.— Berlin 1761.

Abs, Hugo [Hg.]: Die Matrikel des Gymnasiums zu Elbing (1598-1786).— (ND 1982). Danzig 1936-1944.

Academische Gesetze für die Studiosos auf der Georg-Augustus-Universität zu Göttingen.— Göttingen 1763.

Adelung, Johann Christoph: Fortsetzung und Ergänzungen zu Christian Gottlieb Jöchers allgemeinem Gelehrten-Lexico.— (ND 1960/61). 6 Bde. Leipzig 1784-1819.

— Kleines deutsches Wörterbuch für die Aussprache, Rechtschreibung, Biegung und Ableitung.— Ausgearbeitet von K.B. Schade. O.O. ^{5}1824.

Althusius, Johannes: Politica.— (ND 1961). Herbern ^{3}1614.

Anonymus: Die entdeckte Staats-Klugheit des Frauenzimmers, oder, Die künstlichen Practiken eines verschmitzten und arglistigen Weibes.— Berlin 1738.

— Über den gegenwärtigen Zustand der Politick und der Kriegswissenschaft von Europa.— Leipzig 1775.

— Der Universal-Geist der Krone Frankreich[s]. Als die Mißgeburth der Politic.— O.O. 1745.

Assmann, Valentin Jacob: De rerumpublicarum notitia.— Leipzig 1735.

Auszug aus allen Theilen der neuesten Geschichte.— Coburg 1749-1764.

Baltzius, Doktor: Der Teutsche Patriot in etlichen Physicalischen Vorschlägen zum gemeinen Besten.— [Anonym ersch.]. Mit einer Vorrede von J.H.G. von Justi. Berlin 1762.

Beccaria, Cesare: Über Verbrechen und Strafe.— [„Dei delitti e delle pene" (^{1}1764)]. Übersetzt und hg. v. W. Alff. Ffm., Leipzig 1998.

Beyer, Georg: Delineatio iuris divini, naturalis et positivi universalis.— Leipzig 1726.

Bielfeld, Jakob Friedrich von: Lehrbegriff der Staatskunst.— [^{1}1760 (frz.)]. Teil 1. Breslau, Leipzig 1761.

Boehmer, Justus Henning: De poena sine crimine.— Halle 1736.

Borowski, Ludwig Ernst: Darstellung des Lebens und Charakters Immanuel Kant's.— Von Kant selbst genau revidirt und berichtigt. (= Über Immanuel Kant, Bd. 1). Königsberg 1804.

Bossuet, Jacob Benignus: Die Staatskunst, aus den eigenen Worten der heiligen Schrift gezogen.— Teil 1. Augsburg 1774.

Buddeus, Johann Franciscus: Dissertatio iuris naturalis de comparatione obligationum quae ex diversis hominum statibus oriuntur.— Halle 1703.

— Elementa philosophiae instrumentalis seu institutionum philosophiae eclecticae.— 2 Bde. Halle 1717.

— Elementa philosophiae practicae.— Halle [7]1717.

— Selecta iuris naturae et gentium.— Halle 1717.

Burlamaqui, Jean-Jacques: Principes du Droit Naturel.— [[1]1747]. 2 Bde. Genf, Kopenhagen 1754/56.

Büsching, Anton Friedrich: Chronologischer Grundriß der allgemeinen Weltgeschichte, zum Gebrauch der Gymnasien.— Berlin, Leipzig [2]1771.

— Eigene Lebensgeschichte, in vier Stücken.— Halle 1789.

— Neue Erdbeschreibung.— Teil 1. Hamburg [5]1764.

Catalogus praelectionum publice et privatim in academica Georgia Augusta.— Göttingen 1747-1772.

Catalogus Professorum Gottingensium 1734-1962.— Hg. v. W. Ebel. Göttingen 1962.

Cicero, Marcus Tullius: Über die Rechtlichkeit (De legibus).— Übersetzt und hg. v. K. Büchner. Stuttgart 1989.

— De officiis. Vom pflichtmäßigen Handeln.— Übersetzt und hg. v. H. Gunermann. Stuttgart 1992.

Claproth, Johann C.: Der gegenwärtige Zustand der Göttingischen Universität, in zweenen Briefen an einen vornehmen Herrn im Reiche.— [Anonym ersch.]. Göttingen 1748.

Conring, Hermann: De civili prudentia. Liber unus. Quo prudentiae politicae, cum universalis philosophicae, tum singularis pragmaticae, omnis propaedia acromtatice traditur.— [[1]1662]. In: Ders., Opera, hg. v. J.W. Göbel, Bd. 3 (ND 1970), S. 280-421.

— De morali prudentia.— [[1]1629]. In: Ders., Opera, hg. v. J.W. Göbel, Bd. 6 (ND 1973), S. 335-337.

— De natura ac optimis auctoribus civilis prudentiae.— Helmstädt 1639.

— Exercitatio historico-politica de notitia singularis alicujus Reipublicae.— [[1]1730]. In: Ders., Opera, hg. v. J.W. Göbel, Bd. 4 (ND 1970), S. 1-43.

— Der Ursprung des deutschen Rechts.— [„De Origine Iuris Germanici. Commentarius Historicus" ([1]1643)]. Übersetzt von I. Hoffmann-Meckenstock, hg. v. M. Stolleis. Ffm., Leipzig 1994.

Daries, Joachim Georg: Einleitung in des Freyherrn von Bielfeld Lehrbegriff der Staatsklugheit zum Gebrauch seiner Zuhörer verfertiget.— Jena 1764.

— Institutiones iurisprudentiae universalis in quibus omnia iuris naturae, socialis et gentium capita in usum auditorii sui methodo scientifica explanantur.— [[1]1745, [6]1764]. Jena [3]1754.

— Lehrsätze der Wolf[f]ischen Metaphysic.— Ffm. (u.a.) 1748.

— Observationes iuris naturalis, socialis et gentium.— 2 Bde. Jena 1751/54.

Dithmar, Justus Christoph: Einleitung in die Oeconomische, Policei- und Cameral-Wissenschaften.— [¹1731]. (ND 1971). Frankfurt/O. 1745.

Dohm, Christian Wilhelm: Materialien für die Statistick und neuere Staatengeschichte.— Lemgo 1777.

Epikur: Philosophie der Freude.— Übersetzt, erläutert und eingeleitet von J. Mewaldt. Stuttgart 1973.

Estor, Johann Georg: Bürgerliche Rechtsgelehrsamkeit der Teutschen.— Marburg 1757.

Ferguson, Adam: Institutes of Moral Philosophy.— [¹1769]. Mainz, Frankfurt 1786.

— The correspondence of Adam Ferguson.— Hg. v. V. Merolle. Bd. 1 (1745–1780). London 1995.

— Versuch über die Geschichte der bürgerlichen Gesellschaft.— [¹1767 (engl.)]. Übersetzt von Christian Friedrich Jünger. Leipzig 1768.

Filo, Jean: Ius naturae.— 2 Bücher. Tirnaviae 1781.

Fischer, Friedrich Christian Jonathan: Entwurf einer Geschichte des teutschen Rechts.— Leipzig 1781.

Fischer, Gottlob Nathanael: Ueber politische Aufklärung.— In: Berlinisches Journal für Aufklärung 2 (1789), S. 1–10.

Förster, Johann Christian: Einleitung in die Staatslehre nach den Grundsätzen des Herrn von Montesquieu zum Gebrauche seiner Zuhörer.— Halle 1765.

Fresenius, Johann Philip: Merckwürdige Nachricht von der Bekehrung eines Naturalisten, welcher darauf als ein gläubiger Christ gestorben.— Frankfurt, Leipzig 1750.

Fuchs, Michael Gottlieb: Beschreibung der Stadt Elbing und ihres Gebietes in topographischer, geschichtlicher und statistischer Hinsicht.— 2 Bde. Elbing 1818/21.

Gans, Eduard: Naturrecht und Universalrechtsgeschichte.— [Ws 1832/33, Nachschrift von Immanuel Hegel]. Hg. v. M. Riedel. Stuttgart 1981.

Garve, Christian: [Adam Fergusons] Grundsätze der Moralphilosophie.— Übersetzt und kommentiert von Christian Garve. Leipzig 1772.

Gatterer, Johann Christoph: Abriß der Universalhistorie in ihrem ganzen Umfange.— Göttingen ²1773.

Gesner, Johann Matthias: Kleine Deutsche Schriften.— Göttingen, Leipzig 1756.

Glafey, Adam Friedrich: Historische Betrachtung einiger im H. Röm. Reiche gebräuchlichsten Titel, worinnen der ehemahlige und heutige Gebrauch dererselben aus Uhrkunden und der Observantz gründlich untersuchet wird.— Leipzig 1722.

— Praefatio.— In: Bibliotheca Rinckiana, seu supellex librorum [...] quos per omnia scientiarum genera collegit, hg. v. E.G. Rinck, Leipzig 1747, o.S.

— Vollständige Geschichte des Rechts der Vernunfft, worinnen die in dieser Wissenschafft ans Licht getretenen Schrifften nach ihrem Inhalt und wahren Werth beurtheilet [...] werden.— Leipzig 1739.

Gregorovius, Timotheus Gottlieb: Probe eines Entwurfs von der Staatsverfassung Lieflands nach Achenwallischer Ordnung entworfen.— Danzig 1755.

Grellmann, Heinrich M.G.: Staatskunde von Teutschland im Grundrisse.— Teil 1. Göttingen 1790.

Gröning, Johann: Bibliotheca juris gentium europaea, seu de juris naturae & gentium principiis juxta doctrinam europaeorum libri III.— Hamburg 1703.

— Bibliotheca juris gentium exotica, seu de juris naturae, & gentium principiis juxta doctrinam asiaticorum, africanorum & americanorum liber unus.— Hamburg 1703.

Gundling, Nicolaus Hieronymus: Einleitung zur wahren Staatsklugheit.— Frankfurt, Leipzig 1751.

— Ius naturae ac gentium connexa ratione novaque methodo.— Genf 1751.

Hamberger, Georg Christoph: Das gelehrte Teutschland oder Lexicon der je[t]ztlebenden teutschen Schriftsteller.— Lemgo ²1772.

Hanow [= Hanov], Michael Christoph: Entwurf der Lehrkunst, als der Vernunftkunst anderer Abschnitt, darin enthalten sind die Regeln, welche zum Vortrage der erkannten Wahrheiten überhaupt anleiten.— Danzig 1740.

— Philosophiae civilis sive politicae pars prima. [...] Tanquam continuationem systematis philosophici Christiani L.B. de Wolff.— Halle 1756.

Hassen, Martin: Die wahre Staats-Klugheit.— Leipzig 1739.

Hauschild, Johann Leonhard: Opusculum historico-juridicum, praesumptionem pro libertate naturali in causis rusticorum [...]. Adjuncta est nova basis, seu structura juris naturae fundamentalis.— Dresden 1738.

Haymen, Thomas: Allgemeines teutsches juristisches Lexicon, worinnen alle in Teutschland übliche[n] Rechte, nehmlich das gemeine bürgerliche, Lehn-Kirchen-Staats-Natur- und Völcker-Recht [...] abgehandelt werden.— Leipzig 1738.

Heineccius, Johann Gottlieb: Grundlagen des Natur- und Völkerrechts.— [„Elementae Iuris Naturae et Gentium" (¹1738)]. Übersetzt von P. Mortzfeld, hg. v. C. Bergfeld. Ffm., Leipzig 1994.

Hemmingius, Nicolaus: De lege naturae apodictica methodus concinnata.— Wittenberg 1562.

Heraklit: Fragmente.— Hg. v. B. Snell. Düsseldorf, Zürich 2000.

Hermann, Johann H.: Allgemeines Teutsch-Juristisches Lexicon, darinnen die in den Römischen, Justinianeischen, Canonischen, Lehn- und andern Rechten fürkommende Materien und Wörter [...] verständlich gemacht werden.— Jena, Leipzig 1739.

Heyne, Christian Gottlob: Die Jubelfeyer der Georg Augustus Universität zu Göttingen an ihrem fünfzigsten Stiftungsfeste dem 17. September 1787.— Göttingen 1787.

— Rede bei der Trauerfeierlichkeit der Georgia Augusta zu Ehre und Gedächtnis des Freiherrn von Münchhausen. (1770).— In: Göttinger Universitätsreden aus zwei Jahrhunderten, (1737–1934), hg. v. Wilhelm Ebel, Göttingen 1978, S. 87–106.

Hirzel, Hans Caspar: Das Bild eines wahren Patrioten, in einem Denkmal Herrn Hans Blaarers von Wartensee, weiland hohen Oberaufsehers über die geistlichen Güter der Stadt Zürich.– Zürich 1767.

Hoffmann, Johann Adolf: Politische Anmerkungen von der wahren und falschen Staatskunst, worinnen aus den Geschichten aller Zeiten bemerket wird, was den Regenten, Bürgern und Einwohnern eines Landes zuträglich oder schädlich ist.– [^{1}1718 (lat.)]. Hamburg ^{3}1758.

Honvlez, Johann Wilhelm C.A. von: Kluge und nützliche Staats-Kunst oder Politische Maximen.– Frankfurt, Leipzig 1767.

Höpfner, Ludwig Julius Friedrich: Naturrecht des einzelnen Menschen, der Gesellschaften und der Völker.– [^{1}1780]. Gießen ^{3}1785.

Huhndorff, Ulrich: Jus naturae in suo principio cognoscendi expensum.– Augsburg 1755.

Humboldt, Wilhelm von: Ideen zu einem Versuch, die Grenzen der Wirksamkeit des Staats zu bestimmen (1792).– In: Ders., Menschenbildung und Staatsverfassung, Texte zur Rechtsphilosophie, hg. v. H. Klenner, Freiburg, Berlin 1994, S. 28–219.

– Staatskunst und die Freiheit des Menschen (1792).– In: Ders., Menschenbildung und Staatsverfassung (s.o.), S. 220–224.

Iselin, Isaak: Ueber die Geschichte der Menschheit.– 2 Bde. Frankfurt, Leipzig 1764.

Jöcher, Christian Gottlieb: Allgemeines Gelehrten-Lexicon.– (ND 1960/1961). 4 Teile. Leipzig 1750/51.

Justi, Johann Heinrich Gottlob von: Abhandlung von der Macht, Glückseeligkeit und Credit eines Staats.– Ulm (u.a.) 1760.

– Die Grundfeste zu der Macht und Glückseeligkeit der Staaten; oder ausführliche Vorstellung der gesamten Policey-Wissenschaft.– Bd. 1. Königsberg, Leipzig 1760.

– Moralische und Philosophische Schriften.– 3 Bde. Bd. 1, 2. Berlin, Stettin und Leipzig 1760.

– Rede von dem unzertrennlichen Zusammenhange eines blühenden Zustandes der Wissenschaften mit denenjenigen Mitteln, welche einen Staat mächtig und glücklich machen.– (= Antrittsrede im Collegium Theresianum, Wien 1759). In: Ders., Gesammlete Politische und Finanzschriften über wichtige Gegenstände der Staatskunst, der Kriegswissenschaften und des Cameral- und Finanzwesens, 3 Bde., Kopenhagen, Leipzig 1761–1764, Bd. 2 (1761), S. 128–175.

– Staatswirtschaft oder Systematische Abhandlung aller Oekonomischen und Cameral-Wissenschaften.– 2 Bde. Leipzig ^{2}1758.

– Vergleichungen der Europäischen mit den Asiatischen und andern vermeintlich Barbarischen Regierungen.– Berlin (u.a.) 1762.

– Von der wahren Macht der Staaten.– In: Ders., Gesammlete Politische und Finanzschriften (s.o.), Bd. 3 (1764), S. 40–106.

Kahl [= Calvin], Johann: Lexicon juridicum iuris caesarei simul, et canonici: feudalis item, civilis, criminalis, theoretici, ac practici.– Genf 1664.

Kahn, Anton Friedrich: Anfangsgründe der Fechtkunst.— Göttingen 1739.

Kandler, Kaspar: Naturrecht. Erste Abhandlung. Von der Natur überhaupt, und von der Natur des Menschen insonderheit.— Augsburg 1784.

Kant, Immanuel: Handschriftlicher Nachlaß. Moralphilosophie, Rechtsphilosophie und Religionsphilosophie.— In: Kant's gesammelte Schriften, hg. v. der Preußischen Akademie der Wissenschaften, Bd. 19 (= 3. Abt., handschriftl. Nachlaß, Bd. 6). Berlin, Leipzig 1934.

— Metaphysik der Sitten.— [^{1}1797]. Hg. v. K. Vorländer. Hamburg 1966.

— Über den Gemeinspruch: Das mag in der Theorie richtig sein, taugt aber nicht für die Praxis.— [^{1}1793]. In: Ders., Schriften zur Anthropologie, Geschichtsphilosophie, Politik und Pädagogik (= Werke in sechs Bänden, hg. v. W. Weischedel, Bd. VI), Darmstadt 1975, S. 127–172.

Kern, Jacob Ulrich: Disputatio ethica de justitia.— Tübingen 1621.

Klein, Ernst Ferdinand: Freyheit und Eigenthum, abgehandelt in acht Gesprächen über die Beschlüsse der Französischen Nationalversammlung.— Berlin, Stettin 1790.

— Grundsätze der natürlichen Rechtswissenschaft nebst einer Geschichte derselben.— (ND 1979). Halle 1797.

Klepperbein, Bernhard: Vernünfftige Einigkeit des natürlichen und bürgerlichen Rechts in Processen.— Leipzig 1714.

Köhler, Johann David: Kurzgefaßte und gründliche Reichs-Historie vom Anfang der Teutschen Reichs mit König Ludwigen dem Teutschen bis auf den Badenschen Frieden.— Frankfurt, Leipzig 1767.

Köhler, Johann Friedrich [Hg.]: Lebensbeschreibungen merkwürdiger deutscher Gelehrten und Künstler.— Teil 1. Leipzig 1794.

Kreittmayr, Wigulaeus Xaverius Aloysius Freiherr von: Grundriß des Allgemeinen, Deutsch- und Bayrischen Staatsrechtes.— München, Leipzig 1769.

Kritisches Wörterbuch über Juristische Sachen.— [Anonym ersch.]. 2 Bde. Frankfurt, Wetzlar 1768/69.

Kulpis, Johann Georg von: Collegium Grotianum super jure belli ac pacis anno 1682 in academia Giessensi.— Gießen 1686.

Lavater, Johann Caspar: Schweizerlieder. Von einem Mitgliede der helvetischen Gesellschaft zu Schinznach.— [Unter dem Pseudonym „L." ersch.]. Bern 1767.

Lichtenberg, Georg Christoph: Vorschlag zu einem Orbis pictus für deutsche dramatische Schriftsteller, Roman-Dichter und Schauspieler. Nebst einigen Beiträgen dazu.— [1780] In: Ders., Schriften und Briefe, hg. v. W. Promies, Bd. 3, Ffm. ^{6}1998, S. 377–405.

— Sudelbücher.— [1765–1799]. In: Ders., Schriften und Briefe, hg. v. W. Promies, Bd. 1–3, Ffm. ^{6}1998.

Lichtwer, Magnus G.: Das Recht der Vernunft, in fünf Büchern.— Leipzig 1758.

List, Gottlieb C.: Beyträge zur Statistik von Göttingen.— Berlin 1785.

Locke, John: Versuch über den menschlichen Verstand.— [„An Essay Concerning Human Understanding" (^{1}1690)]. Bd. 1. Hamburg ^{4}1981.

Lueder, August Ferdinand: Einleitung in die Staatskunde nebst einer Statistik der vornehmsten europäischen Reiche.— Teil 1. Leipzig 1792.

— Kritische Geschichte der Statistik.— [¹1812]. Göttingen 1817.

Lyprand, Georg: Conclusiones philosophicae ex universa scientia naturali.— Ingolstadt 1627.

Mably, Gabriel B[onnot] de: Gespräche des Phocion über die Beziehung der Morale mit der Politik.— Zürich 1764.

Matthaei, Johann Christian Friedrich: Betrachtungen über das Studium der Rechtsgelehrsamkeit für einen Jüngling, welcher sich den Rechten und dem Dienste des Staats zu widmen auf hohe Schulen begeben will.— M.e. Vorw. von J.G. Heineccius. Breslau 1771.

Die Matrikel der Georg-August-Universität zu Göttingen. 1734–1837.— Hg. v. G. von Selle. Hildesheim, Leipzig 1937.

Mayer, Ulrich: Dissertatio historico-politica inauguralis de nexu statisticae, cum jurisprudentia ecclesiastica.— Ingolstadt 1772.

Meier, Georg Friedrich: Betrachtung über die menschliche Glückseeligkeit.— Halle 1764.

— Recht der Natur.— Halle 1767.

Meneses, Sebastian Caesar von: Summa politica.— Schwobach 1687.

Michaelis, August Benedict: Einleitung zu einer vol[l]ständigen Geschichte der Chur- und Fürstlichen Häuser in Teutschland.— Teil 1. Lemgo 1759.

Michaelis, Johann David: Lebensbeschreibung, von ihm selbst abgefaßt.— Leipzig 1793.

— Raisonnement über die protestantischen Universitäten in Deutschland.— [Anonym ersch.]. Teil 1. Frankfurt, Leipzig 1768.

Montesquieu, Charles-Louis de Secondat de: Werk vom Geist der Gesetze.— [„De l'Esprit des Loix" (¹1748)]. Übersetzt aus der neuesten französischen Ausgabe. Prag 1785.

Moser, Friedrich Carl von: Der Herr und der Diener geschildert mit patriotischer Freÿheit.— Ffm. 1761.

— Patriotische Briefe.— Ffm. 1767.

— Von dem Deutschen National-Geist.— Ffm. 1765.

Moser, Johann Jacob: Kürzere Einleitung in das Teutsche Staats-Recht zum Gebrauch der Anfänger in dieser Wissenschaft.— Frankfurt, Leipzig 1760.

— Neueste Geschichte der Teutschen Staats-Rechts-Lehre und deren Lehrer.— Ffm. 1779.

Möser, Justus: Osnabrückische Geschichte. Allgemeine Einleitung.— Osnabrück 1768.

Müller, Carl Otfried: Festrede zur Hundertjahrfeier. (1837).— In: Wilhelm Ebel [Hg.], Göttinger Universitätsreden aus zwei Jahrhunderten, (1737–1934), Göttingen 1978, S. 228–240.

Murray, Johann Philipp: Rede welche im Namen der Königlichen deutschen Gesellschaft zum Gedächtnisse ihres verklärten Mitgliedes der Frau Professorin Sophien Eleonoren Achenwall gebohrnen Walther in derselben Versammlungssale gehalten wurde.— (Am 12. Juni 1754). Göttingen 1754.

Nettelbladt, Daniel: Exercitationes academicae. Varii argumenti de annis 1739–1779. Fasciculus. 31 dissert[a]t[iones] continens.— Halle 1783.

— Politische Vorschläge zu der Verbesserung der juristischen Vorlesungen auf hohen Schulen.— [^{1}1750]. In: Christian Wolff, Gesammelte Werke, hg. v. J. Ecole (u.a.), Hildesheim (u.a.) 1997, Bd. 38, S. 1–88.

— Systema elementare universae iurisprudentiae naturalis in usum praelectionum academicarum adornatum.— [^{1}1749]. Hg. v. B.M. Scherl (= Christian Wolff, Gesammelte Werke, hg. v. J. Ecole (u.a.), Bd. 39.1 und 39.2). Hildesheim (u.a.) 1997.

— Unvorgreiffliche Gedanken von dem heutigen Zustand der bürgerlichen und natürlichen Rechtsgelahrtheit in Deutschland, derer nöthigen Verbesserung und dazu dienlichen Mitteln.— [^{1}1749]. Hg. v. B.M. Scherl (= Christian Wolff, Gesammelte Werke, hg. v. J. Ecole (u.a.), Bd. 37). Hildesheim (u.a.) 1997.

— Von dem rechten Gebrauch der Wolffischen Philosophie in der Theorie der positiven Rechtsgelahrtheit.— [^{1}1750]. In: Christian Wolff, Gesammelte Werke, hg. v. J. Ecole (u.a.), Hildesheim (u.a.) 1997, Bd. 38, S. 111–125.

Nützliche Nachrichten von denen Bemühungen derer Gelehrten, und Begebenheiten in Leipzig, im Jahre 1747.— Leipzig 1747.

Ompteda, Dietrich Heinrich Ludwig Freiherr von: Litteratur des gesammten sowohl natürlichen als positiven Völkerrechts.— Teil 1. Regensburg 1785.

Ortloff, Johann Andreas: Handbuch der Litteratur der Philosophie nach allen ihren Theilen.— Erlangen 1798.

Pauli, Carl Friedrich: Allgemeine preußische Staats-Geschichte.— Bd. 1. Halle 1760.

— Gedanken von dem Begrif[f] und denen Grenzen der Staats-Kenntniß.— Halle 1750.

Pelzhoffer, Franz Albrecht: Neu-entdeckte Staats-Klugheit in hundert politischen Reden oder Discursen abgefaßt.— Frankfurt, Leipzig 1710.

Politische Reflexions über das große Friedens-Werck zu Aachen 1748.— (= Staatshändel von 1739–1748). [Anonym ersch.]. Aachen 1748.

Pölitz, Karl Heinrich Ludwig: Die Staatswissenschaften im Lichte unsrer Zeit.— 5 Bde. Leipzig 1827/28.

Posselt, D.E. [Hg.]: Archiv für ältere und neuere, vorzüglich Teutsche Geschichte, Staatsklugheit und Erdkunde.— [Anonym ersch.]. Bd. 1. Memmingen 1790.

Pufendorf, Samuel: De officiis hominis et civis prout ipsi praescribuntur lege naturali.— (Mit Bemerkungen von J. Barbeyrac). Gießen 1728.

— Über die Pflicht des Menschen und des Bürgers nach dem Gesetz der Natur.— [„De officio hominis et civis juxta legem naturalem" (^{1}1673)]. Übersetzt und hg. v. K. Luig. Ffm., Leipzig 1994.

Pütter, Johann Stephan: Kurzer Begriff des Teutschen Staatsrechts.— Göttingen 1764.

— Patriotische Abbildung des heutigen Zustandes beyder höchsten Reichsgerichte worin der Verfall des Reichs-Justizwesens [...] und die Mittel wie demselben noch vorzubeugen der Wahrheit gemäß und aus Liebe zum Vaterlande erörtert werden.— Frankfurt, Leipzig ²1770 (vermutl.).

— Selbstbiographie zur dankbaren Jubelfeier seiner 50jährigen Professorstelle zu Göttingen.— 2 Bde. Göttingen 1798.

— Versuch einer academischen Gelehrten-Geschichte von der Georg-Augustus-Universität zu Göttingen.— Göttingen 1765.

Reimarus, Hermann S.: Die Vernunftlehre, als eine Anweisung zum richtigen Gebrauche der Vernunft.— Hamburg ³1766.

Reimarus, Johann A.H.: Die Ursache des Einschlagens vom Blitze, nebst dessen natürlichen Abwendung von unsern Gebäuden.— Langensalza 1769.

Reinhard, Laurentius: Historia jurisprudentiae naturalis in qua varia hujus doctrinae fata.— Leipzig 1725.

— Synopsis philosophiae naturalis sive physica.— Leipzig, Vinaria 1724.

Reuter, Bernhard Michael: Erörterung der Frage: Ob die Politic, gleich denen übrigen Theilen der Weltweisheit, durch allgemeine Sätze könne vorgetragen werden?— Halle [1750].

Ribovius, Georg Heinrich: Memoriam matronae decoribus omnibus sexus et ordinis sui nobilissimae Sophiae Eleonorae gente Waltheriae in matrimonio viri excellentissimi doctissimique Gottfried Achenwalli.— Göttingen 1754.

Ringmacher, Daniel: Lexicon philosophiae moralis, ethicae & politicae.— Ulm 1694.

Rohr, Julius Bernhard von: Einleitung zur Staatsklugheit.— Leipzig 1718.

Rotermund, Heinrich Wilhelm [Hg.]: Das gelehrte Hannover.— 2 Bde. Bremen 1823.

Rousseau, Jean-Jacques: Diskurs über die Ungleichheit. Discours sur l'inégalité.— [¹1755]. Übersetzt und hg. v. H. Meier. Paderborn (u.a.) ⁴1997.

Runde, Justus Friedrich: Grundsätze des allgemeinen deutschen Privatrechts.— Göttingen 1791.

S.: Gedanken über die in dem 17ten Stücke dieser Anzeigen enthaltene Betrachtungen von der Zunahme des Goldes und Abnahme des Silbers in Europa.— In: Hannoverische Gelehrte Anzeigen 95 (1751), S. 787–792.

Sattler, Johann Tobias [Hg.]: Philosophische Bibliothek.— Bd. 1, 2. Leipzig 1771/72.

Schaumann, M. Johann Christian Gottlieb: Wissenschaftliches Naturrecht.— Halle 1792.

Scheidemantel, Heinrich Godfried: Das allgemeine Staatsrecht überhaupt und nach der Regierungsform.— Jena 1775.

Schlözer, August Ludwig: Allgemeines StatsRecht und StatsVerfassungsLere.— Göttingen 1793.

— Theorie der Statistik. Nebst Ideen über das Studium der Politik überhaupt.— Göttingen 1804.

Schlözer, Christian von: August Ludwig von Schlözers öffentliches und Privatleben aus Originalurkunden.— 2 Bde. Leipzig 1828.

Schmalz, Theodor: Das natürliche Staatsrecht.— Königsberg 1794.

— Das reine Naturrecht.— Königsberg 1792.

Schmauß, Johann Jacob: Academische Reden und Vorlesungen über das teutsche Staatsrecht.— Lemgo 1766.

— Compendium Iuris Publici S.R.I. zum Gebrauch der academischen Lectionen verfasset.— Göttingen ⁴1766.

Schmeizel, Martin: Praecognita historiae civilis, in quibus natura et indoles historiae civilis explicantur.— Jena 1720.

Schönemann, Carl T.G.: Grundriß einer Encyclopädie der historischen Wissenschaften.— Göttingen 1799.

Schott, August Friedrich: Bibliothek der neuesten Juristischen Litteratur für das Jahr 1783.— Teil 1. Leipzig 1783.

— Entwurf einer juristischen Encyclopädie und Methodologie, zum Gebrauch akademischer Vorlesungen.— Leipzig 1772.

— Unpartheyische Critik über die neuesten juristischen Schriften, nebst vermischten Beyträgen.— Leipzig 1769.

Seckendorff, Veit Ludwig von: Teutscher Fürsten-Stat.— [¹1656]. In: Staatslehre der frühen Neuzeit, hg. v. N. Hammerstein, Ffm. 1995, S. 237–481.

Selchow, Johann Henrich Christian von: Geschichte der in Teutschland geltenden fremden und einheimischen Rechte.— [¹1758 (lat.)]. Göttingen 1767.

— Juristische Bibliothek von neuen juristischen Büchern und Abhandlungen.— 2 Bde. Göttingen 1764/68.

Senckenberg, Heinrich Christian von: Vorläufige Einleitung zu der ganzen in Deutschland üblichen Rechtsgelehrsamkeit.— Nördlingen 1764.

Sophokles: Antigone.— Übersetzt und eingeleitet von K. Reinhardt. Göttingen ⁶1982.

Spittler, Ludwig Timotheus Freiherr von: Entwurf der Geschichte der Europäischen Staaten.— Teil 1. Berlin 1793.

— Vorlesungen über Politik.— Hg. v. K. Wächter. Stuttgart, Tübingen 1828.

Sprengel, Matthias Christian: Grundris[s] der Staatenkunde der vornehmsten europäischen Reiche.— Teil 1. Halle 1793.

Stapff, Johann Sigismund: Jus naturae et gentium in duos divisum tractatus, quorum primus continet jus publicum universale, alter Hugonis Grotii jus belli et pacis explicatum.— Mainz 1735.

Stolle, Gottlieb: Anleitung zur Historie der juristischen Gelahrheit.— Jena 1745.

— Kurzgefaßte Lehre der allgemeinen Klugheit.— Jena 1748.

Strodtmann, Johann Christoph und Stosch, Ferdinand: Des neuen gelehrten Europa elfter [bis fünfzehnter] Theil.— Wolfenbüttel 1757–1760.

Struve, Burkhard Gotthelf: Iuris publici prudentia ex historiarum monumentis legibus et observantia imperii actis publicis declarata illustrataque ad praesentem statum directo.— [¹1729]. Jena ³1740.

Struve, Georg Adam: Jurisprudentia romano-germanico-forensis.— Ffm. 1760.

Süßmilch, Johann Peter: Die göttliche Ordnung in den Veränderungen des menschlichen Geschlechts, aus der Geburt, dem Tode und der Fortpflanzung desselben erwiesen.— [¹1741]. Hg. v. J. Cromm. (ND 1988 der 3. Aufl. Berlin 1761).

Telgmann, Rudolph Friedrich: Einleitung zu der Historie der römischen Rechtsgelehrsamkeit.— Göttingen ²1736.

Thomasius, Christian: Kurtzer Entwurff der Politischen Klugheit.— (ND 1971). Frankfurt, Leipzig 1710.

Toze, M. Eobald: Der gegenwärtige Zustand von Europa, worinnen die natürliche und politische Beschaffenheit der Europäischen Reiche und Staaten aus bewährten Nachrichten beschrieben wird.— 2 Teile. Bützow, Wismar 1767.

Troeltsch, Johann Friedrich von: Anmerkungen und Abhandlungen in verschiedenen Theilen der Rechtsgelarheit.— Nördlingen 1775.

Universal-Catalogus aller philosophisch-historisch-politisch-moralisch-physikalisch- und mathematischen [...] Bücher, welche [...] zu haben sind bey Johann Jacob Lotters sel. Erben [...] in Augsburg.— Augsburg 1757.

Die Universität Göttingen.— [Anonym ersch.]. Leipzig 1842.

Vattel, Emer de: Völkerrecht; oder: gründliche Anweisung wie die Grundsä[t]ze des natürlichen Rechts auf das Betragen und auf die Angelegenheiten der Nationen und Souveräne angewendet werden müssen.— Teil 1. Aus dem Französischen übersetzt von J.P. Schulin. [¹1758 (frz.)]. Frankfurt, Leipzig 1760.

Vitriarius, Philipp Reinhard: Institutiones juris naturae et gentium in usum [...] ad methodum Hugonis Grotii.— [¹1692]. Lyon 1734.

Walther, Sophie Eleonore: Gedichte. Erste Sammlung.— [Unter dem Pseudonym „Jungfer S.E.W." ersch.]. Hg. v. Friedrich Andreas Walther. Göttingen 1750.

Weidlich, Christoph: Zuverlässige Nachrichten von denen jetztlebenden Rechtsgelehrten.— Teil 2. Halle 1758.

Werenkus, Thaddaeus: Jus naturae et gentium commoda auditoribus methodo explanatum.— Dilingae 1763.

Wernher, Johann Balthasar: De auctoritate juris civilis circa obligationes naturales.— Wittenberg 1701.

— De genuina leges naturales & gentium investigandi methodo.— Leipzig 1698.

Wernher, Ludwig Gottfried: Theoria generalis de natura philosophiae.— Tübingen 1623.

Wolff, Christian: Grundsätze des Natur- und Völkerrechts.— Halle 1754.

— Mathematisches Lexicon, darinnen die in allen Theilen der Mathematick üblichen Kunst-Wörter erkläret, und zur Historie der mathematischen Wissenschaften dienliche Nachrichten ertheilet [...] werden.— Leipzig 1716.

DARSTELLUNGEN

Achilles, Georg: Die Bedeutung und Stellung von Gottfried Achenwall in der Nationalökonomie und der Statistik.– (Diss. phil.). Göttingen 1906.

Aiton, Eric J.: Gottfried Wilhelm Leibniz. Eine Biographie.– Ffm., Leipzig 1991.

Albrecht, Michael: Eklektik. Eine Begriffsgeschichte mit Hinweisen auf die Philosophie- und Wissenschaftsgeschichte.– Stuttgart-Bad Cannstatt 1994.

Allgemeines Landrecht für die Preußischen Staaten 1794 (Katalog).– Ausstellung des Geheimen Staatsarchiv Preußischer Kulturbesitz. Mainz 1994.

Annen, Martin: Das Problem der Wahrhaftigkeit in der Philosophie der deutschen Aufklärung. Ein Beitrag zur Ethik und zum Naturrecht des 18. Jahrhunderts.– Würzburg 1997.

Aretin, Karl Otmar Freiherr von: Reichspatriotismus.– In: Aufklärung 4 (1989), H. 2, S. 25–36.

Asch, Ronald G.: Ständische Stellung und Selbstverständnis des Adels im 17. und 18. Jahrhundert.– In: Der europäische Adel im Ancien Régime, Von der Krise der ständischen Monarchien bis zur Revolution (ca. 1600–1789), hg. v. R.G. Asch, Köln (u.a.) 2001, S. 3–45.

Bachmann, Hanns-Martin: Die naturrechtliche Staatslehre Christian Wolffs.– Berlin 1977.

– Zur Wolffschen Naturrechtslehre.– In: Christian Wolff, 1679–1754, Interpretationen zu seiner Philosophie und deren Wirkung, hg. v. W. Schneiders, Hamburg 1983, S. 161–170.

Bader, Karl Siegfried: Dorf und Dorfgemeinde im Zeitalter von Naturrecht und Aufklärung.– In: Fs. K.G. Hugelmann, hg. v. W. Wegener, Aalen 1959, S. 1–36.

Barks, Carl: Die Macht der Töne.– [¹1950]. In: Barks Library, Sonderheft 13 (1996), S. 5–28.

Bartlett, Robert C.: The Idea of Enlightenment. A Post-Mortem Study.– Toronto (u.a.) 2001.

Bauer, Joachim und Müller, Gerhard: Zwischen Theologie und praktischen Wissenschaften: Der Aufklärer Joachim Georg Darjes.– In: Naturwissenschaften um 1800, Wissenschaftskultur in Jena–Weimar, hg. v. O. Breidbach und P. Ziche, Weimar 2001, S. 142–154.

Baumgart, Winfried: Die großen Friedensschlüsse der Neuzeit (1435–1945).– In: GWU 29 (1978), S. 778–806.

Baumgartner, Hans Michael: Philosophie der Geschichte nach dem Ende der Geschichtsphilosophie. Bemerkungen zum gegenwärtigen Stand des geschichtsphilosophischen Denkens.– In: Der Sinn des Historischen, Geschichtsphilosophische Debatten, hg. v. H. Nagl-Docekal, Ffm. 1996, S. 151–172.

Bayerische Staatsbibliothek [Hg.]: Regeln für die Katalogisierung von Nachlässen und Autographen.– München 1982.

Bayerl, Günter und Meyer, Torsten: Glückseligkeit, Industrie und Natur — Wachstumsdenken im 18. Jahrhundert.— In: Umweltgeschichte — Methoden, Themen, Potentiale, Tagung des Hamburger Arbeitskreises für Umweltgeschichte, Hamburg 1994, hg. v. G. Bayerl (u.a.), New York (u.a.) 1994, S. 135–158.

Becher, Ursula A.J.: August Ludwig von Schlözer — Analyse eines historischen Diskurses.— In: Aufklärung und Geschichte, Studien zur deutschen Geschichtswissenschaft im 18. Jahrhundert, hg. v. H.E. Bödeker (u.a.), Göttingen 1986, S. 344–362.

— Politische Gesellschaft. Studien zur Genese bürgerlicher Öffentlichkeit in Deutschland.— Göttingen 1978.

— Zum politischen Diskurs der deutschen Aufklärung.— In: Aufklärung/Lumières und Politik, Zur politischen Kultur der deutschen und französischen Aufklärung, hg. v. H.E. Bödeker und E. François, Leipzig 1996, S. 189–208.

Becker-Schaum, Christoph: Arnold Hermann Ludwig Heeren. Ein Beitrag zur Geschichte der Geschichtswissenschaft zwischen Aufklärung und Historismus.— Ffm. (u.a.) 1993.

Benjamin, Walter: Zur Kritik der Gewalt.— In: Archiv für Sozialwissenschaft und Sozialpolitik 47 (1920/21), (ND 1971), S. 809–832.

Benn, Gottfried: Das Genieproblem.— [^{1}1930]. In: Ders., Essays, Reden, Vorträge, Gesammelte Werke in vier Bänden, hg. v. D. Wellershoff, Bd. 1, Wiesbaden 1959 und 1962, S. 107–122.

Berman, Harold J.: Recht und Revolution. Die Bildung der westlichen Rechtstradition.— [^{1}1983 (engl.)]. Ffm. 1991.

Birtsch, Günter: Erscheinungsformen des Patriotismus (Einleitung).— In: Aufklärung 4 (1989), H. 2, S. 3–5.

— Reformabsolutismus und Gesetzesstaat. Rechtsauffassung und Justizpolitik Friedrichs des Großen.— In: Reformabsolutismus und ständische Gesellschaft, Zweihundert Jahre Preußisches Allgemeines Landrecht, hg. v. G. Birtsch und D. Willoweit, Berlin 1998, S. 47–62.

Bitterli, Urs: Die Entdeckung des schwarzen Afrikaners. Versuch einer Geistesgeschichte der europäisch-afrikanischen Beziehungen an der Guineaküste im 17. und 18. Jahrhundert.— Freiburg ^{2}1980.

— Die „Wilden" und die „Zivilisierten". Grundzüge einer Geistes- und Kulturgeschichte der europäisch-überseeischen Begegnung.— München 1976.

Björne, Lars: Deutsche Rechtssysteme im 18. und 19. Jahrhundert.— Ebelsbach 1984.

Blanke, Horst Walter: Historiographiegeschichte als Historik.— Stuttgart-Bad Cannstatt 1991.

— /Fleischer, Dirk [Hg.]: Theoretiker der deutschen Aufklärungshistorie.— Bd. 1. Stuttgart-Bad Cannstatt 1990.

Blänkner, Reinhard: „Absolutismus" und „frühmoderner Staat". Probleme und Perspektiven der Forschung.— In: Frühe Neuzeit — Frühe Moderne?, Forschungen zur Vielschichtigkeit von Übergangsprozessen, hg. v. R. Vierhaus (u.a.), Göttingen 1992, S. 48–74.

— „Der Absolutismus war ein Glück, der doch nicht zu den Absolutisten gehört." Eduard Gans und die hegelianischen Ursprünge der Absolutismusforschung in Deutschland.— In: HZ 256 (1993), S. 31–66.

Bloch, Ernst: Naturrecht und menschliche Würde.— [¹1961]. Ffm. 1999.

Blumenberg, Hans: Die Vorbereitung der Aufklärung als Rechtfertigung der theoretischen Neugierde.— In: Europäische Aufklärung, Fs. H. Dieckmann, hg. v. H. Friedrich und F. Schalk, München-Allach 1967, S. 23–45.

Bly, Robert: Eisenhans. Ein Buch über Männer.— München 1991.

Bödeker, Hans Erich: Prozesse und Strukturen politischer Bewußtseinsbildung der deutschen Aufklärung.— In: Aufklärung als Politisierung — Politisierung der Aufklärung, hg. v. H.E. Bödeker und U. Herrmann, Hamburg 1987, S. 10–31.

— Reisebeschreibungen im historischen Diskurs der Aufklärung.— In: Aufklärung und Geschichte, Studien zur deutschen Geschichtswissenschaft im 18. Jahrhundert, hg. v. H.E. Bödeker (u.a.), Göttingen 1986, S. 276–198.

— Das staatswissenschaftliche Fächersystem im 18. Jahrhundert.— In: Wissenschaften im Zeitalter der Aufklärung, hg. v. R. Vierhaus, Göttingen 1985, S. 143–162.

— Thomas Abbt (1738–1766) (Kurzbiographie).— In: Aufklärung 4 (1989), H. 2, S. 103–105.

— Zeitschriften und politische Öffentlichkeit. Zur Politisierung der deutschen Aufklärung in der zweiten Hälfte des 18. Jahrhunderts.— In: Aufklärung/Lumières und Politik, Zur politischen Kultur der deutschen und französischen Aufklärung, hg. v. H.E. Bödeker und E. François, Leipzig 1996, S. 209–231.

— /Herrmann, Ulrich: Aufklärung als Politisierung — Politisierung der Aufklärung.— In: Aufklärung als Politisierung — Politisierung der Aufklärung, hg. v. H.E. Bödeker und U. Herrmann, Hamburg 1987, S. 3–9.

Boehm, Laetitia: Der wissenschaftstheoretische Ort der historia im früheren Mittelalter. Die Geschichte auf dem Wege zur „Geschichtswissenschaft".— In: Speculum historiale, Geschichte im Spiegel von Geschichtsschreibung und Geschichtsdeutung, hg. v. C. Bauer (u.a.), Freiburg, München 1965, S. 663–693.

— Wissenschaft — Wissenschaften — Universitätsreform. Historische und theoretische Aspekte zur Verwissenschaftlichung von Wissen und zur Wissenschaftsorgansation in der frühen Neuzeit.— In: BerWissGesch (1978), Bd. 1, S. 7–36.

Böning, Holger: Aufklärung und Presse im 18. Jahrhundert.— In: „Öffentlichkeit" im 18. Jahrhundert, hg. v. H.-W. Jäger, Göttingen 1997, S. 151–163.

Bonß, Wolfgang: Die Einübung des Tatsachenblicks. Zur Struktur und Veränderung empirischer Sozialforschung.— Ffm. 1982.

Boockmann Hartmut: Ein Blick auf die Göttinger Geschichtswissenschaft (1737–1987).— In: Die Geschichte der Verfassung und der Fachbereiche der Georg-August-Universität zu Göttingen, hg. v. H.-G. Schlotter, Göttingen 1994, S. 121–126.

Bosse, Heinrich: Die gelehrte Republik.— In: „Öffentlichkeit" im 18. Jahrhundert, hg. v. H.-W. Jäger, Göttingen 1997, S. 51–76.

Brecht, Martin: Martin Luther.— Bd. 2. Stuttgart 1986.

Breuer, Stefan: Sozialdisziplinierung. Probleme und Problemverlagerungen eines Konzepts bei Max Weber, Gerhard Oestreich und Michel Foucault.— In: Soziale Sicherheit und soziale Dizilinierung, Beiträge zu einer historischen Theorie der Sozialpolitik, hg. v. C. Sachße und F. Tennstedt, Ffm. 1986, S. 45–69.

Broadie, Alexander: The Scottish Enlightenment. The Historical Age of the Historical Nation.— Edinburgh 2001.

Brockliss, Laurence: Lehrpläne.— In: Geschichte der Universität in Europa, hg. v. W. Rüegg, Bd. 2, München 1996, S. 451–494.

Bruch, Richard: Ethik und Naturrecht im deutschen Katholizismus des 18. Jahrhunderts. Von der Tugendethik zur Pflichtenethik.— Tübingen, Basel 1997.

Bruch, Rüdiger vom: Wissenschaftliche, institutionelle oder politische Innovation? Kameralwissenschaft — Polizeiwissenschaft — Wirtschaftswissenschaft im 18. Jahrhundert im Spiegel der Forschungsgeschichte.— In: Die Institutionalisierung der Nationalökonomie an deutschen Universitäten, Zur Erinnerung an Klaus Hinrich Hennings (1937–1986), hg. v. N. Waszek, St. Katharinen 1988, S. 77–108.

— Zur Historisierung der Staatswissenschaften. Von der Kameralistik zur historischen Schule der Nationalökonomie.— In: BerWissGesch 8 (1985), H. 3, S. 131–146.

Brückner, Jutta: Staatswissenschaften, Kameralismus und Naturrecht. Ein Beitrag zur Geschichte der Politischen Wissenschaft im Deutschland des späten 17. und frühen 18. Jahrhunderts.— München 1977.

Brunner, Otto: Adeliges Landleben und europäischer Geist. Leben und Werk Wolf Helmhards von Hohberg 1612–1688.— Salzburg 1949.

— Das „ganze Haus" und die alteuropäische „Ökonomik".— In: Ders., neue Wege der Verfassungs- und Sozialgeschichte, Göttingen ^{3}1980, S. 103–127.

Bubner, Rüdiger: Welche Rationalität bekommt der Gesellschaft? Vier Kapitel aus dem Naturrecht.— Ffm. 1996.

Buchan, James: Unsere gefrorenen Begierden. Was das Geld will.— Köln 1999.

Buchda, Gerhard: Das Privatrecht Immanuel Kants (Der erste Teil der Rechtslehre in der Metaphysik der Sitten). Ein Beitrag zur Geschichte und zum System des Naturrechts.— Jena 1929.

Burgdorf, Wolfgang: Reichskonstitution und Nation. Verfassungsreformprojekte für das Heilige Römische Reich Deutscher Nation im politischen Schrifttum von 1648 bis 1806. (Diss. phil.). Mainz 1998.

Burke, Peter: Die italienische Renaissance und die Herausforderung der Postmoderne.— In: Kulturtheorien der Gegenwart, Ansätze und Positionen, hg. v. G. Schröder und H. Breuninger, Ffm., New York 2001, S. 27–38.

Burkhardt, Johannes: Der Begriff des Ökonomischen in wissenschaftsgeschichtlicher Perspektive.— In: Die Institutionalisierung der Nationalökonomie an deutschen Universitäten, Zur Erinnerung an Klaus Hinrich Hennings (1937-1986), hg. v. N. Waszek, St. Katharinen 1988, S. 55-76.

Calhoun, Craig: Introduction: Habermas and the Public Sphere.— In: Habermas and the Public Sphere, hg. v. C. Calhoun, Cambridge (u.a.) 1992, S. 1-48.

Carstenn, Edward: Elbings Verfassung zu Ausgang der polnischen Zeit.— In: Zeitschrift des westpreußischen Geschichtsvereins 52 (1910), S. 1-74.

Cassirer, Ernst: Die Philosophie der Aufklärung.— [^{1}1932]. Hamburg 1998.

Chartier, Roger: Der Gelehrte.— In: Der Mensch der Aufklärung, hg. v. M. Vovelle, Ffm. (u.a.) 1996, S. 122-168.

— Lesewelten. Buch und Lektüre in der frühen Neuzeit.— Ffm., New York, Paris 1990.

Claußen, Bernhard: Die Politisierung des Menschen und die Instanzen der politischen Sozialisation: Problemfelder gesellschaftlicher Alltagspraxis und sozialwissenschaftlicher Theoriebildung.— In: Die Politisierung des Menschen, Instanzen der politischen Sozialisation, Ein Handbuch, hg. v. B. Claußen und R. Geißler, Opladen 1996, S. 15-48.

Coing, Helmut: Europäisches Privatrecht.— Bd. I. Älteres Gemeines Recht (1500 bis 1800). München 1985.

— Die juristischen Auslegungsmethoden und die Lehren der allgemeinen Hermeneutik.— In: Ders., Gesammelte Aufsätze zu Rechtsgeschichte, Rechtsphilosophie und Zivilrecht, 1947-1975, Ffm. 1982, Bd. 1, S. 208-229.

— Um die Erneuerung des Naturrechts.— In: Naturrecht oder Rechtspositivismus?, hg. v. W. Maihofer, Darmstadt 1972, S. 108-116.

Danto, Arthur C.: Niedergang und Ende der analytischen Geschichtsphilosophie.— In: Der Sinn des Historischen, Geschichtsphilosophische Debatten, hg. v. H. Nagl-Docekal, Ffm. 1996, S. 126-147.

Daston, Lorraine: Objektivität und die kosmische Gemeinschaft.— In: Kulturtheorien der Gegenwart, Ansätze und Positionen, hg. v. G. Schröder und H. Breuninger, Ffm., New York 2001, S. 149-177.

Demel, Walter: Der europäische Adel vor der Revolution. Sieben Thesen.— In: Der europäische Adel im Ancien Régime, Von der Krise der ständischen Monarchien bis zur Revolution (ca. 1600-1789), hg. v. R.G. Asch, Köln (u.a.) 2001, S. 409-433.

Denecke, Dietrich: Die Geschichte der Geographie in Göttingen.— In: Die Geschichte der Verfassung und der Fachbereiche der Georg-August-Universität zu Göttingen, hg. v. H.-G. Schlotter, Göttingen 1994, S. 198-204.

Depkat, Volker: Die Neue Welt im regionalen Horizont: Amerikabilder im ‚Hannoverischen Magazin', 1750-1789.— In: Pressewesen der Aufklärung, Periodische Schriften im Alten Reich, hg. v. S. Doering-Manteuffel (u.a.), Berlin 2001, S. 269-293.

Dilthey, Wilhelm: Das 18. Jahrhundert und die geschichtliche Welt.— In: Ders., Gesammelte Schriften, Bd. 3, Göttingen 1962, S. 210-268.

Dippel, Horst: Deutschland und die amerikanische Revolution. Sozialgeschichtliche Untersuchung zum politischen Bewußtsein im ausgehenden 18. Jahrhundert.– Köln 1972.

Döring, Detlef: Die Philosophie Gottfried Wilhelm Leibniz' und die Leipziger Aufklärung in der ersten Hälfte des 18. Jahrhunderts.– Stuttgart, Leipzig 1999.

– Der Wolffianismus in Leipzig. Anhänger und Gegner.– In: Aufklärung 12 (1997), S. 51–76.

Dreitzel, Horst: Absolutismus und ständische Verfassung in Deutschland.– Mainz 1992.

– J.P. Süßmilchs Beitrag zur politischen Diskussion der deutschen Aufklärung.– In: Ursprünge der Demographie in Deutschland, Leben und Werk Johann Peter Süßmilchs (1707–1767), hg. v. H. Birg, Ffm., New York 1986, S. 29–141.

– Justis Beitrag zur Politisierung der deutschen Aufklärung.– In: Aufklärung als Politisierung – Politisierung der Aufklärung, hg. v. H.E. Bödeker und U. Herrmann, Hamburg 1987, S. 158–177.

– Monarchiebegriffe in der Fürstengesellschaft. Semantik und Theorie der Einherrschaft in Deutschland von der Reformation bis zum Vormärz.– 2 Bde. Köln (u.a.) 1991.

– Universal-Kameral-Wissenschaft als politische Theorie: Johann Friedrich von Pfeiffer (1718–1787).– In: Aufklärung als praktische Philosophie, Werner Schneiders zum 65. Geburtstag, hg. v. F. Grunert und F. Vollhardt, Tübingen 1998, S. 149–171.

– Vom reichspatriotischen Konstitutionalismus zum nationalen Liberalismus. Zur Diskussion der landständischen Verfassung in der deutschen Aufklärung.– In: Aufklärung/Lumières und Politik, Zur politischen Kultur der deutschen und französischen Aufklärung, hg. v. H.E. Bödeker und E. François, Leipzig 1996, S. 399–432.

– Vom Verfall und Wiederaufstieg der Praktischen Philosophie.– In: NPL 18 (1973), S. 31–60.

Drescher, Angelika: Naturrecht als utilitaristische Pflichtenethik?– Berlin 1999.

Durham, Jennifer L.: Benjamin Franklin. A biographical companion.– Santa Barbara 1997.

Ebel, Wilhelm: Der Göttinger Professor Johann Stephan Pütter aus Iserlohn.– Göttingen 1975.

– Memorabilia Gottingensia. Elf Studien zur Sozialgeschichte der Universität.– Göttingen 1969.

– Zur Geschichte der Juristenfakultät und des Rechtsstudiums an der Georgia Augusta.– Göttingen 1960.

Eckstein, Karlfriedrich: Friedrich Carl von Moser (1723–1798). Rechts- und staatstheoretisches Denken zwischen Naturrecht und Positivismus.– (Diss. iur.). Gießen 1973.

Eckstein, Walter: Das antike Naturrecht in sozialphilosophischer Beleuchtung.– Wien, Leipzig 1926.

Ehrenberg, Victor: Anfänge des griechischen Naturrechts.— In: Polis und Imperium, Beiträge zur Alten Geschichte, hg. v. K.F. Strohecker und A.J. Graham, Zürich, Stuttgart 1965, S. 359–379.

Ehrhardt-Rein, Susanne: Zwischen Glaubenslehre und Vernunftwahrheit. Natur und Schöpfung bei Hallischen Theologen des 18. Jahrhunderts.— (Diss. theol.). Münster 1996.

Endres, Rudolf: Adel in der Frühen Neuzeit.— München 1993.

Engisch, Karl: Begriffseinteilung und Klassifikation in der Jurisprudenz.— In Festschrift für Karl Larenz zum 70. Geburtstag, hg. v. G. Paulus (u.a.), München 1973, S. 125–153.

Felsing, Ferdinand: Die Statistik als Methode der politischen Ökonomie im 17. und 18. Jahrhundert.— Borna-Leipzig 1930.

Fertig, Ludwig: Die Hofmeister. Ein Beitrag zur Geschichte des Lehrerstandes und der bürgerlichen Intelligenz.— Stuttgart 1979.

Fleck, Ludwik: Zur Krise der „Wirklichkeit".— [^{1}1929]. In: Ders., Erfahrung und Tatsache, Gesammelte Aufsätze, hg. v. L. Schäfer und T. Schnelle, Ffm. 1983, S. 46–58.

Forsthoff, Ernst: Zur Problematik der Rechtserneuerung.— In: Naturrecht oder Rechtspositivismus?, hg. v. W. Maihofer, Darmstadt 1972, S. 73–86.

Frankena, William K.: Analytische Ethik. Eine Einführung.— Übersetzt und hg. v. N. Hoerster. [^{1}1963 (engl.)]. München ^{5}1994.

Frensdorff, Ferdinand: Halle und Göttingen (1894).— In: W. Ebel [Hg.], Göttinger Universitätsreden aus zwei Jahrhunderten (1737–1934), Göttingen 1978, S. 341–360.

— Über das Leben und die Schriften des Nationalökonomen J.H.G. v. Justi.— In: Nachrichten von der Königlichen Gesellschaft der Wissenschaften zu Göttingen (1903), Phil.-hist. Klasse (ND 1967), S. 355–503.

Freund, Winfried: Prosa-Satire. Satirische Romane im späten 18. Jahrhundert.— In: Deutsche Aufklärung bis zur Französischen Revolution, hg. v. R. Grimminger, München ^{2}1984, S. 716–738.

Frijhoff, Willem: Der Lebensweg der Studenten.— In: Geschichte der Universität in Europa, hg. v. W. Rüegg, Bd. 2, München 1996, S. 287–334.

Frommel, Monika: Verbrechensbekämpfung im Nationalsozialismus.— In: Die Bedeutung der Wörter, Studien zur europäischen Rechtsgeschichte, Fs. Sten Gagnér, München 1991, S. 47–64.

Gall, Lothar: Das Argument der Geschichte. Überlegungen zum gegenwärtigen Standort der Geschichtswisssenschaft.— In: HZ 264 (1997), S. 1–20.

Garber, Jörn: Selbstreferenz und Objektivität: Organisationsmodelle von Menschheits- und Weltgeschichte in der deutschen Spätaufklärung.— In: Wissenschaft als kulturelle Praxis, 1750–1900, hg. v. H.E. Bödeker (u.a.), Göttingen 1999, S. 137–185.

— Utopiekritik und Utopieadaption im Einflußfeld der „anthropologischen Wende" der europäischen Spätaufklärung.— In: Die Politisierung des Utopischen im 18. Jahrhundert, hg. v. M. Neugebauer-Wölk und R. Saage, Tübingen 1996, S. 87–114.

Gawlick, Günter: Über einige Charakteristika der britischen Philosophie des 18. Jahrhunderts.— In: studia leibnitiana 15 (1983), S. 30–41.

Gerhard, Hans-Jürgen: Geld und Geldwert im 18. Jahrhundert.– In: Göttingen im 18. Jahrhundert, Eine Stadt verändert ihr Gesicht, Texte und Materialien zur Ausstellung im Städtischen Museum und im Stadtarchiv Göttingen, 26. April–30. August 1987, Göttingen 1987, S. 25–29.

Gestrich, Andreas: Absolutismus und Öffentlichkeit. Politische Kommunikation in Deutschland zu Beginn des 18. Jahrhunderts.– Göttingen 1994.

Gierl, Martin: Compilation and the Production of Knowledge in the Early German Enlightenment.– In: Wissenschaft als kulturelle Praxis, 1750–1900, hg. v. H.E. Bödeker (u.a.), Göttingen 1999, S. 69–103.

Grawert, Rolf: Francisco de Vitoria. Naturrecht – Herrschaftsordnung – Völkerrecht.– In: Der Staat 39 (2000), S. 110–125.

Grimm, Dieter: Die deutsche Staatsrechtslehre zwischen 1750 und 1945.– In: Ders., Recht und Staat der bürgerlichen Gesellschaft, Ffm. 1987, S. 291–307.

— Staat und Gesellschaft.– In: Staatswissenschaften: Vergessene Disziplin oder neue Herausforderung?, hg. v. T. Ellwein und J.J. Hesse, Baden-Baden 1990, S. 13–27.

Grimminger, Rolf: Aufklärung, Absolutismus und bürgerliche Individuen. Über den notwendigen Zusammenhang von Literatur, Gesellschaft und Staat in der Geschichte des 18. Jahrhunderts.– In: Deutsche Aufklärung bis zur Französischen Revolution, hg. v. R. Grimminger, München [2]1984, S. 15–99.

Haakonssen, Knud: Natural law and moral philosophy. From Grotius to the Scottish Enlightenment.– Cambridge 1996.

Habermas, Jürgen: Concluding Remarks.– In: Habermas and the Public Sphere, hg. v. C. Calhoun, Cambridge (u.a.) 1992, S. 462–479.

— Die klassische Lehre von der Politik in ihrem Verhältnis zur Sozialphilosophie.– [[1]1961]. In: Politica, Abhandlungen und Texte zur politischen Wissenschaft, hg. v. W. Hennis und R. Schnur, Berlin 1969, S. 13–51.

— Naturrecht und Revolution.– [[1]1962]. In: Politica, Abhandlungen und Texte zur politischen Wissenschaft, hg. v. W. Hennis und R. Schnur, Berlin 1969, S. 52–88.

— Strukturwandel der Öffentlichkeit. Untersuchungen zu einer Kategorie der bürgerlichen Gesellschaft.– [[1]1962]. Ffm. 1996.

Hammerstein, Notker: Christian Wolff und die Universitäten. Zur Wirkungsgeschichte des Wolffianismus im 18. Jahrhundert.– In: Christian Wolff, 1679–1754, Interpretationen zu seiner Philosophie und deren Wirkung, hg. v. W. Schneiders, Hamburg 1983, S. 266–277.

— Göttingen: Eine deutsche Universität im Zeitalter der Aufklärung.– In: Die Universitäten in Alteuropa, hg. v. A. Patschovsky und H. Rabe, Konstanz 1994, S. 169–182.

— Jus und Historie. Ein Beitrag zur Geschichte des historischen Denkens an den deutschen Universitäten im späten 17. und im 18. Jahrhundert.– Göttingen 1972.

— Reichs-Historie.– In: Aufklärung und Geschichte, Studien zur deutschen Geschichtswissenschaft im 18. Jahrhundert, hg. v. H.E. Bödeker (u.a.), Göttingen 1986, S. 82–104.

— Das Römische am Heiligen Römischen Reich Deutscher Nation in der Lehre der Reichs-Publicisten.— In: ZRG.GA 100 (1983), S. 119–144.

Hardtwig, Wolfgang: Vom Elitebewußtsein zur Massenbewegung. Frühformen des Nationalismus in Deutschland. 1500–1840.— In: Ders., Nationalismus und Bürgerkultur in Deutschland, 1500–1914, Ausgewählte Aufsätze, Göttingen 1994, S. 34–54.

Härter, Karl: Kontinuität und Reform der Strafjustiz zwischen Reichsverfassung und Rheinbund.— In: Reich oder Nation?, Mitteleuropa 1780–1815, hg. v. H. Duchhardt und A. Kunz, Mainz 1998, S. 219–278.

Hartung, Gerald: Die Naturrechtsdebatte. Geschichte der Obligatio vom 17. bis 20. Jahrhundert.— Freiburg, München ²1999.

Hecht, Jacqueline: Der Kantor der demographischen Kirche: Johann Peter Süßmilch und die Demotheologie.— In: Johann Peter Süßmilchs Leben und Werk, hg. v. E. Elsner, Düsseldorf 2001, S. 135–184.

Hellmuth, Eckhart: Aufklärung und Pressefreiheit. Zur Debatte der Berliner Mittwochsgesellschaft während der Jahre 1783 und 1784.— In: ZHF 9 (1982), S. 315–345.

— Ernst Ferdinand Klein: Politische Reflexionen im Preußen der Spätaufklärung.— In: Aufklärung als Politisierung – Politisierung der Aufklärung, hg. v. H.E. Bödeker und U. Herrmann, Hamburg 1987, S. 222–236.

— /von Ehrenstein, Christoph: Intellectual History Made in Britain: Die Cambridge School und ihre Kritiker.— In: GuG 27 (2001), S. 149–172.

— Nationalismus vor dem Nationalismus?— In: Aufklärung 10 (1998), H. 2, S. 3–10.

— Naturrechtsphilosophie und bürokratischer Werthorizont. Studien zur preußischen Geistes- und Sozialgeschichte des 18. Jahrhunderts.— Göttingen 1985.

— Praktische Philosophie und Wirtschaftsgesinnung. Zur Reflexion über Wirtschaft, Erwerb und Gewinn im Deutschland des 18. Jahrhunderts.— In: AKG 68 (1986), S. 135–149.

Hentschel, Volker: Die Staatswissenschaften an den deutschen Universitäten im 18. und frühen 19. Jahrhundert.— In: BerWissGesch 1 (1978), S. 181–200.

Herberger, Maximilian: Dogmatik. Zur Geschichte von Begriff und Methode in Medizin und Jurisprudenz.— Ffm. 1981.

Hinske, Norbert: Wolffs empirische Psychologie und Kants pragmatische Anthropologie. Zur Diskussion über die Anfänge der Anthropologie im 18. Jahrhundert.— In: Aufklärung 11 (1996), S. 97–107.

— Wolffs Stellung in der deutschen Aufklärung.— In: Christian Wolff, 1679–1754, Interpretationen zu seiner Philosophie und deren Wirkung, hg. v. W. Schneiders, Hamburg 1983, S. 306–319.

Hochstrasser, Tim J.: Natural law theories in the early Enightenment.— Cambridge 2000.

Höffe, Otfried: Politische Gerechtigkeit. Grundlegung einer kritischen Philosophie von Recht und Staat.— Ffm. 1994.

— Praktische Philosophie. Das Modell des Aristoteles.— [¹1971]. Berlin 1996.

Hoffmann, Thomas Sören: Kant und das Naturrechtsdenken. Systematische Aspekte der Neubegründung und Realisierung der Rechtsidee in der kritischen Philosophie.— In: ARSP 87 (2001), S. 449–467.

Hofmann, Hasso: Zur Lehre vom Naturzustand in der Rechtsphilosophie der Aufklärung.— [¹1982]. In: Ders., Recht — Politik — Verfassung, Studien zur Geschichte der politischen Philosophie, Ffm. 1986, S. 93–121.

Hölscher, Lucian: Die Öffentlichkeit begegnet sich selbst. Zur Struktur öffentlichen Redens im 18. Jahrhundert zwischen Diskurs- und Sozialgeschichte.— In: „Öffentlichkeit" im 18. Jahrhundert, hg. v. H.-W. Jäger, Göttingen 1997, S. 11–31.

Holzhey, Helmut: Philosophie als Eklektik.— In: studia leibnitiana 15 (1983), S. 19–29.

Hoppe, Hans: Der Stadtstaat Elbing 1454/57–1772/73.— In: Elbing 1237–1987, Beiträge zum Elbing-Kolloquium im November 1987 in Berlin, hg. v. B. Jähnig und H.-J. Schuch, Münster 1991, S. 63–74.

Horkheimer, Max und Adorno, Theodor W[iesengrund]: Dialektik der Aufklärung. Philosophische Fragmente.— [¹1944]. Ffm. 2002.

Hösle, Vittorio: Moral und Politik. Grundlagen einer Politischen Ethik für das 21. Jahrhundert.— München 1997.

Hruschka, Joachim: Das deontologische Sechseck bei Gottfried Achenwall im Jahre 1767. Zur Geschichte der deontischen Grundbegriffe in der Universaljurisprudenz zwischen Suarez und Kant.— Hamburg 1986.

— Die Konkurrenz von Goldener Regel und Prinzip der Verallgemeinerung in der juristischen Diskussion des 17./18. Jahrhunderts als geschichtliche Wurzel von Kants kategorischem Imperativ.— In: JZ 42 (1987), S. 941–952.

— Strafe und Strafrecht bei Achenwall — zu einer Wurzel von Feuerbachs psychologischer Zwangstheorie.— In: JZ 42 (1987), S. 161–169.

— Vorpositives Recht als Gegenstand und Aufgabe der Rechtswissenschaft.— In: JZ 47 (1992), S. 429–438.

Hübinger, Gangolf: Geschichtsmythen in „völkischer Bewegung" und „konservativer Revolution". Nationalistische Wirkungen historischer Sinnbildung.— In: Dimensionen der Historik, Geschichtstheorie, Wissenschaftsgeschichte und Geschichtskultur heute, hg. v. H.W. Blanke (u.a.), Köln (u.a.) 1998, S. 93–103.

Im Hof, Ulrich: Das Europa der Aufklärung.— München 1993.

— Isaak Iselin und die Spätaufklärung.— Bern, München 1967.

Jacob-Friesen, Holger: Profile der Aufklärung. Friedrich Nicolai — Isaak Iselin. Briefwechsel. (1767–1782). Edition, Analyse, Kommentar.— Bern (u.a.) 1997.

Jäger, Hans-Wolf [Hg.]: „Öffentlichkeit" im 18. Jahrhundert.— Göttingen 1997.

Jogland, Herta Helena: Ursprünge und Grundlagen der Soziologie bei Adam Ferguson.— Berlin 1959.

John, Vinzenz: Geschichte der Statistik. Ein quellenmäßiges Handbuch für den akademischen Gebrauch wie für den Selbstunterricht.— Teil 1. (ND 1968). Suttgart 1884.

Joost, Ulrich: Vorlesungsmanuskript und Vorlesungsnachschrift als editorisches Problem, und etwas von Lichtenbergs Vorlesungen.— In: Cardanus 1 (2000), S. 33–70.

Kaiser, Joseph H.: „Staatslehre" (Art.).— In: Staatslexikon, hg. v. der Görres-Gesellschaft, Bd. 5, Freiburg (u.a.) 1995, Sp. 188–199.

Kaube, Jürgen: Ohne Schere keine Erkenntnis.— In: FAS 48 (2002), S. 72f.

Kaufhold, Karl Heinrich: 250 Jahre Wirtschaftswissenschaften an der Georgia Augusta.— In: Die Geschichte der Verfassung und der Fachbereiche der Georg-August-Universität zu Göttingen, hg. v. H.-G. Schlotter, Göttingen 1994, S. 259–269.

— /Sachse, Wieland: Die Göttinger „Universitätsstatistik" und ihre Bedeutung für die Wirtschafts- und Sozialgeschichte.— In: Anfänge Göttinger Sozialwissenschaft, hg. v. H.-G. Herrlitz und H. Kern, Göttingen 1987, S. 72–95.

Kaufmann, Arthur: Analogie und „Natur der Sache". Zugleich ein Beitrag zur Lehre vom Typus.— Heidelberg 1982.

Kern, Horst: Empirische Sozialforschung. Ursprünge, Ansätze, Entwicklungslinien.— München 1982.

Killy, Walther [Hg.]: Deutsche Biographische Enzyklopädie (DBE).— Bd. 1. Darmstadt 1995.

Kirk, Geoffrey S., Raven, John E., Schofield, Malcolm: Die vorsokratischen Philosophen. Einführung, Texte und Kommentare.— Stuttgart, Weimar 2001.

Kittsteiner, Heinz-Dieter: Naturabsicht und Unsichtbare Hand. Zur Kritik des geschichtsphilosophischen Denkens.— Ffm (u.a.) 1980.

Kleensang, Michael: Das Konzept der bürgerlichen Gesellschaft bei Ernst Ferdinand Klein. Einstellungen zu Naturrecht, Eigentum, Staat und Gesetzgebung in Preußen 1780–1810.— Ffm. 1998.

Klippel, Diethelm: Der liberale Interventionsstaat. Staatszweck und Staatstätigkeit in der deutschen politischen Theorie des 18. und der ersten Hälfte des 19. Jahrhunderts.— In: Recht und Rechtswissenschaft im mitteldeutschen Raum, Symposium für Rolf Lieberwirth, hg. v. H. Lück, Köln (u.a.) 1998, S. 77–103.

— Ideen zur Revision des Naturrechts. Die Diskussion zur Neubegründung des deutschen Naturrechts um 1780.— In: JRE 8 (2000), S. 73–90.

— Naturrecht als politische Theorie. Zur politischen Bedeutung des deutschen Naturrechts im 18. und 19. Jahrhundert.— In: Aufklärung als Politisierung — Politisierung der Aufklärung, hg. v. H.E. Bödeker und U. Herrmann, Hamburg 1987, S. 267–293.

— Persönliche Freiheit und Vertrag im deutschen Naturrecht des 18. und 19. Jahrhunderts.— In: Gesellschaftliche Freiheit und vertragliche Bindung in Rechtsgeschichte und Philosophie, hg. v. J.F. Kervégan und H. Mohnhaupt, Ffm. 1999, S. 121–141.

— Politische Freiheit und Freiheitsrechte im deutschen Naturrecht des 18. Jahrhunderts.— Paderborn 1976.

— Politische Theorien im Deutschland des 18. Jahrhunderts.— In: Aufklärung 2 (1988), S. 57–88.

— Politische und juristische Funktionen des Naturrechts in Deutschland im 18. und 19. Jahrhundert. Zur Einführung — In: ZNR 22 (2000), S. 3–10.

Klueting, Harm: Die Lehre von der Macht der Staaten. Das außenpolitische Machtproblem in der „politischen Wissenschaft" und in der praktischen Politik im 18. Jahrhundert.— Berlin 1986.

Knies, Carl: Die Statistik als selbstständige Wissenschaft. Zur Lösung des Wirrsals in der Theorie und Praxis dieser Wissenschaft. Zugleich ein Beitrag zu einer kritischen Geschichte der Statistik seit Achenwall.— (ND 1969). Kassel 1850.

Köbler, Gerhard: Historisches Lexikon der deutschen Länder.— München 1988.

Koch, Ernst: Das Sakramentsverständnis Thomas Müntzers.— In: Der Theologe Thomas Müntzer, Untersuchungen zu seiner Entwicklung und Lehre, hg. v. S. Bräuer und H. Junghans, Göttingen 1989, S. 129–155.

Karl-Heinz Kohl: Der Gute Wilde der Intellektuellen. Zur Entstehungs- und Wirkungsgeschichte einer ethnologischen Utopie.— In: Die Politisierung des Utopischen im 18. Jahrhundert, hg. v. M. Neugebauer-Wölk und R. Saage, Tübingen 1996, S. 70–86.

Kondylis, Panajotis: Die Aufklärung im Rahmen des neuzeitlichen Rationalismus.— München 1986.

Kopitzsch, Franklin: Die Sozialgeschichte der deutschen Aufklärung als Forschungsaufgabe (Einleitung).— In: Aufklärung, Absolutismus und Bürgertum in Deutschland, hg. v. F. Kopitzsch, München 1976, S. 11–169.

Koschaker, Paul: Europa und das Römische Recht.— [^{1}1947]. München, Berlin ^{4}1966.

Koselleck, Reinhart: Das achtzehnte Jahrhundert als Beginn der Neuzeit.— In: Epochenschwelle und Epochenbewußtsein, hg. v. R. Herzog und R. Koselleck, München 1987, S. 269–282.

— ‚Erfahrungsraum' und ‚Erwartungshorizont' — zwei historische Kategorien.— In: Soziale Bewegung und politische Verfassung, Beiträge zur Geschichte der modernen Welt, hg. v. U. Engelhardt (u.a.), Stuttgart 1976, S. 13–33.

— Erfahrungswandel und Methodenwechsel. Eine historisch-anthropologische Skizze.— In: Historische Methode, hg. v. C. Meier und J. Rüsen, München 1988, S. 13–61.

— Historia Magistra Vitae. Über die Auflösung des Topos im Horizont neuzeitlich bewegter Geschichte.— In: Natur und Geschichte, Karl Löwith zum 70. Geburtstag, hg. v. H. Braun und M. Riedel, Stuttgart (u.a.) 1967, S. 196–219.

— Kritik und Krise. Eine Studie zur Pathogenese der bürgerlichen Welt.— [^{1}1959]. Ffm. 1992.

— Richtlinien für das Lexikon politisch-sozialer Begriffe der Neuzeit.— In: Archiv für Begriffsgeschichte 11 (1967), S. 81–99.

Krause, Peter: Naturrecht und Kodifikation.— In: Aufklärung 3 (1988), H. 2, S. 7–27.

Krings, Hermann: Freiheit und Macht.— In: Philos. Jb. 97 (1990), S. 1–14.

Kühl, Kristian: Die Notrechte im Naturrecht des 19. Jahrhunderts. Insbesondere zur Notwehr im jüngeren Naturrecht.— In: Naturrecht im 19. Jahrhundert, Kontinuität — Inhalt — Funktion — Wirkung, hg. v. D. Klippel, Goldbach 1997, S. 313–347.

Kullmann, Franz: Die Hannover[i]schen Anzeigen 1750 bis 1859.— (Diss. phil.). Oldenburg i.O. 1936.

Kunisch, Johannes: Absolutismus und Öffentlichkeit.— In: „Öffentlichkeit" im 18. Jahrhundert, hg. v. H.-W. Jäger, Göttingen 1997, S. 33–49.

Lacour, Eva: Faces of violence revisited. A typology of violence in early Modern rural Germany.— in JSH 34 (2001), S. 649–667.

Lampe, Joachim: Aristokratie, Hofadel und Staatspatriziat in Kurhannover. Die Lebenskreise der höheren Beamten an den kurhannoverschen Zentral- und Hofbehörden 1714–1760.— Bd. 1. Göttingen 1963.

Landsberg, Ernst: Geschichte der Deutschen Rechtswissenschaft.— Dritte Abteilung. Erster Halb-Band (= Fortsetzung zu der Geschichte der Rechtswissenschaft, erste und zweite Abteilung von Roderich von Stintzing). (ND 1978). München, Leipzig 1898.

Layh, Wolfgang [Bearb.]: Dogmatik-Repetitorium.— Marburg ⁴1997.

Lewin, Karl: Die Entwicklung der Sozialwissenschaften in Göttingen im Zeitalter der Aufklärung 1734 bis 1812. Zur gegenseitigen Bedingtheit sozioökonomischer Prozesse und wissenschaftlicher Erkenntnis.— (Diss. phil.). Göttingen 1971.

Lexikon der Aufklärung. Deutschland und Europa.— Hg. v. W. Schneiders. München 1995.

Link, Christoph: Die Staatstheorie Christian Wolffs.— In: Christian Wolff, 1679–1754, Interpretationen zu seiner Philosophie und deren Wirkung, hg. v. W. Schneiders, Hamburg 1983, S. 171–192.

— Johann Stephan Pütter.— In: Staatsdenker in der frühen Neuzeit, hg. v. M. Stolleis, München 1995, S. 310–331.

— Naturrechtliche Grundlagen des Grundrechtsdenkens in der deutschen Staatsrechtslehre des 17. und 18. Jahrhunderts.— In: Das Naturrechtsdenken heute und morgen, Gedächtnisschrift für René Marcic, hg. v. D. Mayer-Maly und P. Simons, Berlin 1983, S. 77–95.

— Rechtswissenschaften.— In: Wissenschaften im Zeitalter der Aufklärung, hg. v. R. Vierhaus, Göttingen 1985, S. 120–142.

Lohse, Bernhard: Luthers Theologie in ihrer historischen Entwicklung und in ihrem systematischen Zusammenhang.— Göttingen 1995.

Lohse, Eduard: Grundriß der neutestamentlichen Theologie.— Stuttgart (u.a.) ⁴1989.

Löwenbrück, Anna-Ruth: Judenfeindschaft im Zeitalter der Aufklärung. Eine Studie zur Vorgeschichte des modernen Antisemitismus am Beispiel des Göttinger Theologen und Orientalisten Johann David Michaelis (1717–1791). Ffm. (u.a.) 1995.

Luig, Klaus: Die Anfänge der Wissenschaft vom deutschen Privatrecht.— In: Ius Commune 1, hg. v. H. Coing, Ffm. 1967, S. 195–222.

— Die Grundsätze des Vertragsrechts in Kreittmayrs Codex Maximilianeus Bavaricus Civilis von 1756.— [¹1991]. In: Ders., Römisches Recht, Naturrecht, Nationales Recht, Goldbach 1998, S. 437*–454*.

— Das Privatrecht von Christian Thomasius zwischen Absolutismus und Liberalismus.— [¹1989]. In: Ders., Römisches Recht, Naturrecht, Nationales Recht, Goldbach 1998, S. 233*–257*.

— Samuel Stryk (1640–1710) und der „Usus modernus pandectarum".— In: Die Bedeutung der Wörter, Studien zur europäischen Rechtsgeschichte, Fs. Sten Gagnér, München 1991, S. 219–235.

— Die Wurzeln des aufgeklärten Naturrechts bei Leibniz.— [¹1995]. In: Ders., Römisches Recht, Naturrecht, Nationales Recht, Goldbach 1998, S. 213*–231*.

Lutterbeck, Klaus-Gert: Staat und Gesellschaft bei Christian Thomasius und Christian Wolff. Eine historische Untersuchung in systematischer Absicht.— Stuttgart-Bad Cannstatt 2002.

Lutz, Gerhard: Geographie und Statistik im 18. Jahrhundert. Zu Neugliederung und Inhalten von „Fächern" im Bereich der historischen Wissenschaften.— In: Statistik und Staatsbeschreibung in der Neuzeit, hg. v. M. Rassem und J. Stagl, Paderborn (u.a.) 1980, S. 249–263.

Madonna, Luigi Cataldi: Theorie und Kritik der Vernunft bei Gottfried Wilhelm Leibniz.— In: Vernunftkritik und Aufklärung, Studien zur Philosophie Kants und seines Jahrhunderts, hg. v. M. Oberhausen, Stuttgart-Bad Cannstatt 2001, S. 59–81.

Maier, Hans: Die ältere deutsche Staats- und Verwaltungslehre.— München ²1980.

— Ältere deutsche Staatslehre und westliche politische Tradition.— In: Ders., Politische Wissenschaft in Deutschland, Lehre und Wirkung, München, Zürich 1985, S. 103–121.

— Die Lehre der Politik an den älteren deutschen Universitäten.— [¹1966]. In: Ders., Politische Wissenschaft in Deutschland, Lehre und Wirkung, München, Zürich 1985, S. 31–67.

— „Staatswissenschaft" (Art.).— In: Staatslexikon, hg. v. der Görres-Gesellschaft, Bd. 5, Freiburg (u.a.) 1995, Sp. 226f.

Mainberger, Gonsalv K.: „Aristotelismus" (Art.).— In: Historisches Wörterbuch der Rhetorik, hg. v. G. Ueding, Bd. 1, Tübingen 1992, Sp. 998–1009.

Manheim, Ernst: Aufklärung und öffentliche Meinung. Studien zur Soziologie der Öffentlichkeit im 18. Jahrhundert.— [¹1933]. Hg. v. N. Schindler. Stuttgart-Bad Cannstatt 1979.

Marino, Luigi: Praeceptores Germaniae. Göttingen 1770–1820.— [¹1975]. Göttingen 1995.

Mart, Hanspeter: „Dissertation" (Art.).— In: Historisches Wörterbuch der Rhetorik, hg. v. G. Ueding, Bd. 2, Tübingen 1994, Sp. 880–884.

Maus, Heinz: Zur Vorgeschichte der empirischen Sozialforschung.— In: Geschichte und Grundprobleme der empirischen Sozialforschung, hg. v. R. König, Stuttgart 1973, S. 21–56.

Mayer-Tasch, Peter Cornelius: Hobbes und Rousseau.— Aalen ³1991.

Medick, Hans: Naturzustand und Naturgeschichte der bürgerlichen Gesellschaft. Die Ursprünge der bürgerlichen Sozialtheorie als Geschichtsphilosophie und Sozialwissenschaft bei Samuel Pufendorf, John Locke und Adam Smith.– Göttingen 1973.

Meier, Christian: Fragen und Thesen zu einer Theorie historischer Prozesse.– In: Historische Prozesse, hg. v. K.G. Faber und C. Meier, München 1978, S. 11–66.

Meinhardt, Günther: Die Universität Göttingen: Ihre Entwicklung und Geschichte 1734–1974.– Göttingen (u.a.) 1977.

Meyer, Wilhelm [Hg.]: Verzeichniß der Handschriften im preußischen Staate.– Bd. 1 (Hannover), 3 (Göttingen). Berlin 1894.

Meyring, Diethild Maria: Politische Weltweisheit. Studien zur deutschen politischen Weltweisheit des 18. Jahrhunderts.– (Diss. phil.). Münster 1965.

Migliorino, Francesco: Kommunikationsprozesse und Formen sozialer Kontrolle im Zeitalter des Ius Commune.– In: Im Spannungsfeld von Recht und Ritual, Soziale Kommunikation in Mittelalter und Früher Neuzeit, hg. v. H. Duchhardt und G. Melville, Köln (u.a.) 1997, S. 49–70.

Moos, Peter von: Die Begriffe „öffentlich" und „privat" in der Geschichte und bei den Historikern.– In: Saeculum 49 (1998), S. 161–192.

Moraw, Peter: Der deutsche Professor vom 14. bis zum 20. Jahrhundert.– In: AvH-Magazin 72 (1998), S. 15–26.

Mühlpfordt, Günter: Radikaler Wolffianismus. Zur Differenzierung und Wirkung der Wolffschen Schule ab 1735.– In: Christian Wolff, 1679–1754, Interpretationen zu seiner Philosophie und deren Wirkung, hg. v. W. Schneiders, Hamburg 1983, S. 237–253.

Müllenbrock, Heinz-Joachim: Aufklärung im Zeichen der Freiheit – das Vorbild England.– In: Zur geistigen Situation der Zeit der Göttinger Universitätsgründung 1737, Eine Vortragsreihe, hg. v. J. von Stackelberg, Göttingen 1988, S. 144–166.

Müller, Lothar: Das Welttheater im Kopf des Georg Christoph Lichtenberg. Auf der Hauptbühne: Nicht nur die Sudelbücher, sondern auch die Briefe und Aufsätze.– In: FAZ 43 (1999), S. VI.

Müller, Winfried: Die Aufklärung.– München 2002.

Müller-Weil, Ulrike: Rousseau als Geschichtsphilosoph.– In: AKG 83 (2001), S. 145–169.

Naturrecht – Spätaufklärung – Revolution. Das europäische Naturrecht im ausgehenden 18. Jahrhundert. 14. Jahrestagung der Deutschen Gesellschaft für die Erforschung des 18. Jahrhunderts in der Herzog August Bibliothek Wolfenbüttel vom 22. bis 24. November 1989.– (Bericht). In: Aufklärung 4 (1989), H. 2, S. 107–112.

Nieding, Thomas: Physiokratie und Revolution – Ansichten einer facettenreichen Interdependenz.– In: Aufklärung, Politisierung und Revolution, hg. v. W. Schulze, Pfaffenweiler 1991, S. 51–84.

Nörr, Knut Wolfgang: Eher Hegel als Kant. Zum Privatrechtsverständnis im 19. Jahrhundert.– Paderborn (u.a.) 1991.

— Zur Historischen Schule im Zivilprozeß- und Aktionenrecht.— In: Tradition und Fortschritt im Recht, Fs. zum 500jährigen Bestehen der Tübinger Juristenfakultät, Tübingen 1977, S. 73–89.

North, Michael: Kommunikation, Handel, Geld und Banken in der Frühen Neuzeit.— München 2000.

Nutz, Thomas: Strafanstalt als Besserungsmaschine. Reformdiskurs und Gefängniswissenschaft 1775–1848.— München 2001.

Obert, Marcus: Die naturrechtliche „politische Metaphysik" des Johann Heinrich Gottlob von Justi (1717–1771).— Ffm. (u.a.) 1992.

Oestmann, Peter: Rechtsvielfalt vor Gericht. Rechtsanwendung und Partikularrecht im Alten Reich.— Ffm. 2002.

Oz-Salzberger, Fania: Die Schottische Aufklärung in Frankreich.— In: Schottische Aufklärung, „A Hotbed of Genius", hg. v. D. Brühlmeier (u.a.), Berlin 1996, S. 107–121.

— Translating the Enlightenment. Scottish Civic Discourse in Eighteenth-Century Germany.— Oxford 1995.

Pandel, Hans-Jürgen: Historik und Didaktik. Das Problem der Distribution historiographisch erzeugten Wissens in der deutschen Geschichtswissenschaft von der Spätaufklärung zum Frühhistorismus (1765–1830).— Stuttgart, Bad Canstatt 1990.

Parker, Geoffrey: Die Entstehung des modernen Geld- und Finanzwesens in Europa 1500–1730.— In: Europäische Wirtschaftsgeschichte, hg. v. C.M. Cipolla, Bd. 2, Stuttgart, New York 1979, S. 335–379.

Pasquino, Pasquale: Politisches und historisches Interesse. ‚Statistik' und historische Staatslehre bei Gottfried Achenwall (1719–1772).— In: Aufklärung und Geschichte, Studien zur deutschen Geschichtswissenschaft im 18. Jahrhundert, hg. v. H.E. Bödeker (u.a.), Göttingen 1986, S. 144–168.

Patitz, Lutz: Joachim Georg Darjes (1714–1791). Universitätslehrer in Frankfurt an der Oder.— Tübingen 1991.

Peters, Martin: Möglichkeiten und Grenzen der Rezeption Rousseaus in den deutschen Historiographien. Das Beispiel der Göttinger Professoren August Ludwig (von) Schlözer und Christoph Meiners.— In: Rousseau in Deutschland, Neue Beiträge zur Erforschung seiner Rezeption, hg. v. H. Jaumann, Berlin, New York 1995, S. 267–289.

Phillipson, Nicholas: Die Schottische Aufklärung.— In: Schottische Aufklärung, „A Hotbed of Genius", hg. v. D. Brühlmeier (u.a.), Berlin 1996, S. 7–22.

Pleines, Jürgen-Eckardt: Eudaimonia zwischen Kant und Aristoteles. Glückseligkeit als höchstes Gut menschlichen Handelns.— Würzburg 1984.

Plohmann, Michael: Ludwig Julius Friedrich Höpfner (1743–1797). Naturrecht und positives Privatrecht am Ende des 18. Jahrhunderts.— (Diss. iur.) Berlin 1992.

Popitz, Heinrich: Phänomene der Macht. Autorität — Herrschaft — Gewalt — Technik.— Tübingen 1986.

Porter, Roy: The Creation of the Modern World. The Untold Story of the British Enlightenment.— New York, London 2000.

Postman, Neil: Die zweite Aufklärung. Vom 18. ins 21. Jahrhundert.— Berlin 1999.

Prignitz, Christoph: Vaterlandsliebe und Freiheit. Deutscher Patriotismus von 1750 bis 1850.— Wiesbaden 1981.

Rachold, Jan: Die aufklärerische Vernunft im Spannungsfeld zwischen rationalistisch-metaphysischer und politisch-sozialer Deutung. Eine Studie zur Philosophie der deutschen Aufklärung (Wolff, Abbt, Feder, Meiners, Weishaupt).— Ffm. (u.a.) 1999.

Rang, Martin: Jean Jacques Rousseau (1712-1778).— In: Klassiker der Pädagogik, hg. v. H. Scheuerl, Bd. 1., München ²1991.

Ranieri, Filippo [Hg.]: Biographisches Repertorium der Juristen im Alten Reich. 16.-18. Jahrhundert.— Bd. „A". Ffm. 1989.

Rassem, Mohammed: Bemerkungen zur „Sozialdisziplinierung" im frühmodernen Staat.— In: ZfP 30 (1983), S. 217-238.

Rassem, Mohammed und Stagl, Justin: Geschichte der Staatsbeschreibung. Ausgewählte Quellentexte 1456-1813.— Berlin 1994.

— Zur Geschichte der Statistik und Staatsbeschreibung in der Neuzeit. Grundriß für einen Arbeitskreis.— In: ZfP 24 (1977), S. 81-86.

Redekop, Benjamin W.: Enlightenment and Community. Lessing, Abbt, Herder and the Quest for a German Public.— Montreal (u.a.) 2000.

— Thomas Abbt and the Formation of an Enlightened German „Public".— In: JHI 58 (1997), S. 81-103.

Reese-Schäfer, Walter: Kommunitarismus.— Ffm. 2001.

Reichhardt, Rolf: Historische Semantik zwischen lexicométrie und New Cultural History. Einführende Bemerkungen zur Standortbestimmung.— In: Aufklärung und Historische Semantik, Interdisziplinäre Beiträge zur westeuropäischen Kulturgeschichte, hg. v. R. Reichhardt, Berlin 1998, S. 7-28.

Reill, Peter Hanns: Die Geschichtswissenschaften um die Mitte des 18. Jahrhunderts.— In: Wissenschaften im Zeitalter der Aufklärung, hg. v. R. Vierhaus, Göttingen 1985, S. 163-193.

— The German Enlightenment and the Rise of Historicism.— Berkeley (u.a.) 1975.

— The Rise of the historical consciousness during the Enlightenment at the university of Göttingen: 1735-1780.— (Diss. phil.) Evanston, Illinois 1969.

Reinalter, Helmut: Aufklärung zwischen Moderne und Postmoderne.— In: Die neue Aufklärung, hg. v. H. Reinalter, Thaur 1997, S. 11-21.

Reiner, Hans: Die Goldene Regel und das Naturrecht. Zugleich Antwort auf die Frage: Gibt es ein Naturrecht?— In: studia leibnitiana 9 (1977), S. 231-254.

Reinhard, Wolfgang: Was ist europäische politische Kultur? Versuch zur Begründung einer politischen Historischen Anthropologie.— In: GuG 27 (2001), S. 593-616.

Renzikowski, Joachim: Naturrechtslehre versus Rechtspositivismus — ein Streit um Worte?— In: ARSP 81 (1995), S. 335-346.

Riedel, Manfred: Metaphysik und Metapolitik. Studien zu Aristoteles und zur politischen Spache der neuzeitlichen Philosophie.— Ffm. 1975.

Ritter, Christian: Der Rechtsgedanke Kants nach den frühen Quellen.– Ffm. 1971.

– Immanuel Kant.– In: Staatsdenker in der frühen Neuzeit, hg. v. M. Stolleis, München 1995, S. 332–353.

Ritter, Joachim: „Naturrecht" bei Aristoteles. Zum Problem einer Erneuerung des Naturrechts.– Stuttgart 1961.

Roberts, Michael: Die militärische Revolution 1560–1660,– In: Absolutismus, hg. v. E. Hinrichs, Ffm. 1986, S. 273–308.

Röd, Wolfgang: Geometrischer Geist und Naturrecht. Methodengeschichtliche Untersuchungen zur Staatsphilosophie im 17. und 18. Jahrhundert.– München 1970.

– Rationalistisches Naturrecht und praktische Philosophie der Neuzeit.– In: Rehabilitierung der praktischen Philosophie, Bd. 1, Geschichte, Probleme, Aufgaben, hg. v. M. Riedel, Freiburg 1972, S. 269–295.

Röhrs, Hermann: Jean-Jacques Rousseau. Vision und Wirklichkeit.– Köln (u.a.) ³1993.

Rollmann, Margrit: Der Gelehrte als Schriftsteller. Die Publikationen der Göttinger Professoren im 18. Jahrhundert.– Göttingen 1988.

Rosenfeld, Sophia: Writing the History of Censorship in the Age of Enlightenment.– In: Postmodernism an the Enlightenment, new perspectives in eighteenth-century French intellectual history, hg. v. D. Gordon, Routledge (u.a.) 2001, S. 117–145.

Rückert, Joachim: Savignys Konzeption von Jurisprudenz und Recht, ihre Folgen und ihre Bedeutung bis heute.– In: TRG 61 (1993), S. 65–95.

Rüsen, Jörn: Historische Methode.– In: Historische Methode, hg. v. C. Meier und J. Rüsen, München 1988, S. 62–80.

– Historisches Lernen. Grundlagen und Paradigmen.– Köln 1994.

Ruppert, Wolfgang: Volksaufklärung im späten 18. Jahrhundert.– In: Deutsche Aufklärung bis zur Französischen Revolution, hg. v. R. Grimminger, München ²1984, S. 341–361.

Sauder, Gerhard: Christian Thomasius.– In: Deutsche Aufklärung bis zur Französischen Revolution, hg. v. R. Grimminger, München ²1984, S. 239–250.

Scattola, Merio: Das Naturrecht vor dem Naturrecht. Zur Geschichte des ‚ius naturae' im 16. Jahrhundert.– Tübingen 1999.

Schaffstein, Friedrich: Anfänge der Strafrechtswissenschaft in Göttingen. Meister Vater und Sohn, Justus Claptoth, J.D. Michaelis.– In: Loos, Fritz [Hg.], Rechtswissenschaft in Göttingen, Göttinger Juristen aus 250 Jahren, Göttingen 1987, S. 11–31.

Scheel, Günter: Leibniz und die deutsche Geschichtswissenschaft um 1700.– In: Historische Forschung im 18. Jahrhundert, Organisation, Zielsetzung, Ergebnisse, hg. v. K. Hammer und J. Voss, Bonn 1976, S. 82–101.

Scheibe, Siegfried: Zu einigen Grundprinzipien einer historisch-kritischen Ausgabe.– In: Texte und Varianten, Probleme ihrer Edition und Interpretation, hg. v. G. Martens und H. Zeller, München 1971, S. 1–44.

Schelp, Robert: Das Allgemeine Staatsrecht – Staatsrecht der Aufklärung. Eine Untersuchung zu Inhalt, Anspruch und Geltung des naturrechtlichen Staatsrecht im 17. und 18. Jahrhundert.– Berlin 2001.

Schieder, Theodor: Zur Theorie der Führungsschichten in der Neuzeit.– In: Deutsche Führungsschichten in der Neuzeit, Eine Zwischenbilanz, hg. v. H.H. Hofmann und G. Franz, Boppard 1980, S. 13–28.

Schiedermair, Hartmut: Das Phänomen der Macht und die Idee des Rechts bei Gottfried Wilhelm Leibniz.– Wiesbaden 1970.

Schiefer, Paul: Achenwall und seine Schule. Ihre Bedeutung für die heutige Entwicklung der Statistik.– (Diss. phil.). München 1916.

Schmidt, Alfred: Zur Dialektik der Aufklärung.– In: Die neue Aufklärung, hg. v. H. Reinalter, Thaur 1997, S. 109–134.

Schneider, Franz: Pressefreiheit und politische Öffentlichkeit. Studien zur politischen Geschichte Deutschlands bis 1848.– Neuwied (u.a.) 1966.

Schneiders, Werner: Aufklärung als Aufgabe.– In: Die neue Aufklärung, hg. v. H. Reinalter, Thaur 1997, S. 67–79.

– Der Philosophiebegriff des philosophischen Zeitalters. Wandlungen im Selbstverständnis der Philosophie von Leibniz bis Kant.– In: Wissenschaften im Zeitalter der Aufklärung, hg. v. R. Vierhaus, Göttingen 1985, S. 58–92.

– Zwischen Welt und Weisheit. Zur Verweltlichung der Philosophie in der frühen Moderne.– In: studia leibnitiana 15 (1983), S. 2–18.

Schockenhoff, Eberhard: Naturrecht und Menschenwürde. Universale Ethik in einer geschichtlichen Welt.– Mainz 1996.

Schröder, Hans-Christoph: Die Revolutionen Englands im 17. Jahrhundert.– Ffm. 1986.

Schröder, Jan und Pielemeier, Ines: Naturrecht als Lehrfach an den deutschen Universitäten des 18. und 19. Jahrhunderts.– In: Naturrecht – Spätaufklärung – Revolution, hg. v. O. Dann und D. Klippel, Hamburg 1995, S. 255–292.

Schröder, Jan: „Naturrecht bricht positives Recht" in der Rechtstheorie des 18. Jahrhunderts.– In: Staat, Kirche, Wissenschaft in einer pluralistischen Gesellschaft, Fs. für Paul Mikat, hg. v. D. Schwab (u.a.), Berlin 1989, S. 419–433.

– Vorlesungsverzeichnisse als rechtsgeschichtliche Quelle.– In: Die Bedeutung der Wörter, Studien zur europäischen Rechtsgeschichte, Fs. Sten Gagnér, München 1991, S. 383–401.

– Wissenschaftstheorie und Lehre der „praktischen Jurisprudenz" auf deutschen Universitäten an der Wende zum 19. Jahrhundert.– Ffm. 1979.

Schröder, Peter: Naturrecht und absolutistisches Staatsrecht. Eine vergleichende Studie zu Thomas Hobbes und Christian Thomasius.– Berlin 2001.

Schön, Erich: Publikum und Roman im 18. Jahrhundert.– In: „Öffentlichkeit" im 18. Jahrhundert, hg. v. H.-W. Jäger, Göttingen 1997, S. 295–326.

Schulin, Ernst: „Ich hoffe immer noch, daß gestern besser wird." Bemerkungen zu einem von Jörn Rüsen gewählten Motto.– In: Dimensionen der Historik, Geschichtstheorie, Wissenschaftsgeschichte und Geschichtskultur heute, hg. v. H.W. Blanke (u.a.), Köln (u.a.) 1998, S. 3–12.

Schultz, Helga: Mythos und Aufklärung. Frühformen des Nationalismus in Deutschland.– In: HZ 263 (1996), S. 31–67.

Schulze, Winfried: Die Entwicklung des „teutschen Bauernrechts" in der Frühen Neuzeit.– In: ZNRG 12 (1990), S. 127–163.

– „Sua cuique nationi discrimina". Nationales Denken und nationale Vorurteile in der Frühen Neuzeit.– In: Die Deutschen und die andern: Patriotismus, Nationalgefühl und Nationalismus in der deutschen Geschichte, hg. v. S. Krimm und W. Zirbs, München 1997, S. 32–66.

– Theoretische Probleme bei der Untersuchung vorrevolutionärer Gesellschaften.– In: Theorien in der Praxis des Historikers, Forschungsbeispiele und ihre Diskussion, hg. v. J. Kocka, Göttingen 1977, S. 55–74.

Schwinger, Elke: Angewandte Ethik. Naturrecht, Menschenrechte.– München, Wien 2001.

Seelmann, Kurt: Vertragsmetaphern zur Legitimation des Strafens im 18. Jahrhundert.– In: Die Bedeutung der Wörter, Studien zur europäischen Rechtsgeschichte, Fs. Sten Gagnér, München 1991, S. 441–459.

Seifert, Arno: Cognitio Historica. Die Geschichte als Namengeberin der frühneuzeitlichen Empirie.– Berlin 1976.

– Von der heiligen zur philosophischen Geschichte. Die Rationalisierung der universalhistorischen Erkenntnis im Zeitalter der Aufklärung.– In: AKG 68 (1986), S. 81–117.

– Staatenkunde. Eine neue Disziplin und ihr wissenschaftstheoretischer Ort.– In: Statistik und Staatsbeschreibung in der Neuzeit, hg. v. M. Rassem und J. Stagl, Paderborn (u.a.) 1980, S. 217–244.

Sellert, Wolfgang: Die Juristische Fakultät der Georgia-Augusta in historischer Perspektive.– In: Die Geschichte der Verfassung und der Fachbereiche der Georg-August-Universität zu Göttingen, hg. v. H.-G. Schlotter, Göttingen 1994, S. 54–65.

– Rechtswissenschaft und Hochschulpolitik – Münchhausen und die Juristische Fakultät.– In: Zur geistigen Situation der Zeit der Göttinger Universitätsgründung 1737, Eine Vortragsreihe, hg. v. J. von Stackelberg, Göttingen 1988, S. 57–84.

Sellin, Volker: Mentalität und Mentalitätsgeschichte.– In: HZ 241 (1985), S. 555–598.

Serna, Pierre: Der Adlige.– In: Der Mensch der Aufklärung, hg. v. M. Vovelle, Ffm. (u.a.) 1996, S. 42–97.

Shapin, Steven: A Social History of Truth. Civility and Science in Seventeenth-Century England.– Chicago, London 1994.

Sher, Richard B.: Professors of virtue: The social history of the Edinburgh moral philosophy chair in the eighteenth century.– In: Studies in the Philosophy of the Scottish Enlightenment, hg. v. M.A. Stewart, Oxford 1990, S. 87–126.

Siegert, Reinhart: Positiver Journalismus. Aufklärerische Öffentlichkeit im Zusammenspiel des Publizisten Rudolph Zacharias Becker mit seinen Korrespondenten.– In: „Öffentlichkeit" im 18. Jahrhundert, hg. v. H.-W. Jäger, Göttingen 1997, S. 165–185.

Skinner, Quentin: Meaning and understanding in the history of ideas.— In: Meaning und Context, Quentin Skinner and his Critics, hg. v. J. Tully, Princeton 1988, S. 29-67.

Solf, Hans-Heinrich: Gottfried Achenwall. Sein Leben und sein Werk, ein Beitrag zur Göttinger Gelehrtengeschichte.— (Diss. iur.). Göttingen 1938.

Spaemann, Robert: Die Bedeutung des Natürlichen im Recht.— In: Naturrecht und Politik, hg. v. K.G. Ballestrem, Berlin 1993, S. 113-122.

— Genetisches zum Naturbegriff des 18. Jahrhunderts.— In: Archiv für Begriffsgeschichte (1967), Bd. XI, S. 59-74.

— „Glück, Glückseligkeit" (Art.).— In: Historisches Wörterbuch der Philosophie, hg. v. J. Ritter, Bd. 3, Darmstadt 1974, Sp. 691-707.

— Moral und Gewalt.— In: Rehabilitierung der praktischen Philosophie, Bd. 1, Geschichte, Probleme, Aufgaben, hg. v. M. Riedel, Freiburg 1972, S. 215-241.

„Staatskunde, Statistik" (Art.).— In: Staats-Lexikon, Encyklopädie der sämmtlichen Staatswissenschaften für alle Stände, hg. v. C. von Rotteck und C. Welcker, Bd. 12, Altona 1848, S. 343-350.

Steffenhagen, Emil: „Achenwall" (Art.).— In: ADB (1875), Bd. 1 (ND 1967), S. 30.

Steiger, Heinhard: Völkerrecht und Naturrecht zwischen Christian Wolff und Adolf Lasson.— In: Naturrecht im 19. Jahrhundert, Kontinuität — Inhalt — Funktion — Wirkung, hg. v. D. Klippel, Goldbach 1997, S. 45-74.

Stein, Gerd [Hg.]: Die edlen Wilden. Die Verklärung von Indianern, Negern und Südseeinsulanern auf dem Hintergrund der kolonialen Greuel. Vom 16. bis zum 20. Jahrhundert.— Ffm. 1984.

Stein, Peter G.: Römisches Recht und Europa. Die Geschichte einer Rechtskultur.— Ffm. 1996.

Stichweh, Rudolf: Der frühmoderne Staat und die europäische Universität. Zur Interaktion von Politik und Erziehungssystem im Prozeß ihrer Ausdifferenzierung (16.-18. Jahrhundert).— Ffm. 1991.

— Universität und Öffentlichkeit. Zur Semantik des Öffentlichen in der frühneuzeitlichen Universitätsgeschichte.— In: „Öffentlichkeit" im 18. Jahrhundert, hg. v. H.-W. Jäger, Göttingen 1997, S. 103-116.

Stollberg-Rilinger, Barbara: Europa im Jahrhundert der Aufklärung.— Stuttgart 2000.

— Der Staat als Maschine. Zur politischen Metaphysik des absoluten Fürstenstaats.— Berlin 1986.

Stolleis, Michael: Arcana imperii und Ratio status. Bemerkungen zur politischen Theorie des frühen 17. Jahrhunderts.— Göttingen 1980.

— Geschichte des öffentlichen Rechts in Deutschland.— Bd. 1. München 1988.

— Pecunia Nervus Rerum. Zur Staatsfinanzierung in der Frühen Neuzeit.— Ffm. 1983.

Sturm Eva: Absolutismuskritik in der Tradition der Fürstenspiegel? Zum Werk Friedrich Carl von Moser: Über Regenten, Regierung und Ministers.— In: Politische Tugendlehre und Regierungskunst, Studien zum

Fürstenspiegel der Frühen Neuzeit, hg. v. H.-O. Mühleisen und T. Stammen, Tübingen 1990, S. 229–254.

Süsterhenn, Adolf: Das Naturrecht.– In: Naturrecht oder Rechtspositivismus?, hg. v. W. Maihofer, Darmstadt 1972, S. 11–26.

Swann, Julian: Politics and the Parlement of Paris under Louis XV, 1754–1774.– Cambridge 1995.

Swenson, James: On Jean-Jacques Rousseau. Considered as one of the first authors of the Revolution.– Stanford 2000.

Tamm, Ditlev: Patriotische Rechtsgeschichte und nationale Identität.– In: Die Bedeutung der Wörter, Studien zur europäischen Rechtsgeschichte, Fs. Sten Gagnér, München 1991, S. 509–520.

Teichmann, Jürgen: Wandel des Weltbildes. Astronomie, Physik und Meßtechnik in der Kulturgeschichte.– Stuttgart (u.a.) [3]1996.

Thieme, Hans: Die Zeit des späten Naturrechts. Eine privatrechtsgeschichtliche Studie.– In: ZRG.GA 56 (1936), S. 202–263.

Tierney, Brian: Permissive Natural Law and Property: Gratian to Kant.– In: JHI 62 (2001), S. 381–399.

Toppe, Sabine: Polizey und Geschlecht. Der obrigkeitsstaatliche Mutterschaftsdiskurs in der Aufklärung.– Weinheim 1999.

Topitsch, Ernst: Das Problem des Naturrechtes.– In: Naturrecht oder Rechtspositivismus?, hg. v. W. Maihofer, Darmstadt 1972, S. 159–177.

Treffer, Gerd: Geschichte Frankreichs.– Regensburg 1998.

Tuck, Richard: The ‚modern' theory of natural law.– In: The Languages of political theory in early-modern Europe, hg. v. A. Pagden, Cambridge (u.a.) 1987, S. 98–119.

Tully, James: An introduction to Locke's political philosophy.– [[1]1990]. In: Ders., An approach to political philosophy: Locke in contexts, Cambridge 1993, S. 9–68.

Ueding, Gert: Popularphilosophie.– In: Deutsche Aufklärung bis zur Französischen Revolution, hg. v. R. Grimminger, München [2]1984, S. 605–634.

Uhle-Wettler, Franz: Staatsdenken und Englandverehrung bei den frühen Göttinger Historikern (Achenwall, v. Schlözer, Freiherr v. Spittler, Brandes, Rehberg, Heeren).– (Diss. phil., Masch.). Marburg 1956.

Ungern-Sternberg, Wolfgang von: Schriftsteller und literarischer Markt.– In: Deutsche Aufklärung bis zur Französischen Revolution, hg. v. R. Grimminger, München [2]1984, S. 133–185.

Valera, Gabriella: Statistik, Staatengeschichte, Geschichte im 18. Jahrhundert.– In: Aufklärung und Geschichte, Studien zur deutschen Geschichtswissenschaft im 18. Jahrhundert, hg. v. H.E. Bödeker (u.a.), Göttingen 1986, S. 119–143.

Valjavec, Fritz: Die Entstehung der politischen Strömungen in Deutschland. 1770–1815.– [[1]1951]. Kronberg/Ts, Düsseldorf 1978.

Vetter, Sabine: Wissenschaftlicher Reduktionismus und die Rassentheorie von Christoph Meiners. Ein Beitrag zur Geschichte der verlorenen Metaphysik in der Anthropologie.– Aachen 1997.

Vierhaus, Rudolf: Bemerkungen zur politischen Kultur in Deutschland im 18. Jahrhundert.– In: Aufklärung/Lumières und Politik, Zur politischen Kultur der deutschen und französischen Aufklärung, hg. v. H.E. Bödeker und E. François, Leipzig 1996, S. 447–454.

— Deutschland im 18. Jahrhundert: soziales Gefüge, politische Verfassung, geistige Bewegung.– In: Franklin Kopitzsch [Hg.], Aufklärung, Absolutismus und Bürgertum in Deutschland, München 1976, S. 173–191.

— Geschichtsschreibung als Literatur im 18. Jahrhundert.– In: Historische Forschung im 18. Jahrhundert, Organisation, Zielsetzung, Ergebnisse, hg. v. K. Hammer und J. Voss, Bonn 1976, S. 416–431.

— Handlungsspielräume. Zur Rekonstruktion historischer Prozesse.– In: HZ 237 (1983), S. 289–297.

— „Liberalismus" (Art.).– In: GG (1982), Bd. 3, S. 741–748.

— Montesquieu in Deutschland. Zur Geschichte seiner Wirkung als politischer Schriftsteller im 18. Jahrhundert.– In: Deutschland im 18. Jahrhundert, Ausgewählte Aufsätze von R. Vierhaus, Göttingen 1987, S. 9–32.

— „Patriotismus" – Begriff und Realität einer moralisch-politischen Haltung.– In: Deutsche patriotische und gemeinnützige Gesellschaften, hg. v. R. Vierhaus, München 1980, S. 9–29.

— Politisches Bewußtsein in Deutschland vor 1789.– In: Der Staat 6 (1967), S. 175–196.

— Die Rekonstruktion historischer Lebenswelten. Probleme moderner Kulturgeschichtsschreibung.– In: Wege zu einer neuen Kulturgeschichte, hg. v. H. Lehman, Göttingen 1995, S. 7–28.

— Die Universität Göttingen und die Anfänge der modernen Geschichtswissenschaft im 18. Jahrhundert.– In: Geschichtswissenschaft in Göttingen, Eine Vorlesungsreihe, hg. v. H. Boockmann und H. Wellenreuther, Göttingen 1987, S. 9–29.

— Was war Aufklärung?– Göttingen 1995.

Volckart, Oliver: Zur Transformation der mitteleuropäischen Wirtschaftsordnung, 1000–1800.– In: VSWG 88 (2001), S. 281–310.

Voppel, Reinhard: Der Einfluß des Naturrechts auf den Usus modernus. Eine Untersuchung anhand der Literatur zum geltenden Recht im 17. und 18. Jahrhundert.– Köln (u.a.) 1996.

Voss, Jürgen: Der Gemeine Mann und die Volksaufklärung im späten 18. Jahrhundert.– In: Vom Elend der Handarbeit, Probleme historischer Unterschichtenforschung, hg. v. H. Mommsen und W. Schulze, o.O. 1981, S. 208–233.

Vovelle, Michel: Der Mensch der Aufklärung (Einführung).– In: Der Mensch der Aufklärung, hg. v. M. Vovelle, Ffm. (u.a.) 1996, S. 7–41.

Wagner, Adolph: „Statistik" (Art.).– In: Deutsches Staats-Wörterbuch, hg. v. J.C. Bluntschli und K. Brater, Bd. 10, Stuttgart, Leipzig 1867, S. 400–481.

Wagner, Fritz: Isaac Newton im Zwielicht zwischen Mythos und Forschung. Studien zur Epoche der Aufklärung.– Freiburg, München 1976.

Wahl, Rainer: Staatsaufgaben im Verfassungsrecht.– In: Staatswissenschaften: Vergessene Disziplin oder neue Herausforderung?, hg. v. T. Ellwein und J.J. Hesse, Baden-Baden 1990, S. 29–53.

Wappäus, Johann Eduard: Allgemeine Bevölkerungsstatistik. Vorlesungen.– 2 Bde. Leipzig 1859/61.

Warlich, Bernd: August Ludwig von Schlözer 1735–1809 zwischen Reform und Revolution. Ein Beitrag zur Pathogenese frühliberalen Staatsdenkens im späten 18. Jahrhundert.– Nürnberg 1972.

Waszek, Norbert: Christian Garve als Zentralgestalt der deutschen Rezeption Schottischer Aufklärung.– In: Schottische Aufklärung, „A Hotbed of Genius", hg. v. D. Brühlmeier (u.a.), Berlin 1996, S. 123–145.

Watzlawick, Paul: Wie wirklich ist die Wirklichkeit? Wahn, Täuschung, Verstehen.– [^{1}1976]. München 1998.

Weber, Johannes: Deutsche Presse im Zeitalter des Barock. Zur Vorgeschichte öffentlichen politischen Räsonnements.– In: „Öffentlichkeit" im 18. Jahrhundert, hg. v. H.-W. Jäger, Göttingen 1997, S. 137–149.

Weber, Wolfgang E.J.: Aufklärung – Staat – Öffentliche Meinung oder: Die Räson des Räsonnements.– In: Pressewesen der Aufklärung, Periodische Schriften im Alten Reich, hg. v. S. Doering-Manteuffel (u.a.), Berlin 2001, S. 43–68.

Weber-Reich, Traudel [Hg.]: „Des Kennenlernens werth". Bedeutende Frauen Göttingens.– Göttingen 1993.

Wehler, Hans-Ulrich: Deutsche Gesellschaftsgeschichte.– Bd. 1. München 1987.

– Geschichtswissenschaft heutzutage: Aufklärung oder „Sinnstiftung"?– In: Ders., Die Gegenwart als Geschichte, Essays, München 1995, S. 189–201.

Weis, Eberhard: Cesare Beccaria und seine Wirkung auf Deutschland, insbesondere auf die Reformen des Strafrechts.– In: Die Bedeutung der Wörter, Studien zur europäischen Rechtsgeschichte, Fs. Sten Gagnér, München 1991, S. 535–546.

Weiß, Ulrich: Rousseau zwischen Modernität und Klassizität. Überlegungen zur Konstitution des Politischen im „Contrat social".– In: Der Staat 31 (1992), S. 1–17.

Welzel, Hans: Naturrecht und materiale Gerechtigkeit.– [^{1}1951]. Göttingen ^{4}1990.

– Naturrecht und Rechtspositivismus.– In: Naturrecht oder Rechtspositivismus?, hg. v. W. Maihofer, Darmstadt 1972, S. 322–338.

Wesendonck, Hermann: Die Begründung der neueren deutschen Geschichtsschreibung durch Gatterer und Schlözer.– Leipzig 1876.

White, Hayden: Literaturtheorie und Geschichtsschreibung.– In: Der Sinn des Historischen, Geschichtsphilosophische Debatten, hg. v. H. Nagl-Docekal, Ffm. 1996, S. 67–106.

Wieacker, Franz: Privatrechtsgeschichte der Neuzeit unter besonderer Berücksichtigung der deutschen Entwicklung.– Göttingen ^{2}1967.

Wild, Rainer: Stadtkultur, Bildungswesen und Aufklärungsgesellschaften.– In: Deutsche Aufklärung bis zur Französischen Revolution, hg. v. R. Grimminger, München ^{2}1984, S. 103–132.

Wilhelm, Uwe: Der deutsche Frühliberalismus. Von den Anfängen bis 1789.— Ffm. (u.a.) 1995.

— Das Staats- und Gesellschaftsverständnis von J.H.G. v. Justi: Ein Beitrag zur Entwicklung des Frühliberalismus in Deutschland.— In: Der Staat 30 (1991), S. 415–441.

Wissenschaft als kulturelle Praxis. 1750–1900 (Einleitung).— Hg. v. H.E. Bödeker (u.a.), Göttingen 1999, S. 11–15.

Wolf, Erik: Große Rechtsdenker der deutschen Geistesgeschichte.— [^{1}1939]. Tübingen ^{4}1963.

Wundt, Max: Die deutsche Schulphilosophie im Zeitalter der Aufklärung.— Tübingen 1945.

Wyduckel, Dieter: Ius Publicum. Grundlagen und Entwicklung des Öffentlichen Rechts und der deutschen Staatsrechtswissenschaft.— Berlin 1984.

Zahn, Friedrich und Meier, Ernst: „Achenwall" (Art.).— In: NDB (1953), Bd. 1, S. 32f.

Zeller, Hans: Befund und Deutung. Interpretation und Dokumentation als Ziel und Methode der Edition.— In: Texte und Varianten, Probleme ihrer Edition und Interpretation, hg. v. G. Martens und H. Zeller, München 1971, S. 45–89.

Zieger, Gottfried: Die ersten hundert Jahre Völkerrecht an der Georg-August-Universität Göttingen. Vom Ius naturae et gentium zum positiven Völkerrecht.— In: Rechtswissenschaft in Göttingen, Göttinger Juristen aus 250 Jahren, hg. v. F. Loos, Göttingen 1987, S. 32–74.

Zimmerli, Walther Ch.: „Schwere Rüstung" des Dogmatismus und „anwendbare Eklektik". J.G.H. Feder und die Göttinger Philosophie im ausgehenden 18. Jahrhundert.— In: studia leibnitiana 15 (1983), S. 58–71.

Zurbruchen, Simone: Naturrecht und natürliche Religion. Zur Geschichte des Toleranzproblems von Samuel Pufendorf bis Jean-Jacques Rousseau.— Würzburg 1991.

— Der Philosoph des 18. Jahrhunderts zwischen Esoterik und Exoterik. Zur Strategie der radikalen Aufklärung.— In: Aufklärung als praktische Philosophie, Werner Schneiders zum 65. Geburtstag, hg. v. F. Grunert und F. Vollhardt, Tübingen 1998, S. 271–280.

NAMENSREGISTER[1]

Abbt, Thomas, Schriftsteller (1738–1766) 28, 220–222, 224
Achenwall, Luise (geb. Moser), zweite Ehefrau Achenwalls (†1762) 31
Achenwall, Sophie (geb. Jäger), dritte Ehefrau Achenwalls (†1773) 3, 31
Achenwall, Sophie Eleonore (geb. Walter), Dichterin, erste Ehefrau Achenwalls (1723–1754) 31
Achilles, Georg 125
Adelung, Johann Christoph, Sprachforscher, Lexikograph (1732–1806) 65
Adorno, Theodor Wiesengrund 13, 47
d'Alembert, Jean Le Rond, Philosoph, Mathematiker (1717–1783) 108
Alexander der Große, König von Makedonien (356–323 v. Chr.) 75
Althusius, Johannes, Rechtsgelehrter (1557/63–1638) 252, 257
Anaximander (von Milet), Philosoph (ca. 610–546 v. Chr.) 73
Anaximenes (von Milet), Philosoph (ca. 585–526 v. Chr.) 73
Aquin, Thomas von, Scholastiker (1225/26–1274) 77, 162, 214, 237
Aristhenes (von Athen), Philosoph (ca. 445–360 v. Chr.) 76
Aristoteles, Philosoph (384–322 v. Chr.) 65, 75–79, 87, 111, 190, 200, 206f., 210, 216, 236
Augustin(us), Aurelius, Kirchenlehrer, Bischof (354–430) 77

Bacon, Francis (Baron Verulam), Philosoph, Kanzler (1561–1626) 79, 111, 120, 217
Barnabite, Gerdil, Schriftsteller 108
Bartolus, Rechtsgelehrter (ca. 1314–1357) 260
Baumgarten, Alexander Gottlieb, Philosoph (1714–1762) 86, 106.

Beccaria, Cesare Marchese di, Rechtsgelehrter (1738–1794) 95, 227f., 232f.
Becher, Ursula 143
Bernoulli, Jacob, Mathematiker (1654–1705) 129
Bielfeld, Jakob Friedrich Freiherr von, Schriftsteller, Kurator, Prinzenerzieher (1717–1770) 59f.
Blackstone, Sir William, Rechtsgelehrter (1723–1780) 251
Bly, Robert 113
Bödeker, Hans Erich 4, 19, 28, 143
Bodin, Jean, Rechtsgelehrter, Philosoph (1529/30–1596) 173, 251, 253
Bonß, Wolfgang 125f., 135, 160
Bose (Bosius), Johann Andreas, Historiker (1626–1674) 130
Brückner, Jutta 143
Buddeus, Johann Franciscus, Theologe (1667–1729) 65, 72, 201
Burlamaqui, Jean-Jacques, Rechtsgelehrter (1694–1748) 70
Büsching, Anton Friedrich, Theologe, Geograph (1724–1793) 36f., 129, 265

Carpzov, Benedikt, Rechtsgelehrter (1595–1666) 257
Castillon (Castilhon), Jean, Rechtsgelehrter, Schriftsteller (1718–1799) 110
Castillon (Castilhon), Jean-Louis, Rechtsgelehrter, Schriftsteller (1721–1798) 110
Cervantes, Saavedra Miguel de, Schriftsteller (1547–1616) 58
Chartres, Bernhard von, Scholastiker (†1130) 100
Cicero, Marcus Tullius, Schriftsteller, Konsul (106–43 v. Chr.) 76, 119, 141, 176, 237, 248

---

[1] Dieses Register nennt nur die Namen des Fließtextes. Zur Volltextsuche vgl. www.achenwall.de.

Claproth, Johann Christian, Rechtsgelehrter (1715-1748) 34, 84
Cocceji, Samuel Freiherr von, Rechtsgelehrter, Großkanzler (1679-1755) 121, 201, 212, 228, 231
Conring, Hermann, Philosoph, Arzt (1606-1681) 14f., 17, 28, 111, 123f., 126, 129-132, 134, 141, 149, 151, 230, 252, 258, 265
Cumberland, Richard, Philosoph (1631-1718) 72, 84, 99
Cyprian, Thascius Caecilius, Bischof (um 200-258) 77

Daries, Joachim Georg (Darjes), Rechtsgelehrter, Kameralist, Schriftsteller (1714-1791) 19, 44, 47, 56, 67, 100, 103-106, 152, 237
Descartes, René (Renatus Cartesius), Philosoph, Mathematiker, Naturwissenschaftler (1596-1650) 78, 83, 111, 144
Dilthey, Wilhelm 15, 136
Dohm, Christian Wilhelm, Schriftsteller, Kriegsrat, Archivar (1751-1820) 56
Dreitzel, Horst 19, 143
Duns Scotus, Johannes, Scholastiker (1266-1308) 77f.

Epikur (Epikuros), Philosoph (341-271 v. Chr.) 74-76, 115
Euklid (Eukleides), Mathematiker (ca. 365-300 v. Chr.) 79, 81, 83

Falcke, Johann Philipp Conrad, Kanzleydirektor, Konsulent des Geheimen Ministeriums in Hannover (1724-1805) 180
Feder, Johann Georg Heinrich, Philosoph, Direktor des Georgianums in Hannover (1740-1821) 19
Ferguson, Adam, Historiker, Philosoph (1723-1816) 17, 56, 88, 92-98, 121f., 188, 266
Feuerbach, Paul Johann Anselm Ritter von, Rechtsgelehrter (1775-1833) 17, 199
Fichte, Johann Gottlieb, Philosoph (1762-1814) 261
Filo, Jean, Rechtsgelehrter, Theologe 213
Fischer, Gottlob Nathanael, Verleger, Konsistorialrat, Rektor der Domschule Halberstadt (1748-1800) 11
Formey, Jean-Henri-Samuel, Schriftsteller (1711-1797) 231
Foscarini, Marcus, Doge von Venedig (1696-1763) 40

Foucault, Michel 45, 113
Franklin, Benjamin, Schriftsteller, Gesandter, Naturwissenschaftler (1706-1790) 89-92
Friedrich I., Barbarossa, staufischer König und Kaiser (1122-1190) 229
Friedrich II., der Große, preußischer König (1712-1786) 33, 60, 139, 229, 263

Galilei, Galileo, Mathematiker, Physiker, Astronom (1564-1642) 84, 111
Garve, Christian, Philosoph (1742-1798) 95-97
Gassendi, Pierre, Theologe (1592-1655) 79
Gatterer, Johann Christoph, Historiker (1727-1799) 34, 216, 265
Gebauer, Georg Christian, Rechtsgelehrter, Historiker (1690-1773) 34, 237
Georg III., großbritannischer König, hannoverischer Kurfürst (ab 1814 König) (1738-1820) 91
Gersdorf, Karl August Freiherr von, Kabinettsminister, Staatssekretär, General (1705-1787) 32
Glafey, Adam Friedrich, Rechtsgelehrter (1692-1753) 4, 59, 68, 72, 101, 131, 248
Gleim, Johann Wilhelm Ludwig, Schriftsteller (1719-1803) 222
Goguet, Antoine-Yves, Rechtsgelehrter, Schriftsteller, Kanzler des Pariser Parlaments (1716-1758) 93, 147
Gottsched, Johann Christoph, Schriftsteller (1700-1766) 58
Gratian, Kanonist († vor 1160) 229
Graunt, John, Statistiker, Kaufmann (1620-1674) 127f.
Gregorovius, Timotheus Gottlieb, Hofmeister († 1759) 35
Gröning, Johann, Rechtsgelehrter, Tribunal-Referendar (*1669) 72f.
Grotius, Hugo (Huigh de Groot), Rechtsgelehrter, Gesandter (1583-1645) 78f., 82, 85, 108, 163, 167, 179-181, 189, 202, 210, 213, 236f., 247, 267f.
Gundling, Nicolaus Hieronymus, Rechtsgelehrter (1671-1729) 87, 101, 121, 132, 138, 210, 212
Gustav II. Adolf, schwedischer König (1594-1632) 168

Haakonssen, Knud 66
Habermas, Jürgen 23, 44

Hardtwig, Wolfgang 220
Hartung, Gerald 19
Hecker, Johann Julius, Theologe, Pädagoge (1707–1768) 150
Hegel, Georg Wilhelm Friedrich, Philosoph (1770–1831) 147
Heineccius, Johann Gottlieb, Rechtsgelehrter, Philosoph (1681–1741) 67, 121, 165, 177, 248, 261
Hellmuth, Eckhart 4, 103
Hemmingius, Nicolaus, Theologe (1513–1600) 79, 257
Heraklit (Herakleitos), Philosoph (ca. 550–480 v. Chr.) 73
Herder, Johann Gottfried, Dichter, Oberkonsistorialpräsident (1744–1803) 221
Hirzel, Hans Caspar, Schriftsteller, Arzt, Ratsherr (1725–1803) 220, 222
Hobbes, Thomas, Philosoph (1588–1679) 67, 72, 79f., 82, 84, 87, 99, 113, 115, 118, 121, 162, 196, 201, 248, 251, 260, 267
Hochstrasser, Tim 19
Höpfner, Ludwig Julius Friedrich, Rechtsgelehrter (1743–1797) 36, 185, 269
Horaz (Quintus Horatius Flaccus), Schriftsteller (65–8 v. Chr.) 60
Horkheimer, Max 13, 47
Hruschka, Joachim 16f.
Humboldt, Wilhelm Freiherr von, Rechtsgelehrter, Gesandter, Staatsminister (1767–1835) 266
Hume, David, Historiker, Philosoph (1711–1776) 45, 86, 92, 153, 199, 218, 234, 237
Hutcheson, Francis, Philosoph (1694–1796) 86, 92, 204f.

Iselin, Isaak, Historiker, Schriftsteller (1728–1782) 36, 93, 121f.

Jacob I., englischer und schottischer König (1566–1625) 217
Johann I. Ohneland (John Lackland), englischer König (1167–1216) 219
John, Vinzenz 125
Joseph II., römischer Kaiser (1741–1790) 263
Jung-Stilling (Jung), Johann Heinrich, Kameralist, Arzt (1740–1817) 152
Justi, Johann Heinrich Gottlob (von), Kameralist, Berghauptmann (1717–1771) 14f., 39, 46, 63, 95, 129, 141, 143–145, 149, 151–153, 158, 216, 235, 258, 264, 266
Justinian, oströmischer Kaiser (527–565) 46

Kant, Immanuel, Philosoph (1724–1804) 15f., 18, 44, 108, 116, 199, 204, 207, 226, 260f., 266, 268
Karlstadt (Bodenstein), Andreas Rudolf, Theologe (1480–1541) 48
Kästner, Abraham Gotthelf, Mathematiker, Dichter (1719–1800) 100
Klippel, Diethelm 4, 17, 68, 86, 267
Knies, Carl 125
Köhler (Koeler), Johann David, Historiker, Genealoge (1684–1755) 34
Köhler, Heinrich, Rechtsgelehrter (1685–1737) 72, 98f.
Kondylis, Panajotis 116
Koselleck, Reinhart 267
Kreittmayr, Wigulaeus Xaver Aloysius Freiherr von, Rechtsgelehrter (1705–1790) 228
Kuhn, Thomas S. 45

LaMettrie, Julien Offray de, Philosoph, Arzt (1709–1751) 55
Lavater, Johann Caspar, Theologe, Schriftsteller (1741–1801) 220, 222f.
Leibniz, Gottfried Wilhelm Freiherr von, Rechtsgelehrter, Universalgelehrter (1646–1716) 67, 72, 80, 83f., 98f., 162, 166, 201f., 206, 210–212
Leopold, Fürst von Anhalt-Dessau („der Alte Dessauer'), Militär (1676–1747) 33
Lewin, Karl 143
Lichtenberg, Georg Christoph, Physiker, Schriftsteller (1742–1799) 43f., 215
Locke, John, Philosoph (1632–1704) 62, 85f., 113, 121, 201, 243, 249f., 267
Ludewig, Johann Peter von, Rechtsgelehrter, Historiker (1670–1743) 101
Ludovici, Jakob Friedrich, Rechtsgelehrter (1671–1723) 72
Ludwig XIII., französischer König (1601–1643) 139
Ludwig XV., französischer König (1710–1774) 240
Lueder, August Ferdinand, Historiker, Philosoph, Ökonom (1760–1819) 124
Luther, Martin, Reformator (1483–1546) 78, 102

Machiavelli, Niccolò, Schriftsteller, Gesandter (1469–1527) 15, 123, 251
Manheim, Ernst 23

Maria Theresia, böhmische und ungarische Königin (1717–1780) 235
Mayer (Mayr), Ulrich, Rechtsgelehrter, Theologe (*1743) 35
Meier, Georg Friedrich, Philosoph (1718–1777) 103
Meiners, Christoph, Philosoph (1747–1810) 107, 121
Melanchthon, Philipp (Philipp Schwarzert), Humanist, Reformator (1497–1560) 257
Mendelssohn, Moses, Philosoph (1729–1786) 221
Meneses, Sebastian Caesar von, Statistiker 123
Michaelis, Johann David, Theologe, Orientalist (1717–1791) 37
Millar, John, Rechtsgelehrter (1735–1801) 93
Montesquieu, Charles-Louis de Secondat, Baron de la Brède et de, Schriftsteller, Philosoph (1689–1755) 15, 59, 96, 101, 111f., 144, 152, 239, 253, 255, 258
Morus, Sir Thomas (More), Humanist (1477/78–1535) 112
Moser, Friedrich Carl Freiherr von, Rechtsgelehrter, Regierungspräsident (1723–1798) 139, 223, 226, 265
Moser, Johann Jacob, Rechtsgelehrter (1701–1785) 22, 59, 122f., 166, 169, 182, 223, 265
Möser, Justus, Rechtsgelehrter, Publizist (1720–1794) 59, 265
Münchhausen, Gerlach Adolph Freiherr von, Kurator, Staatsminister (1688–1770) 34–36, 38, 155, 182
Müntzer, Thomas, Theologe, Anführer im Bauernkrieg (1486–1489/90) 244
Müthel, Johann Gottfried, Komponist (1728–1788) 243

Napoleon Bonaparte, Kaiser der Franzosen (1769–1821) 19
Nebukadnezar II., babylonischer König (605–562 v. Chr.) 194
Nettelbladt, Daniel, Rechtsgelehrter (1719–1791) 67, 100, 103
Newton, Sir Isaac, Mathematiker, Physiker, Astronom (1643–1727) 127, 217
Nicolai, Friedrich, Buchhändler, Verleger (1733–1811) 37, 221
Nietzsche, Friedrich 199
Nimrod (Nemrod), assyrischer Reichsbegründer 119, 147

Noah, Stammvater 117, 147

Ockham (Occam), Wilhelm von, Philosoph, Theologe (1285–1347/50) 77
Oldenburger, Philipp Andreas, Rechtsgelehrter (†1678) 126
Ompteda, Dietrich Heinrich Ludwig Freiherr von, Gesandter (1746–1803) 18
Origines, Kirchenlehrer (185–254) 77
Otto, Eberhard, Rechtsgelehrter (1685–1756) 121, 132
Oz-Salzberger, Fania 17, 216

Pasquino, Pasquale 13
Patzer, L. 89
Pauli, Carl Friedrich, Rechtsgelehrter, Historiker, Statistiker (1723–1778) 35
Pauli, Johann Ulrich, Rechtsgelehrter (1727–1794) 243
Paulus (Saul), Missionar († um 64) 49, 53
Petty, Sir William, Physiker, Statistiker, Arzt (1623–1687) 126
Pfeiffer, Johann Friedrich von, Kameralist (1718–1787) 152
Plato(n) (Aristokles), Philosoph (427–348/47 v. Chr.) 74f., 86
Plautus, Schriftsteller (um 250–184 v. Chr.) 80
Plesmann, Heinrich Sigismund, Rechtsgelehrter 42
Pocock, John G.A. 25
Pope, Alexander, Schriftsteller, Satiriker (1688–1744) 79, 84, 234
Porter, Roy 52
Protagoras, Philosoph (ca. 485–415 v. Chr.) 75
Pufendorf, Samuel Freiherr von, Rechtsgelehrter, Historiker (1632–1694) 12, 50, 53, 67, 72, 79, 81–83, 86, 99, 108, 118, 162, 167, 181, 189, 201f., 204, 207, 210, 237, 252f., 255, 260, 268
Pütter, Johan Stephan, Rechtsgelehrter (1725–1807) 3, 19, 31f., 34, 42, 103, 166, 173, 182, 184, 226–228, 236, 243, 252, 260f., 265
Pythagoras (von Samos), Philosoph, Mathematiker (ca. 570–500 v. Chr.) 73f.

Quesnay, François, Ökonom, Arzt (1694–1774) 156
Quételet, Lambert Adolphe Jacques, Mathematiker, Astronom, Statistiker (1796–1874) 124

Ramus, Petrus (Pierre de la Rameé), Philosoph, Humanist (1515–1572) 79
Redekop, Benjamin 38
Reill, Peter Hans 19, 28, 127
Reinhard, Laurentius 75
Rohr, Julius Bernhard von, Rechtsgelehrter, Kameralist (1688–1742) 57
Rousseau, Jean-Jacques, Philosoph, Schriftsteller (1712–1778) 27f., 55, 88, 93, 107–110, 112–115, 117, 119–122, 161, 193, 241, 245f., 248, 250, 255, 263, 266–269
Rüsen, Jörn 26, 44
Rutherforth, Thomas, Philosoph (1712–1771) 85
Ryssel, Johann Jacob von, Rechtsgelehrter (1627–1699) 4

Savigny, Friedrich Carl von, Rechtsgelehrter (1779–1861) 121
Schaumann, Johann Christian Gottlieb, Philosoph (1768–1821) 122
Schiefer, Paul 125
Schiller, Friedrich von, Historiker, Schriftsteller (1759–1805) 221
Schlözer, August Ludwig von, Historiker, Statistiker, Publizist (1735–1809) 14, 22, 36, 89, 107, 121, 127, 133, 137, 153, 216, 263, 265, 267
Schlözer, Louise (geb. Röderer), Ehefrau Schlözers (1752–1805) 22
Schmauß, Johann Jacob, Rechtsgelehrter (1690–1757) 34, 63, 72f., 84f., 252, 264
Schmei(t)zel, Martin, Rechtsgelehrter, Historiker, Philosoph (1679–1747) 62, 130
Schott, August Friedrich, Rechtsgelehrter (1744–1792) 185, 227
Schröder, Jan 17, 19, 28
Schulze, Winfried 4
Seckendorff, Veit Ludwig von, Schriftsteller, Kanzler (1626–1692) 57
Seneca, Lucius Annaeus, der Jüngere, Philosoph, Schriftsteller (ca. 4 v. Chr.–65 n. Chr.) 248
Shaftesbury, Anthony Ashley-Cooper, 3rd Earl of, Moralphilosoph, Mitglied des Unter- und Oberhauses (1671–1713) 79, 84
Shapin, Steven 45, 135
Skinner, Quentin 25
Smith, Adam, Philosoph, Ökonom (1723–1790) 15, 57, 151, 156
Sokrates, Philosoph (ca. 470–399 v. Chr.) 56

Solf, Hans-Heinrich 32, 125
Sonnenfels, Joseph Reichsfreiherr von, Rechtsgelehrter, Kameralist (1733–1817) 152f.
Sophokles, Tragiker (497/496–406/405 v. Chr.) 74
Spamer, Johann Conrad, Hofmeister, Pastor (*1739) 159f.
Spinoza, Baruch de (Benedictus de), Philosoph (1632–1677) 55, 162
Spittler, Ludwig Timotheus, Historiker (1752–1810) 91, 216
Sprengel, Matthias Christian, Historiker, Bibliothekar (1746–1803) 36, 89
Stolle, Gottlieb, Politikgelehrter (1673–1744) 164
Struve, Georg Adam, Rechtsgelehrter (1619–1692) 84, 180
Suárez, Franciscus, Spätscholastiker (1548–1617) 78, 214, 261
Süßmilch, Johann Peter, Statistiker, Pastor (1707–1767) 124–130, 204, 264f.
Swift, Jonathan, Schriftsteller (1667–1745) 58

Tacitus, Publius Cornelius, Geschichtsschreiber (ca. 55–116 n. Chr.) 40
Tertullian, Quintus Septimius Florens, Schriftsteller (ca. 160–222) 77
Thales (von Milet), Philosoph (ca. 625–547 v. Chr.) 73
Thomasius, Christian, Rechtsgelehrter, Philosoph (1655–1728) 19, 24, 47, 50–52, 62, 71–73, 82f., 103, 111, 118, 138, 163, 173, 183, 204, 207, 209, 219, 235f., 260, 267f.
Titius, Gottlieb Gerhard, Rechtsgelehrter (1661–1714) 121

Uhle-Wettler, Franz 15, 48, 216

Vattel, Emer(ich) de, Rechtsgelehrter (1714–1767) 107
Vauban, Sébastien le Prestre de, Schriftsteller, Militär (1633–1707) 57f.
Vernet, Jacques, Philosoph, Theologe (1698–1789) 108
Vierhaus, Rudolf 25
Vitoria, Francisco de, Theologe (1485–1546) 77, 90
Voltaire (François-Marie Arouet), Philosoph, Schriftsteller (1694–1778) 12, 52, 57, 108, 139, 263

Wagner, Adolph 125

Watzlawick, Paul 12, 27
Weigel, Erhard, Mathematiker (1625–1699) 81
Werenkus, Thaddaeus, Rechtsgelehrter, Theologe 213
Wilhelm, Uwe 216
Wolff, Christian Freiherr von, Philosoph (1679–1754) 15, 19, 25, 28, 31, 56, 58, 60, 64f., 67, 72, 80, 84, 87f. 90, 96, 98–104, 106f., 109, 111, 120f., 126, 128, 144, 162f., 166, 176, 178f., 185, 188f., 190, 193, 200–206, 210, 216, 235, 244–246, 248, 259–261, 267f.

Würf(f)el, Ludwig August, Rechtsgelehrter (†176?) 237

Xenophon, Geschichtsschreiber (ca. 430–355 v. Chr.) 56f.

Zarathustra, Priester, Prophet (ca. 600 v. Chr.) 73
Zenon (von Kition), der Jüngere, Stifter der Stoa (ca. 333–262 v. Chr.) 28, 76
Zincke, Georg Heinrich, Rechtsgelehrter, Kameralist (1692–1768) 152f.